침묵의 시와 소설의 수다

이동재 평론집

시는 침묵의 장르요 소설은 수다의 장르입니다. 시는 시인이 하고 싶은 말들을 많이 은폐하고 있습니다. 하고 싶은 말들을 침묵으로 대신하고 있습니다. 하지만 그 침묵은 단순한 소리의 없음이 아닙니다. 사실상 시 속의 침묵은 시인의 수다입니다.

반면에 소설은 엄청나게 수다를 떱니다. 즐거운 수다죠. 하지만 그 수많은 수다 속에 정작 작가가 하고 싶은 얘기는 없습니다.

결국 소설을 제대로 읽어내기 위해선 그 수많은 수다 속의 침묵을 읽어낼 줄 알아야 합니다.

침묵의 수다를 읽어낼 수 있는 눈과 수다 속의 침묵의 의미를 읽어낼 수 있는 안목이 시와 소설을 읽어낼 수 있는 능력일 것입니다.

도서출판 월인

침묵의 시와 소설의 수다

시는 여성적이고 소설은 남성적이다?

교과서에서 시를 배우기 시작한 중·고등학교 시절부터 대학교를 다닐 때까지 시는 여성적인 장르고, 상대적으로 소설은 남성적인 장르라고 생각했습니다. 저만의 편견이었는지도 모르죠. 하지만 많은 사람들이 그러한 편견으로부터 자유롭지는 않을 것입니다. 서정적인 시는 왠지 감성적이거나 감각적이어서 여성적인 이미지에 부합되는 면이 있다고 생각하는 거죠. 반면에 서사적인 소설은 굵직굵직한 사건들이 등장할수록 남성적인 스케일과 이미지에 어울린다고 생각하게 마련입니다. 처음에 뭔가를 끌쩍거리며 문학에 관심을 기울이기 시작하는 사춘기 무렵에 대부분의 문학 소년이나 소녀들이 시부터 찝쩍거리는 걸 보면 감수성이 예민한 그 무렵의 사람들에게 시적인 뭔가가 호소하는 것이 있나 봅니다. 사춘기란 것이 남성이나 여성의 성징이 나타나는 시기이지만, 어떤 측면에서 보면 인간이 가장 여성적인 시기이기도 합니다. 특히 남자들의 경우에 남성으로 재탄생하기 이전에 가장 '여성성'에 근접한 시기라고 보면 착각일까요. 아무튼 이러한 시기에 시적인 뭔가에 끌리는 걸 보면 시가 여성적이라는 편견이 전혀 사실과 다르지만은 않은 것 같기도 합니다. 더군다나 이 시기에 처음 접하는 시들, 예를 들면 한용운이나 김소월의 시가 모두 여성적인 어조와 정조를 가지고 있는 시들이고 보면, 시는 여성적인 것이구나 하는 생각을 갖게 마련이죠.[1] 어쩌면 이것은 학교라는 제도적인 교육이 무의식적으로 강요한 편견이 될 수도 있습니다. 공교롭게도 한국현대시사에서 초기의 걸출한 시인으로 평가받고 있는 소월과 만해의 시들이 모두 여성적인 어조와 정조를 지니고 있다는 점과 이들의 작품을 시교육의 입문과정에서 배울 수밖에 없는 학교 교육의 현실상 이러한 편견은 피할 수 없는 현실이기도 합니다.

하지만 과연 시는 여성적인 장르고 소설은 남성적인 장르일까요? 물론 아니죠. 문학사를 조금만 훑어봐도 앞의 말이 사실과 다르다는 것을 금방 알 수 있습니다. 오랫동안 시는 남성들의 전유물이었습니다. 시를 짓고 읊는 것은 사대부 남성들의 일이었습니다. 과거제가 정착된 이후 수백 년 동안 당대의 문화 권력은 유교적 경전에 대한 폭넓은 이해와 함께 시를 짓는 능력을 사대부들에게 요구했습니다. 당연히 독서와 작문은 사대부 남성들의 전유물이 될 수밖에 없었던 것입니다. 여기에 참여할 수 있었던 여성은 극히 소수에 불과합니다. 반면에 소설은 당시의 사대부들에겐 금서와 다름없는 것이었습니다. 사대부 남성들이 소설을 짓거나 읽는다는 것은 적어도 표면적으론 용납될 수 없는 것이었죠. 사대부 남성들이 소설을 짓거나 읽는 것은 아마도 권력에서 밀려났거나 당시의 지배 구조에서 소외되었음을 의미하는 것이었습니다. 주로 소설을 읽고 유통시킨 장본인들은 여성들이었죠. 과거제로부터 원천적으로 소외되어있던 여성들에 의해서 국문으로 된 소설이 음지에서 유통되었던 거죠. 그런 의미에서 소설의 주역은 남성

1) 김소월이나 한용운의 시적 화자가 과연 여성인가 하는 것은 좀 더 치밀한 논의가 필요하다. 관습적으로 두 시인의 시적 화자나 정서를 여성 혹은 여성적인 것으로 인식해온 것은 비판적인 검증 작업을 거치지 않고 반복되어온 제도 교육의 탓도 크다. 그런 의미에서 '한국근대문학과 여성성'의 문제는 별도로 치밀하면서도 광범위한 논의가 필요하다.

이 아닌 여성들이었던 셈입니다. 물론 그렇다고 하여 소설의 저자가 모두 여성이었음을 말하는 것은 아닙니다. 당시의 교육 여건상 다수의 여성이 저술활동에 참여하기는 어려운 형편이었겠죠. 그러나 소설의 향수층이 주로 여성들이었음을 부인할 수는 없을 것 같습니다. 반면에 한시를 비롯한 시는 남성들의 독무대였죠. 시조가 등장한 이래 조선 후기로 갈수록 평민과 여성들의 작품 수가 늘어나는 것도 국문 소설의 확산 과정과 함께 생각해볼 문제입니다. 당시의 교육 제도에서 소외되었던 평민들과 여성들에게 상대적으로 배우기 쉬웠던 국문의 보급과 확산이 국문으로 된 소설이나 시조에 대한 향수 욕구를 자극했을 것입니다. 이러한 당시의 제도적인 특징이 결국 시를 남성적인 것, 소설을 여성적인 것으로 만든 이유 중의 하나가 될 것입니다. 하지만 좀 더 뜯어보면 시의 남성적 특징과 소설의 여성적 특징을 당시의 신분제도나 교육적인 모순이 아닌 그 자체에서 발견할 수 있습니다.

시의 침묵과 소설의 수다

시와 소설의 특징을 구분하는 방법은 여러 가지가 있겠지만 가장 먼저 눈에 띄는 것 중의 하나는 시는 짧고 소설은 상대적으로 길다는 것입니다. 시는 말하고자 하는 것을 압축적으로 짧게 말하는 것이고 소설은 자세하게, 그러다 보니 길게 말할 수밖에 없는 장르죠. 이것은 근대문학의 개척자 중의 한 사람인 이광수 이후에 별로 달라진 것이 없는 생각입니다.

> 小說이란 함은 人生의 一方面을 正하게, 精하게 描寫하여 讀者의 眼前에 作者의 想像 내에 在한 世界를 如實하게, 歷歷하게, 開展하여 讀者로 하여금 其 世界內에 在하여 實見하는 듯하는 感을 起

> 케 하는 者를 위함이니, …(중략)… 詩는 作者가 人生의 一方面 又는 自己의 想像內의 世界중에 最히 興味 有한 者를 選出하여 音律 좋은 言語로 此를 描出하여 讀者로 하여금 咨嗟咏嘆케 하는 것이요, 形式으로 論하건대 一, 韻을 押할 것 二, 平仄을 排列할 것이니, 此는 실로 詩人이 感을 最히 有力하게 讀者에게 傳하기 위하여 言語에 自然한 曲調가 生하게 하려는 방편이라.[2)]

시가 짧다는 것은 할 말을 시시콜콜 다 하지 않는 다는 것입니다. 작가가 말하고자 하는 것을 직설적으로 말하지 않는 다는 면에서 시나 소설은 마찬가지이지만, 시는 소설에 비해서 좀 더 심한 비유와 상징, 압축과 생략을 구사합니다. 다음의 시를 한편 봅시다.

> 주연인 적 없는 새우젓을 찍는다
> 삭아야 되는 운명과
> 삭히지 말아야 되는 소금의 버팀 속에서
> 삭을수록 하얘지는 몸살로 살아
> 먼 눈을 까맣게 돋우는 새우
> 그 눈은 더듬이를 은폐하기 위한 술책이다
> 눈을 퇴화시키고 살아가야 하는 것들은
> 몸뚱이보다도 긴 더듬이를 가지고 있다
> 찰나를 더듬어 겁을 깁는
> 결코 삭지 않는 더듬이는
> 음습을 구워만드는 종유석처럼 자란다
> 갱도 같은 식도로 새우젓을 삼킨다
> 괭이질로 내일을 더듬고

---

2) 이광수, 「文學이란 何오」, 『李光洙全集1』, 三中堂, 1973(중판), pp.551～552.

땀으로 하루를 염장한 광부가
막장을 나와 내게로 걸어온다
너무 어두워 더듬이를 볼 수가 없다

–차주일의 「은폐隱蔽」 전문

시인은 자세히 서술하지 않습니다. 시인이 말하고자 하는 것을 알기 위해선 행과 행 사이에 은폐된 침묵을 읽을 줄 알아야 합니다. 보이는 것만 보아서는 시를 제대로 읽어낼 수가 없습니다. 더듬이를 뻗어 침묵의 동굴 속으로 그 예민한 촉수를 드리워야 합니다. 그래도 그 더듬이에 걸려들지 않는 무엇이 시에는 있습니다. 해석이 잘 되지 않는 거죠. 시는 보이는 것만이 전부가 아니라는 것을 우리에게 말하고 있죠. 행과 행 사이의 침묵을, 보이지 않는 그 무엇을 읽어주길 바랍니다. 그러나 아무리 언어의 더듬이를 더듬어도 가 닿지 않는 것이 있습니다. 더듬이가 무력해지는 겁니다. 눈으로 볼 수도 없고 더듬이로 더듬을 수 없을 때 우리는 그냥 그 침묵의 소리를 듣고 있을 수밖에 없습니다. 그게 시의 매력이기도 합니다. 시가 곧 세상이니까요. 차주일의 「은폐」는 바로 그러한 시의 본질을, 세상의 모습을 말하고 있습니다. 눈으로도 더듬이로도 볼 수 없고 만질 수 없는 것이 세상엔 가득합니다. 삭아야 되는 운명과 삭아지길 거부해야하는 운명들 사이에서 인간의 눈은 '먼눈'이거나 있으나마나한 '먼 눈'입니다. 봐도 보는 것이 아니고 보이는 것이 다 보이는 것도 아니죠. 그렇다고 더듬이로 더듬어 갈 수 있는 것만도 아닙니다. 세상의 어둠은 눈 대신 더듬이를 발달시키지만 그 더듬이로조차 더듬을 수 없는 것이 세상엔 많습니다. 진실은 없거나 은폐되어 있으니까요. 시의 침묵은 바로 은폐입니다. 눈을 퇴화시키고 더듬이를 발달시킨 새우처럼 시인들은 뻔히 보이는 말들을 버리고 보이지 않는 어둠 속에서 언어의 긴 더듬이를 발달시킨 사람들이죠.

반면에 소설가들은 끊임없이 주절거리죠. 수다쟁입니다. 소설은 수다에요. 시시콜콜 사소한 것까지 전부 말해야 직성이 풀리죠. 小說, 말 그대로 자잘한 이야기를 끊임없이 해대는 겁니다. 하루 동안 인간이 하는 말은 평균 2만 단어에서 3만 단어 정도가 된다고 합니다. 일반적으로 남자는 2만 단어 쪽에 가깝고 여자는 3만 단어 쪽에 가깝다고 합니다. 남자들에 비해 여자들이 좀 더 수다스러운 거죠. 이런 기준으로 보면 수다스런 소설이 시보다 더 여성적인 겁니다. 사실 소설을 읽고 있으면 그 지치지 않는 수다에 질릴 정도죠. 박완서의 소설을 좀 보죠.

> 저는 별안간 그 친구가 부러워서 어쩔 줄을 몰랐어요. 남의 아들이 아무리 잘나고 출세했어도 부러워한 적이 없는 제가 말예요. 인물이나 출세나 건강이나 그런 것 말고 다만 볼 수 있고, 만질 수 있고, 느낄 수 있는 생명의 실체가 그렇게 부럽더라구요. 세상에 어쩌면 그렇게 견딜 수 없는 질투가 다 있을까요? 형님. 날카로운 삼지창 같은 게 가슴 한가운데를 깊이 훑어 내리는 것 같았어요. 너무 아프고 쓰라려 울음이 복받치더군요. 여기서 울면 안 돼. 나는 황급히 은하계 주문을 외려고 했죠. 소용이 없었어요. 은하계 그까짓 거 아무 것도 아니더라구요. 저는 드디어 울음이 복받치는 대로 저를 내맡겼죠. 제가 그렇게 많은 눈물을 참고 있었을 줄은 너도 미처 몰랐어요. 대성 통곡, 방성 대곡보다 더 큰 울음이었으니까요. 제 막혔던 울음이 터지자 그까짓 은하계쯤 검부락지처럼 떠내려가더라구요. 은하계가 무한대건 검북락지건 다 인간의 인식 안에서의 일이지, 제까짓 게 인간 없이는 있으나마나 한 거 아니겠어요.[3)]

주인공인 화자는 전화통에 대고 '형님'에게 끊임없이 수다를 떨고

---

3) 박완서, 「나의 가장 나종 지니인 것」, 『동인문학상 제25회 수상작품집-나의 가장 나종 지니인 것』, 조선일보사, 1994, p.42.

있습니다. '형님'의 목소리는 들리지 않습니다. 일방적인 수다인 셈이죠. 주인공의 수다를 듣고 있으면 주인공이 나이를 꽤 많이 먹었다는 사실, 아들이 시위 도중에 경찰의 쇠파이프를 맞고 죽었다는 사실, 남편마저 먼저 세상을 떠났다는 사실, 같은 집안의 누가 고시에 합격한 사실, 친구 아들들의 결혼식 소식, 동창들의 안부, 집안의 대소사 등에 관한 사실을 알게 됩니다. 위의 소설이 특별히 유별나긴 하지만 읽다 보면 쉬지 않고 얘기하는 화자의 수다에 숨이 막힐 지경입니다. 대부분의 소설들이 개별적인 특징은 있지만 화자의 끊임없는 수다라고 보면 되죠. 이광수의 말대로 자세하고 정확하게 독자의 눈앞에서 사건이 전개되고 있는 것처럼 여실하게 그리려다보니 수다가 좀 길어질 수밖에 없습니다.

이렇게 놓고 보면 시는 침묵으로 말하고 소설은 수다로 말한다고 볼 수 있습니다. 시는 침묵의 장르요 소설은 수다의 장르인 셈이죠. 따라서 시는 상대적으로 남성적인 장르이고 소설은 반대로 여성적인 장르라고 볼 수 있습니다. 하지만 과연 그렇게만 말할 수 있을까요?

침묵의 수다와 수다의 침묵

앞에서 본 차주일의 「은폐」란 시는 시인이 하고 싶은 말들을 많이 은폐하고 있습니다. 하고 싶은 말들을 침묵으로 대신하고 있습니다. 하지만 그 침묵은 단순한 소리의 없음이 아닙니다. 현명한 독자라면 그 침묵의 소리에 귀를 기울일 줄 알아야 합니다. 한 편의 시를 놓고 우리는 무한정의 얘기를 나눌 수 있습니다. 그것은 시의 침묵이 단순한 말의 없음이 아니란 사실을 의미합니다. 사실상 시속의 침묵은 시인의 수다입니다. 침묵의 행과 행 사이에서 시인은 무한정의 말들을 쏟아내고 있는 것입니다. 차주일의 시에서 은폐하고 있는 것은 다른 것이 아니라 시인이 말하려고 했던 말들입니다. '삭아야 되는 운명과 / 삭히지 말아야 되는 소금의 버팀 속에서'라고 했을 때 그 행간엔 수많은 세상의 얘기가 숨어있습니다. 하룻밤을 세워도 다 말할 수 없는 다양한 사람들의 삶의 이야기가 숨어 있는 것입니다. 지구상에 존재했던 모든 인간들의 총수만큼 되는 이야기가 그 사이에 들어 있는 셈이죠. 거기에 '더듬이', '막장', '땀으로 하루를 염장한 광부' 같은 말들이 나오면 좀 더 이야기가 구체화되는 느낌이 듭니다. 앞의 말들을 보면 하고 싶은 말들이 태산처럼 쌓여 있을 사람들이 떠오릅니다. 단어 몇 개에 불과하지만 그 속에는 헤아릴 수 없는 인생이 담겨있는 있는 것입니다. 시는 많은 말들을 생략한 채 침묵하고 은폐하고 있지만 사실은 이처럼 엄청난 수다를 숨기고 있는 것입니다.

반면에 소설은 엄청나게 수다를 떱니다. 별로 알고 싶지 않은 것까지 쏟아내고 있다는 느낌을 받을 때도 있습니다. 물론 그 수다가 싫지만은 않습니다. 싫다면 아예 소설이란 것을 읽지도 않겠죠. 어쩌면 즐거운 수다인 셈입니다. 하지만 그 수많은 수다 속에 정작 작가가 하고 싶은 얘기는 없습니다. 보여주지 않습니다. 박완서 소설의 끝부분을 볼까요?

> …(전략)… 생때같은 아들이 어느 날 갑자기 이 세상에서 소멸했어요. 그 바람에 전 졸지에 장한 어머니가 됐구요. 그게 어떻게 아무렇지도 않은 일이 될 수가 있답니까. 어찌 그리 독한 세상이 다 있었을까요. 네? 형님. 그나저나 그 독한 세상을 우리가 다 살아내기나 한 걸까요? 혹시 그놈의 것의 꼬리라도 어디 한 토막 남아 숨어 있으면 어쩌나 의심해 본 적, 형님은 없죠? 형님 뭐라고 말씀 좀 해 보세요. 아니, 형님 지금 울고 계신 거 아뉴? 형님, 절더러는 어찌 살라고 세상에, 형님이 우신대요? 형님은 어디까지나 절벽 같아야 해요. 형님은 언제나 저에게 통곡의 벽이었으니까요. 울음을 참

> 고 살 때도 통곡의 벽은 있어야만 했어요. 통곡의 벽이 우는 법이 세상에 어디 있대요.4)

수다의 내용을 듣다보면 결국 아들을 먼저 보내고 남편마저 먼저 보낸 한 과부의 넋두리라는 것을 알 수 있습니다. 집안의 형님을 붙잡고 하염없이 넋두리를 하고 있는 것입니다. 그 넋두리, 수다가 이 소설의 전부인 셈입니다. 화자의 넋두리를 시도 때도 없이 들어주던 그 '형님'은 그럼 누구일까요? 독자일까요? 그럴 수도 있지만, 아닙니다. 시도 때도 없이 화자의 넋두리와 울음을 받아주는 그 '형님'을 화자는 다시 '통곡의 벽'이라고 했습니다. 시도 때도 없이 화자의 하소연과 울음을 받아주는 그 형님, 즉 통곡의 벽이 사실은 작가에겐 소설인 셈입니다. 이 소설의 제목 나의 가장 나종 지니인 것'은 다름 아닌 소설입니다. 작가에게 소설은 시도 때도 없이 억울한 하소연과 울음을 받아주는 통곡의 벽인 셈입니다. '소설형님'인 셈이죠. 그러나 작가는 한 마디도 소설이란 말을 꺼내지 않고 있습니다. 그 엄청난 수다 속에서도 소설이란 말을 한 마디도 하지 않고 있는 셈입니다. 결국 소설을 제대로 읽어내기 위해선 그 수많은 수다 속의 침묵을 읽어낼 줄 알아야 합니다.

침묵의 수다를 읽어낼 수 있는 눈과 수다 속의 침묵의 의미를 읽어낼 수 있는 안목이 시와 소설을 읽어낼 수 있는 능력일 것입니다. 결과적으로 시와 소설, 침묵과 수다, 그것은 여성과 남성의 문제가 아니라 결국 인간과 세상의 문제입니다.

감사합니다.

---

4) 박완서, 위의 책, p.43.

차례

2부 소설의 수다

3부 평론과 속설

1부 ■■ 침묵의 시

여우論

1. 늑대의 세상, 여우의 꾀

20세기도 다 저물어 가는 세기말, 하루에도 수십 종의 동식물들이 지구상에서 사라져가고 있는 죽음의 시대에 다시 여우가 나타났다. 여우의 출현은 새삼 비밀도 아니어서 웬만한 숲이면 어김없이 그 얼굴을 내밀고 있다. (책의 모태야말로 숲이 아닌가?) 그렇다면 매연과 배기 가스로 질식할 것만 같은 도심의 한복판에 나타난 여우의 정체는 무엇인가. 도심이야말로 시커먼 늑대들이 우글거리는 늑대들의 소굴이 아닌가. 여우는 단순히 늑대를 만나러온 늑대 사촌에 불과한 것인가?

『이솝 우화』를 보면 때론 미련하지만 대체로 순한 양들을 잡아먹는 무서운 늑대가 등장한다. 입술에 붉은 핏칠을 한 늑대의 이미지는 오랫동안 우리에게도 낯설지 않았다. 우리는 역사를 통해 한반도의 한쪽엔 침을 질질 흘리고 있는 붉은 늑대가 있다는 암시를 끊임없이 받아왔으며, 일상의 거리엔 무수히 많은 늑대들이 활보하고 있다는 사실을 누대의 가르침을 통해 배워왔다. 어쨌든 인간의 반은 늑대이므로 그 반이 나머지 반을 먹는다는 말을 하는지도 모른다. 현존 인류는 그 반이 나머지 반을 먹어버린 배설물이다. 이처럼 늑대들은 항상 뭔가를 먹어치운다. 그러므로 지구상의 모든 인종과 문화, 영토와 국가를 잠식하고 있는 현대자본주의야말로 무자비한 늑대의 남성적 이미지에 비유될 수 있다.

반면 여우는 교활하고 꾀가 많은 짐승의 대명사다. 『이솝우화』에 나오는 여우는 간교한 꾀와 재치로 사자와 같은 맹수가 지배하는 숲 속에서 자신의 생존을 도모하며 여러 난관들을 헤쳐나간다. 늑대가 흔히 남성적 이미지로 등장한다면 여우는 주로 여성적 이미지로 등장하는 것이다. '여우같은 마누라와 토끼 같은 자식'이라는 말이나, '여우 같은 마누라와는 살아도 곰 같은 마누라와는 살지 못 한다'는 말은 힘은 없지만 간교하고 지혜로운 여성의 이미지를 우호적으로 나타내고 있는 말이다. 그런데 옛날의 늑대는 흔히 양의 탈을 쓰고 나타났지만, 요즘의 늑대는 그 가면마저 벗어 던지고 백주의 대로를 활보하고 있다. 가면을 벗어 던진 늑대가 우글거리는 세기말 도심의 한복판에 나타난 여우, 그 여우는 이 무자비하고 미련한 세상을 건너갈 수 있는 어떤 꾀주머니를 던져줄 수 있을 것인가? 아니면 단지 사촌을 도우러 온 늑대의 친척에 불과한 것일까?

2. 꽃과 여우

괴테의 『시와 진실』의 서두는 한 문화적 인물의 조화로운 출발로 시작되고 있다.[1)] 18세기 중반 독일의 한 부유한 가정에서 태어난 괴테의 유년시절은 당시의 상층 계급이 누릴 수 있는 호사의 극치를 보

1) 1749년 8월 28일 정오 종소리와 함께, 나는 프랑크푸르트 암 마인에서 이 세상에 태어났다. 성좌(星座)는 매우 좋았다. 태양은 처녀궁(處女宮) 좌표에 떠 있었고, 그 날의 자오선을 가리키고 있었다. 목성과 금성은 다정스럽게 태양을 쳐다보고 있었으며, 수성도 반감적(反感的)은 아니었고, 토성과 화성은 무관심한 태도를 취하고 있었다.(괴테, 『시와 진실』, 김훈 옮김, 혜원출판사, 1991, p.12)

여주고 있다. 출생의 과정에서 약간의 문제가 없었던 것은 아니었지만, 괴테의 출생과 유년의 성장 과정을 둘러싼 주변의 환경은 루카치가 말했던 '완결된 세계'를 연상시키고 있다. 한마디로 자아와 세계의 환상적인 일치 속에서 한 문화적 인물이 탄생하고 성장하는 과정을 보여준다. 역사적 개인과 역사의 흐름이 행복하게 일치하는 경우를 괴테의 『시와 진실』을 통해서 볼 수 있는 것이다.

괴테의 『시와 진실』이 행복한 문화적 인물의 내면적 성장의 기록이라면, 김춘수의 『꽃과 여우』는 시대와의 끊임없는 불화에 시달리며 격동의 현대사를 살아야했던 한 시인의 고통스런 삶의 과정을 기록한 자전 소설이다. 시인의 자전적 기록이라는 측면에서 위의 두 작품은 유사한 모습을 띠고 있기도 하지만, 독일 부르조아 상승기의 역사적 흐름에 자신을 투사할 수 있었던 괴테와 가혹한 식민지 시대와 그 이후 해방정국의 혼란과 전쟁, 계속된 분단 시대를 살아야했던 시인의 입장은 사뭇 다르다.

김춘수의 『꽃과 여우』는 <꽃의 장>과 <여우의 장>으로 나눠져 있다. <꽃의 장>은 시인이 서너 살 때 시인의 조모님과 어머님의 손을 잡고 어느 섬에 갔던 기억으로부터 시작되고 있다. 그 섬에서 시인이 본 것은 새롭고 신선한 그러나 너무너무 아득한 바다와 갈매기이다. 바다와 섬 그리고 갈매기, 이 첫 장면은 <꽃의 장>의 분위기를 결정적으로 규정하고 있는 부분이다. <꽃의 장>에 깔려있는 시인의 주된 감정은 한마디로 여기서 나는 왜 이러고 있는가'하는 것이다. 결론을 앞당겨 말하자면 바다에 떠있는 섬과 그 주위를 맴돌고 있는 갈매기야말로 이러한 형이상학적 질문에 대한 회화적 질문이자 대답이다.

<꽃의 장>은 만석군 집안에서 태어난 시인이 이 세상에 대해 감각적으로 눈을 떠가는 과정의 기록이다. 그런 면에서 냉혹한 현실 세계에 대해 이성적으로 눈을 떠가는 과정이라고 볼 수 있는 <여우의 장>과 구별된다. <꽃의 장> 속에는 천사, 민중, 프롤레타리아 등과 같은

말들이 등장하지만 어린 시인이 경험하는 세계는 현실적인 세계이기보다는 다소 몽환적이고 비현실적인 신비의 세계다. 시인은 천사란 말을 댓살 났을 때 유치원 보모로부터 처음으로 듣는다. 그 후 한동안 천사란 말은 어린 시인에게 막연히 이국적인 환상을 불러일으키는 말이 된다. 이러한 시인의 체험은 시인이 70살 때 썼다는 시에 고스란히 다시 등장하고 있다.

> 다섯 살 때 나는
> 천사란 말을 처음 들었다.
> 내 귀는
> 봄바다가 모래톱을 적시는 소리를
> 듣고 있었다.
> 열 다섯 살 때 나는
> 프로레타리아란 말을
> 처음 들었다.
> 명문 중학에 다니는 것이
> 왠지 미안했다.
> 모자를 벗고 길을 걸었다.
> 리비도란 말을 처음 들은 것은
> 그 이듬해다.
> 봄에는 수학여행을 갔다.
> 奉天에서 水蠟 같은 하얀
> 양귀비꽃을 봤다. 거기가
> 만몽 백화점이던가,

학교를 이따금씩 까먹고 도서관에 나가서 닥치는 대로 책을 읽던 열 다섯의 시인은 프로레타리아란 말을 처음으로 알게 되고 자신이 부르조아 출신이란 것도 알게 된다. 그 후 시인은 공연히 누군가에게 미안하다는 생각을 가지게 된다. 막연히 누군가에게 사죄하고 싶었다는 시인의 마음은 현실에 대한 이성적인 눈뜸에서 비롯된 것이 아니다. 단지 현실에 대한 피상적인 감상에 불과한 것이다. 또한 사춘기의 예민한 시인은 근원적인 인간의 욕망에 무의식적으로 눈을 뜬다. 만주 신경(新京)의 만몽백화점에서 우연히 보게 된 점원 아가씨의 모습은 순간적으로 어린 시인의 마음속에 각인 된다. 어릴 때부터 그림책에서 보거나 들으며 꿈꿔왔던 공주나 천사의 이미지가 겹쳐진 것이다. 이와 같이 시인에게 현실은 때로는 감상적으로, 또 때로는 감각적으로 다가온다. 그러나 시인이 통영이나 서울, 만주의 신경이나 동경 그 어디에 있든, 극장에서 영화를 보고 있든, 도스토예프스키를 읽든 셰스토프를 읽든 릴케를 읽든 시인을 지배하고 있는 감정은 '여기서 나는 왜 이러고 있는가'하는 의문이다. 그러나 이러한 시인의 의문은 구체적인 역사적 현실 속으로 파고들지 못한다.

<꽃의 장>의 시인은 현실을 다분히 감각적으로 파악하고 있다. 여기서 시인은 현실적 가치보다는 심미적 가치를 옹호한다. 시인은 현실과 늘 일정한 거리를 유지하려고 한다. 더 이상 가까이 갈 수 없는 안타까움의 거리가 김춘수의 '별'이고 알레고리이다. 김춘수는 예수를 두려워하고 소크라테스를 두려워하고 정몽주를 두려워한다. 시인은 이념을 위해서 죽은 모든 사람들을 두려워한다. 그러므로 시인이 아나키즘에 대한 지적 호기심을 평생 버리지 못하고 있는 것은 결코 우연이 아니다. 김춘수는 구체적인 역사를 보려고 하는 것이 아니라 늘 그것으로부터 거리를 유지하려고 한다. 눈앞의 현실은 이미 현실이 아니다.

> 비 갠 저녁의 서쪽 하늘에 피어나는 놀을 보라, 어찌 그것이 단지 물리 현상이라고만 할 수 있겠는가? 비 갠 저녁의 서쪽 하늘에 피어나는 놀이 아름다우면 아름다울수록 그것은 하나의 심리 현상

> 으로 둔갑했다는 것이 된다. 꽃도 그렇다. 식물학자가 현미경으로 들여다보는 꽃은 우리가 꽃이라고 말하는 꽃은 아니다. 시인 말라르메가 말한 것처럼 꽃!이라고 우리가 부르면 우리 눈앞에서 피어나는 그 꽃이 꽃이다. 꽃은 하나의 말이다. 시니피앙이 만들어내는 환상이다. 그러나 그런 환상이 사라지고 식물학자가 현미경으로 보는 꽃만이 꽃이라고 한다면 우리는 꽃과 함께 하늘도 바다도 다 잃고 말리라.

김춘수의 시론적 편린을 엿볼 수 있는 위의 글에서처럼 <꽃의 장>의 시인에게 현실은 그 현실이 아무리 가혹한 식민지 상황이라고 할지라도 코에서 달팽이가 나왔다는 '만조 아재'의 이야기처럼 신비롭고 환상적인 세계에 불과한 것이다. 그런 의미에서 시인은 세상을 "중심적인 비전 혹은 체계와 관련짓고 그러한 관점에서 이해하고 생각하고 느끼는" '고슴도치 족'이기보다는, "도덕적 · 미적 원리와는 관계없이 심리적 · 생리적 이유 때문에 연관되어 있는, 언뜻 보아 무관하고 상호 모순되는 많은 목적들을 추구하는" '여우족'에 가깝다.2)

<여우의 장>은 시인이 현실을 감각적 차원을 넘어서 이성적으로 파악해 가는 과정의 기록이다. 그러나 시인은 이성적으로 현실을 논리화하고 개념적으로 구획하지 않는다. 오히려 그는 가혹한 현실의 고통속에서 이성, 역사, 이데올로기 등의 합리적 이성을 내몬다. 식민지 학생으로서의 고민, 동포 학생의 배신으로 인한 반년간의 감옥 생활, 보호감찰 대상자로서의 생활, 해방정국의 혼란, 사기로 인한 만석꾼 집안의 몰락, 처자식 부양에 따른 생활고, 전쟁 등의 역사적 현실의 경험

---

2) 고슴도치족엔 단테 · 플라톤 · 헤겔 · 니체. · 프루스트가 속하며, 여우족으로는 셰익스피어, 괴테, 발자크, 조이스가 속한다. 유종호, 『시란 무엇인가』, 민음사, 1995, p.155를 참조. Isaiah Berlin, "Hedgehog and the Fox," in Russian Thinkers (Penguin Books, 1979).

과 고통은 시인을 냉혹한 현실 세계에 대해 눈을 뜨게 한다. 그러나 현실적인 육체적 고통과 주위의 수많은 죽음은 시인의 현실 속에서 오히려 이성, 이념, 이데올로기, 역사와 같은 말들을 허구로 만든다. 시인에게 결과적으로 남은 것은 끊임없는 의식의 방황뿐이다. 그 과정 속에서도 시인은 청마와의 관계를 통해 자신의 독특한 문학세계를 구축해나간다. 청마의 시를 메시지가 뚜렷한 언지(言志)의 시로 파악한 시인은 청마와는 반대의 길로 나아간다. 시는 예술이고 예술은 메시지가 중요한 것이 아니라 뭔가를 만들어 가는 과정이 중요하며, 그 과정이란 기교를 말한다고 시인은 생각한다. 메시지가 빠진 기교란 이성과 이념, 이데올로기, 역사를 내몬 현실이다. 이리하여 시인은 '무한의 입장'을 견지한다. 무한의 입장이란 하느님의 입장에서 인간을 내려다보는 것이다. 마침내 역사에 대해서 늘 허무적이고 절망적인 입장을 지켜왔던 시인은 <절망이 허무를 낳고 허무가 기교를 낳는다>는 식의 시론을 완성한다.

결과적으로 시인이 말하는 여우란 <여우>란 콩트에서 시인이 말하는 것처럼 어쩌다 가끔씩 사소하게 남들을 놀라게도 할 수 있지만, 보통 때는 그저 신문이나 읽고 텔레비전의 인기 프로나 보고 있는 사람으로 남의 눈에 비쳐지는 사람을 말한다. 결국 『꽃과 여우』의 첫 장면이었던 바다와 그 바다에 떠있는 섬, 그 섬 주위를 날고 있는 갈매기의 풍경, 이 한가한 풍경이야말로 여우가 꿈꾸는 세상이다. 그리하여 마침내 시인은 노자와 공자를 결합하여 "참여하되 너무 덤비지 말고, 한 발짝 물러서되 우리가 인간임을 잊어서는 안 된다"는 '이승의 지도'를 완성한다. 어차피 시인에게 '세상이란 주연 배우를 잃은 채 대역들만 천방지축 까불랑거리는 꼴'인 것이다.

3. 여우사냥

지금 우리에게 러시아는 무엇인가? 한 때는 지구를 양분하여 한쪽에 군림했던 제국. 레닌과 볼셰비키의 나라. 백야, 광활한 시베리아 벌판, 톨스토이와 그 주인공들. 짜르와 농노, 스테카라친. 소련제 T-33탱크, 스탈린, 보드카, 코사크 기병, KGB?

러시아가 우리 나라의 역사에 처음으로 등장한 것은 1·2차 러센정벌을 통해서였다. 러시아는 15세기 말에서 16세기 초에 걸쳐 모스크바 공국을 중심으로 국가를 형성하였다. 러시아는 국가의 형성 초기부터 끊임없이 대외 침략과 정복을 일삼았다. 이반 4세, 표트르 1세, 예카테리나 2세, 알렉산드르 1세, 니콜라이 1세로 이어지는 러시아의 침략과 정복의 역사는 북해와 흑해주변은 물론 시베리아를 횡단하여 극동에 이르는 광활한 지역에 걸쳐 수백 년 동안 지속되었다.

러시아가 우랄 산맥을 넘어 동방으로 팽창하기 시작한 것은 16세기 중반 무렵인 이반 4세 때부터였다 중국에 대한 러시아의 본격적인 침략은 17세기 중반부터였으며 이 시기부터 러시아는 우리의 역사 안으로 들어오기 시작했다. 1653년 러시아의 하바로프 원정대가 쑹화강까지 침입하자 청나라는 조선에 군사 파견을 요청한다. 이에 조선에서는 150여명의 조총수들을 파견하여 러시아군과 싸우게 된다. 이것이 조선의 역사에 러시아가 등장하게 되는 '러센정벌'이다. 이후 우리 나라는 러시아와 크고 작은 충돌을 하게 된다. 러시아의 계속된 극동 침략 정책은 두만강변에서 지속적인 마찰을 일으키게 되는 것이다.

19세기에 들어서서 제국주의 열강들이 조선을 독점 식민지로 만들기 위한 치열한 암투 과정에 러시아가 본격적으로 끼어들므로써 러시아는 보다 심각한 양상으로 우리의 역사 속으로 끼어들게 된다. 1884년 조러수호통상조약 체결, 1896년 아관파천, 1904년 러일전쟁, 볼셰비키 러시아와 독립군들의 충돌, 연해주 한인의 강제 이주, 그리고 38

선 분할 통치와 전쟁 등으로 이어지는 일련의 숨가쁜 과정은 러시아가 우리의 근대사에 얼마만큼 깊게 개입하고 있었는가를 짐작하게 한다. 아관파천 이후 러시아와 일본과의 비밀 조약이었던 '로바노프-야마가다 협정'에서 이미 조선의 38선 분할통치 문제가 거론되고 있음을 볼 때 러시아가 우리의 근대사에 미친 해악이 순간적인 것이 아니라 얼마나 뿌리 깊은 것이었나를 알 수 있다. 러시아는 우리에게 단지 잊고 싶은 한 때의 원수가 아니라 진행형의 상처이며 그 가해자이다.

다시 러시아는 지금 우리에게 무엇인가? 러시아는 우리에겐 '붉은 여우'의 원조다. 그런 러시아에서 여우사냥이라니? 원조 붉은 여우를 처단하는 CIA 요원이라도 된다는 말인가?

일찍이 조명희의 『낙동강』에서 '박성운'이 찾아간 나라, 러시아가 우리의 문학 작품 속에서 구체적인 배경으로 등장하는 것은 최인훈의 『화두』에 와서다. 그리고 정찬의 「섬」과 「슬픔의 노래」는 금단의 땅이었던 러시아를 온전한 작품의 배경으로 하고 있다. 드디어 한국 문학의 주인공들의 러시아 진출이 이루어진 것이다. 이것은 개화기의 신소설에 나오는 주인공들이 미국 땅을 밟은 것만큼이나 감격적이고 상징적인 문학사적 사건이다. 지구상에 엄연히 존재하는 나라이면서 갈릴레이의 지동설처럼 한때 공공연히 인정할 수 없었던 나라에서 한국 소설의 주인공이 여우사냥을 한다니 도대체 어찌된 일인가?

윤후명의 「여우 사냥」은 주인공인 화자가 어느 날 문득 조계사 앞 길모퉁이를 돌다가 러시아 문자를 발견하는 장면으로 시작된다. 조계사 앞에서 마주친 한 화가의 개인전 포스터는 곧바로 지난 겨울 두 달 정도 머물렀던 러시아로 화자를 인도한다. 그 러시아 문자는 푸슈킨 미술관과 상트 페테르부르크 북쪽의 호숫가를 동시에 환기시킨다. 화자는 "대한민국의 군정이 종식되려고 할 무렵 새로운 대통령을 뽑는 선거가 다가오고 있던 어느 초겨울 날, 서울을 떠나 러시아로 향했고, 공부를 하겠다고 미리 그곳에 와서 머물러 있는 친구"를 만난다. 화자인 나의 친구는 화자의 고등학교 및 대학교 친구로서 대학시절부터 사회개혁을 부르짖던, 그러나 투쟁의 현장에 직접 몸을 던져 싸우지는 못하던 이상주의자였다. 그는 소련의 개방이 시작될 무렵 별거 상태에 있던 아내를 버리고 러시아어 연수라는 명분으로 사십이 훨씬 넘은 나이에 러시아로 향했던 인물이다.

화자는 친구를 만나기 전 푸슈킨 미술관, 박물관, 기념관 등을 모조리 구경한다. 친구와의 뭔가 어색한 만남을 푸슈킨을 통해 풀어보려는 생각에서였다. 그러면 화자는 왜 친구와의 만남을 주저하는가? 그것은 친구가 별거중인 아내를 화자가 사랑하고 있기 때문이다. 그렇다면 왜 하필 푸슈킨인가? 푸슈킨은 19세기 농노제하의 제정 러시아의 현실을 시와 소설을 통해 핍진하게 그려낸 작가로서 러시아 리얼리즘 문학의 시조로 추앙 받고 있는 국민적 시인이다. 푸슈킨이 러시아의 국민적 시인으로서 추앙을 받게 된 이유는 그의 문학이 농노제하의 비참한 현실 속에서 고통받는 수많은 사람들에게 위안이 됐기 때문이다. 하지만 그러한 푸슈킨이 화자와 화자의 친구에게 무슨 의미가 있는 것일까? 화자에게 푸슈킨이란 <삶이 그대를 속일지라도 / 노여워하거나 슬퍼하지 말라.>라는 시구절이나, 『대위의 딸』이란 소설의 작가로서 알려진 먼 나라의 문학인일 뿐이다. 한 때 "시내버스에 차장 아가씨들이 있어서 요금을 받던 시절에, 버스 안 문짝 위에는 어김없이 그 시가 손바닥 반만한 거울과 함께 붙어"서, 그 시절 어려운 처지에 있던 우리 나라 사람들에게 그의 시가 조금이나마 위안을 줬을 지는 몰라도 푸슈킨은 단지 먼 나라의 시인일 뿐이다. 그럼에도 불구하고 왜 화자는 오랜만의 친구와의 만남을 푸슈킨으로 시작하려고 하는가? 이 의문을 풀기 위해서는 화자와 친구의 여우사냥을 따라가 봐야 한다.

친구를 만나면 무슨 이야기를 해야할지 고민하고 있는 화자 앞에 나타난 친구는 느닷없이 다음 날 여우 사냥을 가자고 제안한다. 친구는 이미 러시아 군대의 퇴역장교인 주차장지기 볼로자와 그의 친구인 유라와 함께 페테르부르크 근교로 여우 사냥을 가기로 약속이 돼 있었던 것이다. 친구를 만나면 무슨 얘기부터 해야할지 고민하던 화자는 여우 사냥이라는 말에 일단 편안한 마음을 갖게 된다. 이튿날 친구의 승용차를 타고 주차장지기 볼로자와 그의 친구인 유라와 함께 북쪽의 호숫가로 여우사냥을 떠난다. 그러나 근교란 말과는 다르게 생각보다 먼 거리임을 알게 된 화자는 점점 불안해지기 시작한다. 개방이 됐다고는 하지만 러시아는 오랫동안 금기시되었던 이질적인 체제였고, 함께 사냥을 가고 있는 사람들은 그 체제를 수호하는 군대의 장교였던 사람이거나 한 때일 망정 그 체제를 동경하여 여기까지 온 사람이기 때문이다. 사냥을 하기 위해 오지로 들어갈수록 그러한 불안감은 점점 더 심해진다. 제정 러시아 시대에 지었다는 농노의 오두막집에 도착해서 식사를 하는 동안에도 그러한 불안감은 가시지 않는다. 주위에 대한 이질감이 가시질 않는 것이다. 화자는 경솔하게 그들의 여우 사냥에 따라 나선 것을 후회하기도 한다. 여우 사냥의 여우란 것이 혹시 자신이 아닌지 의심하기도 한다. 그런 화자가 의심을 풀고 사람들과 친밀감을 느끼게 되는 것은 오두막집의 선반 구석에 놓여있던 푸슈킨의 시집을 발견하면서부터다.

> 어쨌든 그것은 저 푸슈킨의 시집이었다. 거친 숲에서 잡아왔을 짐승의 뿔로 칼을 만들고, 감자 농사를 지으며 사는 그 텁석부리, 이제야 밝히지만 지금 엽총을 만지고 있는 볼로자보다 더 수상쩍게 여겨지던 저 텁석부리가 자작나무를 넣은 페치카 옆에서 흐린 등불을 벗삼아 들여다보고 있던 것은 푸슈킨의 시집이었다!
>
> 알렌산드르 세르게이비치 푸슈킨.

이렇게, 이야기는 여기까지 이르렀다. 나는 푸슈킨의 시집을 전날 .

처음 친구의 집에서 본 이래 다시 그 시골 농노의 집에서 보게 되었던 것이다. 그리고 그것을 보게 되자마자 내 마음은 즉시 어떤 다른 상황으로 급회전하기에 이르렀다. 내가 지금 말하고자 하는 것은 바로 이것이다. 그것은 일종의 불가사의한 일이었다.

갑자기 괴한으로 돌변하여 자신에게 덤벼들지 않을까 하는 불안감에 시달리던 화자가 마음을 놓게 되는 계기가 된 것은 바로 푸슈킨의 시집을 발견하면서부터다. 트렉터를 운전하며 감자 농사를 짓든 양귀비 농사를 짓든 밤이면 외롭게 페치카 앞에 앉아 푸슈킨의 시집을 읽고 있는 사람들이 흉악한 강도로 돌변하지 않을 것이라는 믿음이 생겼기 때문이다. 한 때는 붉은 여우의 원조로서 우리의 적이었고 지금은 극심한 경제난에 시달리고 있지만, 아직도 높은 수준의 문화와 예술을 일상적으로 향유하고 있는 나라의 국민에 대한 신뢰가 생긴 것이다.

푸슈킨의 의미는 바로 이것이었다. 체제와 인종 그리고 문화의 차이를 넘어서 인간에 대한 기본적인 신뢰를 회복시켜주는 것이 푸슈킨이라는 위대한 시인의 의미였다. 화자는 푸슈킨을 통해서 수십 년간 서로 다른 이념과 체제 속에서 쌓아온 불신과 불안감을 넘어서 근원적인 인간의 내면에 직접적으로 다가선 것이다. 화자가 어색한 친구와의 만남에 앞서 느닷없이 푸슈킨을 떠올린 것은 바로 그러한 예술적 믿음에 대한 선험적인 통찰의 결과였던 것이다. 문학을 포함한 예술이야말로 균열된 세상의 인간들에게 위안을 주고 진정한 화해의 장으로 인도하는 나침반인 것이다.

그렇다면 이제 남은 것은 '여우 사냥'의 의미이다. 화자와 그 친구는 왜 눈이 쌓인 러시아의 숲 속을 헤매고 있는가? 그들이 쫓고 있는 것은 과연 무엇인가?

화자는 르포르타주를 쓰기 위해 여행을 하던 중 친구를 만나기 위해 러시아에 체류하게 되고 그와 함께 여우 사냥을 하게 된 것이다.

그 친구는 앞에서 언급했듯이 젊은 시절 사회개혁을 부르짖던 이상주의자로서 별거하고 있던 아내를 두고 러시아로 건너온 인물이다. 그 친구와 별거 상태에 있는 친구의 아내는 한 땐 화자의 애인이었던 여자다. 화자는 아직도 그 여자를 사랑하고 있다. 화자가 친구를 만나서 얘기하고 싶었던 것은 바로 그 문제였다. 결과적으로 한 사람은 자신의 구체적인 사랑을 위해서, 또 한 사람은 자신의 이상을 쫓아서 러시아의 숲 속을 헤매고 있는 것이다.

> 그렇다면 무엇 때문에 나는 그를 만나고 있단 말인가? 나는 그의 발자국이 놓였던 자리를 되밟으며 숲속의 눈길을 가고 있다. 그러나 나는 그와 내가 어디서, 어떻게 만나질 수 있는가 비로소 알 것 같았다. 그것을 그전에는 왜 몰랐을까 싶었다. 그것은 무엇이 어찌 되었든 간에 우리는 같은 세계에서 같은 길을 헤쳐나가고 있다는 것이었다. 누군가 뚱딴지같은 말이냐고, 지금 여우 사냥에 우연히 같이 좇아가는 데 불과하지 않느냐고 윽박질러도 하는 수 없는 일이다. 그러나 나는 그 러시아의 숲에서 하나의 생각에 도달했음을 자랑스럽게 말한다.

그 하나의 생각이란 '유예된 삶 속의 이야기는 당연히 유예될 수밖에 없으며, 사랑이란 유예의 시간 속에서만 스스로의 얼굴을 본다'는 것이다. 화자는 자신의 사랑을 확인하기 위해 오랜 시간과 공간을 돌아 지금 러시아의 숲 속까지 와 있는 것이며, 그 친구는 자신의 이상을 찾아서 마찬가지로 오랜 시간과 공간을 돌아 지금 그 곳에 있는 것이다. 그러나 거기에 있기까지의 삶은 둘 다 유예된 삶이다. 화자는 지금 그 유예된 삶은 유예된 삶일 수밖에 없다고 하는 것이다. 이미 시간의 흐름 속에 과거 속으로 지나가 버렸다는 말이다. 그러나 사랑은 유예의 시간 속에서만 볼 수 있다고 화자는 말한다. 유예의 시간 속에서만 볼 수 있는 사랑이란 다시 말하자면 오랜 시간의 흐름 속에서도 손상되지 않는 것만이, 충만하고 영원한 것만이 진정한 사랑이라는 말이다. 즉 오랜 세월의 풍상 속에서 검증되지 않은 것은 사랑일 수 없다는 것이다. 마치 어떤 혹한 속에서도 생명의 씨앗을 간직하고 있는 러시아의 갈리나무의 열매처럼, 유예된 시간을 넘어서 간직하고 있는 사랑과 이상만이 진정한 것일 수 있다는 것을 깨닫게 된 것이다.

결국 붉은 여우로서의 러시아도 화자의 말못할 고통과 사랑도 친구의 이상과 방황도 전부 유예된 삶 속의 이야기 일뿐이다. 이제 현실적으로 필요한 것은 그 유예된 삶 속에서 부상하는 새로운 이념이나 이상이며 사랑이다. 이들은 모두 상트 페테르부르크 북쪽의 숲 속에서, 유예된 시간 속에서 여우를 쫓아 뛰쳐나오고 있는 것이다. 그러나 그 여우가 어떻게 생겨먹었는지는 아직 아무도 모른다.

4. 그리운 여우

노자의 『도덕경(道德經)』에는 <하늘과 땅은 어질지 않다. 온갖 것을 풀강아지처럼 다룰 뿐이다.>[3)]라는 말이 있다. 이 말은 하늘 아래 땅 위의 만물에는 차등이 있을 수 없다는 의미로 풀이될 수 있다. 천지가 만물을 낳았지만 천지는 만물을 차별하지 않는다. 천지는 인간을 만물의 중심에다 놓은 적이 없으며, 인간을 그 만물의 주인으로 임명한 적이 없기 때문이다. 인간은 천지간의 주인이 아니라 잠시 왔다가는 손님일 뿐이다. 천하를 호령하던 제왕도 사람취급도 못 받던 머슴도 잠시 이 땅에 머물다 가는 객일 뿐이다.

무령왕릉에서 발견된 지석 가운데에는 왕이 돈 1만 닢(枚)으로 토왕

---

3) 天地不仁, / 以萬物爲芻狗;
김용옥, 『길과 얻음』, 통나무, 1989, p.21.

(土王), 토백(土伯), 토부모(土父母), 지하의 여러 관리 및 지하의 지방 장관에게 보고하고 남동방향의 토지를 매입하여 무덤을 쓴다는 매지권(買地券)이 있다. 이와 같이 묘를 쓰면서 토지신에게 땅을 구입하는 풍습은 도교사상에서 나온 것으로써 신분을 초월하여 자연에 대한 겸손의 자세를 지켰던 고대인들의 마음가짐을 엿볼 수 있게 하는 대목이다.[4] 그러나 인간은 점차 만물을 계량화하고 차별화 해서, 만물의 중심에 인간을 놓고 스스로 만물의 절대적인 제왕으로 군림하기 시작했다. 더군다나 근대는 합리적 이성을 극대화시켜 자연을 수량화하고 구획하여 인간의 편의대로 왜곡해온 역사였다. 만물의 주인으로 군림한 근대의 인간은 인간과 자연을 이원화하여 만물을 소유와 지배의 대상으로 전락시켰다. 그 결과로 나타나기 시작한 무분별한 자연 파괴와 훼손은 오히려 인간의 생존을 위협하는 지경에 이르게 했다.

이제 인간은 어디로 돌아가야 하나? 여전히 죽기로 기를 쓰면서 만물의 중심임을 고집해야할 것인가? 아니면 수많은 중심을 인정하고 조용히 겸손하게 하나의 풀강아지로 돌아가야할 것인가? 안도현의 시가 그에 대한 하나의 대답이 될 수 있을까?

안도현의 『그리운 여우』에는 내리는 눈을 위해 몸을 뒤척이는 강물이 있고, 오르는 송사리떼를 위해 자갈을 까는 여울이 있다. 그의 시에는 만물의 계몽자이자 주인으로서의 인간이 없다.

어린 눈발들이, 다른 데도 아니고
강물 속으로 뛰어내리는 것이
그리하여 형체도 없이 녹아 사라지는 것이
강은,
안타까웠던 것이다

4) 유홍준, 『나의문화유산답사기3』, 창작과비평사, 1997, p.321를 참조.

그래서 눈발이 물위에 닿기 전에
몸을 바꿔 흐르려고
이리저리 자꾸 뒤척였는데
그때마다 세찬 강물소리가 났던 것이다
그런 줄도 모르고
계속 철없이 눈은 내려,
강은,
어젯밤부터
눈을 제 몸으로 받으려고
강의 가장자리로부터 살얼음을 깔기 시작한 것이었다

–「겨울 강가에서」 전문

만물의 중심으로 자처해온 인간은 위의 시에서 빠져있다. 눈과 강물은 저희들끼리 서로 교감하고 있을 뿐이다. 인간을 제외한 천지간의 만물은 서로가 서로에게 안타까운 존재이자 중심이다. 강물이 몸을 뒤척이며 흘러가는 것은 녹아 사라지는 눈에 대한 안타까움 때문이다. 이 안타까움이란 바로 타자에 대한 연민이자 배려이다. 타자에 대한 연민과 배려의 마음 때문에 강물은 몸을 뒤척이며 자신의 몸을 얼려서 타자의 소멸에 저항하는 것이다. 이와 같이 중심으로 또 다른 중심을 부정하지 않고 서로의 공생을 도모하는 것이 만물의 근본 정서이다. <송사리떼에게 거슬러 오르는 일을 가르치려고 / 시냇물은 스스로 저의 폭을 좁히고 / 자갈을 깔아 여울을 만들었네>(「여울가에서」)나 <소나무 푸른 것은 / 우리 동네 앞산 / 우리 동네 앞산은 / 소쩍새를 키운다네>(「山에 대하여」)와 같은 구절은 상생의 차원을 넘어 이타의 경지에 들어서 있는 만물의 일상을 보여주는 표현이다. 그렇다면 이러한 만물 가운데 인간은 어떤 존재인가? 한마디로 인간은 자연의 적이며, 자기밖에 모르는 존재이다. 나이 서른 다섯이 될 때까지 <애기똥

풀도 모르는 것이 저기 걸어간다고 / 저런 것들이 인간의 마을에서 시를 쓴다고>(「애기똥풀」) 까불랑거리는 것이 인간이다. 적어도 안도현의 시에서 인간이란 만물 가운데 타자에게 다가가지 못 하는 유일한 존재다.

교무실에 날아든, 갑자기
굴뚝새 같기도 한 새 한 마리가
눈알이 개머루 같은 새 한 마리가
어쩔 줄을 모르고
이리저리 날아다니다가
유리창에다 하늘을 붙여놓은 줄 모르고
그리로 힘껏 날아가다가
그만, 머리를 부딪쳐
죽고 말았습니다

인간의 폭이란
한없이 좁은 것이어서

저걸 어쩔까, 어쩔까
어떻게 해보지도 못하고
발만 동동 굴렀습니다

-「인간의 폭」 전문

여기에서 인간이란 송사리떼를 위해 자갈을 까는 시냇물도 아니요, 내리는 눈을 위해 기꺼이 얼음이 돼주는 강물도 아니다. 인간은 다른 생명의 죽음 앞에 무기력하게 서 있을 뿐이다. 강물의 안타까움은 얼음이 되어 눈을 받고 있지만 인간의 안타까움은 그 거리를 좁히지 못한 채 발만 동동 굴리고 있는 것이다. 적극적으로 타자에게 다가가는 것이 아니라 대체로 관망하고 있다.

「그리운 여우」는 그 관망의 기록이다. 적극적으로 타자에게 다가가지 못하고 관망하며 기다리고 있는 인간의 그리움인 것이다. 시적 화자는 눈이 오는 날 밤 세상 바깥에 있는 또 다른 세상을 생각하고 있다. 그 또 다른 세상엔 여우가 살고 있다. 눈이 내리는 한밤중에 여우는 먹을 것을 찾아 어슬렁어슬렁 인간의 세상으로 내려온다. 그러나 먹을 것은 없고 인간들은 여우를 아는 척도 하지 않는다. 인간에게 다가온 여우는 결국 인간들한테 외면을 당하고 다시 산 속으로 사라지는 것이다. <문득 몇 해 전이던가 얼음장 밑으로 빨려들어가 사라진 / 동무 하나가 여우가 되어 나 보고 싶어 왔는지도 모른다는 생각을 하고> 뛰쳐나가 보지만 이미 여우는 사라진 후다. 여우가 인간에게 다가왔지만 인간은 그 세계를 이해하지 못하고 멀리한다. 그러나 안도현 시의 화자는 차츰 타자의 세계를 깨닫게 된다. 이번엔 스스로 타자에게 적극적인 접근을 시도한다. 온 몸을 불태우며 「단풍나무」가 되고 싶어하기도 하며, 「봄 밤」엔 스스로 살구꽃이 되기도 한다. 하지만 그러한 화자를 인간들은 알아보지 못하고 '싸가지 없이' 인간의 이름을 부른다. 이미 타자와 한 몸이 돼 있는 화자를 못 알아보는 것이다. 그럼에도 불구하고 시인은 마침내 자신의 세계에서 나와 또 다른 세상의 중심에 도달하게 된다. 아니 도달했다기보다는 또 다른 중심을 향하고 있는 것이다.

> 새는, 나뭇가지 끝에서 허공으로 저를 들어올렸다가 내려놓는
> 것이
> 자기 자신인 줄 모르고, 세상의 중심을 향하여
> 자꾸 날아가려고 한다
> 날아갔다가는 다시 언젠가는 내려앉게 된다는 것을,

내려앉는 그 순간이, 그 착지점이, 무릉도원임을 미리 알아채지
못하고,
…(중략)…
나, 세상에 중심에 있었나?
나, 세상의 중심을 향하여 출가하지 않았으며
지구 위에 꽃 한송이 올려놓은 적 없지만
모든 중심에 핀 꽃송이를 함부로 꺾지 않았다
세상의 중심,
그곳으로 가는 길을 가르쳐주겠다는
스승과 교회와 운명철학가를 믿기보다
나는 나,
자신을 믿었다
…(중략)…
모든 나는 세상의 중심에 있으니까!
나를 세상의 중심으로 알고
퇴근 때마다 내 품으로 안겨드는 딸아, 그리고 아들아
이 아비는 목욕탕에 갈 때마다 남의 등을 밀어주기 전에
먼저 내 배꼽에 낀 때를 없애는 일에 몰두하였단다

–「세상의 중심을 향하여」 부분

시인은 드디어 세상의 중심은 복수이며, 그 세상의 중심에 도달하는 길은 각자의 중심에 있다는 인식에 도달하고 있다. 여기에서 「그리운 여우」란 환경우호적인 세계를 의미하며, 여우는 또 다른 세상의 중심을 의미한다. 천지간의 만물은 각각이 세상의 중심이다. 오만한 인간 중심의 세계에서 벗어나 또 다른 중심에 다다르기 위한 여정이, 나를 넘어서 타자에게 이르는 길이 「그리운 여우」이다. 다른 중심을 받아들이기 위해선 먼저 각자의 중심에 낀 때를 걷어내야 한다고 시인

은 말하고 있다. 그리고 나서도 <길이 없다면 / 내 몸을 비틀어>서라도 '너'에게로, '그리운 여우'에게로 가야한다고 시인은 말한다. 자신에 대한 부정 없이 어찌 새로운 세상을 꿈꿀 수 있겠는가?

5. 여우와 신포도

늑대가 나타났다고 소리치는 양치기 소년의 외침은 이젠 공허한 울림에 불과하다. 이미 세상이 온통 늑대의 소굴이므로. 그래서 그런 것일까? 아무도 늑대의 소굴에 나타난 여우에게 신경을 쓰지 않고 있다. 모두들 여우를 늑대의 사촌쯤으로 생각하고 있는 것 같다. 아니면 이미 여우의 가죽을 벗겨 모피 코트를 만들어 입고 다니거나 여우 목도리를 하고 있기 때문에 새삼 여우의 존재를 눈치채지 못하고 있는지도 모르겠다. 그렇다면 지금 여우 모피도 목도리도 없는 자만이 딴 생각을 하며 군침을 흘리고 있는 것인가? 거리의 수많은 '여우'들은 또 무슨 생각을 하고 있을까?

어느 날 숲 속에서 길을 잃고 헤매고 있는데 세 마리의 여우가 내 앞에 나타났다. 나는 여우에게 집으로 가는 길을 물었다. 그러자 여우들은 각자 자기가 차고 있던 주머니를 내게 던져주었다. 나는 그것이 말로만 듣던 여우의 꾀주머니라고 생각했다. 그 주머니 속엔 집으로 가는 '이승의 지도'가 들어 있었다. 나는 그 지도들을 꼼꼼히 살펴보았다. 그러나 여우들이 던져준 주머니 속의 지도엔 구체적인 방향이 표시되어 있지 않았다. 순간 나는 여우가 던져준 이승의 지도를 가지고 과연 숲 속을 빠져나갈 수 있을지 의심이 생기기 시작했다. 이 이승의 지도야말로 간교한 이성의 트릭에 불과한 것은 아닐까? 이 지도를 보고 가다보면 천년 묵은 구미호가 살고 있는 오두막이 나오지는 않을까? 그 때 여우들이 돌아서며 내게 말했다. '그냥 가는 것보다는 이 지도라도 가지고 가는 것이 나을거야'라고. 그 때 고슴도치의 굴에서 낮익은 목소리가 새어나왔다. <어떠한 이성적 삶의 질서에 대한 탐구도 실천을 한 발자국 앞으로 당기며 또 실천의 불가피한 폭력성을 완화한다>고. 나는 할 수 없이 좌충우돌 그 숲을 빠져나가기 시작했다. 그러나 여전히 한 가지 의문은 남았다.

'가야할 곳이 명확하게 명시된 이승의 지도란 정말 인간에겐 영원한 여우의 신포도란 말인가?'

오래된 섬, 오래된 시

-강화도 시첩-

1. 갯벌의 미학

'동해는 낭만의 바다요 서해는 생활의 바다'라고 한 것이 시인 고은이었던가? 대학 시절 쪽빛 동해를 처음 본 순간 나는 그의 말에 쉽게 동의할 수 있었다. 오래도록 나는 내 고향의 바다를 어떻게 정의해야 할지 몰라 안타까웠다. 조금만 들어가면 무릎까지 빠지는 뻘과 장마철 흙탕물 같은 그 물빛. 이것도 바다냐고 비아냥거리던 육지에서 온 선생님들. 그들의 머리 속에 섬은 푸른 물결 넘실거리는 바다에서 어부가 고기를 잡고 그의 아내는 조개를 줍는 낭만적인 풍경, 학교 운동장에서 공을 차면 공이 바다에 가서 떨어지는 풍경들로 가득한 듯 했다. 하지만 어느 것 하나 그들의 기대를 만족시켜주지는 못했다.

내게 뻘은 곧 늪이었고 죽음이었다. 왕실의 힘없는 종친으로 태어난 죄로 도망치듯 섬에 숨어 들어와 그곳에 뿌리내리고 갯가 냄새를 맡으며 바닷가에 뼈를 묻은 내 아버지의 아버지들과 술밖에 마실 줄 모르는 아버지로부터 도망치고 싶었던 동심을 가로막고 있는 늪이었다. 상급학교 진학이란 명목으로 섬을 떠날 때까지 뻘은 여전히 내겐 늪이었고 족쇄였다. 그리고 모든 살아있는 것의 죽음이었다. 재 뿌린 듯한 뻘과 바다의 그 빛깔이 곧 저승의 빛깔이라고 생각했다. 그런데 어느 순간부터 그 바다와 섬에 대해 죄책감이 들기 시작했다. 그 바다와 섬이 나를 만들었다는 사실을 깨닫기 시작하면서부터였다. 보잘 것 없던 그 바다의 새우와 망둥이, 봄이면 갯벌에 피어나던 나문재와 게, 강물에 섞여 묽어진 바닷물과 소금기 밴 그 바람이 내 몸을 만들고 키워왔다는 사실을 어느 날 문득 온 몸으로 깨달은 것이었다. 혼탁한 대도시에서 사는 동안에도, 내륙 깊숙이 들어온 산골에서 사는 동안에도 내 몸은 달거리 하는 여자처럼 정기적으로 가까운 바닷가로 달려갔다. 그리고 내 몸은 편해졌고 새로운 기운이 다시 충전되는 것을 느낄 수 있었다. 그러나 정작 내가 그 땅에 마지막으로 발을 디딘 지가 이미 10년이 넘었고 고향을 떠나온 지는 20년이 넘었다. 내가 남의 고향을 주유하며 시랍시고 읊조리고 있을 때 많은 타향의 시인들이 또한 내 고향을 읊고 지나간 것이다.

언젠가 때가 되면 끈적끈적한 고향의 뻘흙과 소금기 실린 바람과 햇볕을 잘 섞어 조각 작품을 만들듯 시를 쓰고 싶다. 전동균의 시는 그런 내 바람의 좋은 귀감이다.

> 언젠가 이곳에서
> 한 생을 보낸 것만 같다
> 쓰러진 갈대밭, 오래된 기억처럼
> 바람에 시린 발 묻고 웅크린
> 폐선들의 길,
>
> 떠나야 할 때 떠나지 못한 새들은
> 갯벌에, 살얼음진 하늘 곳곳에
> 붉은 울음의 草墳들
> 초분들을 짓고

이 저녁, 죽은 것들
가뭇없이 사라진 것들이 돌아와
간척지 들녘 느티나무의
속이 텅 빈 그리움 속으로 되돌아와
뿌연 냉갈을 퍼올리면

제 몸 남김없이 불태우는
內戰이 없는 삶은
삶이 아니야, 중얼 중얼거리며

저기, 저, 저, 어스름 논둑에 쭈그려 앉은
젊은 아낙의 맨살에 튀기는
오줌방울 같은 거나 되어
되어서,

–전동균, 「창후리, 日沒」 부분

강화도 창후리는 내 고향인 교동도로 가는 배가 떠나는 곳이다. 아주 어렸을 적엔 교동도에서 인천의 연안부두로 직접 배가 갔던 기억이 있고, 그 후엔 강화도의 외포리에서 교동도의 남산포로, 그 이후 다시 창후리에서 교동도의 월선포로 뱃길이 바뀌었다. 한국전쟁 이전엔 강화도의 인진나루에서 교동도와의 최단거리였던 호두포로 배가 다녔었다. 연산군이 건넜던 뱃길이지만 이젠 민통선 안에 들어가 있다.

전동균의 시를 보는 순간 제목부터 반가웠다. 그가 내 마음의 풍경 하나를 훔쳐간 것 같다. 그러나 그 갯벌 어딘가엔 내가 어린 시절 갯벌 게구멍에 좆을 박아 임심시킨 내 자식 같은 풍경들이 기어다니고 있을 것이다. 때가 되면 녀석들이 그 아비를 찾으리라, 그 바닷바람을 잔득 온몸에 묻혀서.

2. 오래된 역사, 오래된 유적

땅이 있고 사람이 있는 곳이면 어디든 어찌 역사가 없겠는가. 바닷가 조그만 어촌에 가든 강원도 저 정선 산골짜기로 들어가든 대한민국 어디에나 널려있는 것이 이 땅의 역사이고 그 역사를 인사말처럼 떠벌리고 있는 향토사학자들이다. 하물며 강화도랴! 강화도는 고조선 시대부터 현재에 이르는 한반도의 모든 역사를 고스란히 가지고 있는 사고(史庫)요 한반도의 항공모함이다.

중학교 시절 '내 고장 역사 외우기' 바람이 불어 허구헌날 강화도의 역사와 유적에 대해 외우던 기억이 새롭다. 훈련병이 옷깃만 스쳐도 관등성명을 외쳐야되듯 우리는 낯선 사람이 와서 강화도에 관련된 단어를 입 밖에 내는 순간 관련된 사실을 줄줄이 쏟아내도록 교육받았다. 설사 간첩이 와서 물었더라도 우리들은 친절히 강화도의 모든 것을 가르쳐줬을 것이다. 당시의 대통령이었던 박정희가 자기 고향도 아니면서 강화도를 호국의 요람이요 국가안보의 요람으로 만든다고 섬의 모든 성곽을 보수하고 난리를 치던 때였으니 어쩌면 당연한 현상이었다.

이사라는 오래된 유물을 노래하고 있다. 한반도 전체에 흩어져 있는 고인돌이 약 4만 여기나 된다고 하니 가히 고인돌 왕국이라 할만하다. 돌아다니다 대충 이상하다 싶은 돌이 있으면 영락없는 고인돌이다. 그러니 새삼 강화도의 고인돌이 낯선 것은 아니다. 세상 사람들이 요즘 들어 한반도의 고인돌에 대해 부쩍 관심이 많아진 듯 하다. 고인돌은 청동기 시대였던 고조선의 유적이다. 단군이 하늘에 제사를 지냈다는 한국의 올림피아 마니산의 참성단이 있고 단군의 세 아들이 쌓았다는 삼랑산성이 있으니 그 시대 인간의 무덤이었을 고인돌이 강화에 널려있는 것도 전혀 이상하지 않다. 낯설게 다가오는 것은 오히려 <살다만 것들이 신화가 되고 / 끝까지 살아남으려고 한 것들은 돌무

덤이 된다고>(「고인돌」)하는 이사라의 시구절이다. 이 시구절을 묘비명처럼 고인돌 앞에 세워놓으면 어떨까? 이사라의 「고인돌」은 그 자체가 이미 신화다.

2차대전 때 일본군들이 일본열도를 두고 불침 항모라고 했다던가? 레이건 시절 나카소네 일본 수상이 일본열도의 불침항모설을 다시 들고 나왔던 기억이 새롭다. 소련을 상대로 미국을 대신해서 일본열도를 불침항모로 만들겠다는 말로써 결론은 일본을 재무장시키겠다는 것이었다. 일본열도가 태평양의 불침항모인지 아닌지는 모르나 강화도는 역사적으로 한반도의 항모 구실을 해왔다. 그러나 불침항모는 아니었다. 크고 작은 역사상의 전란 때마다 강화도는 점령되었고 파괴되었다. 한반도의 전 전란사가 강화도 섬 전체에 새겨져 있다. 이유경의 시는 그런 강화 역사의 한 페이지를 인문주의자의 시각으로 바라보는 자가 느낄 수밖에 없는 감정의 한 편린이다.

> 침탈된 나라 무엇으로도 회복할 수 없어
> 섬 왕국은 비애만 쌓았다
> 그리고 땅 깊이 매몰된 무덤들
> 강화 바람 앞에 수없이 맹세하였느니
> "겹겹이 닥치는 굴욕
> 갇힌 세월에 묻어 놓고
>
> 천리 만리 바람처럼 헤매다가
> 살아서 송악 자락에 울며 발 던지리라"
>
> -이유경, 「江華바람」 전문

강화도는 역사상 한반도의 중심이자 고려조와 조선조에 걸쳐 두 나라 수도의 관문 구실을 해왔다. 그러므로 일찍부터 강화도는 주변의 섬들과 함께 관문을 지키기 위해 섬 전체가 요새화 되어 있었다. 고려의 항몽 시기엔 피난 수도이자 항몽기지로서, 근대의 길목으로 접어드는 시기엔 한강으로 거슬러 올라가려는 프랑스 함대와 미국 함대, 일본 함대를 상대로 싸움을 했던 곳도 바로 강화도와 그 앞바다다. 조선왕조는 한강으로 거슬러 오르는 외국의 병선들을 막기 위해 강화도 곳곳에 돈대를 설치하여 방어에 신경을 썼다. 그러나 그 돈대에서 쏘는 조선 수군의 포탄은 불과 몇 십보 앞에서 떨어지고 양이들의 신식포탄에 돈대의 수군과 강화도는 쑥대밭이 되는 비운을 맛보아야 했다.

이승하의 「강화도 기행」은 강화도의 유적 곳곳을 둘러보고 있다. 갑곶돈대, 외규장각 터, 강화산성 그리고 부근리 고인돌을 거쳐 분단의 현장 강화도를 새삼 확인한다. <내 땀방울과 내가 눈 똥 / 내 시신으로 비옥해진 땅 어느 구석에서 / 또 어떤 사람들이 태어나 나라를 세우려나 / 어울려 살아갈 나라의 모양은 반석일까 / 동강난 돌멩이일까>라고.

이렇게 역사의 유적지를 돌아 어쩔 수 없이 분단의 현실을 확인하는 기법은 이기윤의 「까치돈대를 가다」에서도 확인된다.

소금기 서걱이는 구름을 파도가 밀고 온다
머무리 섬 떠밀고 올라온 밀물을 역류하여
이 땅의 목울대 강화로 나는 간다

백양나무 끝가지에 까치 한 마리 홀로 앉아
역사의 들목을 지키고 있는
우우우 그날의 적병처럼 몰려 오는 갈대 갈대

바람의 복병들이 일제히 일어선다

요새마다 보이지 않는 푸른 깃발이 펄럭이고
싸워야 할 적이 없어
외로운 나는 오늘도
이 섬에서 승전보를 기다린다

맨발로 철벅이며 철조망을 넘는
마지막 월북자
강물의 등줄기에 아프게
저물녘 햇살이 박힌다

-이기윤, 「까치돈대를 가다」 전문

외세의 침탈에 온몸을 맡길 수밖에 없었던 강화도는 다시 한반도 분단의 최전방이 되었다. 강화도 북단에서 북녘 땅을 바라보는 사람은 누구나 그 사실을 새삼 깨닫게 된다.

3. 분단의 현장과 남북 시인의 만남

1998년 『시안』 창간호의 북한시 특집을 보던 나는 한 시에 시선을 멈출 수밖에 없었다. 주광남 시인의 「강화도를 바라보며」라는 시였다. 태어나서 처음으로 내가 보고자란 바다 건너 이북 쪽에서 내가 살고 있는 쪽을 보고 노래한 시를 처음 보는 순간이었고 그곳에 살고 있는 사람의 실체를 피부로 느낄 수 있던 순간이었다. 우리 집 앞에서 뻔히 내다보이는 바다 건너 연백은 당시에 내가 살고 있던 곳에서 가장 가까이 있는 육지였다. 그러나 갈 수 없는 곳이었다. 어려서 나는 그 사실을 이해할 수가 없었다. 도대체 저 건너엔 어떤 사람들이 살고 있기에 가면 안 된다는 것인지 이해할 수 없었던 것이다. 더 먼 서울이나 인천은 갈 수 있으면서 코앞에 있는 곳엔 갈 수 없다는 그 기막힌 역사적 현실을 그때는 이해할 수가 없었던 것이다.

그곳은 썰물 때면 갯벌이 서로 맞닿아 있었다. 그냥 걸어서라도 건너갈 수 있는 곳이었다. 그러나 그곳은 쉽게 접근할 수 있는 곳이 아니었다. 해병대의 허락 없이는 바닷가에조차 나갈 수 없었다. 그러나 겨울이면 한강이나 임진강, 예성강에서 떠내려온 얼음으로 바다가 꽉 찼고 그 얼음을 딛고 노루나 멧돼지들이 넘나들기도 했다. 남파 간첩도 북파 공작원도 넘나들었을 것이고 귀순자들도 그 물 위와 물 밑을 넘나들었을 것이다. 그러나 평범한 사람들은 접근할 수 없는 금기의 공간이었다. 그래도 봄이면 바다 건너 들판엔 파랗게 모가 심어진 것이 보였고 가을이면 누렇게 벼가 익은 들판이 눈에 들어왔다. 그로 미루어 그곳에도 사람이 살고 있겠거니 짐작할 뿐이었다. 아니 대남 방송을 들으며 그곳에도 우리말을 쓰는 사람들이 살고 있다는 사실을 알았다. 그러나 바다 건너 사람들은 항상 우리와는 다른 사람들일 거라고 생각하고 있었다. 그러나 주광남의 시를 보는 순간 똑같은 사람들이 저편에도 있었구나 하는 사실을 깨달았다. 똑같은 심장을 지니고 똑같은 글을 쓰는 사람들이 살고 있었던 것이다.

강화도!……제 몸의 멍든 한부분처럼
바라보기조차 가슴답답한 저 꺼먼 섬
군복입은 심장에 통일맹세 품고
이 기슭을 떠나던 홍안의 시절은 언제였던가
그날 다름없는 원한의 섬앞에
반백의 머리칼 날리며 예 다시 섰노니
뛰여산 내 한생은 공회전을 한듯싶어…
아 지맥으론 하나로 잇닿아있는 땅
삶의 피줄 하나로 잇대이지 못한탓에

강화도여 너는
민족의 이 한가슴에
아픈 옹이로 박히는구나
홍안의 그 걸음을
새롭게 다시 시작하게 되는구나!

—주광남, 「강화도를 바라보며」 전문

이에 나는 즉시 그의 시에 화답하지 않을 수 없었다.(「연백을 바라보며-북의 시인 주광남에게」) 그리고 연이어 어린 시절 그곳에서 보낸 경험을 하나하나 돌이켜 생각해보지 않을 수 없었다. 친구들이 도시로 이사간 후 할 일없이 갯벌에서 망둥이 낚시로 소일하던 일, 여름이면 장마통에 바다 가득 떠내려오던 물건들, 해마다 주위 사람들을 죽게 한 장난감 지뢰, 의문의 시체들, 대남 방송, 눈처럼 날리던 삐라들, 빙산 같은 얼음과 그 얼음을 타고 넘나들던 산짐승들, 해병대 등등 일련의 사건과 풍경들이 스쳐지나갔다. 나는 시를 쓰지 않을 수 없었다. 그렇게 해서 나의 민통선 시리즈가 본격적으로 쓰여지기 시작했다.

그 바다엔 고깃배 한 척 떠 있지 않고
바다를 건넌 사람들은 전설 속에나 있었습니다.
강물과 섞이는 염분의 농도는 가늠할 길 없고
하루에 두 번씩 바닷물은 가라앉은 소금기를 뒤집었습니다
외지인들은 누구나 공포에 떨었고 유배지로나 여겼지만
사람들은 아무도 그것에 관심이 없었습니다
거기도 예외는 아니어서 쫓기듯 왔다 서둘러 떠나는
섬마을 학교의 선생님들처럼 세월은 가고
밀물처럼 어느새 돌아와 내 뒤를 휘감고

믿기지 않지만 젖먹던 아기가 또 젖먹이를 낳고
아들이 또 그 애비를 바닷가 기슭에 묻었습니다
엄마가 굴 따러간 사이 들려준 자장가는 대남 방송이었지만
그 아이가 자라 낚싯줄을 드리울 때도
조선어 문법은 여전해서 그것이 지독한 비문인 줄도 몰랐습니다

-이동재, 「민통선 망둥어 낚시」 부분

시를 쓰는 동안 나는 고향집 마당에서 건너다보이던 북쪽과 그 하늘을 내내 머리 속에 그리고 있었다. 바다 건너 그 하늘 밑에는 내가 언젠가는 만나야할 사람들이 살고 있기 때문이었다. 그 하늘 아래엔 주광남 시인이 살고 있고 보이지 않게 눈을 마주치고 있던 동시대의 사람들이 살고 있었다. <-소월과 백석의 눈물이 스민 하늘 / 임화의 모가지가 잘린 북녘의 땅>(오탁번, 「그리운 북쪽 하늘」), 그래서 더욱 눈물겹게 가고 싶고 보고 싶은 하늘과 땅 그리고 사람들이 지척에 있었다. 고향집 앞에서 배를 타고 한강을 거슬러 마포나루로, 예성강을 거슬러 개성으로, 황해도 장산곶을 지나 대동강의 남포로 거슬러 올라갈 수 있는 날을 학수고대하며, 그때까지 북에 있는 시인들의 안녕을 기원했다.

4. 오래된 일상의 유적

어디론가 떠나고 싶은 마음이
주머니를 털면 저물어 가는 해와
경계를 건너가는 강물과
서쪽을 향해 이미 오래된 것들
잔광에 풀풀 날아오르다가 다시

숨죽인 듯 쌓여 어두워지는 섬

바람의 다리를 지나 사람들
등불을 켜고 몰려가서는
흔들림의 보이지 않는 깊이에 대하여
그 길의 끝을 찾아 한바퀴 휘 돌아 나갈 때에도
뻘밭의 어린 게 한 마리
뻘의 시간 속으로 제 몸 하나 숨기듯

그러나 아득한 길이여
축축한 옷도 이내 마른다
올 풀린 생애 하나쯤은 또 얼마나
쉽게 바람 속으로 흩어지겠는가
싫어 물처럼 흘러 혼자섬하고 싶은 날
흐린 물 끝에 터벅터벅 이르면
뭍에 어깨를 기댄 오래된 가슴 하나
늘 거기에 있다

-심재휘, 「오래된 섬-강화도 일박」 전문

언제부턴가 강화도는 사람들이 자주 찾는 섬이 되었다. 수도권에서 가깝다는 이유로, 전적지를 포함하여 둘러볼 곳이 그런 대로 많다는 이유로, 그냥 그저 그런 드라이브 코스로 각광을 받고 있는 모양이다. 사람들이 저마다 강화도를 찾는 이유는 달라도 그들은 그곳에서 자신의 일상을 발견한다. 어쩌면 숨겨둔 자신의 자아와 마주하게 되는 길인지도 모른다. 그 길은 가깝고도 먼길이며 아득한 길이다.

대도시에서 가깝다는 것은 어쩌면 축복이 아니라 저주다. 무시할 수도 없고 완전히 휩쓸릴 수도 없는 거리, 비루한 인간들의 욕망으로부터 자유롭지 못한 거리에 강화도가 있다. 비승비속의 거리라 할까? 딱 그만한 거리에 강화도가 있고 강화 전등사가 있다. 그래서 한때 그곳의 주지스님이었던 시인 고은은 전등사를 찾는 지혜를 몇 가지 알려주고 있다.

> –그곳에 역사를 보러 가지 말 것이며 진리에 가까이 가려고 가지 말 것이다. 또한 아주 잊지 못할 풍류를 누리려고 가지 말 것이다.
>
> 다만 나보다 더 어리석고 나보다 더 못난 여자를 서울과 강화 사이의 길에서 얻어서 그녀의 잘못된 화장이나 저속한 취미, 언동 따위를 무시하지 말고, 인생이란 별것인가 라고 생각하면서 풋사랑이라도 즐기면서 연방 실없는 콧노래라도 흥얼거리며 갈 일이다. 산도 야산이고, 절도 야찰(野刹)이다. 거기에 데리고 가는 동반자도 야니(野尼)가 어울린다.[1)]

그래도 유적은 유적이고, 그 유적(遺跡)은 또 유적(流謫)이어서 마음이 편치만은 않다. 오정국의 시는 그런 편치 않은 인간의 심사를 노래하고 있다. 어쩌면 이승은 고단한 인간들의 유배지인지도 모른다. 인간은 모두 자신의 인생의 무게만큼 그 무게를 온몸으로 떠받치고 그 유배지를 건너가고 있는 중인지도 모른다. 인간이란 것들이 죄보다도 더 가혹한 형벌을 스스로에게 또 주위 사람들에게 내리며 이승의 한 귀퉁이를 돌아가고 있는 것인지도 모르겠다.

> 끊어질 듯 끊어질 듯
> 끊어지지 않는 울음소리

---

1) 高銀, 『절을 찾아서』, 책세상, 1987, p.164.

전등사 앞마당의
금낭화 붉다
해변마다 철책은 녹슬어가고

대웅전 처마 밑의 저 여자,
다리 오그리고
팔 뻗어
대웅전 지붕을 떠받치고 있는
저 여자, 다리 오그리고
팔 뻗어
유적의 황혼빛을 제 몸에 새겨넣고 있다

이승의 울음소리 하나 받아내듯

숲 속의 목 쉰 사내

얼굴 붉혀 노을이 번지고

갑곱돈대는
해 떨어지기 전,
슬그머니 옆구리 한번 떨고

-오정국, 「遺跡은 流謫이어서」 부분

전등사 대웅전 처마의 여자를 보고 있으면 마음이 편치 않다. 속리산 법주사나 지리산 화엄사의 사사자 삼층석탑을 보고 있을 때처럼 그 또한 보고 있는 이의 마음을 불편하게 한다. 당초 벌거벗은 여자의 몸으로 부처님의 세계를 내내 떠받치고 있게 하기엔 그건 너무 가혹한 형벌이다. 어느 도편수의 미망이 사랑을 그토록 낮뜨거운 증오로 바꾼 모양이다. 그러나 사랑도 증오도 모두가 환영이 아닌가. 무거운 마음을 지우고 그냥 가벼운 평상심으로 이 세상을 건너갈 수는 없는 것인가? 대답이 여의치 않을 때 그냥 강화도나 다녀와 볼일이다.

정수사 앞마당 수국꽃잎은
푸름에서 붉음으로 건너가고
나는 서러운 서른에서
막막한 마흔으로 건너가는 중이다

문 닫힌 三聖閣
돌계단 위에 서서 바라보는 동막 바다,
어느새 밀물 들어 출렁이는 저 바다에서
우리는 삼겹살을 구워먹고
검은 진흙뻘 속에
손바닥만한 구멍이나 뚫으며 놀다왔을 뿐이다

–전동균, 「淨水寺에서 노래함」 부분

다시 전동균이다. 그의 시에서 나는 오랜만에 고향의 갯벌 냄새를 맡는다. 여자의 음부 같은 그 뻘과 냄새가 그립다. 그런데 이게 웬 일인가? 우연히 펼친 신문 기사에 오랜만에 강화도 얘기가 나와서 읽어보니, 인천의 모회사 남자 동료 두 명이 동료 여직원을 불러내어 강화도의 어느 횟집에서 술을 나눠 마시고 동료 여직원을 차안에서 번갈아 폭행 강간을 했다지 않은가. 하필 강화도라니? 강화도는 그런 곳이다. 대도시의 모든 쓰레기가 흘러 내려가고 몰려가는 곳이다. 그런 쓰레기들이 그 갯벌에서 다시 태어나는 곳이다. 누구도 그 섬에선 예전의 자기로 그냥 나올 수 없는 곳이다. 강화도 갯벌에서 죽고 정화되어서 다시 태어나야 하는 것이다. 그러므로 강화도는 한반도의 자궁이다.

-≪시안≫ 2001, 겨울호.

시인의 길

님이야 날인 줄 모르셔도

-나비 박물관을 찾아서-

시인의 자(字)는 모르겠고 호(號)는 이산(㠖山)이다. 몇 년 전에 어줍지 않은 사화(士禍)에 연루되어 시원치 않은 시골의 훈장직도 떼이고 난 후, 오도가도 못한 채 방장산 아래에서 은거(隱居)하고 있다. 매일 하는 일없이 방구들을 지고 누워 낮과 밤을 바꿔 생활하기 일이고, 가끔씩 말도 되지 않는 글을 끼적거려 세상을 희롱하기가 그중 나은 일이다. 좋아리 굵은 그의 내자(內子)가 하루 종일 품을 팔아 위아래 층층으로 있는 시부모와 자식새끼들을 먹여 살리려고 발버둥치고 다녀도 모른 척 외면할 뿐, 동네 결식 아동이나 북한 동포 기아 문제는 걱정할지언정 제 새끼 밥 굶고 다니는지는 신경도 쓰지 않은 채, 손에 흙 한 번 묻히는 법 없이 놀고먹는 것이 또한 일이다. 남들이 보기엔 영락없는 서방(書房)이나 알고 보면 쓸모 없는 한량(閑良)에 불과하다.

허구헌날 집에서 놀면서 동네 아줌마들의 눈에 띄는 것이 그의 마음에도 걸렸던지, 남들 다 자는 어느 날 밤 한참을 이리저리 옥편을 뒤적이더니, 옳다구나 허벅지를 치며 한 자를 골라내니 그 자가 바로 이(㠖)자라. '낮고 길이'자니 낮고 긴 산을 일컫는 말이다. 조선의 산이 무릇 대개 낮고 길게 뻗쳐 있으니 그처럼 잘난 척 튀지 말고 평범하게 남의 눈에 띄지 않게 그렇듯 살아보자는 뜻으로 그 자를 골라 호(號)를 지으니 웃기고 자빠질 일이다. 그 인간이 세인(世人)들의 눈에 띌 일이라곤 멀쩡한 남의 남정네들 다 출근하고 난 동네에서 설거지를 막 끝낸 아녀자들이나 대낮에 교미중인 동네 개들의 눈에나 한심하게 띌 일 밖에 없건만, 분수를 모르고 그렇듯 헛지랄이나 하고 있으니 그 인간이 철이라도 좀 들 날은 아직도 먼 듯 하다.

시인은 궁벽한 서해의 한 섬에서 태어나 대처의 풍물과 일들을 보지 못하고 자란 관계로, 또 허구한 날 패설(稗說)이나 보고 자라다 보니 아는 것이 하나 같이 잡스런 일들뿐이라 길거리에 흔한 그 도(道)도 하나 모른 채 매일 사람들에게 뒤통수나 맞으며 사는 게 일이니 한심할 따름이다. 시인이 비록 한때는 큰 서당에서 시문이나 보며 틈틈이 대인들의 문장을 접해보았다고는 하나 그게 다 알고 보면 소인배들의 문장이라 믿을 것도 없고 쓸모도 없는 것들이었다. 불혹의 나이가 다 되어서야 비로소 문장과 사람, 그리고 세상이 다 따로따로 임을 겨우 알까말까하니 위인의 영민하지 못함이 이와 같다. 김시습이 남긴 시문이나 주무르며 칭찬하는 인간치고 그처럼 사는 인간 하나 없고 이광수를 놓고 이러쿵저러쿵 하며 떠드는 인간치고 그보다 나은 인간 하나 없다는 지극히 평범한 사실을 이제서야 알 듯 말 듯 하다하니 인간의 미흡함이 이렇듯 한심한 지경이다. 그렇다보니 시인이라고는 하나 그 시인이 쓴 시라는 것이 어련하겠는가? 당연한 결과로 시인이 시인임을 아는 사람을 만나기가 요즘 세상에 길에서 수절과부 만나기보다 어려운 형편이니 시인이랄 것도 없고, 시 써서 죽 한 그릇 사서 먹은 적 없으니 어디 가서 직업이 시인이랄 수도 없다. 그나마 어쩌다 술 마시다 생각이 났는지 그의 이름 석자를 기억하는 사람들이 있어 가끔은 청탁이란 것도 받기는 하나 그 흔적이 없다.

실권자의 아들 중 하나가 구속되었다고는 하나 시인의 사화에 관련된 정객들의 서슬이 아직도 시퍼렇고, 정권이 바뀌어도 그 놈이 그 놈인 세상에, 일찌감치 배를 갈아탄 왕년의 동지들이 다 잘 나가고 있는 것을 뻔히 보고도 정신 못 차리고 있는 것이 한심했던가? 그러다간 아까운 세월 다 흘러간다고 일찌감치 시류에 야합해서 생을 좀 즐기면서 살라고 지근(至近)에서 말을 해주어도 말기를 못 알아듣고 허구헌 날 집에만 틀어박혀 있으니, 당사자야 본래 그렇다 치고 측근에 있는 사람들이 무슨 전생의 죄를 지었기에 그런 인간을 보고 살아야 하는지 모를 일이다. 근자에는 서책(書冊)도 멀리한 채 먼 산이나 바라보고 집 근처 냇가의 백로가 물고기를 희롱하는 모습이나 보며 미친놈처럼 희희덕거리고 있으니 환장할 일이다. 그러다가 느닷없이 한 여름 복중(伏中) 장마에 나비를 보러 간다고 집을 나서니 목불인견이라.

나비의 본명은 '나뷔' 혹은 '나븨', 이웃 나라 글자론 '호접(胡蝶, 蝴蝶)'이라 한다. 호공(胡公)은 지금으로부터 약 2억년 전 삼첩기에 몸을 세워 오늘에 이르렀으니 시인보다는 연치(年齒)가 한참 위이다. 그러나 시인은 소시(少時) 적에 호공과 허물없이 지냈던 터라 오랜만의 만남에도 거리낌없이 나선다. 시인은 소시 때에 향리의 서당에서 '나비야 나비야 이리 날라 오너라 / 호랑나비 흰나비 춤을 추며 오너라 / 봄바람에 꽃잎이 방긋방긋 웃는다 / 새들도 짹짹짹 노래하며 춤춘다'고 하며 놀던 기억이 있는지라 나비 이야기가 나오자 그때가 언제라고 아무 생각 없이 어제 만난 친구를 만나러 가듯 집을 나서는 것이다.

그 동안 시인과 나비는 참으로 격조했었다. 소시 때에 향리에서 그렇게 대면한 후에 수십 년 간 제대로 만나본 기억이 시인에겐 없다. 그가 얼마 전에도 보았다고 한 것은 나비가 아니라 나방인 것으로 그의 어린 아들에 의해 밝혀졌다. 소문에 호공이 중국에 있는 장자의 꿈속에 나타나 한바탕 장공을 희롱한 적이 있다는 얘기를 흘려들은 적도 있지만 그야말로 긴가민가하고, 송강 정철의 가사 끝 부분을 호공이 간드러지게, 혹자(或者)에 따라선 우아하게 장식했다는 소식을 들은 것도 같지만 시인의 취향이 영 그쪽이 아니어서 관심 있게 본 적도 없는 듯 하다. 그 후 호공의 소식을 시인은 오다가다 들었으나 그 호공이 소시 적의 그 호공인지 가늠이 되지 않아 그저 그런가보다 하며 지냈다. 말인즉 호공이 언제부턴가 연(燕)공과 눈이 맞아 연공의 목 아래 짝 달라붙어 카바레를 들락거리기 시작했다는 소문이었다. 세인들은 연공의 목에 달라붙은 호공을 '나비넥타이'라고 부른다고도 했으나 시인은 잘 알지 못하고 있었다. 누군가 그 말을 꺼내자 시인은 일제 강점기 내지(內地)에서 온 이토오공이 목에 메고 온 그것과 연공의 그것을 혼동하고 있었다. 허긴 남의 땅을 먹든 남의 부인을 먹든 그게 그거라 구분이 가지 않기는 마찬가지다. 이렇듯 시인의 현실 감각이란 것이 참으로 한심한 수준이니 더불어 말하기가 어렵다.

시인이 느닷없이 호공을 만나러 나서니 그의 내자에 자식새끼들까지 따라나선다. 참으로 시인의 난감해하는 모습이 또한 가관이다. 시인의 내자라고는 하나 내자와 외자의 위치를 바꾼 지 오래라, 내자 아닌 내자의 동행을 떨쳐버릴 수 없는 것이 시인의 처지라.

시인의 내자가 굳이 따라나서겠다고 한 것도 다 이유가 있어서다. 수년 간 두문불출하던 위인이 어느 날 갑자기 집을 나선 것도 이상하거니와 만나러 간다는 것이 호공인 다음에야 어느 여인이 마음을 놓겠는가? 이미 호공과 연공이 그렇고 그런 사이란 것은 세상 사람들이 다 아는 사실이요, 호공이 이 꽃 저 꽃 위를 돌아다니며 지분거린다는 사실은 삼척동자도 다 아는 사실이 아닌가? 꽃이 뭔가? 그게 다 성기(性器)가 아닌가? 호공이 있는 곳에 꽃들이 만발할 터, 어찌 그런 곳에 시인을 혼자 보낼 수 있겠는가 하는 것이 그의 내자 생각이다. 시인의 내자는 호공과 시인을 같은 부류의 족속으로 이미 분류해놓은 상태다. 시인은 할 말이 없다. 억울한 것이다.

시인이 호공과 어울린 것은 그야말로 소시 때에 향리에서 뿐이었다. 몰론 시인도 호공처럼 호방하게 이 꽃 저 꽃에 발을 담그며 살 수도 있었다. 그러나 시인은 그 동안 분명히 호공과는 다른 삶을 살아왔다. 큰 서당이나 군문(軍門)에 몸담고 있을 때만해도 주위에 쓸 만한 처자들이 적지 않았으나 시인은 태연했다. 더불어 수작(酬酌)은 하였으나 성기를 서로 맞춰보는 일은 '거의' 없었다. 차마 하지 않았음인데, 그것이 오히려 시인으로서 흠이라면 흠이라 지금 그는 후회막급인 것이다. 그 흔한 술집의 꽃방석 위에도 한번 앉아보지 않고 맨바닥에 앉아 쓴술을 마셨거늘 호공과 자신을 동격으로 보다니 시인은 억울한 것이다. 그러나 친구는 친구인 법. 옛 친구를 만나러 가는 자리에서 화를 낼 수도 없는 일이라 시인은 묵묵히 처자를 이끌고 집을 나선다. 함평 어딘가에 호공 일족들이 모여 산다는 얘기를 들은 것이다.

달구벌에서 빛고을로 연결되는 88고속도로로 들어선다. 시간은 이미 정오를 지나고 있다. 고속도로라는 이름이 무색하게 도로는 왕복 2차선이다. 이십여 년 전에 한 고을을 피로 물들이고 집권한 장군이 그 후 좀 어색했던지 동서화합이라는 명분으로 만든 길인데 억지로 만든 기색이 역력한 길이다. 말이 좋아 고속도로이지 국도, 아니 지방도로만도 못한 길이다. 통행료가 아깝다. 두고두고 지역 주민들을 골탕먹이고 있는 꼴이다. 전국 고속도로 사고 사망률 최고다. 분리대도 없으니 당연한 일이다. 일명 '죽음의 도로'이니 만든 놈들의 이미지와 어쩜 그리 잘 어울리는지 모른다. '나 같으면 그렇게 안 만들었다. 이왕 못된 짓 하고 나서 선심 쓰는 척 하는 것이라면 화끈하게 쓰고 만다' 고 시인은 생각한다. 그 정도 통 밖에 되지 않는 것들이 정치라고 했으니, 지금도 그 판은 여전히 그 수준이다.

담양을 지나다 보니 문득 한때 한양에서 동문수학한 동기가 낙향하여 대안 사립서당에서 훈장질을 하고 있다는 사실이 떠오른 시인은 갈 길이 바쁘다는 사실도 잊은 채 불문곡직 그 집을 찾아든다. 다행이 사람은 있었으나 같이 갈 형편이 아닌 듯 하다. 시인의 그 동기도 훈장질이 여의치 않은 듯 매일 서당 문제로 골치를 썩고 있는 눈치다.

시인은 차 한 잔 마시자마자 다시 길을 나선다.

전국 어느 곳이나 지금 그렇듯이 호공을 만나러 함평으로 가는 길도 곳곳이 끊기고 파헤쳐져서 온통 난리다. 멀쩡한 길을 놔두고 그 옆에 또 길을 만드느라 정신이 없다. 또한 우리 나라의 도로 표지판이 흔히 그렇듯이 초행자가 보고 제대로 길을 찾아가기엔 원래 힘들게 되어 있는데다 중간 중간에 새 길을 내느라 그나마 표지판도 더 엉망이고, 게다가 뒷좌석에 탄 시인의 애새끼들이 지루한지 서로 치고 박고 싸우다 보니 시인은 문득문득 가야 할 길을 놓치고 만다. 원래 시인이 가는 길엔 지름길 따위는 없다는 듯이 자꾸 길이 삼천포로 빠져서 엉뚱한 방향으로 가다가 돌아오길 반복한다. 시인은 가는 방향이 북쪽인지 남쪽인지 헷갈리는데 그나마 운전석 옆에 부착해놓은 나침반은 아무리 방향을 돌려도 한 방향만 가리키고 있다. 중원에서 만든 나침반인데 살 때부터 그 모양이었다.

어찌어찌 예정 시간보다 배나 걸려서 시인의 가족들은 함평에 들어선다. 나비의 고장답게 읍내 입구의 가로등에도 나비 모양의 조형물들이 부착되어 있고 마을 버스 정류장에도 나비가 그려져 있다. 사람보다 호공이 더 많은 것 같다. 그러나 정작 살아 있는 호공은 만나기 어렵다. 나비축제가 열리는 5월에나 와야 살아있는 호공들을 만날 수 있다는 것이 그곳 사람들의 말이다.

시인과 그 가족들은 겨우 나비곤충 연구소를 찾아 진짜 호공과 상면하게 된다. 그러나 그 호공들은 전부 날카로운 창에 찔려 유리 상자 안에 갇혀 있었다. '아뿔싸 오랜만의 상봉이 이리 처참할 수가!' 시인은 차마 그 몰골들을 다 보지도 못하고 건물을 나와버린다. 호공의 말로가 너무 끔찍하게 느껴진 것인지도 모른다. '설마 저들은 일부 재수없는 호공들이겠지? 모두가 저런 운명에 처한 것은 아니리라'고 시인은 애써 생각하는 듯 하다. 시인의 아내는 무엇이 고소한지 연신 웃으며 꼼짝 못하게 된 호공들을 들여다보고 있고 그 애새끼들은 전시관에서 날뛰다가 급기야 관리인에게 야단을 맞고 만다.

그 시간에도 시인은 무언가 골똘히 생각에 잠긴 듯 하다.

'나비부인과 젖소부인은 어떤 관계지?'

시인은 그 동안 호공을 너무 모르고 있었다는 생각이 문득 든다. 매미의 울음소리엔 그토록 민감하게 반응해왔으면서도 호공의 날개짓은 너무 오랫동안 잊고 있었던 것 같다는 생각도 하는 것이다. 자신은 호공의 친구이면서 매미의 친구인 양 살아온 것이 아닌가 하는 생각도 시인은 드는 모양이다. 매미는 맹렬히 우는 것으로써 자신의 존재를 표현하지만 호공은 조용히 허공에 무늬를 그리다가 사라진다. 알에서 애벌레, 다시 번데기에서 나비로의 우화(羽化)과정을 거치면서 호공은 각각 다르면서 같은 존재의 생을 산다. 그 완전한 변신, 혹자는 변태라고 하지만 아무렴 어떤가? 시인은 그 과정이 새삼 경이로운 것인지도 모른다. 존재의 부피가 느껴지지 않는 호공의 죽음조차 경이로운 것이라고 시인은 생각한다. 매미는 청각적인 존재지만 호공은 시각적인 존재다.

'나는 내가 한 말이나 내가 쓴 글로 평가받고 싶지 않아. 호공처럼 무늬로, 허공에 그린 날갯짓으로, 그 허무의 흔적으로 기억되고 싶어.'

시인은 혼자서 헛소리를 하고 있다.

'니가 화가나냐?'

날아가던 참새가 한마디 하더니 똥을 싸고 간다. 그래도 정신 못 차리고.

'나비의 변태는 무죄다.'

'나비부인은 꽃인가 암코양이인가?'

시인이 몽상에서 깨어나지 못하고 있는 동안 시인의 처자가 시인의 등에 날카로운 바늘을 꽂는다.

'배고프다 가자! 아빠, 배고파요!'

시인은 돌아가는 길도 많이 헤맸다. 시인의 길은 항상 그렇다. 그에겐 지름길이 없다. 그래도 시인은 오랜만에 친구인 호공을 만나고 돌아가는 길이 즐거운 모양이었다. 시인은 호공이 나방처럼 결코 자신의 몸통을 살찌우지 않는다는 사실을 알고 기뻤다. 호공은 조용히 자신이 지나친 곳마다 향기로운 열매를 남길 뿐이다. 남이야 알건 말건.

―≪시안≫ 2002, 가을호.

한국 현대시의 고향

-김소월의 『진달래꽃』(賣文社, 1925)-

내가 태어나서 처음으로 구입한 시집이 바로 소월의 시집이다. 중학교 1학년 때 구입했던 김소월 시집은 이십여 년 동안의 수십 차례 이사에도 잘 따라오더니 최근의 이사에서 행방불명되고 다른 판본들만 있으니 안타깝기 그지없다.

대한민국의 국민이 한두 권의 시집을 가지고 있다면 아마도 김소월이나 윤동주 아니면 한용운의 시집일 것이요. 남녀노소를 가리지 않고 한두 명 아는 시인이 있다 해도 이들일 것이다. 그만큼 김소월은 학교 정규 교육을 조금이라도 받은 우리 나라 사람이라면 그 이름 석자는 들어봤을 것이다. 또한 그의 시 한두 편 정도는 읽은 경험이 있고 그의 시 한두 구절은 읊조릴 수 있을 것이니, 바야흐로 그를 일컬어 국민시인이라고 해도 특별히 시비를 걸 만한 사람이 이 땅에는 없을 것이다. 바로 그가 소월 김정식(1902~1934)이니 이를 어찌 대한민국 국정 국어교과서의 힘이 아니라고 말할 수 있겠는가. 가갸거겨를 배우고 시를 운운하는 자 모두가 그로부터 비롯하니 과연 소월이야말로 한글의 아버지요 시의 아버지다.

허나 어디에도 문제는 있는 법, 예나 지금이나 젊은것들이 하나같이 그의 시를 읊조리기 시작하며-'나 보기가 역겨워 가실 때에는' 운운-실연자가 되고, '집' 없다고 가출하고, '길' 없다고 아무 데나 가로지르다가 허구한 날 사고를 치니(좀 더 센 놈들은 마약까지 하느니라) 그게 하나요. 시인이란 모름지기 불행한 운명을 타고나거나 불행한 시대에 태어나야 한다고 지레짐작하게 만들어서 영악한 놈들은 아예 시인되기를 포기하고 학교를 졸업하자마자 시의 시자도 들여다보지 않는 사람이 되고, 시 줄이나 써보겠다고 덤비는 놈들은 애써 요절을 꿈꾸니 이 아니 망조요, 간혹 차라리 나라를 다시 빼앗겨야 시인이 될 수 있겠노라고 친미매국을 부르짖으니 이 또한 문제다.

범생이요 우등생이란 자들은 대학생이 되기까진 그의 시를 열심히 들여다보고 읊조려도 보나 대학에 가고 난 후엔 언제 봤냐는 식이고, 판검사가 되고 의사가 되고 공무원이 되고 사무원·은행원이 된 다음엔 시집 한 권 사서 보는 일이 없게 됨이니, 시장 통에서 김밥을 말고 있는 아낙이 시를 보겠는가? 막노동판에서 등짐 지는 남정네가 일을 작파한 후 술잔 대신 시집을 들겠는가? 술집에서 술 따르는 처자가 어느 세월에 맨 정신으로 시를 보겠는가? 이 모두가 중고등학교 때 배운 그의 시의 영향이다. 그래도 소싯적에 보고들은 바는 있어 어쩌다가 요즘 시들을 보고는 이건 시가 아니라고 하니, 그 말의 뜻인 즉, 이건 김소월의 시와 다름이란 말이니 그들의 머릿속엔 시란 모름지기 김소월의 시처럼 운율이 팍팍 살아있고 영탄과 반복이 간간이 들어있는 것을 말함이다. 그들의 시에 대한 지식이 이처럼 김소월의 시에 고착되어 있으니 그에 대한 국민들의 사랑이 지극함을 알만하나 이 또한 병이다.

이 모두가 소월의 『진달래꽃』이란 시집에서 비롯된 것이니 이 시집의 공과를 알만하다.

시집 『진달래꽃』의 등장은 실로 놀랄만한 사건이다. 지난 100여 년의 세월은 우리가 서구 근대와의 충돌 이후 저들의 문화와 문명을 받아들여(폭력을 동반한 강제성이 있었지만) 우리 것으로 만들어온 시기이니, 이제 겨우 어느 정도 우리 나름대로의 적응력이 생겨 제 목소리를 내게 된 상황임을 감안하면(제대로 된 것인지는 장담을 못하겠노라) 서구 근대의 문물이 밀려오기 시작한 지 이십여 년만에 저들의 근대시를 우리의 전통시에 접목시켜 성공적으로 뭔가를 보여줬던 소월의 시야말로 실로 놀라운 것이다. 다른 분야에선 한 세기를 통해서야 겨우 이룰까말까 한 것을 불과 한 세대만에 이룬 것이니 우리 전통 문화의 저력과 선배들의 천부적인 소질과 영민함 그리고 그들의 피나는 노력에 존경과 감탄의 마음을 보내지 않을 수 없다.

소월의 시가 전통시와 근대시를 이어주는 가교 역할을 훌륭히 해냈음인데 시집 『진달래꽃』이 바로 그 증거다. 그간 연구자들이 수없이 들러붙어 그의 시의 성격과 특징, 그 문학사적 의의에 대하여 갑론을박을 벌여왔음은 다 아는 사실이다. 혹자는 그의 시가 전통적 서정을 계승한 것으로 소월을 민족시인이라 하고, 혹자는 그의 시에 나타난 한(恨)의 정서에 주목하고 또 혹자는 그의 시에 나타난 율격 문제에 천착하니 그의 시에 대한 연구 논문이 이 나라 최다의 수를 기록하게 되었다. 그러나 여기에도 문제는 있게 마련이어서 어떤 자는 그의 시에 구체적인 현실의식이 없음을 한탄하고 또 어떤 자는 그렇지 않다고 눈에 불을 켜고 현실의식을 드러낼만한 시구를 찾으니, 이런 시다.

나는 꿈꾸었노라, 동무들과 내가 가즈란히
벌가의 하루 일을 다 마치고
석양에 마을로 돌아오는 꿈을,
즐거이, 꿈 가운데.

그러나 집 읽은 내 몸이어,

바라건대는 우리에게 우리의 보습 대일 땅이 있었다면!
이처럼 떠돌으랴, 아침에 저물 손에
새라새로은 탄식을 얻으면서.
-「바라건대는 우리에게 우리의 보습 대일 땅이 있었더면」 부분

그야말로 농부가 송곳 꽂을 땅이라도 자기 땅을 가지고 싶어하듯 현실의식을 들어낸 눈곱만한 단어라도 있으면 찾고 싶은 것이 그런 연구자들의 심정일 것이다. 그 심정을 이해 못하는 것은 아니나 시가 너무 관념적이라고 구체적인 당대의 현실 배경이 드러난 구절을 찾고자 함은 쓸데없는 헛수고다. 왜인고 하니 그의 시가 내내 '집 없고 길 없고 임 없음'을 노래하고 있음을 뻔히 알고 있으면서 굳이 그 구체적인 배경을 거론하는 자들은 시속에서 소설을 찾으려고 하는 자들이다. 무릇 한 시인이나 작가에게서 전 인류사가 이룩한 지적 업적을 기대하는 것이 이 나라 평자나 연구자들의 폐단이니, 시는 시이고 시인은 시인일 따름이다. (그것도 단명한 시인에게서랴!)

대저 사물이 의식화됨은 언어를 통해서이니 이 땅 삼천리 금수강산 구석구석에 봄마다 피어나는 것이 진달래이나 그 진달래가 그저 진달래가 아니라 마음속에 아련함을 불러일으키는 진달래가 됨도 소월의 시 「진달래꽃」 덕분이요, 작금에 문제가 되고 있는 북한의 영변 핵원자로가 좀 더 많은 감정을 불러일으키는 것도 소월의 '영변에 약산 진달래꽃' 때문이다. 하물며 나라 잃은 일제 강점기에 상실과 부재를 노래한 시인의 시를 놓고 그 상실과 부재의 배경이 나타나지 않았다 함은 무슨 언어도단의 헛소리인가? 나라 잃은 시기에, 더군다나 전근대와 근대가 교차하는 과도기에 망한 나라의 언어를 붙들고 몸부림치다가 안쓰럽게 쓰러져간 한 시인의 가냘픈 그러나 절절한 목소리가 아직도 심금을 울리지 않는가?

혹자는 약관의 나이를 전후한 시기에 쓴 한 젊은이의 유치한 연시

를 늙어서도 읽어야 하느냐고 하나 철없는 인간은 늙어 죽을 때까지 철이 들지 않는 것도 인간이란 동물의 속성이니, 항차 벽에 똥칠하도록 산 인간의 삶이 소월의 유치한 시보다 덜 유치하다고 할 수 있겠는가? 무릇 모든 만물의 시작은 유치했을지니 소월의 시가 유치하다면 그것은 우리 근대 초기의 유치함에서 비롯된 것일지니 그것이 어찌 한 인간의 책임이겠는가?

어쨌든 소월의 시집 『진달래꽃』은 한국 근대시사의 축복이요 영광일지니, 소월이 평생에 짓고자 했던 집의 모습을 그려보며 이 글을 마칠까 한다.

> 들가에 떨어져 나가앉은 뫼기슭의
> 넓은 바다의 물가 뒤에,
> 나는 지으리, 나의 집을,
> 다시금 큰길을 앞에다 두고.
> 길로 지나가는 그 사람들은
> 제가끔 떨어져서 혼자 가는 길.
> 하이얀 여울턱에 날은 저물 때.
> 나는 문간에 서서 기다리리
> 새벽 새가 울며 지새는 그늘로
> 세상은 희게, 또는 고요하게
> 번쩍이며 오는 아침부터,
> 지나가는 길손을 눈여겨보며,
> 그대인가고, 그대인가고.

－「나의 집」 전문

－≪정신과표현≫ 2004.1/2.

미당(未堂)과 말당(末堂) 사이

-서정주의 『미당 서정주 시전집 1 · 2』(민음사, 1991)-

언제부턴가 살아있는 작가들의 전집 발간이 눈에 많이 띈다. 나같이 게으른 연구자나 독자들에겐 반가운 면도 없지 않다. 나온 지 오래된 작품집들은 구하기도 어렵고 설사 구한다고 하더라도 책의 상태가 좋지 않게 마련이어서 아무래도 새 책만큼 산뜻한 맛이 없다. 하지만 여기엔 몇 가지 생각해봐야할 문제가 있다. 먼저 살아 생전에 자신의 전집을 만드는 작가들의 마음속엔 몇 가지 복합적인 생각이 얽혀 있을 수 있다. 첫째는 작가 자신이 살아 생전에 자신의 작품을 자기 손으로 깔끔하게 정리해놓겠다는 생각이다. 아무래도 작가의 작품에 대해서 작가만큼 정확하게 알고 있는 사람도 드물 것이다. 그렇기 때문에 작가 스스로 자신의 전 작품을 체계적으로 정리해놓고 싶은 욕망은 작가라면 누구에게나 있을 수 있다. 전집이 그 가치를 인정받기 위해서는 자료의 정확성이 문제가 되는 만큼 작가가 자신의 작품을 살아있을 때 체계적으로 정리해놓는다는 측면에서 긍정적인 면이 있다는 것은 인정하지 않을 수 없다. 물론 여기엔 작가가 다른 사람의 신세를 지지 않겠다는 생각이 포함되어 있을 수도 있다. 둘째는 자신의 직계 후손이나 후대의 평론가 혹은 연구자들을 믿지 못하겠다는 생각이다. 작가의 사후에 모든 작가가 전집 발행의 영광을 얻는 것은 아니다. 집안의 영향력이나 문단의 영향력 그리고 문학사적인 가치 평가의 정도에 따라 작가의 사후에 평가가 달라지게 마련이어서 아무도 작가 사후의 문제에 대하여 장담할 수 없는 상황이다. 여기에는 작가의 사전 검열 의도도 포함되어 있다. 자신의 이미지에 부정적인 영향을 끼칠 만한 작품이나 글은 미리 배제해놓겠다는 의도 말이다. 이러한 부정적인 인식이 작가들로 하여금 가능하다면 자기가 살아있을 때 전집을 발행하고 싶은 유혹을 가지게 할 것이다. 셋째는 자신의 문학세계에 대한 과시욕이다. 전집 발행은 그간의 저작 활동을 정리해봄으로써 자신의 성취도를 스스로 점검해보고 독자들에게도 과시하는 기회가 될 수 있다. 다음으로 출판사의 입장에서 보면 일찌감치 유망한 작가의 저작권을 확보해둠으로써 전집 발간에 따른 경제적인 이익을 작가의 생전은 물론 사후에도 담보해두겠다는 속셈이 있을 수 있다. 물론 여기에도 가치 있는 작품을 체계적으로 발행하여 보존하겠다는 출판인들의 긍정적인 사고도 작용하고 있다고 볼 수 있다. 그러나 출판사의 상업적인 의도를 완전히 배제할 수는 없다.

시인이 살아 있을 때 몇 차례에 걸쳐 발행되었던 서정주(1915~2000)의 전집과 시전집들도 위의 문제들로부터 일단 자유롭지 못할 것 같다. 서정주는 자신이 쉰 여덟 살이 되던 1972년에 이미 다섯 권으로 된 '서정주문학전집'을 일지사에서 발간한 바 있다. 여기엔 그의 첫시집인 『화사집』(1941)부터 『귀촉도』(1946), 『서정주시선』(1955), 『신라초』(1960), 『동천』(1968) 등과 기타 산문들이 실렸다. 작가들이 단명하던 전 세대의 예에 비춰볼 때 이순(耳順)의 나이를 앞둔 시인의 전집을 발간하고자 했던 출판사의 조바심을 충분히 이해할 수 있을 것 같다. 그러나 시인은 그 후로도 삼십 여 년을 더 살면서 더 많은 작품을 썼으니 미리 발간했던 '전집'의 의미가 무색해진 것은 당연하다.

미당의 시전집은 그가 예순 아홉 살이 되던 1983년에 민음사에서 나오게 된다. 여기엔 앞의 전집에 실렸던 시와 그 이후에 나왔던 『질

마재 신화』(1975), 『떠돌이의 시』(1976), 『서으로 가는 달처럼』(1980), 『학이 울고 간 날들의 시』(1982) 등에 실린 시들이 더 첨가 되어있다. 고희의 나이를 바로 앞둔 시기였으니 시인의 전집 발행이 출판사나 본인은 물론 일반 독자들에게도 당연하게 받아들여졌을 법하다. 그러나 미당의 시창작은 노년에 더욱 왕성해져 그 이후로도 계속해서 『안 잊히는 일들』(1983), 『노래』(1984), 『팔 할이 바람』(1988), 『산시』(1991) 등을 출간하게 되자 『미당서정주 시전집2』(1991)권을 발행할 수밖에 없게 된다. 하지만 그후로 또 『늙은 떠돌이의 시』(1993), 『80소년 떠돌이의 시』(1997) 등을 냈으니 결국 미당의 시전집 발간은 그의 사후의 작업으로 남을 수밖에 없게 되었다.

나는 한 때 외부와 단절된 곳에 유폐되어 나에게 한 권의 책만을 선택할 권리가 주어진다면 과감하게 '서정주시전집'을 한 권 택하겠다고 생각한 적이 있다. 그만큼 당시의 나에게 서정주의 시는 그것만 보고도 세상을 살 수 있을 것 같은 착각을 불러일으킬 만큼 매력과 마력을 지닌 그 무엇이었다. 그 이후 세상을 살아가면서 내 생각과 느낌도 많이 달라졌지만 다시 들쳐보는 미당의 시집 속에서 여전히 빛바래지 않은 매력의 숨결을 곳곳에서 느낄 수 있었다.

『미당 서정주 시전집1 · 2』은 그의 시세계 전반과 그 변화 과정을 한눈에 살펴볼 수 있다는 측면에서 상당히 유용한 시전집이다. 그러나 평론가 김화영이 일찍이 지적했다시피 누락된 작품들이 있고 작품 연보가 불완전하다든지 하는 문제, 그리고 위에서 지적한 대로 아직 전집에 포함되지 않은 작품들이 있어서 이후의 보완 내지는 수정작업이 필요한 실정이다.

작가들이 살아있을 때 발행하고 있는 대부분의 전집의 경우 작가가 절필을 하고 엮어내지 않는 한 '전집'이 되지 못할 가능성이 많다. 그럴 바에야 '전집'을 고집하기보다는 차라리 '작품집'이라고 하는 것이 바람직하다고 나는 생각한다. 명실이 상부한 전집이 되기 위해서는 어차피 작가의 사후에 오랜 동안의 자료 조사와 연구를 필요로 한다. 거기에는 작가의 최종 작품까지를 포함한 기초 자료가 바탕이 되어야 함은 물론이다. 살아 생전의 작가의 전집 발간 작업은 진정한 전집 발간을 위한 사전 준비작업의 성격을 가질 수밖에 없다. 어차피 전집은 작가의 사후에 남은 자들의 몫일 수밖에 없다. 미당의 전집들도 이러한 한계에서 벗어날 수가 없다. 더욱이 이왕에 발간되었던 그의 시전집 속에는 문제가 되고 있는 '친일시'도 빠져있다. 작가의 긍정적인 면만 부각시킬 수 있는 작품만 수록된 전집은 이미 전집으로서의 자격을 상실한 것이다. 현재 엇갈려 있는 미당에 대한 평가도 온전하고 온당한 전집을 바탕으로 이루어져야 할 것이다.

사제지간이든 문단의 선후배 관계로든 개인적으로 미당과 얽혀있는 사람들에게 그에 대한 기억과 인연은 따뜻하고 소중한 것일 것이다. 그러나 미당의 문학과 삶에 대한 평가는 그런 개인적인 기억과 인연의 끈을 넘어설 수밖에 없다. 또한 한 인간에 대한 평가는 종합적으로 이루어져야 하되 공으로 과를 가리려고 한다거나 과로써 공을 덮으려고 해서는 안 된다. 한 인간에 대한 평가는 공과에 대한 평균적인 가감으로 내려질 문제가 아니다. 공은 공대로 과는 과대로 일단은 봐야할 문제다. 우리 문단에서 벌어지고 있는 미당에 대한 평가는 바로 공으로 과를 가리려고 하거나 과로써 공을 덮으려는 데서 문제가 발생한다. 너무 조급하게 한 인간에 대한 합의된 평가에 도달하려고 하는 태도도 문제일 수 있다. 삶의 가치가 다 다르듯이 한 인간에 대한 평가도 완벽한 합의에 도달한다는 것은 원래부터 불가능한 것인지도 모른다. 그러나 미당의 일제 말기 친일이나 신군부에 대한 부역이 대수롭지 않은 문제인지 아닌지, 그러한 행동이 그의 전반적인 철학에서 나온 것인지 단순한 처세술에서 나온 것인지 하는 문제는 앞에서 말했듯이 그의 온전한 전집이 나온 이후 그것을 토대로 다시 천착해봐야 할 문제다. 그에 대한 문학사적인 평가도 마찬가지이다. 이것이 미당 전집이 갖는 중요성이다.

미당은 우리 현대사의 어두운 그림자이자 우리들 각자 내면의 그림자이다. 이제 그에 대한 시시비비는 괴롭고 시끄러우니 덮어야할 문제가 아니라 이제부터 시작해야할 문제다. 언제까지 우리는 '시인은 시만 잘 쓰면 된다'거나 '친일파의 시는 일고의 가치도 없다'는 식의 말을 되풀이할 수는 없다. 미당과 미당의 작품들을 보며 지금 여기에서 나는 다시 문학이란 무엇인가? 문학은 무슨 소용이 있는가 하는 고전적인 질문을 스스로에게 던져보지 않을 수 없다. '앎'이 뭐냐는 제자의 질문에 공자는 '사람을 아는 것'이라고 간단하게 대답한다. 나는 오랫동안 문학을 사람을 아는 통로로 생각해왔다. 글을 통해서 사람과 세상을 알 수 있다고 생각했다. 그러나 살아갈수록 회의가 들기도 한다. 글이 곧 그 사람이라는 결론에 도달하는 경우보다 글 잘 쓴다고 사람된 거 아니다는 세상의 평범한 현실적 사실에 너무 익숙해져 가고 있는 나를 발견한 것이다. 공자도 일찍이 그런 걸 경계했었던 것 같다. 교언(巧言)과 영색(令色)에 어짊이 적다고 했던가.

개인적인 친분관계는 없지만 나에게도 미당에 대한 기억이 두 가지가 있다. 대학에 다니던 시절 내 모교에 미당이 초청 강사로 온 적이 있다. 약속 시간보다 좀 일찍 도착했었는지 챙겨주는 사람이 없자 혼자서 술을 드시고 강단에 오른 시인이 횡설수설하다가 내려간 기억이 그 하나고, 또 하나는 당시의 대학가에 나돌던 얘기 하나다. 신군부의 실세였던 인간이 미당에게 상을 주는 자리에서 '未堂'(미당)을 '末堂'(말당)으로 잘못 읽고 나서 무안해하자 그 옆에 있던 그의 부인이 기분도 그런데 우리 '토관(土官)과 신토(紳土)'(「士官과 紳士」라고 당시에 상영되던 영화로서 훗날 공군사관후보생 시절 나는 이 영화를 교육상 다시 봤는데, 결국 한번 먹은 여자는 끝까지 책임져야 장교가 될 수 있다는 의미로 읽혔다.)나 보러가자는 말을 했다는 얘기였다. 미당과 신군부와의 관계를 모르고 있던 나는 오랫동안 그 얘기를 당시의 실권자를 조롱하는 우스갯소리로만 이해했었다. 어쨌든 한동안 미당에 대한 평가는 '미당'과 '말당' 사이를 오고 갈 것 같다.

그의 전 작품이 망라된 믿을 만한 전집과 그를 바탕으로 그의 작품세계와 삶에 대한 온전하고 온당한 평가가 어우러진 '서정주 평전'이 나오길 기대해본다. 그때까지 난 그의 시를 좋아하는 만큼 한편으론 그 인간에 대한 편견을 나대로 가지고 있을 수밖에 없다. '부족방언의 마술사', '시의 정부'로 추앙될 만큼 뛰어난 시들을 남겼지만 다음과 같은 시에선 어쩐지 '위대한 시인'의 음성이라고 하기엔 너무나 눈물겹도록 속된 무엇이 현실적이고 실리적이었던 그의 삶과 겹쳐져서 느껴지기 때문이다. (자신을 친일파라고 하는 세간의 비판을 의식했는지 자신은 친일파가 아니라 '從天順日派'라고 했던, 도를 넘어선 말장난에 이르면 그 뻔뻔함에 그냥 말문이 막힌다.)

> 光祖가 그 때 그 여자의 秋波를 받아들여 한때 히히덕거리며 즐길 수도 있는 사람이었더라면, 그의 서른 여덟 살 때의 그 飮毒死刑 같은 건 면할 수도 있지 안 했을까? 적당히 그때 그때를 끌끌끌끌 히히덕거리면서 父母妻子 안 울리고 살아남아 있었을 것이다.
>
> –「靜菴 趙光祖論」 부분

–≪정신과표현≫ 2003.11/12.

영원한 동인

-『청록집』(1946)-

살다보면 사람들은 저마다 자신의 운명과 마주하게 된다. 운명이라고 할 수밖에 없는 상황이나 사람 그리고 역사와 마주치게 되는 것이다. 조지훈 · 박목월 · 박두진 등에겐 ≪문장≫지와 해방 그리고 그들의 동인지인 『청록집』이 그것이다. '도둑 같은 해방'이 찾아오고 몇 년간의 탄압과 침묵을 깨고 한국어 서적들이 다시 출판되기 시작했을 때, 3인 시집 『청록집』이 출간되고 이 시집이 청년문학가협회 쪽의 대대적인 환영을 받았을 때, 이미 이들의 운명은 결정된 것이었다. 분단과 이로 인한 정치적인 상황에 따라서 기라성 같은 선배 문인들이 월북을 하거나 잠적할 수밖에 없었던 남쪽의 현실 속에서 이들은 한국 문단을 대표하는 시인들로서 자의 반 타의 반으로 자리잡을 수 있었다. 이들 모두는 서른 살 전후의 젊은 나이였다. 훗날 박목월이 '시 때문에 우리의 청춘이 병들었더니 시로 하여 우리의 뜻이 다시 서게 되었구나.'라고 한 것이나, 조지훈이 "하찮은 한 두어 줄 글에 청춘을 송두리째 바친 것은 과연 나의 실(失)이 아닐 수 없다. 그러나, 없으면 못 견딜 지기(知己)로서 시를 지니고 있다는 것만은 내가 길이 뉘우치지 않을 득(得)인 것도 나는 잘 알고 있다."고 한 것은 자신들의 시적 운명을 솔직히 인정한 말이기도 하다. 한국 근대사의 불행과 문학사의 파행이 어떤 의미에서 이들의 문학 세계엔 불행만도 아니었던 것이다. 젊은 시절부터 한국 문단의 원로로서 대접받으며 한 시절 문단의 성좌로서 군림할 수 있었던 것이 모두 이들의 시적 성취와 연관된 것만으로 보기에는 부족한 것이 이들에겐 너무 많다. 그러나 해방 이후 대한민국의 국어 국정교과서의 세례를 받은 사람들에게 여전히 이들의 작품은 한국시의 표준이며, 청록파 시인이 곧 한국 시인들의 대표로서 자리잡고 있는 것이 현실이다. 그러나 이러한 세간의 인식이 이들 세 사람에겐 축복만은 아니다. 자신들의 문학적 성취가 '청록파' 시인으로서의 한계와 직결되는 것이 바람직하지 만은 않을 수도 있기 때문이다. 그러나 그 동안 이들이 한국 사회에서 받아온 축복에 비교하면 이러한 문학사적 평가는 사소한 것일 수도 있다. 아무리 좋은 개인 전집이 나온다고 하더라도 대한민국 국어 교과서를 통해 시를 배운 대다수의 국민들에게 이들은 한동안 계속해서 청록파 시인으로 기억될 것이다. 이것이 이들의 운명이다.

박목월은 박두진 · 조지훈과 함께 15편씩의 시를 모아서 1946년 6월에 『청록집』을 발행하였다고 하였으나 어찌된 영문인지 삼중당 판 시집엔 박목월의 시가 15편, 조지훈 · 박두진의 시는 각각 12편이 실려 있다. 비록 많은 작품은 아니지만 여기에 실린 십 수 편의 시들이야말로 처녀 시집에 실린 시인들의 시가 대부분 그런 것처럼 이들 시인들에겐 운명 같은 시인 것이다. 『청록집』에 실린 시들을 빼고 나서 이들 세 시인의 작품을 말할 수 없다.

> 머언 산 청운사(青雲寺)
> 낡은 기와집
>
> 산은 자하산(紫霞山)
> 봄눈 녹으면

느릅나무
속ㅅ잎 피어가는 열두구비를

청노루
맑은 눈에

도는
구름

-박목월의 「청노루」 전문

이 시집에 실린 박목월의 시들 속엔 먼 곳에 대한 아스라한 그리움이 있다. 발터 벤야민이 소설을 '먼 곳의 이야기'와 '가까운 곳의 이야기'로 구분했듯이 어차피 먼 곳에 대한 그리움은 문학의 한 축을 이루고 있는 것이다. "머언산 구비구비 돌아갔기로 / 산 구비마다 구비마다 / 절로 슬픔은 일어……"(「길처럼」 부분)나 널리 애송되어온 "강나루 건너서 / 밀발 길을 // 구름에 달 가듯이 / 가는 나그네" 식의 「나그네」에도 그 아스라한 정서는 살아있다. 불만족스런 현실 속에서 목월이 젊은 날 그려놓은 '마음의 지도'를 따라가다 보면 그 정서의 지형도가 그려지는 것이다. 태모산, 태웅산, 구강산, 자하산, 낙산호, 영랑호, 방초봉 등으로 이어지는 그 아스라하고 머언 꿈의 세계가 펼쳐진다. 자신의 고향인 경주조차 머언 길이다.

여기는 경주
신라 천년……
타는
저녁놀

아지랑이 아른대는
머언 길을
봄 하로 더딘날
꿈을 따라 가며는

석탑 한채 돌아서
향교 문(門) 하나
단청이 낡은대로
닫혀 있었다

–박목월의 「춘일(春日)」 전문

식민지 시대의 조선인들에게 천년 고도 경주는 남다른 감회의 대상이었을 것이다. 천년 역사의 영광과 상처가 배어있는 고도. 그러나 식민지로 몰락한 당대의 현실 속에서 과거 역사의 영광은 어쩌면 더욱 더 현실의 초라함을 말해주는 것이었을 수도 있다. 목월에게도 고향 경주는 현실에서 멀어진 아스라한 곳이고 낡은 곳이었을 것이다. 그러한 경주에 조지훈이 나타난다. 시우(詩友)인 목월을 만나기 위해서였다. 일제 말기의 우울한 현실을 피해 '성지순례'를 하는 기분으로 경주의 목월을 찾아 나선 것이었다. 그 전에 두 사람은 직접 대면한 적이 없는 사람들이었다. 세월이 때로는 그러한 파격을 만들어 내기도 한다. 그래서 시가 탄생한다.

차운산 바위우에 하늘은 멀어
산새가 구슬피 우름 운다.

구름 흘러 가는
물길은 칠백리

나그네 긴 소매 꽃잎에 젖어
술 익는 강마을의 저녁 노을이여.

이 밤 자면 저 마을에
꽃은 지리라

다정하고 한 많음도 병이냥하여
달빛아래 고용히 흔들리며 가노니……

-조지훈의 「완화삼(玩花衫)-목월에게」 전문

목월의 「나그네」는 지훈의 「완화삼」에 화답한 시다. '물길은 칠백리'인지 '남도 삼백리'인지, '술 익는 강마을의 저녁 노을이여.'가 더 그럴 듯 한지, '술 익는 마을마다 / 타는 저녁 놀'이 더 멋있는지 가늠하기는 쉽지 않다. 그러나 두 시를 읽고 있으면 서로 낯설지 않을 만큼 두 사람의 마음이 통하고 있음을 눈치챌 수 있다. 동인지 『청록집』의 매력은 바로 시인들이 동시대를 살고 있으면서 서로의 정신과 몸이 멀리 있지 않았음을 확인할 수 있다는 사실에 있다. 불우한 일제 말기를 머언 곳에 대한 그리움과 환상, 그리고 방랑과 상실에 대한 애수와 연민의 정서로 통과하고 있는 젊은이들의 자화상을 읽을 수 있다는 점에서 이 시집은 한국 시사의 축복이다. 이들은 일제의 침략 전쟁에 동조하거나 참여하기엔 너무 어렸거나 미미한 존재여서 저들의 마수에서 벗어날 수 있는 세대였으며, 덕분에 해방 이후 새 출발 할 수 있었던 행운아들이었다. 하지만 이들의 첫 시집인 『청록집』 속에는 어쩔 수 없이 현실 저 너머의 세계를 꿈꿀 수밖에 없었던 식민지 젊은이들의 고뇌와 방황이 묻어있다. 이들은 식민지 시대의 고통과 해방 후의 불행한 영광 안에서 어쩔 수 없는 동인이다. 영원한 동인이다.

산새도 날러와
우짖지 않고,

구름도 떠가곤
오지 않는다.

인적 끊인곳,
홀로 앉은
가을 산의 어스름.

호오이 호오이 소리높여
나는 누구도 없이 불러 보나,

울림은 헛되이
빈 골 골을 되돌아 올뿐.

산그늘 길게 느리며
붉게 해는 넘어가고

황혼과 함께
이어 별과 밤은 오리니,

삶은 오직 갈사록 쓸쓸하고,
사랑은 한갓 괴로울 뿐.

그대 위하여 나는 이제도 이
긴 밤과 슬픔을 갖거니와,

이밤을 그대는 나도 모르는
어느 마을에서 쉬느뇨.

-박두진의 「도봉(道峯)」 전문

황토, 꺾일 수 없는 우리 젊은 생명의 진원지

-김지하 시집 『黃土』(풀빛, 1970)-

70년대의 민중운동은 김지하와 전태일에 의해 열린다고 평론가 현준만은 쓴 적이 있다. 1970년에 발표된 김지하의 담시(譚詩) 「오적(五賊)」과 시집 『황토(黃土)』, 평화시장 재단사였던 청년 전태일의 분신자살 사건을 염두에 두고 한 말이었다. 김지하의 첫 시집 『황토』는 그렇듯 역사적인 시기에 역사적인 모습으로 세상에 나왔다.

내가 가지고 있는 시집 『황토』는 초판이 나온 지 15년만인 1984년에 다시 찍은 재판이다. 그 해에 나는 대학생이 되어 있었고 갑자기 더럽고 험한 세상에 내동댕이쳐진 기분으로 하루하루를 보내고 있던 시절이었다. 대학은 더 이상 지옥 같은 입시를 뚫기 위해 모든 말도 안 되는 고통을 감수하고서라도 가볼 만한 환상적인 곳이 아니었다. 온몸이 짜릿한 낭만도 숭고한 학문의 이념도 찾아볼 수 없는, 매일매일 싸움을 할 것인가 말 것인가를 놓고 고민해야하는, 돌이냐 화염병이냐의 일용할 무기의 취사선택의 문제를 놓고 고민해야하는 전사집단과 다름없었다. 어느 사이 나는 입학한 지 며칠만에 공영방송과 언론이 이름지어준 '소수 용공좌경 학생'이 되어 있었고, 빨갱이 대학을 다니고 있었으며, 사회에선 용납되어서는 안 되는 부류의 인간이 되어 있었다. 그 시절 내내 나에게 문학은 유보된 것이었다. 문학 같은 것은 나중에 해도 되는 것이라고 선배들한테 엄중한 경고를 받기도 했다. 싸움이 아닌 문학은 언제나 은밀한 것이어야만 했다.

이 시집은 내가 대학교 신입생 시절에 구입했던 몇 권의 시집 중 하나였다. 교과서에 나온 시나 한국명시선집에 실린 시가 한국 현대시의 전부인 줄 알고 있던 중·고등학교 시절에 내가 가지고 있던 시집은 김소월과 윤동주 그리고 김치찌개를 올려놓는데 쓰고 있던, 당시엔 잘 모르던 사람의 시집 한 권이 전부였다. 당시의 또래 학생들과 별 차이가 없었다. 나중에 알게 된 정지용이란 시인의 시 한 편을 중학교 3학년 때 국어선생님이 몰래 칠판에 적어줬던 사실이 무척 인상 깊게 남아있던 시절이었다.

'풀빛 시선 1'호인 이 시집은 그 표지부터 인상적이었다. 검정색 바탕에 황토를 연상시키는 노란색 글씨로 써진 '黃土' 두 글자와 '土'자 밑에 들어가 있는 오 윤의 판화 그림은 시집의 내용만큼이나 사람을 섬뜩하게 했다. 그런 식의 다소 경직된 듯한 판화 그림은 80년대 내내 내 마음을 편치 않게 했다.

가로 14.3센티미터, 세로 22센티미터의 이 시집은 당시에 유행하던 창작과비평사의 시집이나 문학과지성사의 시집보다 약간 큰 편이다. 따라서 시집의 여백도 다른 시집들에 비해 넉넉한 편이다. 표지의 이면엔 서른 살 전후의 젊은 시인의 모습이 흑백사진으로 약간 크게 실려 있다. 콧등을 중심으로 얼굴의 반쪽이 응달에 가려진 모습이다. 삶과 죽음 사이를 오고간 당시의 시인의 삶을 연상시키는 바가 있어서 좀 더 인상적으로 보이는 사진이다. 속으로 들어가면 판화로 찍은 듯한 표지의 그림과 시집 제목이 다시 나오고 위로 9줄, 아래로 10줄이 밑줄 그어진 그 사이에 '어머님께 바칩니다'란 글이 쓰여 있다. 서문을 대신한 글인 모양이다. 수배와 투옥 생활을 반복하던 '죄 많은 아들'로서 할 말을 차마 하지 못하는, 차마 할 수 없었던 시인의 심정이 가슴 아프게 읽히는 부분이다. 자서 형식으로 쓰고 있는 요즘 시집의 서문보다 간결하지만 오히려 많은 사연을 담고 있는 서문이다. 다음 장엔 재판을 찍으면서 원고지 위에 시인이 직접 육필로 쓴 서문이 실려 있다. 서문의 끝에 '험한 세상, ……못난 놈이 바라는 것 오직 하나뿐이다, 좋은 세상.'이라고 적고 있다. 좋은 세상이 됐는지 모르겠다.

시집의 본문은 총 3부로 나뉘어져 있다. 1부 10편, 2부 10편, 3부 12편으로 총 32편의 시가 실려 있다. 대략 50편에서 60편의 시가 실리는 요즘 시집들에 비해 적은 수의 시가 실려 있는 셈이다. 그러나 넉넉한 여백 처리와 질이 좀 좋지 않은 종이 탓에 부피는 웬만한 요즘 시집들과 거의 같다. 시집을 3부로 나누었으나 시들의 내용은 굳이 3부로 나누어야 할 만큼 차이가 눈에 띄지 않는다.

김지하의 첫 시집 『황토』는 읽는 사람으로 하여금 가슴을 치게 하는 뭔가가 있었다. 스무 살 그 때, 나도 그랬다. 알 듯 모를 듯 작품의 배경 속에 깔려 있는 미처 배우지 못한 오욕의 한국 근대사와 숨막힐 듯한 당시의 사회 현실이 그랬다. '하루도 술없이는 잠들 수 없었고 / 하루도 싸움 없이는 살 수 없었다 / 삶은 수치였다 모멸이었다 죽을 수도 없었다.'(「결별」 부분) 80년대 중반, 나의 대학생활이 정말 그랬다.

시위 현장이나 뒤풀이 술자리에서 부르던 노래 속에 김지하의 시구절이 간간이 끼어 있던 것을 기억한다. 그리고 지금, '팍팍한 서울길' 몸 팔러 왔던 사람들이 힘들여 만든 이 풍요의 도시에서, 모두가 잠든 이 새벽, 나는 다시 그 노래들을 불러본다. '솟아라 / 산맥도 구름 위에 화안히 솟아라~'

한때 우리의 '삶은 일하고 굶주리고 병들어 죽는 것'인줄만 알았다. 오욕의 한국현대사가 그렇게 가르쳤다. 공식적인 교육은 그런 삶을 미화했지만 일상적인 현실이 자연스럽게 그것을 가르쳐주었다.

삶은 탁한 강물 속에 빛나는
푸른 하늘처럼 괴롭고 견디기 어려운 것

송진 타는 여름 머나먼 철길을 따라
그리고 삶은 떠나가는 것.
아아 누군가 그 밤에 호롱불을 밝히고
참혹한 옛 싸움에 몸바친 아버지
빛바랜 사진 앞에 숨죽여 울다
박차고 일어섰다
입을 다물고
마지막 우러른 비녀산 밤봉우리
부르던 노래는 통곡이었네 떠나갔네

무거운 연자매 돌아 해 가고
기인 그림자들 밤으로 밤으로 무덤을 파는 곳
피비린내 목줄기마다 되살아오르고
터질 듯한 노여움이 되살아오고
낡은 삽날에 찢긴 밤바람
외쳐대는 곳

여기
삶은 그러나
낯선 사람들의 것.

–「비녀산」 부분

핍박과 압제에 대한 저항은 피비린내 나는 죽음과 통곡 그리고 주체할 수 없는 노여움으로 되돌아오고, 살아남은 자들의 삶은 낯선자들이 점령한 이 땅의 사월과 오월, 그 수많은 봄과 함께 속화되어 갔다. 그러나 '가장 완강한 벗들마저 속물들의 비웃음을 이겨내지 못하고 투항하고 투항하는' 현실 속에서 무엇이 젊은 한 시인으로 하여금 '횃

불이여 그슬러라 / 하늘을 온 세상을 / 번뜩이는 총검 아래 비웃음 아래 / 너희, 나를 육시토록 / 끝끝내 살아.'라고 처절하게 외치게 만들었을까?

요즘은 보기 어렵지만 가끔 서문이나 작가의 후기가 더 독자의 가슴을 치는 시집들이 있다. 선언문 같기도 하고 고해성사 같기도 하고 시인의 시론 같기도 한 이 시집의 후기가 그렇다. 지금 우리가 만든 세상이 우리들의 무덤은 아닌지 그의 후기는 다시 생각케 한다.

모든 문학은 일차적으로 당대의 기록일 수밖에 없다. 시인 김지하의 첫 시집 『황토』에서는 식민지 시대를 거쳐 분단과 전쟁 그리고 언제 끝날지 모르는 군부독재 시대의 어두운 터널을 온몸으로 통과하고 있는 시인과 그 시대의 민중과 젊은이들이 읽힌다. 우리는 과연 지난 시대의 어둠을 끝장낸 것일까? 한 시대의 서막을 여는 신호탄이었던 김지하의 첫 시집 『황토』. 시대의 흐름과 나란히 갈 수 있었던, 가야만 했던 행운과 아픔을 동시에 간직하고 있는 이 시집을 통해 한 권의 시집이 가질 수 있는 영광과 상처를 다시 되돌아 볼 수 있었으면 좋겠다. 검은 표지를 닫자 낮익은 목소리가 어둠 속에서 들려온다.

그러나 아직 '뜨거운 남쪽은 반란의 나라!'

-≪정신과표현≫ 2003.9/10.

가객(歌客)의 시

-이제하의 『빈 들판』(나무생각, 1998)-

문학과지성사의 시집 시리즈가 이미 기백 권을 넘어섰지만 가장 기억에 남는 것은 이제하가 표지에 그린 시인들의 '컷'이다. 문학과지성사의 시집을 대표하는 것은 여느 시인들이나 그들의 시가 아니라 바로 화가 이제하의 그림이란 소리다.

그는 그를 기억하는 사람들에 따라서 서로 다른 이름으로 불려진다. 소설을 전공하는 사람들에겐 소설가 이제하, 그림을 전공하는 사람들에겐 화가 이제하, 시를 전공하는 사람들에겐 시인 이제하 그리고 뮤지션들에겐 가수 혹은 작곡가 이제하로 불려진다. 세상은 원래 불공평해서 하늘이 사람을 이 땅에 낼 때 재주도 한 사람에게 몰아주는 모양이다. 이제하는 불공평한 하느님의 산증인이다.

이제하의 시집 『빈 들판』은 아주 특이한 시집이다. 어쩌면 잃어버린 시의 원래 모습이 복원된 것인지도 모른다. 시인은 자신의 시에 직접 곡을 붙이고 노래까지 자신이 직접 부르고 있다. 이 시집엔 시인이 만들어서 부른 노래가 담긴 CD가 함께 붙어 있는 것이다. 그의 시도 시이지만 그의 노래 솜씨가 여간 예사롭지 않다. 아마도 연주까지 직접 한 모양이고 보면 재주가 메주인 나 같은 사람은 기가 죽지 않을 수 없다.

노래를 부르고 있는 그의 목소리엔 귀기가 서려있다. 삶의 온갖 신산과 고통을 겪은 자만이 가질 수 있는 음색을 그는 가지고 있다. 삶의 굴곡이나 연륜이 짧은 사람은 결코 이해할 수 없는 깊이와 영혼의 떨림이 묻어난다. 허기사 미당은 나이 사십이면 귀신이 와서 서는 것이 보이는 나이라고 했으니, 이미 환갑을 진작에 넘긴 시인의 목소리에서 귀기가 느껴진다고 해서 이상할 것도 없을 것이다.

'유수(流水)'라는 말이 이제서야
희미한 물소리를 전한다
'이팔청춘(二八靑春)'이란 말은 아직도
우습지만
'공산명월(空山明月)'은
우습지가 않고
'객 사십(客四十)'이란 소리도
우습지가 않다

–「어느 나무 아래서」 중 부분

시인은 덧없이 스쳐 지나가는 것들 앞에 감정을 쉽게 드러내지 않는다. 그저 물이 흐르고 바람이 스쳐 지나고 구름이 스러지는 것을 지켜보면 그뿐이다. '이승에서 잠시 앉는 / 이 나무그늘에 / 우리가 무엇을 / 더 달라고 하랴'(「어느 나무 아래서」 중)는 것이다. 세상은 원래 바람 불고 고달픈 곳이고 덧없는 곳이라고 시인은 노래하는 것이다. 그래도 시인은 시인이 살아오면서 본 풍경과 그 풍경들 속에서 여전히 아름답고 풍요롭다. 그의 시에는 산과 강, 들녘의 황소, 여울, 고기떼, 포구나무숲, 갈가마귀떼, 친구들, 골목, 노을, 기적 소리 등 우리들의 아련한 기억의 저편을 들쑤시고 있는 어휘들이 넘쳐난다. 어느 누군들 그러한 말속에서 향수를 느끼지 않으랴? 그의 절창이기도 한

「눈 오는 날」은 우리들의 잃어버린 과거의 한 때를 온전히 되살려놓고 있는 것이다.

어릴 때 보던 산들은
다 그냥 있다

그때 놀던 들녁
뚝에서 싸우던 황소

어릴 때 보던 강들은
다 그냥 있다

그 물살치던 여울
은빛 고기떼

아주 하늘만치 큰큰
포구나무 숲을 아니?
그 숲 우으로
저녁이면 처덞이던
갈가마귀떼

어릴 때 놀던 친구들
다 그냥 있다

그 술레 찾던 골목
서녘에 비끼던 노을

어릴 때 보던 하늘은
다 그냥 있다

천지에 내리던 눈
먼 기적소리

-「눈 오는 날」 중 부분

그가 노래로 부른 이 시속엔 이렇듯이 잃어버린 유년의 낙원이 온전히 복원되어 있다. 아무도 쉽게 이 낙원의 향수에서 벗어날 수가 없는 것이다. 어쩌면 그는 상실된 낙원의 꿈을 한 편의 시로 현실화시킬 수 있는 이 땅에 하나 남은 주술사인지도 모른다. 어떤 일상적인 사물이나 어휘도 그의 목소리를 거치면 걷잡을 수 없는 그만의 아우라에 휩싸이게 된다. '보소, 보이소로 오시는 / 사월 가랑비 / …(중략)… / 사랑한다, 한다 횡설수설하면서 // 어디까지 따라오는 / 사월 가랑비'(「사월비」 중)라고 노래하면 듣는 사람은 그냥 비에 취할 수밖에 없는 것이다. 비가 그냥 비가 아니라 술이 되고 사랑이 되고 여자가 된다.

그의 노랫소리는 탁하나 그가 노래하고 있는 세상과 그의 시세계는 명징하다. 그것은 그가 다름 아닌 진짜 시인이기 때문이다. 짝퉁이 넘쳐나는 시대에 그는 무늬만 시인인 시인이 아니다.

언제 어디서고 기념사진 속에서라면
시인은 단연 군계일학(群鷄一鶴)이다. 사진
속의 인물이 설사
한 무더기 삼성장군(三星將軍)들이거나
온통 노동자투성이로
떡을 치고 있더라도

엿장수 마음대로? 절대로
시인은 시인이기를 그만 둘…수가
없다. 뒈진 듯하면서도 살아있고
같은 듯하면서도 어딘가 다르고, 없는
듯하면서도 언젠가는, 기필코
드러나고야 만다. 어느 시궁창
속에서도, 어떤 누더기 한복판에서도

그것은 실은
아무것도 아닌 돌의 이름이고
다시 밟혀 죽는 그 꿈이고, 꿈이 깔기는
똥이고, 똥 속에 숨은
그 뭣의
똥…이다
그 뭣의 똥! 그 뭣의 똥!

–「시인들」 중 부분

한 마리의 학(鶴)을 위해 나머지는 당연히 닭(鷄)이 되어야 하는 사회는 별로 인간적이지 못하다. 시인이라면 당연히 그런 사회를 거부할 것이다. 소수의 학을 위해 별 볼 일 없는 닭이 되어본 닭들은 '군계일학'이라는 말이 풍기고 있는 반민주적이며 반민중적이고 유아독존적인 귀족적 어휘에 밥맛을 잃을 것이다. 그래도 할 수 없다. 폼만 시인이 아니라면 시인은 '단연 군계일학'이란다. 그것은 타고난 귀족적 천품에 의한 것이 아니라 부정과 비판의 결과물이다. '뒈진 듯하면서도 살아있고 / 같은 듯하면서도 어딘가 다르고, 없는 / 듯하면서도 언젠가는, 기필코 / 드러나고야 만다. 어느 시궁창 / 속에서도, 어떤 누더기 한복판에서도' 시인은 시인으로서 몸을 드러낸다. 허섭스레기들로 넘쳐나는 현실 속에서도 시인은 스스로 몸을 세운다. '시인은 조용하지 않은 자'라는 중국말이 있다. 시인은 번잡한 세상의 수다 속에선 침묵으로 말하고 침묵 속에선 온몸으로 절규하는 자들이다. 결코 조용히 있을 수 없는 자들이 시인이다. 그들은 욕된 현실을 내지르고 싼다. 따라서 시는 그들이 내지르고 싼 똥이다. 결국에 시인은 자신들이 내지른 똥의 똥독 때문에 죽는다. 다시 시가 뭐냐? 개똥이다! 그러니까 시인은? 똥개다!

쓰고 연주하며 노래하고 그리고. 시인 이제하는 분업화된 근대인들이 잃어버린 뭔가를 아직도 간직하고 있는 미분화된 인간인지도 모른다. '시는 노래다'는 고전적인 명제가 유효하다면 그는 가객이라는 말이 어울리는 단 한 명의 시인인이지도 모른다. 그를 보고 있으면 어쩐지 나는 반쪽 짜리 시인인 것 같다. 시인 이제하, 그는 홀로 춤추고 노래하며 작둣날을 타고 있는 이 시대의 무당이다. 그렇기 때문에 그의 작품은 온통 새로운 것들 사이에서 새삼 새롭다.

-≪정신과표현≫ 2004.9/10.

부박한 시대, 한 자유주의자의 초상

-오탁번의 ≪생각나지 않는 꿈≫(미학사, 1991)-

이 시집은 시인의 대표 시집도 아니고 세인들의 주목을 받았던 시집도 아니다. 잿빛 표지 색깔만큼이나 그리 눈에 띄는 시집도 아니고 출판사의 덕을 봐서 많이 팔려나간 시집도 아니다. 46편의 시가 실려 있는 총 111쪽의 비교적 얇은 시집일 뿐이다. 특징이 있다면 표지를 넘기자마자 바바리코트를 입고 담뱃불을 붙이고 있는 시인의 모습이 흑백사진으로 길게 담겨 있고, 책 뒤에 일반적으로 붙어 있게 마련인 평론가의 해설 대신에 시인과 평론가 그리고 일반 독자와의 대담이 실려 있다는 정도일 것이다. 적당히 시인을 추켜세워 주는 정실비평이나 출판사의 제의를 거절하지 못해서 형식적으로 쓴 시집 해설이 판치는 분위기 속에서 이것은 주목할 만한 구성이다. 미학사란 출판사가 아직도 있어서 책을 내고 있는지는 모르겠다. 미학사 시집의 질적 수준과는 별개의 문제지만 세인들의 시선을 끌지 못한 것을 보면 시집 출판이 그리 성공적이지 못했던 것 같기도 하다.(어쩌면 시집 시리즈를 줄줄이 낼 수 있을 만큼 뒷힘 또는 뒷돈이 없었는지도 모른다.) 그럼에도 불구하고 이 시집은 불편했던 한 시대를 비춰주는 반면교사와도 같은 책이다.

시인과의 첫 대면은 엠티를 쫓아왔던 시인이 논두렁 옆에 빠트린 시인의 노란색 포니2를 끌어내기 위해 바짓가랑이를 걷어붙이고 미는 것으로 시작하여 강의실로 연결됐다. 하지만 나는 그리 수업에 충실한 학생은 아니었다. 열심히 시인의 강의를 들은 기억이 없다. 80년대에 대학을 다녔던 사람들은 알 것이다. 비싼 수업료를 내고도 강의실에 앉아 있는 것에 죄책감을 느껴야했던 그 좆같은 심정을. 가끔 들은 시인의 강의는 그냥 장난 같았다. 문학 수업이 그저 그러려니 했다. 가끔 가다가 툭툭 내던지는 시인의 예리한 말속에서 시인의 범상치 않은 직관이나 문학적 경지를 가늠해볼 따름이었다.

시인은 가끔가다가 불편한 심기를 드러내기도 했다. 당시의 사회 분위기에 대한 것이기도 했고 문단의 풍경에 대한 것이기도 했다. 지난 시절의 자료를 들춰보다 보니 당시의 분위기를 짐작할 수 있는 기록이 하나 있다. 이런 거다.

> **金東里 씨** 말씀하신 그런 문제가 심각합니다. 여기 모인 문인들은 국가, 민족, 자유를 기본적으로 아는 분들입니다만 언론의 지지를 못 받습니다. 신문이라는 게 근래 15~20년간 완전히 민중이니 뭐니 반체제를 지지하는 사람만 글을 쓰게 합니다. 순수 문학 진영의 문인들은 못 쓰고 있습니다. 문단 내부에선 꼼짝하면 언론의 미움을 받으니 가만 있지요. 우리는 일제 때부터 문단에 나온 사람이니까 체면을 유지하지만 자칫하면 매장당하기 쉽습니다.
>
> […]
>
> **대통령** 그 사람이 된 후에 내가 민중 문학을 알았습니다. 그 전에는 보고하는 사람이 없었습니다.
>
> **金東里 씨** 이것은 여야(與野)의 문제가 아니라 반공 문제라고 생각합니다.
>
> […]
>
> **文德守 씨** 김동리 선생 말씀에 동감입니다. […] 요즘 시국이나

> 학교 형편을 보면 내가 나이 젊으면 일선에 지원해서 철책 근무를 하고 싶은 심정입니다. 해방 직후에는 좌익이 일어나면 우익이 일어나서 맞서 싸웠는데 지금은 왜 그렇지 못한지 의문입니다. 재향 군인회, 반공 연맹, 군인 유족회 이런 단체는 이 어려운 시기에 말 한마디 없으니 어쩐 일인지……. 재향 군인회에선 왜 아무도 말 한마디 없느냐고 물어봤더니 나이가 많아서 그렇다고 합니다.
>
> **尹在根 씨** […] 이 땅의 순수 문인이 압도적으로 많습니다. 숫자로 95%일 겁니다. 왜 맥을 못추냐 하면 대학생들이 순수 문학 작품을 접하지 못한 데도 이유가 있습니다. […]
>
> –金聲翊, 『全斗煥 육성증언』(朝鮮日報社, 1992) 중에서

1986년 6월의 어느 날 저녁, 청와대 상춘재에서 '우국(憂國? 愚國?)'이 지나쳐서 쿠테타로 집권한 대통령과 이 나라의 몇몇 원로문인들이란 양반들이 정답게 모여서 식사를 하면서 한 얘기의 한 토막이다. 원로문인들은 '순수 문학'이 맥을 못 춘다고 대통령에게 하소연하고 대통령은 '건전한 분들'의 활동을 적극 지원해 주겠다고 말하고 있다. 국어 교과서에서 배운 것이 몽땅 '순수한 분들'의 작품이었는데도 불구하고 한 원로는 학생들이 순수 문학 작품을 접하지 못한 데에서 그 원인을 찾기도 한다. 또한 한 원로는 '순수'와 '민중', 이것은 여야의 문제가 아니라 반공 문제라고 말하기도 한다. 민중은 곧 빨갱이들의 언어라는 인식을 당시의 공안기관이나 언론이 유포시키고 있던 시절이었음을 감안하면 당연한 소리를 한 것인지도 모른다. 하지만 이들의 말속에서 집권자의 잘못된 시국관과 문제의 본질을 집어내서 교정해 줄 수 있는 진정한 '원로 문인'의 지혜나 혜안은 찾아볼 수 없는 것이 유감이다. 오히려 이상한 방향으로 한 술 더 뜨고 있다. 정말 극소수(5%) '비반공 문인'들이 철없이 저지른 실수 때문에 저 많은 '순수 문인들'(95%)이 고통을 당했다면 문제의 5%는 두고두고 사과를 해야 한

다. 하지만 문제가 그리 간단치만은 않은 것 같다.

한국 문학사의 흐름 속에서 '순수 문학'의 기원은 그리 순수하지 못하다. 한국 문학의 순수는 근대문학의 진정한 자율 정신에 뿌리박은 것이 아니라 식민지 지배자들의 정치적인 지배 전략과 술수의 산물이었기 때문이다. 일제의 입장에서 식민지 조선의 문학이란 식민지 조선의 현실을 거세하고 남은 '순수'한 예술이어야만 했다. 정치나 이데올로기 및 그것의 현실적 결과물인 사회 문제는 지배자들의 몫이었지 피지배자들이 운운할 문제가 아니었던 것이다. 식민지 현실에 대해서 비판할 권리가 조선인들에겐 없었던 것이다. 이것이 일제가 우리에게 강요하고 그후 일부 조선의 문인들이 스스로 내면화한 순수 문학의 정체다. 모든 문학 작품은 철저한 일제의 검열을 통해서 발표되고 발행되어야 했다. 검열을 통해 나온 문학이 순수 문학일 리는 없다. (이 문제를 신채호만큼 통렬하게 비판한 사람도 없다.) 어떤 식으로든 그것은 일제의 지배 정책에 위배되지 않는 것이어야 했기 때문이다. 이러한 순수 문학의 논리가 해방 이후에도 정통성을 상실한 정권과 그에 영합한 문인들에 의해서 계속 재생산되어 왔던 것이다. 그들에게도 현실은 늘 민중들의 관심 대상이 되면 안 되는 것이었다. 그들에게 민중(국민)은 시키는 대로 일하는 존재지 뭘 요구하거나 자신이 이 땅의 주인됨을 주장한다는 것은 가당치 않은 일이었다. 민주화, 그것은 곧 정권이 아닌 체제에 대한 도전이고 빨갱이나 하는 짓이었다.

이러한 맥락에서 순수 문학을 말하는 사람들에게 일제 시기의 카프나 80년대의 민중 문학은 제대로 된 작품을 생산하지 못한 실패한 문학이자 지극히 불순한 문학일 뿐이다. 이들에게 카프나 80년대의 민중 문학을 말하던 사람들의 문학적 고민이 무엇이었는가 하는 것을 헤아릴 여유는 없어 보인다. 하지만 문제는 5%(?)의 문인들에게도 있는 것 같다. 그들이 한낱 문학을 매개로 한 정치적인 모사꾼들로 '순수한 분들'에게 비춰졌다면 그 책임은 그들에게도 있는 것이기 때문이다. '순수 문인'들이 상대방의 고민을 알려고 하는 의지와 아량(혹시 선험적 편견 또는 무지?)이 부족했다면, 5%의 비순수 문인들은 너무 성급히 문학을 현실적인 변혁의 수단으로 생각했다는 점일 것이다. 작가와 작품에 대한 그들의 당시 요구는 실제로 문학적 본질과 현실을 망각한 면이 있었던 것도 사실이다. 이런 측면에서 오탁번 시인이 '사람이 투쟁을 하는 것이 정직하지, 시를 가지고 투쟁을 하거나 개혁을 시도할 수는 없는 것입니다'라거나, '물론 유권자로서의 시인은 어떤 정치적 억압이나 사회 정의의 실현에 대해 무엇을 해야 합니다'라고 말한 것은 의미심장하다.

80년대의 상황은 순수와 민중, 순수와 참여, 좌와 우, 반공과 비반공의 대립이 아니었다. 그것은 가장 기본적이고 초보적인 수준의 민주와 반민주 세력의 대립이었다. 당시 사태의 기본적인 본질은 정권을 잡으면 안 되는 인간들이 비정상적인 방법으로 정권을 잡아서 비정상적으로 운영하고 있는 데 있는 것이었다. 어느 쪽이 소수였고 어느 쪽이 다수였는지는 가늠하긴 어렵지 않으나 다소의 언어적인 오해를 감수해야만 한다. 그만큼 당시의 언어적 상황(헤게모니 쟁탈전)이 순수하지 않았다. 그 이후 몰아닥친 동구권의 몰락도 순수 문학의 승리요 우파의 승리를 상징적으로 대변해주는 것이 아니었다. 그건 자본의 승리이자 독재에 대한 민주의 승리였을 뿐이다.

어쨌든 당시의 사회나 문단은 양쪽으로 나뉘어져 있었고 잡지나 출판사들도 그 모양이었다. 이러한 상황에서 이러지도 저러지도 못하거나, 이것도 저것도 마음에 들지 않던 시인들은 문단의 '주류'에서 소외되거나 스스로 소외를 자처할 수밖에 없었다. 이상한 전선이 형성되어 있었고 또 거기에 적응하지 못하는 '부랑문인'들이 많던 시절이었다. 이런 시절 『생각나지 않는 꿈』의 시인은 세상의 낚시터를 돌아다니며 낚시 바늘을 담그고, 불륜일지도 모를 사랑을 갈구하며, 때때로 '원고지 앞에서 만년필 뚜껑 까고 / 영혼에 개칠을 하지마 / 시는 몸으로 쓰는 게 아니지'라고 하거나, '민중시 나쁘다는 놈 손들어!'라고 내뱉거나 '나의 지조는 / 오늘도 광화문에서 안암동에서 / 몰매 맞고 죽어 가는데 / 지조랄 것도 못되는 나의 지조는 / 매일 밤 자립 독립 고립하지도 못 하고 / 외세의존의 배설만 꿈꾸는데 / 말해다오 살아나는 나의 치욕이요 / 떨어져도 터져도 다시 번식하는 / B형 간염의 몰염치한 균이여'라고 일갈하기도 한다. 그러나 세상에 대해 말할 때 시인의 목소리엔 다소의 엄살이나 투정기가 스며들기도 한다.

그러나 이 시집에서 나는 다소 무책임하나 자유로운 문학인의 한 초상을 본다. 시인의 시집은 더 이상 옹색한 수식어(순수든 민중이든 참여든)를 문학 앞에 붙이지 말라고, 그것은 문학에 대한 모독이라고, 문학은 그냥 넓고 여유로운 '문학'으로 남겨두자고 말하고 있는 듯하다. '문학'은 그냥 '문학'이면 된다. 그건 어쩌면 인간의 마지막 숨구멍인지도 모른다. 시집 『생각나지 않는 꿈』은 80년대 시인 오탁번의 문학 선언인 셈이다.

이제 현실로 돌아와 이상했던 전선이 붕괴된 이후, 자본의 품안에서 '자유로운' 현실 문단을 돌아보게 된다. 좌와 우로 분열되어 있던 것 같았던 문단은 어느 사이 다시 혼란 속에서 서열화 되어 가는 느낌이다. 문단이 수평적 구조에서 수직적 구조로 재편된 거다. 문단은 순수와 민중이 아닌 전국구와 지역구, 권위 있는 잡지나 시인과 권위 없는 잡지나 시인으로 구분되는 것 같다. 서로 권위의 키재기를 하고 있다. 그리고 '권위'는 '권위'끼리 모여서 서로의 권위를 인증해주는 카르텔을 형성하고 있다. 그러나 내가 보기엔 그게 그거다. (물론 스스로의 권위를 지키지 못하고 있는 잡지나 문인들의 문제는 남아 있다.) 놀고 있는 거다. 시골의 저자 거리에 널려있는 조선 시대 목민관의 송덕비처럼 되어 버린 수많은 문학상이 바로 그 증거다. 영 우스워졌다. (누군가의 말대로 물론 송덕비 가운데에도 정말 칭송할 만해서 세운 송덕비도 하나나 둘쯤은 있을 지도 모른다. 허나 그 많은 송덕비를 세울 만큼 훌륭한 관리가 많았던 나라가 왜 망했는지 모를 일이다. 송덕비를 세우던 순수한 다수의 인간들이 따로 있고 민란을 일으키던 빨갱이 같이 흉악한 소수의 인간들이 따로 있었던 걸까?)

'한 권위' 하고 있는 '권위'들은 인정하려고 하지 않을지 모르나 현재 한국에는 '권위 있는' 잡지 · 시인 · 평론가는 존재하지 않는다. 중구난방이고 자화자찬이고 천방지축이고 유아독존일 뿐이다. (이것이 본래 문학의 진면목일지도 모른다.) 몇몇 보스와 중간 보스들을 중심으로 포진해 있는 문단 조폭들의 나와바리 싸움이고 자본의 노예일 뿐이다. 도무지 뭐가 순수한 혈통과 권위를 자랑하는 잘난 잡지이고 문인인지 모르겠다. 너냐?

–≪정신과표현≫ 2004.5/6.

지울 수 없는 그림, 그리고 노래

-이승하의 『폭력과 광기의 나날』(세계사, 1993)-

몇 장의 사진이 지금 세계 여론의 향방을 좌우하고 있다. 미군의 이라크 포로 학대 사진이 그것이다. 현란한 비디오 영상의 파도에 밀려 시대의 뒷골목으로 밀려난 줄 알았던 사진의 위력이 다시 우리들 앞에 나타났다. 정확히 말하자면 디지털 카메라와 인터넷의 위력이라고 해야 할지 모르겠다. 단순히 그것은 사진의 위력이라기보다는 동시에 무차별적으로 수많은 정보를 실어 나를 수 있는 기술과 정보유통망의 힘이라고 해야 할 것이다. 하지만 그 중심에 사진이라는 고전적(?)인 매체가 있다.

때때로 사진은 언어의 내부와 그 외부를 동시에 즉물적으로 드러낸다. 사진은 상징적 기호의 차이로 우리에게 다가오는 것이 아니라 이미지로 그냥 꽂힌다. 순간적으로 사진의 이미지와 그 이미지가 대변하고 있는 사진 속 현실과의 차이를 인식할 수는 없다. 우리는 사진을 보는 순간 그 사진의 이미지와 그 현실을 동일시하는 것이다. 비록 그것이 조작된 것이라 할지라도 순간적으로 그것을 구분하기란 불가능하다. 합성된 누드 사진 속에서 여배우 얼굴의 진위를 판별하기란 일반인들에겐 곤란한 일이다. 사진의 진위를 판별하는 일은 이후의 또 다른 작업을 필요로 하는 지난한 일이다. 그전까지 그 사진의 이미지는 곧 빼도 박도 못하는 현실이요 그 현실의 증거일 뿐이다.

태초에 폭력이 있었다. '태초에 말이 있었다'고 말하는 자들은 항상 폭력적인 현실을 혐오하거나 부정하고 싶었던 소수의 이상적인 지성들이었다. 예수와 그 추종자들도 또한 그런 부류의 인간들이었을 것이다. 그러나 그들은 현실 속에서 패배했고 불투명한 미래의 꿈과 인간들의 불완전한 욕망 속에서 살아남았다. 현실은 여전히 폭력이 지배하고 있을 뿐이다. 그것이 예수 이전과 이후의 인류 역사가 달라지지 않은 점이다. '인류의 1억이 군복을 입고 있고 과학자의 절반 이상이 음으로 양으로 전쟁을 준비하고' 있다는 현실이 그것을 말해준다.

> 폭력 없는 시대가 있었던가
> 피라미드도 만리장성도
> 파르테논 신전도 앙코르와트도
> 폭력이 이룩한 거대한 건축물
> 강력한 폭력 무자비한 폭력
> 집단에 의한 불가항력의 폭력이
> 희랍의 신전을 건축하고
> 힌두교의 사원을 건축하였으니
> 인간이 창조해온 수많은 신은
> 당신들의 신전에서 울어야 마땅하다
>
> -이승하의 「폭력과 광기의 나날」 부분

미국의 이라크 침공과 미군의 이라크 포로 학대 사진은 인류사의 일상적인 평범한 장면의 하나일 뿐이다. 오히려 그러한 사실에 놀라는 (놀라는 척 하는)인간들의 오버액션에 나는 더 놀랄 뿐이다. 전쟁 자체가 미친 짓이고 비이성적인 작태인데, 무분별한 학살의 현장에서 포로를 그렇게 외설적으로(?) 학대할 수 있냐고 하는 말 자체가 역겨운 일이 아닌가. 합법적인 전쟁이 가능한 말일까 의심스럽다. 전쟁이라는 미친 짓거리를 하면서 그 안에서 이성적인 몇 개의 규칙이나 법이 지켜질 것이라고, 지켜져야 한다고 인간들은 정말 생각하는 것일까? 전쟁 자체를 부정하지 못하는 한, 전쟁 자체를 불법으로 처단하지 못하는 한 그 안에서 벌어지는 인간의 어떠한 패륜적인 행위도 비난할 자격이 인간에게는 없다. 지구상의 어딘가에서 전쟁이라는 이름으로 자행되는 살인을 애국의 이름 또는 국익의 이름으로 수식하고 변호하는 한, 포로에 관한 제네바 협정 운운은 인류에 대한 인류의 또 다른 기만과 허위에 불과하다. 테러는 야만적인 살인행위고 전쟁은 고도의 정치적인 행위라고 누가 나불대는가?

이승하의 시집『폭력과 광기의 나날』은 특정 지역의 역사도 심약한 개인의 회고록도 아니다. 이것은 현재진행형의 뉴스 중계다. 지금도 중동 어딘가에서 아프리카, 남아메리카, 동티모르, 아이티, 남부아시아 저쪽, 아니 무엇보다도 바로 우리 이웃집에서, 우리 집에서 벌어지고 있는 폭력의 현장 기록이다. 이 시집에서 사진은 시와 결합하여 감정의 상승작용을 불러일으키고 있다. 사진과 시는 서로에게서 눈을 떼지 못하게 하고 있다. 몇몇의 사진과 시를 보고 있으면 여전히 코끝이 찡해진다. 그러나 전반적으로 놀라운 내용들은 전혀 아니다. 이라크에서 독가스에 살해당한 쿠르드족의 시신들도, 강간당한 회교여성들의 사진도, 굶주린 아이와 매맞는 아이의 모습도, 어린 나이에 총을 든 아이들의 사진도 더 이상 놀라운 사실들이 아니다. 우리는 이미 세상의 모든 고문과 폭력에 익숙해져 있으며 그 경험의 기억을 아직도 고스란히 간직하고 있기 때문이다. 500만 명의 사상자를 낸 한국 전쟁, 그 안에서 벌어졌던 더러운 양민학살과 고문들, 그 이전에 일제에 의해 저질러진 수많은 학살과 폭력(아직 정확한 통계조차 나오지 않고 있으나 적어도 300만 명 이상의 희생자가 있었던 것으로 추정되는), 해방 이후 이 땅에서 동족의 손에 의해 저질러진 수많은 고문과 의문사의 흔적들을 우리는 아직도 씻어낼 수가 없다. 남의 상처에 아파하기엔 아직도 우리들의 몸과 기억에 박힌 상처의 깊이가 너무나 깊다. '대한민국 사람들은 밥힘으로 사는 것'이 아니라 어쩌면 이 고통의 기억으로 사는 지도 모른다.

> 琿春事件 후 和龍縣의 한 마을에서 있었던 일이다. 마을 전체가 불타고 있는데 <변씨>라는 30대 농부가 태극기를 들고 <대한 독립 만세>를 불렀다. 日軍은 그에게 고통을 주기 위해 총을 쏘지 않고 태극기를 들고 있던 오른쪽 팔을 어깨에서부터 내리쳐 잘랐다. 오른팔과 함께 태극기가 떨어졌다. 변씨는 남아 있는 왼팔로 태극기를 집어 들고 다시 또 <독립 만세>를 외쳤다. 日軍은 일본도를 들어 다시 왼쪽 어깨를 내리찍었다. 변씨는 또다시 만세를 부르고 땅을 붉게 물들인 선혈 위에 쓰러졌다. 이 광경을 뒤늦게 본 선교사가 변씨를 병원으로 옮겼으나 그는 이 사진 한 장을 남기고 죽었다.
>
> 사진을 보면 변씨는 두 팔이 잘렸는데도 얼굴에 고통의 빛이 없고 눈은 부릅떠 있다.
>
> 내가 일본 감옥에서 12년간을 지낼 때, 마음이 약해지거나 용기가 스러지려 하면 항상 변씨의 마지막 모습을 생각하고 눈물 흘리며 어금니를 악다물곤 했었다. -李康勳, 「내가 겪은 일제 침략을 증언한다」(『東亞日報』, 1982년 8월 7일자)

[사진생략]

살다 지쳐 괴로울 때면
이 사진을 보아라
가다 지쳐 멈추고 싶을 때에도
이 사진을 보아라

아무렇지도 않다는 듯
바닥을 골똘히 응시하는 눈을
일본도에 잘려나간 두 팔을
…(중략)…
내 딸 민휘야
내 태어난 이 땅에 네가 태어났으니
내 죽을 이 땅에서 네가 죽을 것이다
힘 못 길러 짓밟힌
조상의 한 사람인 변씨
그의 사진을 보며 네 아빠는 운다
떳떳이 죽어간 조상 앞에서

살다 지쳐 아주 괴로울 때는
이 사진을 보아라.

-이승하의 「변씨의 사진-딸 민휘에게」 부분

'식민지인은 폭력 속에서, 폭력을 통해 자유를 발견한다'는 말처럼 우리는 작둣날에 목이 잘리고 뼈가 으르러지는 고문과 학살, 수십만의 여성이 정신대라는 이름으로 끌려가 집단으로 강간당한 우리의 식민지 역사 속에서 자유의 소중함을, 그 폭력에 맞서 싸웠던 인간들의 숭고함과 존엄성을 발견한다. 그러나 한편으론 우리들 몸 속에 새겨진 그 폭력의 흔적과 기억들을 스스로 재생산하고 있는 우리 자신들을 발견할 수밖에 없다. 우리 사회의 근대적인 시스템과 일상생활 곳곳에 스며있는 식민지 폭력의 흔적들은 이제 타자가 아니라 바로 우리이고 나다. 우리는 자본주의 시장경제조차 식민지 약탈경제의 형식으로 체험했다. 우리 사회의 경제적인 시스템은 아직도 식민지 약탈경제의 속성을 벗어나지 못하고 있다. '성장'이라는 말속에 스며있는 약탈과 폭력의 이미지를 지우고 한국경제를 바라볼 수가 없다. 기본적으로 먹고 사는 경제분야가 이럴진대 이러한 토대 위에서 건설된 다른 분야는 말할 것도 없다. 최근 개봉되었던 영화 <말죽거리 잔혹사>는 또 하나의 근대적인 시스템인 학교가 얼마나 폭력적인 제도적 공간이었는가를 말해주고 있다.

우리는 이미 '시화전'이라는 이름에 익숙해 있다. 시와 그림의 결합은 우리의 전통적인 문화 속에서 그리 낯설지 않다. 그럼에도 불구하고 시와 그림은 전시를 위한 목적에서 잠시 결합될 뿐 일반적으로 시는 시이고 그림은 그림일 뿐이었다. 그림의 자리에 사진을 넣어보아도 마찬가지이다. 시와 사진을 결합한 시집이 이승하의 『폭력과 광기의 나날』이 처음은 아닐 것이나 이 시집은 두 장르의 결합이 내용을 더욱 풍부하게 할 수 있다는 사실을 새삼스레 보여주고 있다. 사진으로 인해 시의 울림이, 시로 인해 사진의 감동이 증폭될 수 있다면 작가의 의도는 성공한 것이다. 비록 두 장르 사이의 결합이 모두 성공적인 것은 아닐지라도 천편일률적인 밋밋한 시집의 풍경 속에서 이승하의 이 시집은 돋보이는 무엇인가가 있다.

미군이 이라크 포로를 학대하는 장면의 사진이 보도되어 문제가 되자 미군과 행정부는 알카에다 조직원들(?)이 미국인을 잔인하게 살해하는 장면으로 반전을 시도하려 했다. 그러나 결과는 그리 만족스럽지 못한 모양이다. 그것이 침략자들의 한계다. 군대가 우리 사회에서 그나마 긍정적으로 기능할 수 있는 것은 전쟁 억지력으로서의 방어기능을 하고 있는 순간까지일 뿐이다. 전쟁 상황에 돌입하는 순간, 더욱이 침략 전쟁에서의 군대는 조직적인 살인집단에 불과할 뿐이다. 군대는 인류가 만들어낸 가장 큰 폭력집단이다.

지금 사진은 전쟁중이다. 그런데 시는?

－≪정신과표현≫ 2004.7/8.

탈주의 시학

-장정일의 『길안에서의 택시잡기』(민음사, 1988)-

독일군으로서 독일군의 감방에서 2차대전의 종전과 함께 석방된 후, 2년여 동안의 짧은 시간을 병마와 싸워가며 살다가, 26세의 생을 마감한 보르헤르트가 「이별 없는 세대」란 작품에서, "우리는 서로 만남도 없고, 깊이도 없는 세대다. 우리의 깊이는 나락과도 같다. 우리는 행복도 모르고, 고향도 잃은, 이별마저도 없는 세대다. 우리의 태양은 희미하고, 우리의 사랑은 비정하고, 우리의 청춘은 젊지 않다. 우리에게는 국경이 없고, 아무런 한계도, 어떠한 보호도 없다-어린이 놀이터에서 이쪽으로 쫓겨난 탓인지, 이 세상은 우리에게 우리를 경멸하는 사람들을 건네주고 있다."고 했을 때, 그래도 그의 작품 속엔 미래에 대한 희망이라도 있었다. "우리는 이별이 없는 세대. 그러나 우리는 모든 미래가 우리의 것이라는 것을 알고 있다."고 말하기 때문이다. 그러나 장정일이 「약속 없는 세대」에서 "우리들은 약속 없는 세대다. 하므로, 만났다 헤어질 때 이별의 말을 하지 않는다. 우리들은 헤어질 때 다시 만나자는 약속을 하지 않는다. <거리를 쏘대다가 다시 보게 될텐데, 웬 약속이 필요하담!>-그러니까 우리는, 100퍼센트, 우연에, 바쳐진, 세대다."라고 했을 땐 미래에 대한 희망 같은 것도 보이지 않는다.

보르헤르트는 1차대전이 독일의 패전으로 끝난 후 혼란스런 시대적 분위기 속에서 태어나 짧은 청춘의 대부분을 침략과 학살의 피로 뒤범벅이 된 나치의 군대와 감옥에서 보낸 인물이고, 시를 쓰던 당시의 장정일은 스스로 군대를 동원해 포획기관의 수장이 된 인물이 산업화 정책을 강행하던 시기에 태어나, 그 인물이 부하의 총에 맞아 죽고, 그의 똘마니들이 다시 정권을 잡고 날뛰던 시기를 살고 있던 인물이다. 두 청춘의 삶이 다 평탄할 수만은 없는 시대를 살고 있었던 것이다. 두 사람 모두 근대적인 국가 권력의 포획과 포섭에 저항하며 길 위를 떠돌고 있다. 한 사람은 일찍부터 전쟁터와 감옥을 전전하느라, 다른 한 사람은 길 위에서 길을 잃어버려 고향을 잃어버리고, 고향에 갈 수 없는 인물이다. 하지만 미래에서조차 정주할 희망이 보이지 않는다는 측면에서 장정일이 좀 더 '탈근대적인' 유목민의 면모를 보여주고 있다.

한국 사회에서 60년대 산(産) 인간들의 정체는 무엇인가? 개발독재 시대에 태어나 군사독재 시대에 성인의 몸으로 환생하여 개발(산업화)의 풍요로운 열매와 그 모순을 함께 맛보아야했던 세대? 전후에 태어나 전쟁의 참혹함을 모르고 힘센 나라의 무지막지한 힘의 실체를 몰라서 겁 없이 대드는 경박한 세대? 아니면 햄버거와 콜라로 상징되는 미국식 자본주의의 소비 사회에 처음으로 무차별적으로 노출된 세대?

장정일이 일찍이 그의 시에서 교련문제로 고등학교 진학을 포기했다고 했을 때, 사람들은 시적 화자가 '일찍 깬 놈이구나' 하는 생각을 했을 것이다. 그러나 국가의 포섭과 포획에 저항한 인간이 그 이후에 걸어야만 했을 길도 짐작할 것이다. 소년원을 들락거리고 그곳에서 어린 나이에 몸에 못질을 당하고(동성으로부터 당한 강간) 사회에 나와서도 '사람'대접을 받지 못했을 것이 뻔하다. 국가의 코드화, 영토화에 저항한 인간들이 인간 쓰레기, 빨갱이, 낙오자 같은 타자가 되어서 주류 사회에서 도태되는 것은 정해진 코스였다. 일찍이 국가가 포섭한 영토의 바깥을 보아버린 시인의 눈에 비친 세상은 이미 낙원이 아니다. 정주의 삶을 포기한 인간이 살 수 있는 공간은 탈주의 공간인 길 뿐이다.

> 인간이란? 그리고
> 인생이란?
> 그것은
> 달리고, 주저앉고, 죽는 것!
>
> –「달리고, 주저앉고, 죽다」 부분

이라고 말한다. 살아있는 한 계속해서 앞으로 달려갈 수밖에 없다. 정지 혹은 정주는 곧 죽음이다. 탈주의 삶이야말로 살아있는 삶인 것이다. 국가는 국민들을 포섭하고 포획하여 영토화하고 코드화 하지만 그 국가 자체가 끊임없이 탈주를 꿈꾸기도 한다. 서구화, 산업화, 도시화를 명분으로 오늘과 다른 내일을, 보다 잘 사는 내일을 위해 국민들을 어딘가로 내몬다. 어딘가로 집단적인 광기에 휩싸여 달리다가 주저앉고 죽는 것이 한국 사회의 모습인 것이다. '남자가 된다는 것은 책임진다는 말이고 길을 안다는 말이다.'(「길 잃은 사람들」)는 사실을 알고 있지만 사람들은 모두 길 위에서 길을 잃는다. 어른은 지쳐있고 국보법을 들먹이는 아들의 소리에도 아랑곳없이 그저 자고 싶을 뿐이다(「잔혹한 실내극」). 이러한 사회의 시대적 분위기 속에서 시인이나 문학은 조롱 받는 대상일 뿐이다. 월부 책장사를 피해 쫓겨다니는 시인의 모습은 이미 천덕꾸러기 그 이상이 아니다. 시인에게 시 쓰기는 '길 안에서의 택시잡기'이다.

> 길안에 갔다.

길안은 시골이다.
길안에 저녁이 가까워 왔다. 라고
나는 썼다. 그리고 얼마나
많이, 서두를 새로 시작해야 했던가?
타자지를 새로 끼우고, 다시 생각을
정리한다. 나는 쓴다.

길안에 갔다.
길안은 아름다운 시골이다.
그런 길안에 저녁이 가까워 왔다.
별이 뜬다.
…(중략)…
그러나 나는 어디로 가는 것인가?
내가 가야 할 거리가 어딘가?
택시를 쉽게 잡기 위해
택시잡기 어려운 이곳으로부터 빠져나가야 할
그곳은 어디인가?
과연, 길안을 떠나 다시 길안으로 돌아올 수 있겠는가?
길안에서 처음으로
길안 바깥이 불안으로 닥쳐온다.
나는, 너는, 모든 길들은
어디로 가게 되어 있는 것일까?
우리 있을 데가 없다.

다 썼다. 3연의 시.
나는 그것을 읽어본다. 엉망이구나.
한숨을 쉰다. 이렇게 어려운 시.

이렇게 하기 어려운 일을 하며, 한평생
사는 것이 내 꿈이었다니! 나는
방금 쓴 3연의 시를 찢는다. 커피를 한
잔 끓여 마신다. 생각이 이어졌다. 유년 시절에
계집애들이 하던 고무줄 놀이가 아닐까, 시 같은
것은. 점점 새로운 세계로 나가는 것. 자꾸
고무줄 높이를 높이면서 고통을 즐기는 것,
고통을 즐기는 것! 이 밤 기어이, 길안에서의
택시잡기를 쓰고야 말겠다. 나는 무섭도록 새하얀
종이를 끼운다. 다시 쓴다.
…(후략)…

–「길안에서의 택시잡기」 부분

시인은 위의 시에서 시 쓰기 과정을 시로 쓰고 있다. 시인에게 시 쓰기는 '길안에서의 택시잡기'이다. 길안은 누군가의 고향이지만 머물 곳도 없고 안주할 곳도 없는 곳이다. 그곳에서 시인은 밤새 택시를 잡으려고 노력하지만 잡지 못하고 길을 잃어버린다. '길 안'에 있는 한 택시를 잡을 수도 없고 길을 찾지도 못한다. 이미 안주할 수 없는 불모의 공간인 길안에서 탈주를 꿈꾸지만 오히려 '길안 바깥이 불안으로 닥쳐온다'. 이상의 수필 「권태」를 연상시키듯이 "길안의 산과 물이 역겨워진다. / 길안의 나무들이 유령같이 곤두섰다. / 아아 상종 못할 자연 / 이해 못할 자연이다. / 길안의 비문명이 공포스럽다."던 시인이 길안의 바깥이 불안으로 닥쳐온다는 것이다. 그렇다면 시인은 문명으로부터의 탈주를 꿈꾸는 것인가 비문명으로부터의 탈주를 꿈꾸는 것인가? 알 수 없다. 그러나 이미 시인에겐 비문명의 영토이든 문명의 영토이든 불모의 영토일 뿐이요 탈주의 대상일 뿐이다. 시인의 삶은 비문명의 영토에서 문명의 영토로, 문명의 영토에서 비문명의 영토로 끝없이 횡단하는 유목민의 그것이다. 그것이 바로 시 쓰기의 과정이자 시인의 삶이고 운명이다. 그들은 모순의 영토를 횡단하며 모순의 삶을 온몸으로 사는 유목민이다. 국가나 기존의 권력과 관습이 포섭하고 포획한 영토의 경계 저편과 끊임없이 교섭하고 횡단하면서 우주의 공간을 방랑한다. 그래서 때때로 그들의 모습은 허허롭고 비현실적이다.

'그대, 살다가 삽질하는 인간을 보더라도 그저 그러려니 그냥 이해하시라. 그는 시인이다!'

장정일의 시집 『길안에서의 택시잡기』는 바로 앞서 나온 그의 『햄버거에 대한 명상』(민음사, 1987)과 함께 60년대 산 작가들의 태생적인 문화코드를 보여주는 작품인 동시에 시인이자 극작가, 소설가로서의 운명적 삶을 사는 시인의 앞날 그리고 '외설' 시비로 교도소까지 들락거려야 하는 시인의 참담한 미래를 앞당겨 보여주고 있는 문제적인 시집이다. 아무나 그렇게 살 수 있는 것은 아니다. 그는 시인이다.

-≪정신과표현≫ 2004.11/12.

누항(陋巷)에서 사막으로

-이희중의 『참 오래 쓴 가위』(문학동네, 2002)-

1.

이희중의 첫 번째 시집인 『푸른 비상구』(1994)는 1960년 생인 시인의 이십대와 삼십대 초반의 삶이 80년대 전반 및 90년대의 초반을 시간적 배경으로 하여 녹아 있는 작품집이었다. 60년 생이자 80학번인 시인의 이십대는 80년대와 온전히 일치하고 있다. 쿠테타로 집권한 무신정권의 산업화 정책 이후, 문교부의 학제에 늦게까지 몸을 맡겼던 젊은이들은 이십대의 대부분을 대학과 군대 그리고 그 주변을 배회하며 고답적인 상아탑과 세속적인 사회, 이상과 현실 사이에서 고민하며 많은 시간을 보냈다. 그러나 80년대의 대학은 이미 상아탑으로서의 그 상징을 스스로 포기하고 추악한 권력으로 상징되는 사회와의 전면전을 선포했던 시절이었다. 이후 대학과 대학 밖의 세계와는 그 경계가 불분명해졌고 대학 사회의 구성원들은 그들이 적으로 규정한 추악한 것들과의 싸움에서 만신창이가 되어갔다. 문교부의 학제를 따라서 멋도 모르고 대학교에 들어갔던 미성년자들은 이 과정을 거치면서 호된 입사식을 치러야 했다. 국정교과서를 통해 세상을 배운 미성년자들이 대학이라는 프리즘을 통해 새롭게 바라보기 시작한 세상은 시인이 노래한 '교과서 나라'1)가 아니었다. 대학 신입생들은 점차 자신들이 배운 교과서를 새로운 시각에 맞춰 새롭게 써야만 했다.

이희중의 첫 번째 시집인 『푸른 비상구』는 한 시인이 대학과 그 주변세계를 통과하면서 새롭게 쓴 비공인 교과서이자 80년대, 20대의 고별서인 셈이었다. 이 시집의 시들을 장악하고 있는 시안(詩眼)은 '누항'이었다. '좁고 누추한 거리', '비속한 속세'란 의미의 이 말 속에 시인이 파악한 시대와 인간, 그 인간들의 관계와 또 그 인간들이 연출한 사랑과 모든 일들을 바라보는 시인의 시각이 담겨 있었다. 시인은 이 시집의 끝에서 이러한 세상과의 결별을 고하고 있다.

> 이제 덧없이 사라질 것들에 눈 돌리지 않고
> 투정하지 않는 무거운 것들을 깊이 바라보리
> 나 또한 낡아 가는 몸과 변덕 많은 마음을 가져
> 市井의 술과 世間의 사랑에 신발을 벗어 두고
> 함께 스러져 갈 약한 것들과 어울렸으나
> 다시 꽃들은 지고
> 열매는 여물지 못해 참혹히 썩어 가나니
> 저들에게 배울 것은 죽음의 습성뿐
> 잠들지 않는 더러운 야합의 습성뿐
> 이제 나는 피지 않은 꽃눈과
> 아이들의 어지러운 걸음과 간지러운 웃음에도

---

1) 가방 속에 세상을 넣어 다니던 시절은 행복하였습니다 그 속에 어머니께서 장만해 주신 한나절의 생계가 있었고 반듯한 교과서마다 한창 자라나던 우리가 충분히 이해할 수 있는 명징한 세계가 있었습니다 교과서라는 경전을 숭배하는 나라의 권위는 대개 종소리에서 비롯되었습니다 규칙적으로 종이 울리면 시간 또한 반듯하게 잘라지고 그 틈에서 우리는 교과서의 바다에 담금질되었습니다

-이희중의 「교과서 나라」 부분

그들이 허물어져 갈 축축하고 더러운 구렁을
악몽처럼 미루어 보겠네 텅 빈 것들의 냄새를
그리하여 나는 陋巷의 발길을 옮겨
더는, 저 덧없이 사라지고 말
사소하고 약한 것들의 눈물겨움과
순간의 아름다움에 마음 빼앗기지 않고
메마르고 단단한 것들의 침묵과 중량을 사랑하려네

-「누항을 떠나며1」 전문

2.

시인은 첫 시집에 있는 시구절의 약속이라도 지키려는 듯 누항을 떠나 '메마르고 단단한 것들의' 세계로 걸음을 옮긴다.

시인의 20대가 대학과 그 주변에서 멈칫거리며 누항에 몸을 담그기 위해 고민하고 연습하던 시절이었다면, 30대 이후는 어쩔 수 없이 어떤 식으로든 그대로 누항에 몸을 섞는 시절이다. 그의 첫 번째 시집에 20대에서 30대 초반의 삶이 걸쳐져 있다면 그의 두 번째 시집인 『참 오래 쓴 가위』(2002)에는 30대 초반부터 40대 초반인 현재의 삶이 걸쳐져 있다.

그가 누항을 떠나 몸을 의탁한 곳은 탈속의 경지가 아니다. 오히려 맹수들이 들끓는 밀림 속에 발을 들여놓는다. 이곳은 서로 먼저 물어뜯으려고 하는 상대로부터 잠시도 눈을 뗄 수 없는 생존경쟁의 장이다. 시인은 이렇듯 살벌한 곳에서 잠시도 긴장을 늦출 수 없다.

네가 나를 쏘려고 한다면
나는 민첩하게 지금, 여기서 다른 곳으로 피할 것이다

그리고 네 손가락이 움직이기 전
내 손가락을 움직일 것이다

네가 장차 내게 무엇을 하려는지 잘 알 수 없다면
나는 지금, 여기서 어두운 곳으로 천천히 몸을 옮길 것이다
한시도 네게서 눈을 떼지는 않을 것이다

–「맹수」 부분

시인은 이러한 밀림을 통과하면서 냉정하고 삼엄한 전사로서의 모습을 갖출 수 있도록 자세를 가다듬는다. <한번 저지른 모진 죄를 언제까지나 용서하지 않도록 / 아무하고나 화해하지 않도록 / 잃어버린 물건을 다시 찾을 수 없도록 / 헤어진 사람과 다시 만나는 일이 없도록>(「이 가을 이후」) 계속해서 기도하거나 다짐하면서 세상에 대한 편치 않은 심정을, 혹은 적의를 불쑥불쑥 곳곳에서 드러내고 있다. 왜냐하면 세상은 인간이 인간을 회쳐먹는 살벌한 곳이기 때문이다.(「세상횟집」) 또한 아무도 믿을 수 없고 사랑할 수 없는 세상이기 때문이다. <나는 이젠 아무도 안 믿는다 / 우러러보던 것들도 사랑하던 것들도 아끼던 것들도 / 다 쓰러졌어 내가 믿던 생각들이, 사람들이 다 무너지고 있어>(「분당에서 울다」)라고 시인은 노래한다. 그러면서 시인은 <저 叛逆의 아름다운 이름>(「변산」)을 읊조리기도 하고 <아니꼬운 놈들에게 개새끼, 라고 바로 지금 말하겠습니다>(「오늘의 노래」)라고 다소 위악적인 목소리를 내기도 한다. 시인은 계속해서 세상과 인간들에 대한 편치 않은 심정을 부정적인 목소리로 읊고 있다.

지금까지 손가락 숫자도 못 되는 여자들을 사랑했으나
아무도 오늘 내 전화번호부에 남아 있지 않다
또한 내 손가락 숫자 조금 넘는 사람들을 존경했으나

마음을 다해 고개 숙일 사람은 이제 거의 없다
그들과 사이에 고운 말과 웃음은 허비되었다
이빨 숫자 정도 되는 사람들과 깊이 사귀었으나
돌아보면 별레 먹지 않거나 덧씌우지 않은 관계는 남아 있지 않다
현재 생존하는 사람 가운데 그리운 사람은 없다
–「한번 등 돌리면」 부분

시인의 부정적인 목소리는 작은 것 같으나 단호하다. 시인은 기본적으로 자신이 살고 있는 세상을 유배지 혹은 감옥으로 인식하고 있다. 그는 자신을 뿌리째 뽑혀 감옥에 갇혀 있는 수인으로 생각하고 있다(「분당에 내린 마지막 눈」). 세상은 <어디나 더러운 진창>이고 <벼랑>이다(「꿈, 낯선 별에서」). 그렇기 때문에 시인이 세상을 다소 비관적으로 노래하고 있는 것은 어쩌면 당연하다. <어두운 시대는 어두운 삶을 낳는 법 / 어두운 삶은 어두운 노래를 낳는 법>(「카페 쌍화점에서–낮은 시대는 낮은 노래를 키운다」)이다. 그러나 그의 시에 그려진 세상과 인간이 모두 부정적으로만 그려져 있는 것은 아니다. 오히려 부정적인 목소리가 노출되어 있는 대부분의 시에서조차 삶에 대한 온기가 기본적으로 유지되고 있으며, 「소쇄원에서」와 같이 먼 과거의 공간을 읊은 것이나, 「겨울 아침 이야기」 「거기, 그들」 「수색의 다른 나」 「내 안의 어린아이」 등과 같이 과거의 한 시절을 읊은 시들은 인간의 따듯한 온기로 넘쳐나고 있으며 아련한 향수마저 불러일으키고 있다.

왜, 그런 겨울 아침 있었잖은가
늦은 아침 햇살 노랗게 마당 어귀에 들 때
수건 목에 걸치고 축담 내려서

고무신 대충 꿰어 물가로 가던
그때 우리 추웠던가
살얼음이라도 언 물가에서 펌프로
지하수 퍼올려 양은 세숫대야에 받으면
김이 모락모락 나던
…(중략)…
연탄 한 장으로 긴 밤을 나던
추울수록 사람들이 다정하고 그립던
그래서 한방에 모여 자던
보일러보다 사람 덕에 따뜻하던
그런 겨울날의 전설들이 요즘은 더 생각난다니까

–「겨울 아침 이야기」 부분

시인의 20대 이전으로 추정할 수 있는 과거의 한 시절은 한때 아름답고 따듯하다. 그러나 80년대, 시인의 20대 이후 세상은 시인에게 내내 누항이었고 유배지였으며 감옥이었다. 그리고 '메마르고 단단한' '사막'이었음을 시인은 말하고 있다.

우리가 자칫 한 걸음을 옆으로 잘못 내디디면 세상이 순식간에 사막이 될 수 있다는 사실을 「사막이 되지 않기 위해」서라는 시에서 시인은 말하고 있다. 나의 사소한 행동 하나가 주변의 인간과 세상을 사막으로 만들 수 있고, 사막이 되는 것을 막을 수도 있다는 사실을 시인은 말해주고 있다. 그는 이 시에서 오랫동안 어느 가수의 노래에 의지해서 사막과 비사막의 경계를 아슬아슬하게 지나왔음을 고백하기도 한다. 이러한 곡예는 지금도 계속되고 있다.

어느 순간부터 시인은 이전의 불신과 애증의 벽을 넘어 좀 더 원숙한 목소리로 <이제 미움 너머로 그대를 사랑하리 / …(중략)… / 이제 욕망 너머로 그대를 사랑하리 / 이제 시간 너머로 그대를 사랑

하리>(「먼별」)라고 노래하고 있다. 이러한 변화의 계기를 알기 위해선 「통화」의 내용에 천천히 귀기울여 봐야한다.

> 잘 지내시지요 자주 생각합니다……네 그럼요 저도 덕분에……물론이죠 아직도 피웁니다 구박을 많이 해요……세상이요……이젠 울지 않습니다……술을 별로 안 하니까요 술친구들도 없구요……그새 저는 취직을 했어요……삼 년 전에요 이젠 사회불만 세력이 아니에요 간사하지요……가까이 계셨으면 좋아하셨을 텐데……네……그렇다고 뭐가 다시 사람과 세상을 믿게 된 건 아니에요……이런 얘기 털어놓을 사람도 없어요……개새끼들로 그득합니다……남들 눈엔 저도 그렇겠지요……그럴수록 더 좋아져요……나무들요……그새 결혼했어요……
>
> -「통화」 부분

시인은 그 동안 취직도 하고 결혼도 했다고 고백한다. 이젠 더 이상 사회불만 세력이 아니라고 말하기도 한다. 그러나 그렇다고 해서 다시 사람과 세상을 믿게 된 것은 아니라고 천연덕스럽게 고백을 하고 있다. <상처는 아물어도 / 기억과 고통은 다른 곳에서 뒤척이는 법>(「오래 바다를 보니」)이니까, 쉽게 생각이 변하지 않는 것이 어쩌면 당연하다.

시인은 이제 불혹의 나이가 되어 세상을 좀 더 명료하게 바라보고 있다. <기적! 제가 책과 학교에서 배운 지식이 이론이라면 내 눈앞의 양달과 응달은 참으로 명료한 증명입니다 진리는 때로 참으로 아름답군요 이 아름다운 진리를 저만 보고 있습니까>(「아름다운 진리」)라고 능청을 떨고 있다. 그는 이제 여유 있게 <키가 다 자라고는 한 번도 듣지 못한 소리 / 사랑을 믿던 시절에 듣던 소리>(「밤의 소리」)를 회상하기도 하고 집 나간 식구들이 돌아올 때를 기다리고 있는 불빛을 그리워하기도 한다(「불빛, 그리움」).

3.

이희중의 두 번째 시집인 『참 오래 쓴 가위』는 삼십대 초반 이후 시인이 겪은 세상과의 불화와 따듯한 과거에 대한 기억으로 얽어 짠 시들로 구성되어 있는 시집이다. 첫 시집의 핵심어가 '누항'이었다면 이번 시집의 시안(詩眼)은 '감옥'과 '사막'이다. 그리고 마지막으로 대문에 노란불이 켜져 있는 집이다. 소설가 김형경의 표현대로라면 '그가 선택한 단어가 그의 상처다.' 시인은 삼십대 초반 이후 감옥과 사막, 그리고 따듯한 집 사이를 오가며 불혹의 나이로 아슬아슬하게 그러나 단호하게 메마르고 삭막한 이 세상을 건너가고 있는 것인지도 모르겠다. 얼핏 상반돼 보이는 이 두 세계는 칼날의 양면, 혹은 가위의 양날인지도 모른다. 가위의 두 날이 오랜 마찰 과정을 거치면서 자성을 띠듯 시인의 시도 시인이 서로 다른 두 세계를 오가는 동안 겪은 마찰과 갈등 그리고 상처를 다스리는 동안 다른 사람들을 잡아당기는 마력을 지니게 된 것인지도 모른다. 그러나 아무리 자석이 다른 쇠붙이를 끌어당겨도 한 몸이 될 수 없듯이(「참 오랜 쓴 가위」) 두 세계가 쉽게 하나로 합쳐질 것 같지는 않다. 그러나 <물건이 크면 그늘도 깊은 법>(「대웅전 뒤편에 앉다」)이라는 시인의 표현처럼 크고 넉넉한 시인과 시의 그늘도 깊고 포근할 것이라는 사실을 믿어 의심치 않는다.

불혹을 훌쩍 넘긴 시인의 시가 이제 어떤 그늘을 우리에게 드리울지 모르겠다. 그는 이제 가만히 있어도 주위 사람들을 끌어당길 수 있을 만큼 충분히 묵었다.

-≪문예연구≫ 2002, 여름호.

땅의 사람들

-박형진의 『다시 들판에 서서』(당그래, 2001)-

적어도 나에게 시골 혹은 농촌은 김용택의 『섬진강』 이후에 비어 있었다. 한마디로 무인지경이었다. 시인들의 작품 속에서 가끔 배경으로서의 농촌이 보이지 않은 것은 아니었으나 그것은 말 그대로 배경일 따름이었다. 여행자의 시선에 비친 그것이거나 후천성 농촌 마니아의 취미 속에나 잠시 등장하는 그것이었을 뿐이다. 그도 저도 아니면 기억으로서의 농촌일 뿐이었다. 하여간에 『섬진강』은 농경 정서의 끝이었다. 그런데 느닷없이 다시 농촌이다. 반항인가?

60년대 박정희의 '조국근대화'(산업화, 서구화) 정책이후 농업은 내내 사양 산업이었고 농촌은 확실히 죽임을 당했으며, 그곳은 진작에 사람 살 곳이 못 되는 오지가 되었음은 온 국민이 다 알고 있는 사실이 아닌가? 그래도 거기에 아직 사람이 살고 있었나? 그럼 그는 반체제, 반국가, 반정부 단체의 괴수인가?

하루 24시간, 일주일은 7일. 우리는 이미 수량화된 시간에 길들여져 있다. 출근과 퇴근, 주중과 주말을 반복하면서 우리는 한 달을 소비하고 다시 일 년을 소비한다. 사는 것이 아니라 살아지는 것이며 시간은 단순히 흐르거나 지나가는 것이 아니라 흔적도 없이 사라진다. 소비된 시간은 앞으로 소비해야할 시간들에 의해 기억을 거부당한다. 자연적 질서와 시간은 이미 우리들의 삶 속에서 추방당한 지 오래다. 그것이 근대화된 우리의 현재 모습이다. 아무도 퇴근길 공장이나 회사 정문에 서서 눈물을 뿌리지 않는다. 그런 사람이 있다면 그는 틀림없이 실직자일 것이다. 헌데 이 시를 보라!

걷이 끝난 들판에 누군가 서서
눈물 뿌리지 않는다면
새봄에 돋는 싹이 어찌
사랑일수 있으랴

수수깡 빈 대궁인 채 바람이 날리며
잿빛 산등성이 등지고 기인 그림자 끄는
네 몸뚱이, 죽어
또 죽어 땅에 몸 눕히면
구름만 덮일 뿐 모두 다 떠나가는데

계절의 끄트머리에 누군가 서서
함께 비 젖지 않는다면
어찌
썩어 다시 생명일 수 있으랴.

―「다시 들판에 서서 · 2」의 전문

화가 밀레의 '만종'이 씨뿌리는 모습인지 추수하는 모습인지 그것은 모르겠으나 그 그림 속의 풍경엔 경건함이 깃들어 있다. 위의 시속에도 그러한 경건함이 스며있다. 땅 위에 씨뿌리고, 땀흘려 가꾸고 거두며 사는 소박한 사람들의 모습 속에는 가볍게 넘겨버릴 수 없는 삶의 경건함이 있게 마련이다. 정직하게 일한 보람의 결실만큼만 생명을 유지하고 이어가는 사람들에게 허황함이나 위선적인 삶이 끼어들 틈은 없는 것이다. 그들은 과분한 욕망을 꿈꾸지도 않으며 애초에 그것이 무엇인지도 모른다. 다만 제철에 씨뿌리고 때가 되면 겸손하게 거둘 뿐이다.

박형진의 시속에는 절기로 자연의 시간을 읽으면서 그 안에서 살아가고 있는 원초적 인간의 삶과 지혜가 담겨 있다. 그의 시속에는 억새풀 밭둑에 피어오르는 들불이 있고, 홀로 외롭게 일하고 있는 농민의 모습이 있으며, 사람들이 살다 떠난 빈집의 울안에 혼자서 익어 가는 앵두가 있다. 농협 빚 이자만 겨우 갚는 가난한 농부의 모습이 있고 그의 고물차와 어린 딸, 아직도 수줍음을 타는 아내가 있으며, 콩밭 속에서 늙어 가는 어머니가 있고 병든 누이가 있으며 이웃집 아주머니와 아저씨가 있다. 한마디로 그의 시집 전체가 한 마을이고, 한 마을 주민이고 가족이다. 그 안에서는 누구도 소외되어 있지 않다. 정말 이럴 수 있는가? 이래도 되는가?

녹두 한 말과 깨 한 말을 가지고 장에 간 어머니는 곡식 판 돈을 다 내주고 어물전에서 고기를 사온다. 전혀 남는 장사가 아니다.

녹두 한 말 깨 한 말 가지고
장에 가신 어머니는
미곡상 들러서 그것들을 내시는데
녹두는 한 말에 삼만원이요 깨는
한 말에 팔만원, 사정해서 받으시고는
내가 좀 손해보지-
반 되씩이나 더 가져온 곡식들을
그냥 부어 주시고요
십일만원 손에 쥐고 어물전에 가셔서는
상에 놓을 만한 조기

조기 두 마리 사는데 녹두 한 말 값,
덕재니 준치 몇마리씩 사는데
깨 반말 값,
장사도 남아야지 하시며 이제는
달라는 대로 다 주시더군요.

—「이상한 계산」의 전문

이것은 이윤을 남기기 위한 장사가 아니다. 생필품을 서로 교환하는 정도의 상행위에 불과하다. 아니 상행위라고도 할 수 없다. 그저 인심이다. 이들 앞에선 교환가치가 지배하는 자본주의 사회의 각박함이나 착취를 논할 수 없다. 이들의 삶은 만인을 위한 만인의 투쟁이 아니다. 서로의 삶은 서로가 있음으로서 온전하고 따듯한 그 무엇이다. 이들에겐 죽음조차 서로를 갈라놓지 못하고 그 죽음과 동거하고 있는 끈끈함이 있다.

부안군 하서면 청호리 노곡 마을
김 인술씨 먼저 보내고
싸울 친구도 없이 혼자,
혼자 농사짓는 김 갑섭씨는
장화도 벗지 못한 채 일하다 달려와서
김 인술씨 무덤에 술 한 잔 따릅니다
돌아 앉아 강물을 바라봅니다
굽은 등이 할미꽃을 닮아갑니다.

—「김 인술씨 기일에 김 갑섭씨」 중 일부

옆집에 있는 밥숟가락이 몇 개인지, 옆 집 할아버지의 생일이 언제인지 제삿날이 언제인지, 이웃집 여편네의 오줌발이 굵은지 가는지 모두 다 알고 지내던 것이 우리네 농촌의 모습이었다. 세상에 태어나 반경 삼십 킬로미터 안에서 평생을 살다가 죽은 농경 사회의 우리 조상들의 삶 속에서 한 구성원의 죽음은 예사롭지 않은 것이었다. 그것은 곧 자신들의 미래이며 삶의 종말인 것이다. 죽음 안에서 그들은 다시 하나임을 확인하는 것이다. 남이 남이 아닌 것이다.

박형진은 이 시집에서 이미 사라진, 그러나 엄연히 세상 어딘가에 존재하고 있을 세계를 집요하게 그리고 있다. 그것이 그의 삶이다. 그러나 그의 시 세계는 근대화에 밀려 사라졌거나 고향을 떠나 도시의 톨케이트 입구에 도착하는 순간 잃어버렸던 우리의 과거 모습일 뿐이다. 그래서 불온하다. 농촌은 이 시대의 금기이다. 우리는 이미 무한한 소비의 토대 위에 서로에 의한 서로의 착취가 정당화되는 시대에 살고 있다. 우리는 땅에서 발을 뗀 인간들이다. 헌데 나는 왜 자꾸 박형진의 시 세계가 그리운가? 나도 이미 '오래 묵은' 인간인가?

고착화된 세계에 항거하는 것이 예술이라고 마르쿠제가 말했던가 어쨌던가?!

–≪문화저널≫ 2001/10.

바람의 노래

-신용목의 『그 바람을 다 걸어야 한다』(문학과지성사, 2004)-

나는 운 좋게 신용목 시인이 대학 재학 시절에 쓴 시를 기억하고 있다. 어느 날 시인은 내 연구실로 몇 편의 시를 가지고 왔다. 다 기억은 할 수 없으나 이번 시집에 실려 있는 「서해, 삼별초의 항로」가 그 가운데 있었던 사실이 기억난다. 그때부터 사실상 그는 시인이었다. 그 후로도 그는 가끔씩 나를 놀라게 했다. 총학생회 회장이 되어서 총장의 금품 매수 사건을 폭로하지를 않나, 독서감상문 모집에 다 읽지도 않은 최명희의 『혼불』에 대한 독후감을 제출해서 장원을 하기도 했다. 그의 문장은 깊고 유려했으며 핵심을 꿰뚫고 있었다. 나는 선생으로서 그를 가르칠 것이 없었다. 그저 술이나 함께 마셨을 뿐이다.

그가 학교를 다니는 동안 학교 곳곳엔 그가 쓴 대자보가 항상 나부꼈다. 그의 붓글씨 또한 일품이었다. 요즘 말로 '그까이거 대충' 지어 놓은 초라한 학교 건물들 사이에서 유일하게 빛나는 것은 그가 몇몇 동료들과 함께 써놓았던 대자보 글씨들뿐이었다. 그가 졸업을 하고 나자 그나마 그 학교도 급격히 빛을 잃어갔다.

졸업 후에도 그는 나를 가끔씩 놀라게 했다. 모출판사에 다니는 듯하더니 등단도 하고 또 대학원 진학을 하기도 했다. 그러면서 언제부턴가는 문예진흥원에서 일하고 있었다. 앞으로 그의 행보가 어디로 향할지 난 모르겠다. 그저 지켜볼 뿐이다.

시인의 처녀 시집인 『그 바람을 다 걸어야 한다』를 읽다보면 시적 화자의 시선이 머물렀던 곳을 짐작할 수 있다. 그의 고향인 거창과 그가 우여곡절이 많은 대학 시절을 보냈던 남원, 섬진강 일대, 신혼 생활을 했던 소래 포구, 직장이 있었던 신촌 일대 등등이 스쳐지나간다. 그 중 일부는 같은 시기의 내 시선과 일치할 수도 있기 때문에 시에 대한 느낌이 남다르다. 이 점이 내가 그의 시를 이해하는데 보탬이 될 수도 있고 오히려 한계가 될 수 있다는 생각이 든다.

이 시집의 압권은 제일 처음 실려 있는 작품인 「갈대 등본」이다. 이 작품을 읽고 난 후 나는 한동안 진도를 나갈 수 없었다. 그만큼 이 첫 작품의 느낌은 강렬하다.

> 무너진 그늘이 건너가는 염부 너머 바람이 부리는 노복들이 있다
> 언젠가는 소금이 雪山처럼 일어서던 들
>
> 누추를 입고 저무는 갈대가 있다
>
> 어느 가을 빈 둑을 걷다 나는 그들이 통증처럼 뱉어내는 새떼를 보았다 먼 허공에 부러진 촉 끝처럼 박혀 있었다
>
> 휘어진 몸에다 화살을 걸고 싶은 날은 갔다 모든 謀議가 한 잎 석양빛을 거느렸으니
>
> 바람에도 지층이 있다면 그들의 화석에는 저녁만이 남을 것이다
>
> 내 각오는 세월의 추를 끄는 흔들림이 아니었다 초승의 낮달이

그리는 흉터처럼
바람의 목청으로 울다 허리 꺾인 家長
아버지의 뼈 속에는 바람이 있다 나는 그 바람을 다 걸어야 한
다.

-「갈대 등본」 전문

그는 이 한편의 시에서 그의 작품에서 흔히 보여주고 있는 '그 계곡과 계곡 사이에 솥을 걸고 싶다'(「오래 닫아둔 창」)는 식의 웅혼한 상상력과 지나가는 버스 안에서 스쳐 지나가는 창밖 건물의 안에 앉아 있는 사람의 그림자가 유리에 비친 것을 순간적으로 포착해낼 만큼 세밀하며, 속 깊은 시심을 유감없이 보여주고 있다. 이후에 실려 있는 「산수유꽃」「오래 닫아둔 창」「아파트인」「수렵도」「성내동 옷수선집 유리문 안쪽」「세상을 뒤집는 여자」「노을 만평」 등 주목할 만한 시들이 없는 것은 아니나, 순간적으로 모두가 「갈대 등본」의 사족처럼 느껴지기도 한다. 그만큼 이 첫 작품의 인상은 강렬하다. 그렇다고 나머지 작품들이 태작이라는 소리가 아니다.

대개 시집의 첫 작품은 가볍게 시작하는 것이 일반적이다. 너무 밋밋하거나 가벼워서 더 이상 읽을 맛이 없게 만들면 그것도 곤란하겠지만, 너무 강렬하거나 심각해서 이후의 작품이 첫 작품을 뒷받침 해 줄 수 없어도 곤란하다. 그렇기 때문에 대부분의 시인들은 일반적으로 이래저래 무난하면서도 개성을 드러낼 수 있는 인상적인 작품을 시집의 처음에 싣기를 원한다. 용두사미란 말이 있듯이 거창하게 시작해서 시시하게 끝나는 작품 배치는 바람직하지 않다. 그러나 신용목의 이번 시집은 그러한 기우를 비껴간다. 시집 한 권에 실린 시들이 고른 수준을 유지하고 있는 경우도 많지 않은 현실 속에서 신용목의 시집은 비교적 고른 수준의 작품들로 전체적인 균형감을 느끼게 하고 있으며, 큰 울림으로 시작한 그의 시는 마지막까지 그 큰 울림을 유지하고 있

다. 그것은 호방하면서도 치밀하고 속 깊으면서도 편벽되지 않은 시인의 시심과 시안 덕분이다. 시인의 호흡이 자연스러운 것만은 아니나 그리 문제가 되지는 않는다.

바람의 속살을 만지고 있는 시인의 예사롭지 않은 눈과 자잘한 일상의 장면도 놓치지 않는 따듯한 마음이 만들어낼 시들을 계속해서 기대해볼만 하다. 나는 그의 시들이 조잡한 언어의 그물에 걸리지 않음을 알고 있다.

> 누군가 나를 참수한다 해도
>
> 모가지를 가져가지는 못할 것이다
>
> –「민들레」 부분

(2005)

외롭고 쓸쓸한 날들의 시

-양철식의 『아내의 우편물』(현대시문학사, 2002)-

'높고 외롭고 쓸쓸하게' 살도록 운명지어진 것이 시인이란 말을 한 것은 평안도 출신의 시인 백석이었다. 굳이 그의 말이 아니더라도 그런 삶을 살다간 시인들은 문학사 속에서, 그리고 주위의 현실 속에서 너무나 많이 발견할 수 있다. 시인이란 그런 삶을 운명적으로 받아들인 존재들인지도 모른다. 높고 외롭고 쓸쓸한 삶을 억지로 벗어나려고 할 때 삶은 더욱 더 희화화되고 속화될 것이기 때문이다. 그러므로 시인은 모순된 현실을 모순된 방식으로 살아가도록 운명지어진 저주받은 사람들인지도 모르겠다.

양철식의 시에는 혼자서 견뎌야 하는 외롭고 쓸쓸한 날들이 너무 많다. 그는 이미 저주받은 운명을 스스로 살고 있다. 개인적으론 바라지 않는 바이다. 그러나 그는 어쩔 수 없는 운명의 굴레 속으로 발을 디밀고 있다. 떠나는 사람을 막을 수 없듯이 '이 저주받은 시대'에 시인이란 공동의 운명 속으로 굳이 발을 디미는 동업자를 막을 수도 없다. 그저 서로의 상처를 들여다보며 위로의 눈길을 보낼 뿐이다.

『아내의 우편물』이라는 양철식의 처녀 시집에선 '아내'라고 시인이 말하고 있는 여자와의 이별과 그 이후에 시인이 감당할 수밖에 없는 일상의 고독과 상처가 짙게 묻어나고 있다. '견디기 힘든 시기'에 찾아온 '아내'와의 이별이 시적 화자에게 커다란 상처를 남기고 있음을 알 수 있다. 그러나 인간관계의 중심에 남녀관계가 있다는 사실을 인정한다고 하더라도 인간의 삶이 그 안에서만 이루어지는 것은 아니다. 남녀의 관계가 더 이상 은밀한 영역도 아니나 아무나 잡고 내내 속삭일 수 있는 일도 아니다. 적절한 감정의 절제가 아쉽다. '즐거워하되 지나치게 음탕함으로 흐르지 말고 슬퍼하되 몸이 상하지 않도록 해야 한다'(樂而不淫 哀而不傷)는 균형과 조화의 도는 일상의 도를 넘어서 시에도 적용할 수 있는 명구다. (원래가 시에 대해서 공자가 한 말이지만) 절제해야 마땅한 감정의 도를 넘어서는 순간 시가 아니라 푸념이나 궁시렁 거리는 소음이 되고 만다.

그의 장점을 좀 더 발휘할 수 있는 시들은 아직 만족할만한 수준은 아니나 그의 재치와 촌철살인의 기지가 번쩍이는 「遺書를 쓰고 나면」이나 「李霜선생님-牧神의 午後 2층에 부쳐」와 같은 부류의 시들이다. 그의 발랄한 재치와 기지에 삶을 들여다보는 깊이를 더한다면 주목할 만한 작품들이 쏟아져 나올 수 있으리라 기대된다. 깊이는 기교로 대치할 수 없는 삶의 소중한 자산이다. 그의 상투적이지 않은 삶의 자세와 견결함에 세월의 부피가 더해진다면 그것도 그리 어렵지 않으리라 생각된다.

한때 나는 그가 다니던 학교에서 훈장 노릇을 하다가 비슷한 시기에 비슷한 학교 문제로 '저들에게' 대들다가 나는 해직되고 그는 퇴학을 당했다. 그나 나나 세상이 선하지도 참하지도 않으며 인간들이 생각만큼 '정의롭지' 못하다는 사실을 '같은 학교'에서 배웠다. 누군가가 피를 뿌리며 죽어간 땅 위에서도 누군가는 비굴하게 목숨을 구걸하며 삶을 도모하고 또 살아가야 한다는 엄숙한 삶의 질서를 체화할 수밖에 없음을 비슷한 시기에 배웠을 법도 하다. 나는 그의 시가 그러한 현실 속에서 비싼 대가를 지불하고 얻어진 것임을 알고 있다. 그의 시가 자신의 값진 삶에 어울릴 만한 몸을 하루속히 갖기를 바라며 시인으로서 대성하길 바란다. 시인이 행복한 존재들은 아닐지 모르나 이 세상에 잠시 왔다가는 쓰레기들은 분명히 아니다. (2002)

어머님 심부름으로 이 세상에 나왔다가 어머님 심부름 다 마치고 돌아갑니다

-편운 조병화 시인과의 대담-

이동재: 약력을 보니까 21년 생이신데요, 정정하신 모습을 보니 반갑습니다. 요즘 어떻게 지내시는지요?

조병화: 예, 반갑습니다. 그냥 이럭저럭 살고 있습니다.

이: 제 개인적으로는 선생님 하면 저 남쪽 통영이나 마산 어디쯤의 바닷가에서 살고 계실 것 같은 모습이 떠오릅니다.

조: 그래요? 난 황해도인이냐고 물어볼 때가 많아요. 난 경기도 안성 사람입니다. 안성에서 9살 때까지 있다가 거기서 초등학교를 다녔어요. 1학년을 다니다가 9살 때 서울로 올라왔어요. 서울 미동 초등학교를 졸업했어요. 9살 이후 쭉 서울 살림이지요.

이: 그런데 제가 읽은 어느 글 때문인지 선생님 하면 남쪽 어딘가에서 베레모를 쓰고 그림을 그리고 있는 모습이 떠오릅니다. 저는 소설을 전공했는데요, 선생님의 시를 보면 오영수 소설이 생각납니다. 혹시 그런 얘기를 들어보신 적은 없습니까?

조: 그야말로 그 사람이 통영인가? 남쪽 사람이지.

이: 제가 착각을 했나봅니다. 그래도 선생님의 작품 스타일이나 분위기가 소설로 보면 오영수 씨와 비슷합니다.

조: 오영수하고 제7회 아세아 자유 문학상을 탄 적이 있어요. 그 사람은 소설로 나는 시로. 그래서 비슷해 보이는지 모르지? 하여간 가깝게 지냈어요. 아세아 문학상은 여기 와 있는 아세아 재단에서 주는 큰 상이었어요. 내가 받은 게 1959년이에요. 그 이후 없어졌지만, 아마 시방도 있을 거예요. 다른 활동을 하는지 모르지만. 그 때 문인들을 도운다고 해서 만들었는데 오영수하고 나하고 7회 수상자로 뽑힌 적이 있지요.

이: 예, 그렇군요. 선생님은 굉장히 긴 시간을 문단의 중심에서 생활해 오셨는데요. <명동시절>인가 하는 선생님의 글을 보니까 전쟁을 전후로 한 문단의 풍경, 문인들의 모습이 잘 그려져 있는데요. 그 글을 읽다보니까 새삼 어려운 시절의 문단이나 문인들의 모습이 씁쓸하게 보이기도 했습니다. 그 이후 쭉 오랫동안 문단 활동을 해오시면서 어려운 점들이 많았을 것 같은데요?

조: 말씀드릴게요. 일제 시대 내가 생각하기로 난 안성에 있는 지주의 아들로 태어났지만, 아버지가 돌아가신 후 여러 가지로 농사짓기가 힘들어서 우리 어머니가 농토를 팔아서 서울로 올라왔어요. 그래서 서울에서 초등학교를 다니는데 넉넉지 않고 빠듯했어요. 그래서 생각을 했어요. 우리 어머니를 위해서라도 단단한 생활을 해야겠다고. 그때 나는 그림을 그리고 싶었어요. 그러나 공부해봤자 거지 되는 생활이고, 그 시대엔 문학이나 화가나 이런 불확실한 생활을 하다가는 더 어려워질 것 같고 해서 자연과학을 공부했어요.

자연과학을 공부해야 한다고 생각하고 있었는데 초등학교 교장이 나보고, 매번 1등을 했기 때문에 경성사범학교를 진학에서 우리 학교를 빛내 달라고 해서 경성사범학교를 추천해줬어요. 그 때는 교장 말이 절대니까, 경성사범학교를 시험을 봐서 됐어요. 경성사범학교를 들어가니 거긴 기숙사 생활을 하는데 어느 날 이런 생각이 들었어요. 우리 어머니는 왜 하필이면 가난한 일본의 식민지의 아들로 왜 나를 낳아줬을까 하는 의문이 들었어요. 1학년 때 생각을 했어요. 이게 중요한 거예요. 그러자마자 냉랭하게 이것이 내 운명이다 하는 생각이 들었어요. 이 내 운명을 어떻게 살 것인가 하는 생각이 들자마자, 인생을 보다 많이 살다가자. 이게 내 철학의 근원이에요. 인생을 보다 많이 살다가자. 그러면 인생을 많이 사는 길이 뭔가? 그것은 인생을 많이 여행하는 길이다. 그 여행엔 두 가지가 있다. 하나는 자연을 많이 여행하는 거고, 다른 하나는 세계를 많이 여행하는 것, 그것이 인생이라고 생각했어요. 그러면 자연은 건강과 틈이 있으면 얼마든지 여행하는데, 정신의 세계를 풍부하게 많이 여행하는 길은 무엇인가? 그것은 책을 많이 읽는 것이라고 생각했어요. 그러면 책은 무엇을 읽을 것인가? 그 많은 책 중에 그러면 상상력을 풍부하게 길러주며 그 영혼의 세계를 여행시켜주는, 상상의 세계를 여행시켜 주는 것은 종교와 철학과 문학이다는 생각을 했어요. 자연과학은 상상의 세계가 아니거든. 그것은 지식의 세계를 쌓아 가는 거란 말야. 그래서 마음속에 확실한 세계를 살려면 자연과학을 해야겠는데 하면서도, 보다 많은 인생을 살려면 여행을 많이 해야겠거든. 정신의 세계를 많이 여행하기 위해서 책을 읽는데 종교 서적과 문학 서적과 철학 서적을 읽어야 된다. 그러면 학업에도 지장이 안가고 많은 상상력을 단 시간에 짤막한 지식을 얻어낼 수 있는 독서물이 뭐냐? 그건 시다. 그래서 시하고의 인연을 갖게 된 것입니다.

그래서 일 학년 때부터 시집을 죽 읽어 나온 겁니다. 그게 동경사범학교를 졸업할 때까지 시집을 읽어왔어요. 그래서 문학부 다니던 학생들보다 더 많은 시집을 읽었다고 나는 자부해요. 그런 시집을 읽으면서 중학교 시절을 언제나 호주머니에 시집을 넣어 가지고 시집하고 가까운 인생을 살아왔어요. 유명한 사람의 시냐 유명하지 않은 사람의 시냐 이것을 나는 따지지 않아요. 시는 짧으니까 짤막한 시간을 이용하기 좋아서 시를 읽기 시작했단 말야. 그러면서 시가 점점점점 나에게 주는 건 무어냐? 아 기쁨을 준단 말야, 용기를 주고 미래를 주고. 시와 더불어 중학교 시절부터 동경 생활까지 했는데, 시방 얘기한 즐거움을 주네, 용기를 주네, 미지의 세계를 열어주고 위안을 준단 말야. 외로운 마음을 달래주고. 이러면서 시집을 읽어왔어요.

그러면 시가 나에게 준 직접적인 힘이 뭐냐? 3학년 때 럭비부에 있었는데, 선수 생활을 하게 됐단 말야. 보통 4학년 5학년 때부터 하게 되는 데, 일찍이 3학년 때부터 하게 됐으니까, 그때 내가 당황을 했어요. 운동을 할 것인가 공부를 할 것인가? 공부를 하려면 운동은 버려야 하는데, 이런 생각을 하는데 그 때 머릿속에 떠오른 말이 있었어요. 시구절이죠. <먼길을 가다가 해가 저물면 등불을 켜가지고 간다.> 이 짤막한 시를 읽은 기억이 난단 말야. 아 그렇구나 등불을 찾아다니면 내가 운동도 하고 공부도 할 수 있다 이런 생각이 들었어요. 왜냐하면 그 기숙사는 10시까지만 불을 준단 말야. 근데 독서실은 6시까지 불을 주는 방이 있었어요. 그 방을 찾아다니면 내가 낮에 운동한 만큼 시간을 벌 수 있다. 이런 생각이 들어요. 내가 운동도 하고 공부도 한다는 결심이 서서 그 때부터 독서실을 찾아다녔어요. 선수 생활을 하면서, 그래서 그런 노력으로, 정말 노력이지. 잠자는 시간은 짧고 하니까. 그리고 또 하나 이런 게 있어요. 이건 괴테의 파우스트를 국어 시간에 선생이 얘기한 게 있어서 사서 읽어봤더니, <인간은 노력하면 노력할수록 방황하는 것이다.> 이런 게 있어요. 4학년 겨울 방학 때 읽었는데 그 방황이라는 게 마음에 들어서 몇 번 줄을 쳤어요. 인간은 노력하면 노력할수록 방황하는 것이다. 아 참 좋은 말이다. 그렇죠 한 번 훑어보면서 모르는 게 있으면 넘어가면서 나를 길러주는 말만 찾아서 시를 읽었어요. 소위 문학으로서 시를 읽은 게 아니라 나를 길러주는 말로써 시를 읽었단 말야. 파우스트에 또 이런 게 있어요. <항상 노력하는 자는 구원을 받을 수 있다.> 노력한 만큼 구원을 받을 수 있다는 거예요. 그와 비슷한말로 또 이런 게 있어요. <항상 노력하는 사람은 어두컴컴한 길에 빠지더라더도 그 길을 헤쳐서 자기 길을 잃어버리지 않는다.> 이런 말들이 수두룩히 있어요. 이 선생도 읽었는지 모르지만 이런 말도 있잖아요. 유명한 말로 <영원한 여성은 항상 우리를 끄집어 올려준다.> 영원한 여성은 항상 우리를 끄집어 올려 준다. 괴테 파우스트의 라스트의 말이지만, 아 이런 것이 나를 흥분시켰어요. 참 좋은 말이다. 청춘 시절에 그런 정신을, 시의 정신을 가지고 자연과학을 공부했어요. 그리고 중학교 때 읽은 말 한마디, 자연과학을 할 용기를 준 것이 무엇이냐면, 퀴리, 마담 퀴리의 전기를 읽었더니 한 줄로 이런 게 있어요. <자연과학자의 길은 쓸쓸한 갑충의 길이다.> 쓸쓸한 갑충, 아 사춘기에 그 말이 얼마나 좋았는지, 아 그렇구나 마담 퀴리처럼 쓸쓸한 길을 걸어, 그리고 내 자신에게 뭔가를 투자해서 열심히 뭐 하나를 해야겠구나. 이런 마음을 길러 가지고 와서 그 학교를 그 경성사범학교를 일본 학생이 80% 한국 학생이 20%인 그 어려운 학교를 톱으로 나오게 됐어. 경성사범학교를 톱으로 나오게 돼! 그리고 나니까 무슨 생각이 들었냐면은, 나를 더 넓게 만드는 세상을 찾고 싶었어. 괴테에 이런 말이 있어요. 파우스트의 서재를 메피스토펠레스, 보통 악령이라고 하고 파우스트를 선이라고 하지, 그 메피스토펠레스가 파우스트의 방에 들어와서 '너는 뭘 생전 꾸물꾸물 생각만 하고 있느냐? 사색만 하는 놈들은 창 밖에 새 풀이, 목초가 있는 줄도 모르고 어두컴컴한 방에서 시들은 풀잎만 씹고 있는 양과 같은 놈들이다. 야 나가자 저 풀밭으로.' 이런 구절이 생각이 났어요. 아 그렇다. 시퍼런 목초는 나를 살찌게 해주고, 시퍼런 목초를 찾아가야 하겠다. 그런 생각이 들어서 동경고등사범학교, 참 어려운 학교입니다. 그 학교를 지망할 생각이 들었어요. 그럼 무슨 과를 선택하느냐? 할 때, 일본으로 원정 다니던 선수니까 체육과에 가면 매리트를 얻을 것 같지만, 체육과? 뭐 밤낮 운동장에서 호각만 부나? 이런 생각이 들어서 체육과를 집어치고, 내가 중학교 때 생각한 거 있잖아? 보다 많은 인생을 산다. 보다 많은 인생을 살려면 보다 많은 여행을 한다. 보다 많은 여행을 하려면 보다 많은 지식이 필요해요. 지식이 없으면 할 수가 없어. 보다 많은 지식을 얻을 수 있는 과가 뭐냐? 그래서 참 어렵지만 물리 화학과를 선택해서 간 것입니다. 동기는 그래요. 물리 화학과를 다니면서 시를 쭉 읽어온 것이 내 학생 생활이죠.

이: 선생님께서 시에 입문하신 동기, 과정, 그리고 시가 선생님의 생활에서 차지하는 의미를 쭉 말씀해주셨는데요. 명동 시절이란 선생님의 글을 보면 전쟁을 전후 한 시기의 문단 풍경을 그리고 있습니다. 어려운 시절이라 읽다보면 여러 가지로 씁쓸한 생각이 들기도 합니다. 선생님이 활동해 오신 40년대 후반, 좌우대립기, 50년대, 60년대, 70년대, 80년대 이후 쭉 격동의 한국 현대사를 문단의 중심에서 살아오시면서 느끼신 것이 있다면 듣고 싶습니다.

조: 그것은 더 얘기를 해야 돼요. 그래서 학교를 나와 가지고 내 경성사범학교 모교에서 선생을 했단 말예요. 물리 선생을 하다 보니 이미 다른 사람이 만들어놓은 이론이나 학문 비슷한 것을 가르치는 거지. 그러니까 남이 만들어 놓은 지식을 주어가지고 학생들에게 전달하는 것밖에 되지 않는단 말야. 교사가, 뭐 실험실이 있어 뭐가 있어, 내 자신도 더 해야 되는데. 교사하면 봉급을 잘 주니까 먹고 사는 건 되지만 내 꿈이 없어. 그래서 교단생활에 실망을 느꼈어요. 청춘 시절의 꿈은 이것이 아니었는데, 그래서 쓸쓸해서 시를 쓰기 시작했어요. 그런 시를 쓰는 걸 경성사범학교가 대학으로 승격 하냐 마냐 이런 때 김기림이라는 시인이 영문과 교수로 왔어요. 그분이 내가 시를 쓰는 걸 보더니 물리 선생도 시를 쓰느냐? 시를 좀 보여달라고 해서 보여줬더니, '선생님 이거 시집 냅시다' 한단 말야. 그 때 나는 김기림이가 대시인인 줄도 모르고 영문과 교수다 이렇게만 생각하고 있었는데, 그래서 문단에 나오게 된 겁니다. 문단에 나와서

49년도예요. 그래서 또 금방 시집이 나온 게 50년도. 근데 6, 25 동란이 탁 터진단 말야 50년에. 그래서 부산으로 피난을 갔지요. 부산서 제3시집 <태양의 침실>이 나왔어요. 그리고서 서울로 와서 <인간고도>라는 시집을 냈더니 대학에서, 중앙대학에서 현대시를 맡아달라고 해서 그리로 갔어요. 그때부터 명동 출입을 해 가지고, 명동에 왔는데 그 때 명동은 정말 폐허입니다. 피난 갔다 올라오니까 다방이 하나 보이고 주점이 보이고, 다방도 많이 생기고 술집이 많이 생기고 명동이라는 거리가 생길 때 모든 문화인들이, 예술인들이죠. 뭐 시인 소설가 평론가 방송인들 신문쟁이들 모두 명동으로 모여 있단 말야. 그땐 전화도 없으니까 원고료를 받으려고 해도 명동, 원고 교환하려면 명동. 명동이 말하자면 온 문인들의 온 문화인들의 집합소가 되어버렸어요. 그 원고료 받으면 자연히 술집에 가서 술 한잔 먹고, 그래서 술집이라는 게 문인들 천지지, 문화인들 천지. 그러니까 시방 생각하는 명동이 아니라 명동의 술집, 다방 이런 게 다 예술의 세미나실이야. 그래서 내가 명동시절에 쓴 것이 <떠난 시절 떠난 사람들>인데, 거기도 썼어요. 명동은 우리들의 문화인들의 종합대학이고 술집 다방은 세미나실이다. 가난한 문화인들이래도 꿈을 얘기하고 인생을 얘기하고 자기의 고민을 얘기하고 그런 정신 활동을 했어. 그때야말로 요새 문화인들이 그리워할 정도로 우리 문인들은 가난했지만 정신적인 왕국이었어요. 그런 걸 내가 하나하나 생각나는 친구들을 쓴 것이 명동시대, 제목은 <떠난 세월 떠난 사람들>. 그러니까 이교수가 시방 나한테 물어보는 게 그런 모양인데, 그 무렵에 뭐 방황이지 뭐. 괴테의 말마따나 노력하는 사람은 항상 방황한다. 방황과 모색, 그게 명동시절이에요. 방황과 모색, 거기다가 하나 고민이 있다면 시대적인, 분단된 나라에 있어서의 이데올로기 문제, 좌파다 우파다. 그런 속에서도 우린 갈라진, 좌파는 좌파대로 놀고 우파는 우파대로 놀았지만, 그런 대로 자기들의 꿈을 찾은, 하나의 세계를 살던 시대입니다. 그때 정말 나의 모든 예술이 익어 가지고, 밑천이 돼 가지고 풍부한 대학생활을 하면서 부족 없는 인생을 펴 가지고 온 것이 나의 인생이에요.

그런데 오늘날의 문단은 쪼개지고 쪼개지고 해서, 그것은 이데올로기보다는 분파별로 무슨 잡지파다 무슨 잡지파다 무슨 그룹파다 무슨 파다 해 가지고 자기들끼리 욕한다 말야. 자기들끼리 옹호하고 그러니까 이게 문단이라기보다도 이게 무슨 동인지의 그룹들같이 되어 버렸어. 요즘 문단이라는 건, 거 타파해야 해요. 자기 그룹들만 옹호하고, 자기 그룹들만 작품 걸게 해주고 높이 평가해주고, 좋은 작가들은 죽어가고. 뭐 민주화 물결을 탄 사람은 그걸 응시하면서 다시 생각하는 사람을 무시해버리고. 민주화 무슨 데모하는 사람만 큰 소리, 목소리만 산다는 거 우리가 70년대 80년대 다 그렇게 겪은 건데, 그 사람들이 민주화 하는데 얼마나 도움이 됐는지 모르지만 그 사람들 정말 문학을 했는지? 그런 거 20년대 카프시대 카프 문인들이 소리 높여서 우리 문단을 꽉꽉 잡았지요. 그런데 그 사람들이 남긴 말은 뭐야? 예술은 죽고 그런 거 있잖아요. 이데올로기는 죽고 예술은 남았다다던가? 예술은 죽고 이데올로기만, 그게 그거예요. 그때 카프 문인들 작품이 없어요. 작품은 쓰지 않고 이론 투쟁만 했단 말야. 그래도 작품 활동을 한 것은 우파들 말야? 인간, 휴머니즘을 지켜온 사람들의 문학이 오늘날도 한국의 주류 문학을 만들어서 오는 거 아닙니까? 이데올로기에 편승해 가지고, 시대의 물결을 타 가지고 소리 지르는 게 그게 문학은 아니라고 생각합니다. 그런 시대가 50년대 돌다가 군사혁명이 돼 가지고, 독재정권 타도, 그 다음엔 민주화 이렇게 해 가지고 오늘날 한국문단이 걸어온 겁니다. 그래도 거기에 말하자면 문단이란 게 생긴 게 처음이야 문총구국대, 문인협회, 문총이란 게 생겨 가지고 오늘날 왔는데, 그 시비를 다른 사람이 가리겠지만, 그런 거 다 좋아요. 하지만 예술인에게 중요한 것은 그러한 유파 주장보다는 나는 작품이라고 생각합니다. 그 시대를 고민하는 작가들의 정신에서 나오는 작가들의 작품, 그것이 중요하다고 생각합니다.

이: 과거를 회상해주시고 요즘의 문단 문제까지 미리 말씀해주셨는데요 한 가지만 더 묻겠습니다. 일제 말기에도 그랬고 50년대도 그랬고, 이를테면 만송족 같이 문단에서 기존 정치권에 아부하는 글을 써온 문인들이 있었는데, 좌파뿐만이 아니라 우파 내부에서도 이런 정치적인 문인들이 문제라고 생각하는데요?

조: 만송이라는 건 이기붕을 찬성한 사람들, 그런 건 어느 시대에도 있었지 않았어요? 전두환 대통령 시대에는 전두환 대통령을 극진히 찬양해서 덕을 본 문인들도 있고, 노태우 시대엔 노태우 시대를 찬양해서 자라온 문인들도 있고. 그것이 줏대가 없는 자기 인생관이 없는, 말하자면 철학이 없는 문인들이라고 나는 생각을 해요. 시대에 편승하는 문인들, 그렇기 때문에 문인들은 변절하면 안 된다고 생각합니다. 변절은 독자에 대한 큰 죄악이라고 생각합니다. 변절, 변절하면 안 돼요. 작가는 자기의 작가 정신을 일관해야지만 나는 숭고하다고 생각합니다. 그게 만송족이니, 등등 위정자들을 찬양하는 것으로 이득을 얻는 것들은 자기를 팔아먹는 거죠. 자기 이름을 더럽혀온 문인들이죠.

이: 요즘 조선일보의 문학상과 관련된 황석영씨나 이문열씨의 논쟁에 대해서는 어떻게 생각하십니까?

조: 나는 그런 거 언급하고 싶지 않아요.

이: 그러면 요즘 젊은 문인들에게 당부하고 싶은 말이 있으시면 문단의 원로로서 한 마디 해주시죠.

조: 거 좋은 말입니다. 젊은 문인들은 첫째 어느 유파 그룹에 끼지 않아야 돼요. 고독해야 돼요. 문학, 창착하는 사람들은 다 고독합니다. 일시적인 고독을 면하기 위해서 어느 그룹에 낀다든지 어느 유파를 쫓아다닌다든지 이것은 다 잘못이에요. 쫓아다니면 이득도 있

겠지. 빨리 매스컴을 타기도 하고. 뭐 매스컴 타는 것이 예술은 아니라고 생각해요. 그렇기 때문에 자기 철학에 투철해야지만 되고, 자기 철학을 세우고서 일관해서 흔들리지 않아야 되고, 일관해서 흔들리지 않는 철학을 살면서 누구하고 비교를 하지 말고, 작품 비교할 필요 없어요. 물론 라이벌 같은 건 가질 필요가 있지만, 또 누구하고 경쟁하면 안 된다고 생각해요. 흔들리지 않을 것. 매스컴 빨리 타려고 하지 않을 것. 경쟁하지 말 것. 그리고 누구하고 비교하지 말 것. 자기 인생을 일관해서 살려고 하는 철학을 길러갈 것. 나는 젊은 사람들에게 그걸 요구하는데 요즘 젊은 사람들의 작품을 읽어보면, 시간을 아끼기 위해서 소설은 많이 못 읽지만, 시인들의 시를 읽어보면 거의 90%가 거의 조작적이에요. 자기 인생이 보이는 시들이 없어요. 조작적이고 어느 평론가의 눈에 들려고 쓰고, 그리고 빤짝 쇼라고 할까? 그런 걸 노리고 쓰고. 영원한 자기 영혼의 영혼성이라는 게 부족해요. 찰나성이지. 그런 작품 써봤자 뭣해요? 자기 일기나 써두는 게 낫지.

이: 이제 21세기도 이미 시작이 됐고, 민족의 통일도 생각해봐야 하는 시기에 들어선 것 같습니다. 이와 관련하여 나름대로 생각하시는 한국문학의 미래나 전망에 관한 것이 있으신지요?

조: 나는 보통 문학 단체나 어디서 내거는 21세기의 문학의 과제, 21세기 문학의 회고와 전망 같은 건 다 난센스라고 생각해요. 뭐가 무슨 과제가 있어요? 각자각자가 작가 시인이 자기 인생을 자기 사는 냄새를 피우며 할 때 많은 독자에게 영향을 주며 이끌어 가는 거지, 무슨 과제가, 무슨 과제가 있어요? 그게 무슨 공식적인 겁니까? 문학에 무슨 답이 있습니까? 예술에는 답이 없는 겁니다. 그렇기 때문에 시간, 돈 들여서 문학에 문학의 사명, 민족의 갈 길, 남북 통일의 문제, 이런 거 다, 통일 문제 같은 거야 다 자기 작품에 깔려있는 거지 그걸 눈에 보이게 이게 통일로 가는 길이다 내세우는 건 다 난센스라고 생각합니다.

이: 제가 알기로는 그림도 그리시는 줄 아는데요?

조: 그림도 그리죠. 그림도 그리는 게 아니라 그림을 그리죠. 스무 해나 전람회를 했으니까. 우리 이 교수는 관심이 없으니까 모르지만 이십 회나 개인 전람회를 했어. 거기서 돈도 많이 얻었어요. 그걸로 내가 문학상 보충하고 있잖아요. <편운 문학상>. 아 내가 왜 <편운 문학상>을 만들었냐 하면, 나는 경성사범학교, 동경고등사범학교 다 돈 한 푼 들이지 않고 관비로, 일본 나라의 돈으로 공부를 했단 말야. 그런데 70이 되어서 생각할 때, 성춘복이 그거야. 선생님 거 상 하나 만드십시다. 살아 있는 사람이 뭘 상을 만드나 했는데, 아 그 때 내가 생각한 거야, 내가 인생을 공짜로 살아왔구나. 공짜로 살아오면서 많은 장학금, 많은 상금을 받았구나. 그러니까 나도 젊은 사람들한테 갚아야겠다. 그래서 갚는 뜻으로 <편운 문학상>을 만들었단 말야. 올해로, 작년이 10회야. 돈으로 따지면 나도 1억 3천 만원 정도 썼어요. 일 년에 천 삼백만원 씩 주니까. 그래서 문학상을 만들어 가지고 젊은 시인들에게 조금이라도 도움이 되려고 하는 거지, 내가 내 자랑을 위해서, 이름을 내기 위해서 상을 만든 게 아닙니다. 정말 공짜로 배워서 공짜로 산 것을 갚기 위해서. 그 장학금 기금을 만드는데 그림 파는 돈이 많이 도움이 됐지요.

원고료 가지고, 글 써 가지고 뭐가 되요? 내가 나이 80이에요. 예술원 회장까지 했어요. 그래도 원고료 들어오는 데가 없어요. 이게 한국 문단의 문제야. 이게 무슨 문화 대국, 21세기의 문화 대국으로 가는 길입니까? 이런 것이 다 허망하다 말이에요. 그러니까 21세기의 문학의 과제다 우리의 나갈 길이다. 이게 다 헛된 말이다 이겁니다. 그래서 내 얘기한 거예요. 뭐 문인들이 살 수 있어야지. 소설가 몇 명 빼곤.

이: <편운 문학상>에 관한 것도 여쭙고 싶었는데 미리 말씀해 주셨군요.

앞에서 선생님께서 말씀했듯이 문학은 자신의 작품을 남하고 비교할 필요가 없는 것이다라는 생각도 듭니다. 그런데 좀 실례가 되는 질문 같은데요, 선생님 작품을 감상적이라거나 여성적 취향의 작품이다라는 주위의 평가에 대해서는 어떻게 생각하시는지?

조: 그거 개새끼들이지. 남의 작품을 까는 놈들이지. 나의 세계는 하나의 문학이 아니라 인생 철학을 담고 있는 토탈, 토탈은 내 인생입니다. 하나 끄집어 낼 수가 없어요. 그러니까 나보고 다작하는 시인이다. 아 뭐라 떠드는 것, 그거 다 뭔 마을의 개소리 같이 듣고 있어요. 나 평론가들 말 안 들어요. 그러기 때문에 내가 내 인생을 지켜 온 거예요. 그러기 때문에 흔들리지 말고 누구의 말 듣지 말라는 거 젊은 사람들에게 말한 거, 그런 게 거기 다 들어간 거예요. 문학이라는 게 자기 사는 길이지 남하고 무슨 비교를 해요. 다른 사람의 비평, 그건 그 사람이 느끼는 거죠. 너는 왜 곤색만 입고 다니냐? 너는 왜 회색만 입고 다니냐? 나는 곤색이 좋으니까 입는 건데 그걸 뭐라 말할 수가 있어요? 그런 거예요. 평론가들을 내가 까는 게 아니라 진짜로 올바른 얘기를 해야 되요. 물론 자기가 좌파라면 좌파 이데올로기를 가지고 가는 거고, 우파라면 우파 이데올로기를 가지고 가는 거지, 남을 이래라 저래라 할 수 없고 남의 작품을 가져다가 자기 잣대로 재는 건 절대 안 돼요. 오히려 좋은 작가를 죽여요. 그리고 또 하나 평론가들 책을 많이 읽는 사람도 있지만 몇 편 읽어 가지고 남의 작품을, 인생을 이래라 저래라 해요. 그런 게 많아요. 우리나라에, 그런 게 싸움을 일으키고 우리 문단 사람들끼리 소외 감정을 일으키는 게 그런데서 온다고 봐요. 문인들을 문인들끼리 고독하게 만들어. 남의 작품을 읽고서 칭찬을 하는 사람이 없어. 남의 작품을 읽고서 칭찬한다면 자기 그룹들만 칭찬하고. 그것이 우리 나라 문단을 아주 저속하게 만들어 가는 겁니다.

이: 혹시 요즘 시인들 가운데 선생님의 눈에 띄는 작품이나 시인이 있는지요?

조: 내가 편운 문학상을 주기 때문에 기성 문인들의 작품은 다 읽고 뻔히 다 아는 거지만, 제일 고심하는 게 신인상을 줄 때예요. 신인상을 주기 위해 많은 젊은 사람들의 작품을 읽고 있지요. 그렇지만 아까도 얘기했지만 눈에 걸리는 시들이 거의 없어요.

이: 선생님 시집이 오십 권까지 나왔는데요, 우문인 것 같은데, 선생님께서 가장 애착을 가지고 계신 자신의 시집이 있다면 어떤 것일까요?

조: 내가 가장, 글쎄 내가 제일 어려울 때, 다 아는 것이지만, 군사 혁명 일어날 때, 그 때 쓴 것이 『밤의 이야기』란 시집이야요. 그게 제일 애착이 가지요. 그 무렵이 1961년인가요? 그게 책도 많이 나가기도 했고.

이: 선생님 굉장히 부지런하게 하루를 보내시는 것 같습니다. 아침 일찍 나오시고. 하루 일과를 어떻게 보내시는지요?

조: 전에는 풀로 이방을 썼는데, 이제는 기운도 없고, 이젠 시집 말처럼 <고요한 귀향>이니까. 시도 안 쓸려고 해요. 다 어머니 심부름 다 마쳤어, 나는. 그렇기 때문에 특별히 원고료 주는 거 빼고, 특별한 원고 아니면 이젠 안 써요. 써봤댔자 더 유명하면 뭘 해? 오전 중에 일을 싹 해버리고 12시 부근이면 들어가요. 그래서 쉬어요.

이: 앞으로 그림 전시회 계획 같은 것은 없나요?

조: 전시회 할 기운도 이젠 없고 누가 특별히 해달라고 하면 여기 그려놓은 것들 있으니까 그래가지고 한번 더 할까?

이: 이미 선생님의 묘비가 세워진 것 같은데요, 경기도 안성인가요?

조: 경기도 안성군 안성면 난실리, 우리 뒷동산 어머니 묘소 옆에 있어요. 묘소도 만들어놨으니까. 어머니 곁으로 갔어, 문단 생활도 졸업, 아귀다툼하는 문단생활도 졸업, 인생도 이젠 좋은 사람들만 만나고, 싫은 사람 안 만나고 그리고 이제 인생의 정리기에 들어가 있습니다.

이: <꿈의 귀향>이라는 선생님의 묘비명(어머님 심부름으로 이 세상 나왔다가 / 이제 어머님 심부름 다 마치고 / 어머님께 돌아왔습니

다)이 참으로 인상 깊습니다. 선생님 장시간 동안 좋은 말씀 잘 들었습니다. 고맙습니다. 건강하십시오.

-≪문화예술≫ 2000/10.

2부 ▪▪ 소설의 수다

한국소설의 과거 현재 그리고 미래

1. 한국 근대소설은 무엇이었나?

이광수가 '신문예의 가치'를 논하는 자리[1]에서 신문예(신문학)의 가치를 '日語·日文에 대하여서도 朝鮮語·朝鮮語文의 命脈을 保全할 使命과 能力을 가진 것', '朝鮮에서 인심을 지배하는 세력', '신사상의 주입'이라고 언급했을 때, 이 말은 식민지 상황(혹은 식민지화 과정)과 연관될 수밖에 없는 한국근대문학의 운명일 수밖에 없었다. 한국 근대소설의 성격 또한 이러한 한국 근대문학의 운명으로부터 자유롭지 못했다. 따라서 한국 근대소설은 시작부터 소설 이상의 소설이 될 수밖에 없었다.

근대문학이 민족어를 매개로 한 것이며, 대중적이고, 다양한 사상과 문화가 충돌하는 장이었음은 말할 것도 없다. 이광수가 조선문학의 범위를 조선어로 된 것에 한정한 것이나[2], 문학을 계몽의 수단으로 인식하고 소설을 문사의 여기 정도로 인식한 것[3]도 이러한 근대문학의 성격과 무관하지 않았다. 그러나 그의 인식이 문학적 자율성에까지 이

---

1) 李光洙, 「文學瑣談-新文藝의 價値」, 『李光洙全集10』, 三中堂, 1973, pp.407～427.

2) 李光洙, 「朝鮮文學의 槪念」, 위의 책, pp.449～451.

3) 李光洙, 「余의 作家的 態度」, 위의 책, p.460.

르지 못했던 것은 척박했던 조선의 근대 초기 상황과 식민지 상황에 기인한 탓이 크다. 문학을 문학의 상대적인 자율성 안에서 규정하고 안주하기엔 근대의 시작이 외세의 침탈과 일제의 식민지배와 연결되고 있던 당시의 상황에선 무리였다. 신채호가 역사상의 영웅들을 불러와 민족의식을 고취시키고, 이인직이 신소설을 통해서 개화의 필요성을 역설했던 것도 그러한 사정을 반영한 것이었다. 문학을 문학의 상대적인 자율성 안에서 생각할 수 없었던 한국 근대문학 초기의 상황은 계속해서 식민지 시대는 물론 해방 이후의 분단과 전쟁, 산업화, 민주화 과정 내내 한국 근대문학의 성격을 규정하고 한계 지우는 역할을 했다.

현실에 대한 문학의 직접적인 혹은 과중한 복무 요구는 특히 사실에 기반한 장르인 소설과 무관할 수 없었다. 소설은 이야기의 한 방식이다. "소설의 특성을 사실에 바탕을 두고 일상의 구어체 문장으로 씌어진, 논리성에 입각한 픽션이라고 정의"[4]했을 때, 이것은 소설이 근대적인 이야기 방식임을 말하는 것이며 그 근간에 리얼리즘의 정신이 깔려 있음을 선언하고 있는 것이다. 즉 이 말은 근대소설의 주류가 리얼리즘 계의 소설이 될 수밖에 없는 사정을 대변해주고 있다. 그러나 역사적 사회 현실에 대한 사실적 · 객관적 · 총체적 인식을 요구하고 있는 리얼리즘의 정신이 그대로 소설 속에서 실현될 수만은 없었다. 개화의 필요성을 역설하고는 있으나 제국주의의 침략적인 속성을 간파하지 못하고 있는 신소설의 세계나, 식민지화 과정을 문명화 과정으로 바라보고 있는 이광수의 『무정』에서 드러나고 있듯이 역사적 사회 현실에 대한 사실적 · 객관적 · 총체적 인식의 결여는 곧바로 근대소설로서의 결함으로 연결되고 있다.

그럼에도 불구하고 소설가들은 1920 · 30년대를 거치면서 식민지

---

4) 鄭漢淑, 『小說技術論』, 高麗大學校出版部, 1985, p.15.

조선의 현실을 사실적 · 객관적 · 총체적으로 그려내기 위해 다각도로 방법을 모색한다. 한국 근대소설은 김동인 · 염상섭 · 채만식 · 이기영 · 김남천 · 박태원 · 이상 · 김유정 · 이태준 등과 같은 작가들의 작품을 거치면서 근대소설로서의 면모를 정립하게 된다. 비록 이 시기에 쓰여진 다소 실험적인 모더니즘계열의 소설조차 근대소설의 근간인 리얼리즘의 정신으로부터 전적으로 이탈한 것으로 보기는 어렵다. 임화가 '리얼리즘의 심화와 확대'라는 표현으로 실험적인 소설들에 대해 평가한 것은 프로 문학의 위축과 일제의 억압적인 상황에서 어쩔 수 없이 아전인수격으로 옹색하게 평가한 것만은 아니었다.

식민지 조선의 현실을 리얼하게 드러내는 데엔 단편보다는 장편이, 그 가운데에서도 특히 대하 · 역사소설이 적합할 수 있다. 일제 말기에 쓰여진 김남천의 『대하』(1939), 한설야의 『탑』(1940), 이기영의 『봄』(1940) 등과 같은 가족사 연대기 소설은 가족사를 통해서 구한말에서 당대의 식민지 시기까지의 역사적 사회 현실과 그 변천과정을 총체적으로 조망하고 있다. 이러한 가족사 연대기 소설들을 통해 한국 근대소설은 한국의 식민화 과정과 식민지적 현실을 사실적 · 객관적 · 총체적으로 그려내려는 욕망을 드러냈다. 이러한 시도는 1970 · 80년대로 연결되어 박경리의 『토지』, 조정래의 『아리랑』 · 『태백산맥』 · 『한강』 등과 같은 근대사 3부작, 김주영의 『객주』, 홍성원의 『남과 북』, 김원일의 『불의 제전』, 박완서의 『미망』 등과 같은 대하소설의 붐을 일으켰다. 작가들은 이러한 대하 혹은 대하역사소설을 통해 왜곡된 근대화 과정과 그 현실을 사실적 · 총체적으로 재현하면서 왜곡된 한국의 근대사를 다시 써보려는 욕망을 드러내기도 했다. 이러한 사정은 이기영이 월북 후 집필한 『두만강』이나 박태원의 『갑오농민전쟁』 등에서 볼 수 있듯이 남과 북이 마찬가지였다.

물론 이러한 와중에서도 많은 작가들이 출현하여 식민지와 분단 시대 그리고 산업화와 민주화 과정을 통과해온 한국인과 한국 사회의 어두운 그늘과 모순을 자잘한 일상 소설 속에 핍진하게 담아내었다. 그러한 한국 근대소설의 중심에 리얼리즘의 정신을 근간으로 한 소설들이 자리잡고 있었음을 부정하기는 어렵다. 그 동안 한국 근대소설은 한국인과 한국 사회의 근대적 모순과 욕망을 리얼하게 대변해온 소설 이상의 소설이었다.

2. 한국소설은 변화하고 있는가?

한국의 근대소설은 그 초기부터 민족과 국가의 안위와 정체성 및 진로의 문제를 떠안을 수밖에 없었다. 해방 이후에도 분단과 전쟁, 산업화와 민주화 과정을 통과해오면서 한국 근대소설은 거대담론으로부터 쉽게 벗어날 수 없었다. 우리의 역사적 운명과 현실 및 진로를 객관적이면서 거시적 · 총체적으로 조망하려는 욕망에서 소설은 자유롭지 못했다. 그 중심에 리얼리즘 소설이 자리잡고 있었다. 한국 근대소설의 주류가 리얼리즘 계열의 소설이 될 수밖에 없었던 것은 사실적이고 논리적이며 합리적인 근대소설의 근본적인 성격에 기인한 탓도 있지만, 왜곡된 현실을 올바로 이해하고 불명확한 미래를 합리적으로 선택해 나가려했던 한국인들의 욕망과 한국 사회의 특수성과 맞물려 있는 측면도 있었던 것이다.

1990년대 이후 한국 소설은 사회의 변화와 맞물려서 역사와 사회의 거대 담론에 경도 되었던 분위기에서 벗어나서 대부분이 소설 본래의 자리인 일상의 자리로 내려온다. 그러나 동시에 한국문단에서는 문학위기론이 팽배하기 시작한다. 신경숙 · 성석제 · 구효서 · 심상대 · 김영하 · 김종광 등의 소설들은 그 동안 거대 담론에 가려 상대적으로 경시되고 있었던 일상의 모습과 자잘한 인간 사회의 모습을 적절하게 그려내서 독자들에게 다가갔다. 이때까지만 해도 이들의 소설들이 리얼리즘의 틀에서 벗어나 있다는 생각은 들지 않았다. 그러나 최근의 소설들을 보면 젊은 작가들의 소설들이 그 동안 한국 근대소설의 주류를 점유해왔던 리얼리즘적인 기법으로부터 일탈해 나가고 있는 것이 아닌가 하는 생각을 들게 한다.

자신의 미운 다리를 과감하게 잘라버리고 휠체어 앉아 상반신만 나오는 인터넷 방송에 출현하던 인물이 휠체어에 탄 채 한강에 투신 자살을 하는 바람에 한강 밑바닥에 가라앉아 있던 수십 구의 시체들이 떠오른다는 식의 이야기가 등장하는 안보윤의 『악어떼가 나왔다』나, 코끼리를 냉장고에 넣는 방식으로 세상의 모든 것을 냉장고에 집어넣었더니 어느 날 한 조각의 카스테라가 되었다는 식의 박민규의 소설들, 이기호, 편혜영, 박형서, 박진규 등 젊은 작가들의 작품은 근대소설의 근간이 리얼리즘임을 망각하거나 굳이 의식하지 않은 태도의 산물로 보인다.

천명관의 장편소설 『고래』(2004)는 최근 소설들의 경향을 대변하고 있는 단적인 예다. 근대사 100년이 배경으로 깔려 있는 듯한 이 소설에서 역사나 현실은 그리 중요한 설명이나 묘사의 대상이 아니다. 과거 리얼리즘 계열의 소설들이 많은 공을 들였던 역사나 사회 현실의 묘사나 재현엔 별 관심을 보이지 않고 있다. 역사적 현실은 그리 중요하지 않게 멀리 배경으로서 깔려있어서 주의해서 보지 않으면 대수롭지 않은 환유로 읽힐 뿐이다. 전반적인 소설의 내용은 엽기적인 인물들의 엽기적인 행각과 장면들로 채워져 있다. 사랑하는 게이샤의 마음을 얻기 위해 그녀 앞에서 차례로 여섯 개의 손가락을 잘라 받친 야쿠자의 이야기, 부둣가에서 일하던 거구의 사내가 부상을 당한 후 오백 킬로그램을 넘어서 일 톤이 된다는 내용이나 여자의 몸에 점차 남성의 성기가 자라고 마침내 남자가 된다는 얘기, 불현듯 나타났다 사라지기를 반복하는 외눈박이 노파의 행각, 통뼈를 가진 벙어리 여자가 평생을 걸쳐 산 속에 만들어 놓은 거대한 벽돌 유적 등의 이야기들은 이 소설이 현실의 개연성이나 객관적 사실, 사물에 대한 합리적 이해가 근대 소설의 미덕임을 인식하고 있지 않은 자의 작품으로 보이게 하기에 충분하다. 변사식 내레이터에 의해서 소설이 전개되는 것에서도 알 수 있듯이 이 소설 속엔 영화, 드라마, 연극, 야담, 엽기 시리즈 등등 동원 가능한 모든 이야기의 형식이 들어와 있다. 또한 식민지 세대, 개발 독재로 상징되는 산업화 세대, 그 이후의 소비 세대 등 근대사를 압축적으로 대변해 줄 수 있는 인물과 시대적 배경을 포함하고 있으며 근친과 최근에 유행하고 있는 동성애 담론까지 아우를 수 있는 다양한 사상과 담론들이 소설 속에 녹아있다.

이 소설은 리얼리즘을 근간으로 했던 근대소설의 지평을 넘어선 경계 너머에 또 다시 풍요로운 소설의 세계가 존재할 수 있음을 보여주는 역작이다. 한국 소설의 주류가 리얼리즘의 구속에서 벗어나 새로운 세계로 이동하고 있는 징후를 젊은 작가들의 작품을 통해 확인할 수 있는 것이다. 이러한 변화가 자칫 소설의 위기나 소멸이라고 속단하는 일은 경계해야 할 일이다.

3. 한국 소설은 어디로 갈 것인가?

영상 문화의 발달과 디지털 기술의 광범위한 보급에 따른 문자문화의 상대적인 위축 현상은 1990년대 이후 문학의 위기론에 힘을 실어주었다. 인쇄술의 혁신이 근대소설이라는 새로운 장르의 출현과 보급에 영향을 미쳤듯이 디지털 기술로 상징되는 새로운 매체의 변화는 새로운 방식의 서사 장르를 요구할 것이며 그 변화는 이미 진행중이다. 이야기의 방식은 역사적 현실의 변화에 대응하여 항상 새롭게 변화되어 왔다. 그것은 미래에도 마찬가지다. 그러나 이것이 문자 문화 전반에 대한 위기나 문자 문학에 대한 근본적인 위기로 받아들이는 것은 아직 시기상조일지 모른다. 문자문화의 상대적인 위축이 절대적인 위축은 아니며 그 가능성과 의의마저 부정하는 것은 아니기 때문이다. 앞으로도 상당기간 문자문학은 영상문화와 발전적으로 교류하며 공생을 모색해나갈 것이다.

한국소설은 이미 천명관의 『고래』에서 볼 수 있듯이 근대소설의 한계를 넘어 스스로 소설의 영역을 확장하고 있다. 그런 측면에서 이미 진행되고 있는 현상을 토대로 앞으로 한국소설이 지향해야할 방향을 가늠해볼 수 있을 것이다.

우선 이미 벌어지고 있는 현상처럼 소설이 영화나 인터넷 게임, 디지털 통신 문화 등 여타의 매체 문화를 모방하고, 역으로 여타의 매체 문화가 소설을 모방하는 현상이 더욱 빈번해지고 다양해질 것이다. 이미 박민규의 소설이나 젊은 작가들의 소설 속에서 볼 수 있는 현상이다. 유사 인접 장르나 매체와의 교류는 소설의 영역을 확장하고 풍부하게 할 것이다.

두 번째, 한국 소설은 전문화 될 것이다. 이것은 당위의 차원에서 하는 말이기도 하다. 프랑스의 소설가 베르나르 베르베르의 과학 소설이 폭넓게 읽혀지고 있는 것에서 알 수 있는 것처럼 앞으로의 소설은 한 가지 이상의 특정 분야에 대한 전문적인 지식과 정보를 토대로 쓰여져야 독자의 공감과 관심을 끌어낼 수 있다. 소설이 그저 폭넓은 인문학적 교양이나 재미로 읽혀지던 시대는 지난 것이다. 의학, 천문학, 생물학, 법학, 경영학, 디지털 기술 등 다양한 학문과 지식에 대한 전문적인 지식과 정보를 습득하지 못하고서는 소설을 쓰기도 힘들어질지 모른다.

세 번째, 한국소설은 전세계를 무대로 다른 지역의 인종과 문화, 역사, 생물학적인 차이를 흡수하고 자기화 하여 소설화 할 수 있을 것이다. 그 동안의 한국소설은 우리의 역사적 현실 속의 문제만을 다루기에도 벅찼다. 월남전을 둘러싼 문제를 다뤘던 황석영의 『무기의 그늘』

이나 박영한의 『머나먼 쏭바강』·『인간의 새벽』 등과 같은 소설이 없었던 것은 아니나 극히 부분적인 것이었다. 최근에 김영하가 멕시코 내전에 개입한 한국인 이민자들의 문제를 다룬 『검은 꽃』은 그런 의미에서 시사하는 바가 크다. 해외여행이 자유로워진 이후에 공지영이나 김인숙의 몇몇 소설들에서처럼 해외를 무대로 한 소설들이 등장하고 있으나, 아직은 단순히 무대만 옮긴 피상적인 해외여행 수준의 얘기에 그치고 있다. 우리보다 한 발 앞서 근대화를 했던 일본의 문학작품이나 저서들이 외국의 역사나 문화를 온전히 자기화하여 작품 속에 녹여놓고 있는 수준에 비할 때 한국의 소설들이 수용해야 할 지리적·인종적·역사적·문화적 세계는 아직 무한히 넓다.

네 번째, 새로운 최첨단 지식과 정보의 적극적 수용 및 활용과, 반대로 우리 민족의 전통적 서사 문화를 적극 활용한 소설의 창작이다. SF소설이나 환타지 소설은 한국소설이 좀 더 공을 들여야 할 분야다. 당대의 인간의 지식과 정보는 항상 한계를 가진다. 그렇기 때문에 미지의 세계는 항상 열려있고 그 미지의 세계에 대한 인간의 상상력과 지적 욕망은 소멸할 수 없다. 조나단 스위프트의 『걸리버 여행기』가 대항해 시대에 접어든 유럽인들의 지리적 상상력과 정보 및 타자에 대한 이해의 한계를 반영하고 있듯이 SF적 상상력이란 결국 인간이 소유한 지식과 정보의 최전선이며 그 경계를 확장하는 작업이다. 인간의 인식 지평 저 너머에 대한 유혹과 지적 욕망은 영원할 것이며, 우주 시대에도 계속될 것이다.[5)] 한편 이야기가 미래로 열려 있듯이 과

5) 여기에서 한 가지 흥미로운 것은 영화나 소설 속에 반영된 미지의 우주와 생명체에 대한 생각이 유럽인들의 대항해 시대의 산물인 『걸리버 여행기』 수준에도 못 미치고 있다는 사실이다. 타자의 문화에 대한 배려와 이해 수준이 제국주의적인 사고방식을 그대로 답습하고 있다. 단적인 예가 지난 해에 개봉했던 스필버그의 「우주전쟁」에서도 그대로 답습하고 있듯이 외계의 생명체에 대한 편협한 묘사나 모습 속에 그대로 노출되고 있다. 외계의 생명체들은 하나같이 기괴한 모습을 하고 있거나 파괴적인 야만의 이미지로 등장한다.

거로도 열려 있음을 명심해야 한다. 우리가 가지고 있는 과거의 전통적인 서사 문화는 언제든지 새롭게 재구성되고 창조될 수 있는 무형의 문화유산이다. 톨킨의 『반지의 제왕』이나 조앤 롤링의 『해리포터』와 같은 소설들이 시사하고 있는 바며, 천명관의 소설이 그 가능성을 보여준 예다.

소설은 원래 대중적인 장르였다. 인쇄술의 보급이 그것을 가능하게 했다. 그러나 영화나 텔레비전과 같은 좀 더 대중적인 매체의 등장 이후 소설을 포함한 문자 문학의 위기론은 고개를 들기 시작했다. 영상문화의 발전과 새로운 디지털 기술의 발전은 이러한 위기론을 더욱 부추겼다. 그러나 이것은 소설을 포함한 문자문학의 절대적인 위기가 아니라 상대적인 위축일 뿐이다. 새로운 이야기 방식은 항상 미래를 향해 열려있고 대중적인 매체나 장르 또한 그 중심이 이동한다. 대중적인 인기가 문자문화에서 영상문화나 디지털 쪽으로 옮겨갔다고 하더라도 그것은 상대적인 현상일 뿐이다. 예나 지금이나 글을 통해 인간의 삶을 반추하고 그 속에서 미적인 희열을 느끼며 살았던 인간은 소수였다. 그러한 인간이 오히려 옛날에 비해 수적으로 증가하고 있다는 사실에 주목할 필요도 있다. 대중 교육의 보편화로 독자층은 절대적으로 증가했으며 발행되는 책의 종류와 수량은 절대적으로 줄어들지 않았다. 물론 양보다 중요한 것이 내용의 질적 수준이나 흐름일 수 있다. 그러나 무엇이 걱정인가? 미래는 여전히 열려있고 인간들은 이야기를 원하는데.

아직은 소설을 걱정할 때가 아니라 즐길 때다.

소설과 성교육

1. 머리말

문학은 인간과 인간세상을 이해할 수 있는 가장 손쉬운 통로다. 특히 소설은 구체적인 삶의 조건 속에서 살아가는 인간의 삶을 자세히 다룰 수 있다는 측면에서 복잡하고 다양한 인간과 인간 세상을 이해할 수 있는 장르이다. 근본적인 인간의 삶이 결국 밥과 성의 문제라면 소설은 이 두 가지 문제에 대하여 나름대로의 방법으로 문제를 제기하면서 그 해답을 제시하고 있다고 볼 수 있다. 밥의 문제가 정치·경제적인 권력의 지배 및 분배와 관련된 것이라면 성의 문제는 사회의 윤리와 관습 등 문화적인 요소와 관련된 것이지만, 정치·경제적인 지배이데올로기와의 상관성을 부인할 수는 없을 것이다. 그러므로 소설을 읽는 사람은 자연스럽게 작가가 그리고 있는 당대의 정치·경제·사회·문화 전반에 걸친 내용을 학습하게 되고 그것을 내면화하게 된다. 특히 성장기의 청소년들에겐 작품을 통해 학습된 내용은 사실적인 지식이나 진리로 인식되기 쉽다. 역사소설을 통해 읽은 작품 속의 내용과 역사적인 사실을 혼동하고 있는 많은 독자들을 생각하면 지식과 비판 능력이 미처 성숙하지 못한 청소년들의 경우 소설의 독서를 통해 습득된 내용과 지식이 현실적으로 많은 영향력을 발휘할 수 있음을 미루어 짐작할 수 있다. 이것은 소설이 경우에 따라선 교육적으로 유용하게 활용될 수 있다는 말이기도 하다. 특히 사춘기 이후의 청소년들에겐 성교육적인 측면에서 소설이 긍정적인 역할을 할 수 있다고 필자는 생각한다.

2. 성적 호기심과 소설

개인의 영양상태나 신체적인 성장과정에 따라 약간의 차이가 있으나 대략 중학생이 되는 시기부터 아이들은 왕성한 성적 호기심을 보이기 시작한다. 유치원에서 초등학교 저학년을 전후한 시기의 아이들의 성적인 호기심은 주로 성적인 정체성에 관련된 것이다. 남녀의 성징 차이에 대한 호기심이나 아기가 나오는 곳이 어디냐의 문제에 대한 호기심의 표현이 그런 것이다. 그러나 사춘기 이후의 인간의 호기심은 남녀의 신체적 차이에 대한 인식을 넘어서 성적인 욕망의 표현으로 발전되어 간다. 단순히 남녀의 신체적 차이에 대한 인식을 넘어서 타자의 신체에 대한 적극적인 욕망의 표출로 나타나기 시작하는 것이다. 이 시기에 인간은 성적인 문제에 대해 왕성한 지적 욕구를 가지게 되며 타성의 신체를 강렬히 원하게 된다. 하지만 이들의 지적 욕구나 성적인 욕망은 현실 속에서 차단되거나 억압될 수밖에 없다. 학교의 공식적인 교육과 전통적인 우리 사회의 윤리는 이들의 성적 호기심과 욕망을 은폐하거나 억압하며 미래를 위해 유보되어야할 것으로 취급했다. 과거 우리의 현실 속에서 이들의 성적 호기심을 충족시켜줄 만한 자료는 공식적으론 거의 제공되지 않았으며 욕망은 더더군다나 직접적으로 충족시킬 수 없었다. 이들에게 허락된 것은 죄의식을 동반한 자위행위뿐이었으며 국어사전이나 가정백과사전에서 여성이나 남성의 신체에 관한 항목을 찾아보는 것이 그나마 보통의 아이들이 할 수 있는 지적 활동의 전부였다. 대부분의 성적인 지식은 또래 아이들의 근거 없는 이야기들과 조금 조숙하다고 하는 아이들이 어딘가에서 주어 들어온 믿을 수 없는 얘기들이 전부였다. 또한 그들이 한두 장씩 가져와서 비밀스럽게 돌리는 도색잡지의 나체사진 정도가 아이들이 접할 수 있는 자료의 전부라고 해도 지나친 말이 아니었다. 당연히 중 · 고등학교 시절에 갖게 되는 성적인 지식은 왜곡된 것이거나 믿을 수 없는 것들이 많게 마련이었다. 남자가 평생 쏟는 정액이 한말 반이라던가, 여자는 좀 거칠게 강간을 당하는 것을 좋아한다던가, 여자의 성기의 구멍이 몇 개라던가, 여자가 싫다고 하는 것은 좋다는 뜻이라고 하는 것들도 이 시기의 아이들 사이에서 은밀하게 오고가는 이야기들 가운데 하나였다. 이렇듯 과거의 중 · 고등학교 학생들은 빈약한 성적 정보와 왜곡된 성지식으로 무장된 채 학교라는 우리에 갇혀있던 위험한 짐승들이었다.

나는 중학교 일 학년 시절에 누나로부터 한국단편소설전집을 선물로 받았다. 읽을거리와 볼거리가 절대적으로 부족했던 시기에 이 선물은 내겐 축복이었다. 또래의 아이들이 성적인 호기심을 이기지 못하고 여선생님의 치마 밑으로 손거울을 넣거나 실습할 대상을 찾아 광분하고 있을 때 나는 소설 속의 좀 더 은밀하고 성숙한 세계에 몰입할 수 있었다. 소설을 열심히 읽기 시작한 동기가 바로 좀 더 은밀하고 농염한 그러면서도 고상하고 성숙하다고 생각하는 소설 속의 성적 장면들에 빠져들었기 때문이었다. 지금 다시 보자니 한없이 심심하고 소박한 것이었으나 그 당시엔 그 정도로도 충분히 숨막히는 것이었다.

> 계집은 아무 말이 없이 서서 짐짓 부끄러운 태를 지으며 매혹적인 웃음을 생긋 웃고는 고개를 돌렸다. 그 웃음이 얼마나 짐승 같은 신치규의 만족을 사게 되었으며 또한 마음을 충동시켰는지 희끗희끗한 수염이 거의 계집의 뺨에 닿도록 더 가까이 와서,

"응? 대답이 없니? 부끄러워서 그러니? 그렇게 부끄러워할 일은 아닌데."

하고 계집의 손을 잡으며,

"손도 이렇게 예쁜 줄은 이제까지 몰랐구나. 참 분결 같다. 이렇게 얌전히 생긴 애가 방원 같은 천한놈의 계집이 되어 일평생을 그대로 썩는다는 것은 너무 가엾고 아깝지 않느냐? 얘."

계집은 몸을 돌리려고 하지도 않고 영감이 하는 대로 내버려두며 눈으로 땅만 내려다보고 섰다가 가까스로 입을 떼는 뜻하더니,

-나도향의 「물레방아」 부분

춘호가 보름 게추를 보러 산모퉁이로 나간 것이 이슥하여도 돌아오지 않으므로 집에서 기다리던 아내가 인제 가고 오려나 생각하고는 막 드러누워 잠이 들려니까 웬 난데없는 황소 같은 놈이 뛰어들었다. 허둥지둥 춘호 처를 마구 깔다가 놀라서 으악 소리를 치는 바람에 그냥 달아난 일이 있었다. 어수룩한 시골 일이라 별반 풍설도 아니 나고 쓱싹 되었으나 며칠이 지난 뒤에야 그것이 동리의 부자 이주사의 소행임을 비로소 눈치채었다.

…(중략)…

나뭇잎에서 빗방울은 뚝뚝 떨어지며 그의 뺨을 흘러 젖가슴으로 스며든다. 바람은 지날 적마다 냉기와 함께 굵은 빗발을 몸에 들여친다. 비에 쪼르륵 젖은 치마가 몸에 찰싹 감기어 허리로, 궁둥이로, 다리로, 살의 윤곽이 그대로 비쳐 올랐다.

-김유정의 「소낙비」 부분

그러나 그가 그의 집 방 안에 들어선 때에는 수건이 벗어져서 목 뒤로 늘어지고 고름이 모두 풀어져 가지고 한편 모퉁이에 서 있고, 안해도 머리채가 모두 뒤로 늘어지고 치마가 배꼽 아래 늘어지

도록 되어 있으며, 그의 안해와 아우는 그를 보고 어찌할 줄을 모르는 듯이 움직도 안하고 서 있었다.

세 사람은 한참 동안 어이가 없어서 서 있었다. 좀 있다가 그의 아우가 겨우 말했다.

"그놈의 쥐 어디 갔니?"

-김동인의 「배따라기」 부분

침을 꼴깍꼴깍 삼키면서 위와 같은 장면들을 찾아서 읽는 사이에 자연스럽게 소설을 읽는 습관이 나의 몸에 배어갔고 어른들의 성적인 세계를 이해해 갔으며, 성적인 욕망을 나름대로 배설할 수도 있었다. 이미 당시에도 실제의 성경험이 있는 조숙한 아이들도 있었으나 나는 그런 아이들보다 소설을 통해 더 성숙한 어른들의 성 세계를 이해하고 있다고 생각할 정도였다. 나중에 교과서에서 배우게 된 황순원의 「소나기」나 김유정의 「동백꽃」 같은 소설들이 아름답지만 시시하거나 소박하다고 생각하기도 했다. 아무튼 처음에 소설을 열심히 읽게 된 동기로써 성적인 호기심을 빼놓을 수 없었다는 얘기다. 성적인 호기심을 충족시켜줄 수 있는 자료나 정보가 특별히 없는 상황에서 당시에 내가 읽었던 소설들은 사춘기에 접어든 나의 성적인 호기심을 충족시켜주고 성적인 욕망을 승화시키거나 배설하는 데 어느 정도 도움을 준 것만은 분명하다.

고등학교에 다닐 때 나는 자취를 하던 주인집 거실에 있던 번역된 일본의 어떤 소설 전집을 몽땅 빌려 읽은 적이 있다. 그 소설들은 일종의 기업 소설로써 성적인 장면이 몇 페이지마다 나오는 저급한 소설이었는데 당시에 나는 한동안 그런 소설류에 빠져있었고 그 소설 속에서 상당량의 성적인 지식을 전수 받기도 했다. 그 소설의 영향은 생각보다 커서 이십여 년이 지난 아직도 생각나는 구절이 있을 정도다.[1] 그만큼 당시에 나의 성장과정에 있어서 소설의 영향력은 절대적으로 컸다. 특히 학교에서 가르쳐주지 않은 성적인 지식은 소설을 통해서 거의 습득했다고 해도 틀린 말이 아닐 정도다.

3. 대중매체와 성교육

오늘날의 상황은 내가 중 · 고등학교를 다니던 70년대나 80년대 초의 상황과는 많이 다르다. 비디오의 대중화에 이은 인터넷의 보급은 섹스산업을 위한 것이었다고 말할 수 있을 정도로 다양한 섹스산업을 발달시켰다. 이제 더 이상 사춘기의 어린 학생들도 성적인 정보와 자료의 사각지대에 있다고 할 수 없게 되었다. 포르노 영화나 포르노 사이트를 통한 그렇고 그런 장면들은 이제 계층과 연령대를 초월해 익숙한 현대인들의 생활의 일부가 되었다. 이제 사춘기의 청소년들을 더 이상 학교와 가정의 울타리 안에 가두어놓고 성적인 욕망마저 억압하고 관리할 수 있는 시대가 아니다. 청소년들에게 성은 과거처럼 먼 미래를 위하여 강제로 은폐되고 억압되어야할 대상이 아니라 적절한 교육을 통하여 스스로 관리하고 향유하게 해야 할 대상이 되었다. 유치원이나 초등학교 때부터 시작하고 있는 성교육은 이러한 측면에서 바람직한 시도로 보인다. 그러나 성교육의 내용이 피상적인 성적 지식에 그치는 경우가 많다. 성교육을 위한 바람직한 교재나 방법도 아직 제대로 개발되어 있지 않은 실정이다. 필요성은 급격히 증대하였으나 교육방법과 내용은 제자리걸음을 하고 있는 상태다. 반면에 사회의 섹스산업은 하루가 다르게 변모하고 고도로 지능화되어 가는 추세이다. 이러한 추세 속에 청소년들은 자극적인 영상매체의 영향권 안에 그대로 노출되어 있는 상태다. 사춘기의 청소년들은 물론 성인들마저 빠지기

---

1) '여자가 처음엔 거부의 몸짓을 하더니 침대에 눕히고 속옷을 벗기려하자 은근히 엉덩이를 들어주었다'는 식의 문장이다.

쉬운 포르노 영화나 포르노 사이트 속의 내용은 주로 인간의 성적 욕망을 극대화하기 위하여 성적인 욕망이나 표현을 과장되게 표현한 것이 대부분이며 인간의 육체를 주로 성적 욕망의 대상으로 묘사하고 있는 것이 특징이다. 인간의 사회적 삶이나 인간관계는 거세된 채 성적인 욕망이나 행위만이 전면을 차지하고 있는 것이 현실이다. 이러한 것만으론 바람직한 성교육이 이뤄지기 어렵다. 청소년들에게 가르쳐야할 성은 성적인 지식이나 테크닉뿐만이 아니다. 성이 단순한 지식이 아니라 중요한 인간관계의 하나임을 깨우칠 수 있도록 가르칠 수 있어야 한다. 그러나 안타깝게도 청소년들이 쉽게 접근하고 있는 영상매체나 인터넷 사이트는 상업적인 성격상 한계가 뚜렷하다. 그러한 문제점을 보완해줄 수 있는 것이 소설이라고 나는 생각한다. 물론 소설도 상업적인 출판사의 의도로부터 자유롭지는 못하지만 전문가들에 의해 작품성이 있다고 판단되는 작품을 모아 수준에 맞게 단계별로 학생들에게 읽힐 수만 있다면 청소들로 하여금 왜곡된 성지식이나 잘못된 성문화의 관행에서 벗어날 수 있게 할 수 있다고 생각한다. 또한 그들로 하여금 성이 단순한 욕망이나 지식의 대상이 아니라, 인간관계의 기본적인 구성 요소임을 깨달아 원만한 인간관계와 자아형성에 도움을 줄 수 있게 할 수 있다고 생각한다. 나는 그러한 가능성을 현기영의 장편소설 『지상에 숟가락 하나』(창작과비평사, 1999)를 통해 본다.

4. 성, 학살과 죽음의 현장을 넘어

현기영의 『지상에 숟가락 하나』는 '한 인간 개체가 어떻게 자연의 한 분자로서 태어나서 성장하는가를 반추해 보려는 의도에서' 쓴 소설이라는 작가의 말처럼 한 인간의 성장 과정을 그린 성장소설이다. 아버지의 죽음을 계기로 고향을 다시 찾은 화자가 자신의 유년시절을 회상하는 형식으로 되어 있다. 가장 먼 여행은 귀향이란 말이 있듯이 화자는 먼 곳을 돌아 자신이 태어나고 자란 고향 제주로 다시 돌아와서 자신의 어린 시절을 회상하면서 삶의 의미를 다시 반추하는 것이다.

작품의 전반적인 시간적 배경은 해방 이후부터 한국전쟁을 전후한 시기로 화자의 초등학교 및 중학교 시절이 주축을 이루고 있다. 작품은 중학교 시절에서 끝나는데 그 이유를 화자는 '고교 진학이란 자연아로서의 본능과 순진성을 잃고 부정한 세속적 삶에의 입문이나 다름없었다'고 보기 때문이다. 결국 작가는 중학교 시절까지를 자연아로서의 본능과 순진성을 가지고 있던 시기로 보는 것이다. 하지만 '자연아로서의 본능과 순진성'을 가지고 있던 시절이란 한 개인의 실존적 삶에나 적용될 수 있는 말처럼 느껴질 뿐 화자의 유년시절이 그렇게 아름답지만은 않다. 화자가 자연아로서의 본능과 순진성을 가지고 있었다고 표현한 그 시절이 역사적으론 추악한 학살과 전쟁의 시기였기 때문이다.

> 그렇게 해방 삼년은 흉년, 역병, 흉년의 악순환이었다. 왜정 말기를 혹독한 고통 속에 보내고 해방을 맞았으나, 그 역시 진구렁 속의 삶이었다. 그러므로 섬사람들에게 해방은 진정한 의미의 해방이 아니었다. 왜정 때의 그 악명 높던 곡식 공출이 여전히 존속되어 부족한 식량을 수탈해 가는데 어찌 해방이며, 이민족들이 나라를 두 동강 내고 점령하고 있는데 어찌 해방이라고 할 수 있으랴. 그러므로 그 이듬해인 1947년 3월 1일, 읍내에 2만 군중이 모여든 대시위는 이렇게 극한 상황에 몰린 민생의 피맺힌 절규였다. 그러나 미군정은 슬픔과 억울함을 토로하는 그 집회에 무차별 총격으로 응답했으니, 여섯명의 무고한 인명이 희생되고 말았다.(32쪽)

> 총파업을 깨기 위해 육지부에서 경찰대, 청년단들이 대거 입도했다. 대 검거 선풍 속에 5백여 명이 체포되어 혹독한 고문을 받고 그중 반수가 재판에 회부되었는데 매질이 어찌나 모질었던지 두 명의 고문치사자가 발생했다. 이렇게 총파업을 박살낸 미군정은 그 무도한 폭력을 다시 휘둘러 흉년의 백성을 울렸으니 그것이 바로 보리공출이었다. 온 섬이 울분과 저주의 기운으로 가득했다. 마을마다 직장마다 비밀 집회가 열리고 삐라가 뿌려졌다.(33~34쪽)

> 3·1사건 이후 1년 동안, 육지부에서 파견된 경찰과 서청이 자행한 무자비한 탄압이 마침내 "앉아서 죽느니 일어나서 싸우자"라는 절망적 항쟁을 불러일으켰다는 것은 이미 널리 알려진 사실이다. 4·3의 봉기는 곧바로 5·10선거 보이콧으로 이어졌는데, 이러한 사태의 전개는 어린 나에게는 단지 풍문일 따름 별로 실감이 없었다.(44~45쪽)

> 그리하여 한라산과 해변 사이 중산간 지대의 백30여 개의 마을들이 불에 타 사라졌다. 불바다와 함께 대살육극이 시작되었으니, 주민들 절반은 산으로 달아나 폭도라는 누명 아래 사살의 대상이 되고 절반은 명령에 따라 해변으로 소개했으나, 그 중에 많은 부노(父老), 아녀자들이 폭도 가족이라고 처형당했다. 사람들뿐만 아니라 마소도 닥치는 대로 학살되었다.(49쪽)

'4·3사건'으로 알려진 제주도의 비극은 우리의 불완전한 독립으로부터 시작되었다. 연합국의 일원으로서 제대로 인정받지 못한 상태에서 맞은 해방과 연합국의 분할점령 및 미국의 신식민지 지배정책은 한반도의 분단과 전쟁을 예고한 것이었다. 주체적으로 준비하지 못한 상태에서 맞은 해방은 결국 우리 내부의 혼란과 대립을 부추겼고 강대국들의 분할 점령은 우리 내부의 모순을 더욱 조장하고 부추기는 결과가 되었다. 남북 통일세력과 반통일세력, 민족 세력과 반민족 세력의 대립은 미국과 소련의 지배정책에 편승한 반통일·반민족 세력들의 술책에 따라 좌·우의 대립으로 선전·보도·계몽되어 극심한 혼란을 불러일으켰다. 적어도 해방 이후 38선 이남의 남쪽 사회에서는 민족주의 세력(우파)으로 자신들을 위장한 반민족적인 세력들이 친일파에서 친미파로 변신하며 반공을 명분으로 통일세력과 진정한 민족주의 세력들을 공권력을 동원하여 탄압하기 시작했다. 해방 이후 남한 곳곳에서 벌어진 시위와 파업 그리고 이를 진압하는 과정에서 벌어진 수많은 양민학살은 미국의 식민지 지배정책과 이에 편승한 반민족 세력들이 자신들의 생존과 안위를 위해 저지른 만행이었다. 이들은 자신들의 생존을 위해 기꺼이 동족 살해의 만행을 선택했으며 분단과 전쟁마저 감수했다. 이미 전쟁 전에 수만 명에서 수십만 명의 양민이 학살된 것으로 추정되는 제주 4·3 사건이 그 대표적인 경우였다. 여기에서 힘들게 겨우 살아남은 사람들은 다시 전쟁 중에 빨갱이 가족이라는 누명을 쓰고 다시 학살된다. 이러한 사건들은 비단 제주도만이 아니라 해방 이후부터 한국전쟁 기간 동안 전국 각지에서 벌어졌던 사건으로 적어도 50만에서 100만 명 이상의 민간인이 학살된 것으로 역사학자들은 추정하고 있다.2)

---

2) 죽이는 방법도 실로 다양했다. 때려죽이는 타살(打殺), 구살(毆殺), 주먹으로 쳐죽이는 박살(搏殺), 몽둥이로 때려죽이는 박살(撲殺), 격살(擊殺), 쏘아 죽이는 사살(射殺), 총살(銃殺), 포살(砲殺), 칼로 찌르거나 베어 죽이는 자살(刺殺), 찢어 죽이는 육살(戮殺), 생매장해 죽이는 갱살(坑殺), 바퀴로 치어 죽이는 역살(轢殺), 단근질해 죽이는 낙살(烙殺), 밟아 죽이는 답살(踏殺), 깔아 죽이는 압살(壓殺), 독을 먹여 죽이는 독살(毒殺), 껍데기를 벗겨 죽이는 박살(剝殺), 끓는 물에 삶아 죽이는 팽살(烹殺), 불에 태워죽이는 분살(焚殺), 소살(燒殺), 베어 죽이는 참살(斬殺), 여기서도 머리를 베어 죽이는 참수(斬首), 허리를 끊어 죽이는 요참(腰斬)이 있다. 또 물에 빠뜨려 죽이는 익살(溺殺), 수장(水葬), 잡아죽이는 포살(捕殺), 굶겨 죽이는 아살(餓殺), 목 졸라 죽이는 교살(絞殺),

이렇듯 추악한 학살의 현장 속에서 화자는 초등학교에 입학하지만 학교는 잦은 휴교로 문을 닫기도 하고 화자의 집도 소개 대상이 되어 화자는 고향집을 떠나서 살게 된다. 화자 또한 이러한 냉혹한 현실 속에서 다른 아이들처럼 현실에 재빨리 적응하는 방법을 배워가는 것이다.

> 지금 생각하면 아이들이 어른들보다 훨씬 상황 변화에 적응이 빨랐던 것이 분명하다. 대세는 더 이상 돌이킬 수 없게 판가름나 버린 것이었다. 읍내는 물론 모든 해변 마을들이 민보단이란 조직 속에 묶여 한라산을 적대시하도록 강요받고 있었다. 죽창을 들고 토벌대 뒤를 따라다녀야 했던 그들은 동족을 적으로 삼아야 하는 자신의 기막힌 운명에 치를 떨었다.
>
> 이렇게 양심의 가책에 시달린 어른들과 달리 아이들은 과거로부터 손을 끊는 데에 천성 그대로 단순 냉혹했다. 아이들은 변화된 상황에 어른들처럼 수동적이 아니라 자발적이고 열성적인 적응을 보였다. 아이들이란 본능에 따라 힘의 우열을 판단하고 빠르게 강자 쪽으로 옮아가는 법이다. 물론 유혈의 참사를 직접 겪지 않은 읍내 아이들이어서 더욱 그랬을 것이다. 아이들 집단의 유일한 윤리는 파시스트 집단과 마찬가지로 획일주의가 아닌가. 그러니 총칼로 권력을 찬탈한 파시스트들은 민심을 획득하기 위해서는 모름지기 먼저 아이들의 환심을 사고 그들을 여론 진작의 앞잡이로 세워야 할 것이다.(60쪽)

액살(縊殺), 채찍질하여 때려죽이는 추살(捶殺), 철퇴로 쳐죽이는 추살(鎚殺), 몽둥이로 쳐죽이는 추살(椎殺), 발로 차 죽이는 축살(蹴殺), 높은 데서 내던져 죽이는 척살(擲殺), 곤장으로 때려죽이는 장살(杖殺), 폭탄을 터뜨려 죽이는 폭살(爆殺), 기둥에 묶고 창으로 찔러 죽이는 책살(磔殺), 꾀어내어 죽이는 유살(誘殺), 죽일 사람이 없을 때 가족 등 다른 사람을 대신 죽이는 대살(代殺) 등 인류 역사에 있었던 사람 죽이는 방법이 모두 동원된 것이 한국전쟁 전후 민간인 학살의 현실이었다(한홍구의 <역사이야기> 중에서).

이 당시의 경험은 화자의 무의식 속에 체화되어 있다가 훗날 어른이 된 화자에 의해 의식화되는 것이다. 성인이 되고 다시 노년이 된 화자의 인식적 지평 위에서 다시 재구성된 이 당시의 이야기들은 어린 소년이 무의식 속에 체화시키고 있던 역사적 삶의 내용들이 얼마나 끔찍한 것이었던가를 재인식시켜 준다. 유격대장이었던 장두 이덕구의 죽음을 통해 제주도의 한 맺힌 역사를 재구하게 되는 것도, 개인의 정치적 야욕을 위해 제주 백성의 절반쯤 죽여도 괜찮다고 했던 중앙 정치 권력의 야만성을 깨닫게 되는 것도, 대학살의 배후가 미국이라는 것과 미국이 제공한 뉴스와 무료로 살포되던 유인물을 통해 미국에 대한 물신숭배 사상이 생겨나게 되는 과정을 이해하게 되는 것도 모두 이 당시의 경험을 재구할 수 있었던 화자의 기억 덕분이다. 이렇듯 흉악한 현실 속에서 어린 화자는 '눈물은 내려가고 숟가락은 올라간다'는 삶의 이치를 깨우치기도 했던 것이다.

추악한 학살의 현장 속에서도 살아남은 사람은 밥을 먹어야 하고 어린것들은 계속해서 육체적 정신적으로 성장한다는 사실을 현기영의 『지상에 숟가락 하나』는 잘 보여주고 있다. 수 년 동안 계속된 학살의 현장 속에서도 살아남은 아이들은 성장하며 성적인 세계에 눈 떠간다는 사실은 삶과 죽음 그리고 인간의 성적 행위가 긴밀히 연관되어 있다는 프로이트나 조르쥬 바타이유의 이론을 연상시키기에 충분하다.

중학생이 된 화자는 사춘기의 성징과 함께 점차 성과 사랑의 비밀에 눈 떠가기 시작한다. 이러한 화자의 변화에 도움을 준 것이 다름 아닌 소설을 포함한 문학작품이다.

> 당시는 책 인심이 좋은 편이었다. 누가 소설책 한 권을 사면, 너덜너덜 헌 책이 될 때까지 여러 아이들의 손에서 돌고 돌았다. 소설책을 읽으면서 나는 모호하기만 했던 사랑과 성의 실체가 조금씩 드러나는 걸 느낄 수 있었다. 포옹 · 입맞춤 · 애무 · 흥분…… 소

설을 읽다가 이런 단어들에 부딪혔을 때, 얼마나 가슴이 뛰었던가. 박계주의 「순애보」를 그때 읽었는데, 내용은 깡그리 잊어먹고 기억나는 것은 오직 그 소설의 맨 첫줄에 나오는 "옷을 벗으시죠"이다. 화가가 누드 모델에게 한 말.(271쪽)

물론 문학책을 읽다보면 이해하기 어려운 대목들이 적지 않았지만, 그래도 분위기 느낌만은 강한 색조로 가슴에 와닿곤 했다. 황순원의 장편 『별과 같이 살다』를 읽다가 곰례의 속곳에 떨어진 핏자국에 얼마나 놀랐던지! 누가 가르쳐준 적도 없고, 그 글에도 별 설명이 없었지만 나는 남성의 본능으로 그것이 초경의 핏자국이라는 걸 깨달았던 것이다. 나는 특히 이상을 좋아했는데, 그의 어느 글에 나오는 '각혈'은 내가 한 번도 본 적이 없는 종류의 피를 지칭하는 단어인데도 몹시 충격적이었다.(331쪽)

책과 함께 화자는 제주도의 자연적인 풍광 속에 노출된 남성과 여성의 신체를 통해 남녀의 성징을 자연스럽게 이해하게 된다. 제주도의 수려한 자연 속에서 자연의 일부로서의 성을 깨달아 가는 것이다. 용연에서 수영을 하면서 자연스럽게 남자의 육체는 물론 성숙한 여자의 육체까지 보게 되고, 풀을 뜯고 있는 말을 통해서는 자위행위라는 걸 알게 되기도 하는 것이다.

그런데, 그날은 아무래도 나의 애정이 너무 지나쳤던가 보다. 글쎄, 어쩌다 그런 일이 벌어졌는지…… 그 암말이 오줌을 갈기는 걸 보고 마음이 야릇해졌던 것은 아닐까? 우람하고 푸짐하게 생긴 궁둥짝 사이로 독한 냄새와 함께 폭포수같이 한바탕 오줌을 내깔고 나면, 말의 생식기는 전복살처럼 호물짝 얄기죽거리면서 천천히 그 붉은 속살을 여미곤 했는데, 평소에는 아무렇지도 않던 그 광경이

> 그날 따라 내 마음을 사로잡았던 모양이다.
>
> …(중략)…
>
> 그러다가 나는 내 궁둥이가 밍기적거리면서 말 궁둥이 쪽으로 옮아가고 있는 걸 깨닫고 깜짝 놀란다. 아니, 그건 안 되지, 위험해. 말이 성나서 냅다 팽개치면 어쩌려고? 말 궁둥이에 달라붙은 내 모습을 상상하면서 계속 사타구니를 비벼댄다. 정신이 몽롱한 상태에서 문득 오줌이 마렵다는 생각이 든다. 말에서 내려와 풀숲 우거진 곳으로 걸어간다. 잔뜩 부풀어오른 샅의 것 때문에 어기적거리면서 말이다. 풀숲 앞에 서서 바지 단추를 열고 그것을 꺼낸다. 겁나게 탱탱 커졌다. 나는 오줌 눈다고 생각하면서 정신을 집중하려고 한다. 나온다. 나온다!
>
> 그러나 거기에서 나온 것은 오줌이 아닌 허연 풀죽 같은 거였다. 그것이 첫 자위행위였는지 어떤지는 기억에 없다. 비록 그것이 첫 경험이 아니었더라도, 나의 자위행위는 그런 식으로 시작되었을 것이다.(363~364쪽)

제주도의 자연 풍광과 학교 생활 속에서 화자는 자연스럽게 성적인 세계에 눈을 떠가지만 사춘기의 아이들에게 성은 여전히 금기의 세계일 수밖에 없다. 육체적인 성숙과 함께 정신적인 성숙은 올바른 자아 형성을 위해서 사춘기 또래의 아이들에겐 필수적으로 필요한 것이다. 이성에 대한 성적인 욕망은 미래를 위해 적절히 억압되고 지연되어야 할 대상이다. 그러나 대자연의 풍광과 사회 생활 속에서 육체는 성숙해지지만 정신은 스스로 성숙해지지 않는다. 정신적인 성숙은 삶의 실제 경험 뿐만 아니라 인문화된 지식경험을 필요로 한다. 화자의 글읽기와 글쓰기의 중요성이 여기에 있다.

자연스럽게 눈 떠가는 사춘기 소년의 성을 인문화하는 것이 화자의 독서였다면 그의 글쓰기는 금기의 대상인 성이나 부재하는 욕망을 현실화시키는 기능을 하고 있다. 멀리 떨어져 있는 부재중의 아버지에게 협박 편지를 쓰는 것으로부터 시작된 화자의 글쓰기는 글쓰기가 현재에 부재하는 욕망을 현실화시키는 수단이 될 수 있으며 현재의 욕망을 지연시키고 현재의 삶을 견디게 하는 방편이 될 수 있음을 가르쳐준다. 화자는 이러한 글쓰기를 통해 승산 없는 싸움이라고 스스로 말하고 있는 업으로서의 글쓰기를 하며 살아가게 될 자신의 운명에 한 발짝 더 다가가고 있었던 것이다. 화자는 글읽기와 글쓰기를 통해 혼란과 혼돈으로 점철된 사춘기의 방황 속에서 자기 나름대로의 자아를 형성해나가고 있었던 것이다. 물론 그 과정은 무능한 아버지와 사춘기의 대책 없는 성적인 유혹과의 대결 과정 속에서 어렵게 자신의 위치와 정체성을 세우고 지켜나가는 과정이기도 하다.

> 아마도 문학이 아니었더라면 내 감정이 그토록 왜곡되지 않았을지도 모른다. 거기에는 분명히 문학과 독서가 끼친 악영향이 있을 것이다. 아무리 타고난 성미가 모질다고 해도, 문학의 세례가 아니었다면 그러한 과격한 행동을 저지르지 않았을 것이다. 문학을 신봉하기 시작한 나는 이상이나 카뮈 등을 내 식구보다 더 가까운 혈연처럼 생각했고 그리고 그들이 가르친 파격·반항·불성실 같은 것들을 금과옥조로 삼고 있었으니까. 나는 그것을 성장이라고 생각했다. 그러나 인간 성장의 방정식에는 변수의 변화에도 불구하고 결코 변하지 않는 항수(恒數)가 내부에 있게 마련이다. 생성 최초의 것, 그 섬고장의 풍토가 만들어놓은 깊은 속의 단단한 씨, 그 무엇으로도 변화시킬 수 없는 본질적인 것, 말이다.(387쪽)

화자에게 문학은 한때 무능한 아버지와 저주의 땅으로 인식되었던 섬에서 벗어나는 수단으로 인식되기도 했을 법하다. 그러나 이제 다시 노년의 화자는 아버지의 죽음을 계기로 그의 고향으로, 아버지와 자신을 낳아주고 길러준 고향의 품안으로 되돌아가는 연습을 하고 있는 것이다.

결국 작가의 글쓰기 또한 자신이 떠났던 그 세계로, 자신의 모태로, 세상의 변경이 아닌 세상의 중심이자 자신을 있게 한 그 진원지로 돌아가는 작업임을 말하고 있는 것이다. 나아가 이러한 작가의 글을 읽는 작업은 독자로 하여금 존재의 시원으로 돌아가 현실적 자아 모습의 확인을 통해 자신의 정체성을 되짚어보고 점검하는 계기가 되게 하는 것임을 말하고 있는 것이다.

5. 맺음말

문학은 인간과 세상을 이해하는 통로이다. 현기영의 『지상의 숟가락 하나』는 작가의 성장소설로서 한 인간의 성장 과정이 자연적·역사적·사회적 삶의 유기적 구성임을 여실히 보여주고 있다. 학살과 억압으로 점철되어 있는 섬의 역사적 현실 속에서 어떻게 한 인간이 육체적 정신적으로 성숙해가면서 자아를 형성해 나가는가를 이 소설은 잘 보여주고 있다. 특히 사춘기 소년의 성적 성숙과 성장과정에 소설을 포함한 문학 작품과 글쓰기 작업이 어떤 역할을 했는지를 잘 보여주고 있다.

물론 이 소설이 작가의 자전적 성장소설의 성격이 강한 만큼 훗날 작가로서 입신하게 되는 화자의 모습에 초점을 맞췄다고 볼 수도 있다. 그런 만큼 이 작품의 내용이 작가가 아닌 다른 사람들에게까지 보편적으로 의미 있는 것인가에 대해 의문을 가질 수 있다. 하지만 작품 속에 나타난 사춘기 소년들의 성적인 호기심과 행위 및 심리의 묘사를 통해 확인할 수 있듯이 이 소설이 사춘기 청소년들에게 건전한 성교육의 매체로 활용될 수 있을 만큼 보편적인 사춘기 청소년들의 심리와 성적인 행태를 보여주고 있다고 생각한다. 더욱이 중요한 것은 성이 단순하게 육체적인 지식이나 욕망의 대상이 아니라 자연 및 역사적이고 현실적인 삶과 어우러져 자연스럽게 전체적인 삶의 일부분으로서 인식되고 있다는 점이다.

소설이 사춘기 청소년들의 성적인 호기심이나 욕망을 모두 해결해주지는 못한다. 그러나 소설은 성이 단순한 동물적 생식이나 욕망의 차원을 넘어 중요한 인간적 관계의 한 부분으로서 인간적 삶의 한 부분임을 깨닫게 하여 인간의 성이 가진 자연적 · 역사적 · 사회적 · 문화적 의미를 종합적으로 이해할 수 있게 해준다. 이것은 성적인 욕망이나 행위만을 극대화시키고 있는 영상매체를 비롯한 다른 대중매체가 현실적으로 가지고 있지 않은 소설의 미덕이다. 사춘기의 청소년들은 성적인 호기심만으로 소설에 접근할 수도 있으나 결국엔 소설을 통하여 올바른 성적 지식과 인식을 가질 수 있을 것이다. 현기영의 『지상에 숟가락 하나』는 그 많은 예의 하나에 불과하다.

-≪문예연구≫ 2003, 가을호.

식민지 근대인의 초상

-염상섭의 「標本室의 靑게고리」 「E선생」 「池先生」論-

1. 식민지 근대와 교사

전근대 사회에서 근대사회로의 이전이 내재적 발전에 의한 것이냐 식민지 근대화의 과정에 의한 것이냐의 문제는 아직 이론이 분분하다. 그러나 우리 나라의 근대 문제가 일제의 식민지화 과정과 상당 부분 관련된 것만은 분명하다. 이것이 우리의 근대가 곧 일제의 식민지 근대화 과정과 일치한다는 말은 아니지만, 일제의 영향을 부정할 수 없다는 측면에서 해석되어야 할 문제인 것만은 부인할 수 없다. 근대 혹은 근대적인 것이 우리의 외부에 있고 그것이 우리가 당위로써 추구해야할 것으로 생각했을 때 그것은 우리에게 김윤식의 표현대로 '현해탄 컴플렉스'로 다가오거나 이 땅에 하루 속히 이식해야할 그 무엇으로 받아들여졌다. 그리고 그 이식의 주체는 '동경유학생'으로 상징되는 일본 유학생들이었다. 그들은 우리보다 한발 앞서서 서구의 근대를 받아들인 일본에 가서 근대문물을 배운 후, 전근대적인 식민지 조선으로 돌아와 그 근대를 실현하려고 했다. 그랬을 때 그들은 이미 전근대적인 조선 사회에서 선각자 혹은 계몽적인 교사의 위치에 있게 된 것이었다. 유학을 통해 근대를 경험하고 배운 이들은 이미 스스로 전근대적인 조선보다 우월한 위치에서 조선의 현실을 바라보고 있었던 것이다. 신소설과 이광수의 소설에 등장하는 주요 인물들은 이러한 근대인 혹은 계몽적인 지식인, 교사의 모습을 보여주고 있다. 한국 근대문학의 초기에 많이 등장하는 계몽적인 지식인의 모습은 지식인의 새로운 유형으로 평가받고 있는 이기영의 「고향」(1933~34)에까지 사실상 영향을 미치고 있다고 할 수 있다.

이러한 현실 속에서 염상섭이 보여준 작품 속 인물들의 모습은 좀 색다른 데가 있다. 그의 초기작에 속하는 「標本室의 靑게고리」(1921), 「E선생」(1922), 「池先生」(1930) 등에 등장하는 주인공의 모습은 계몽적인 지식인의 모습과는 거리가 먼 인물들이기 때문이다. 이 작품들 속에 등장하는 주인공들이 모두 신분이 교사라는 것도 주목되는 사실이지만 이들의 모습이 동시대의 다른 작가들의 작품 속에 등장하는 교사나 계몽적인 지식인들의 모습과 다르다는 것도 주목된다.

학교란 근대 제도의 대표적인 산물이다. 전근대 사회에도 교육기관이 없었던 것은 아니지만 대중적인 교육기관으로서, 국가와 사회가 관리 운영하는 공공기관으로서의 학교는 분명 근대의 산물이었다. 더욱이 식민지 조선에서 학교란 근대의 문물을 전수하는 현장인 동시에 근대 그 자체인 곳이다. 그러므로 그 학교의 교사 또한 근대의 상징인 동시에 근대 그 자체이다.

이러한 사실을 염두에 둘 때 염상섭의 초기작 중에서 학교와 교사가 등장하는 세 작품을 골라내어 그 특징을 분석하는 작업은 작가가 식민지 근대의 모습을 어떻게 받아들였는가 하는 작가의 의식 세계를 분석하는 일인 동시에 그의 작품 전반의 특징을 분석하는 일에 중요한 단초를 제공하는 일이 될 것이다.

2. 식민지 조선의 모습과 광증(狂症)

「표본실의 청개고리」에 등장하는 식민지 조선의 모습은 이광수의 「무정」에 그려진 희망찬 미래의 모습이 아니다. 근대의 철길을 따라가다 보며 맞게 될 힘 있고 부강한 나라의 모습이 아닌 것이다. 주인공 X를 감싸고 있는 주변의 분위기는 무거운 침체와 한없이 늘어진 권태다. 일본에서 귀국한 후 칠팔 개월 동안 주인공은 알코올과 니코진에 절은 피곤한 생활을 하고 있으며 한여름에도 식은땀을 흘리며 자신의 방에서 신경질적인 환영에 시달리고 있다. 그의 눈앞에는 시도 때도 없이 칠성판 위에 사지가 핀에 박힌 채 해부되어 있는 개구리의 모습이 어른거린다. 그 개구리는 해부된 채 여전히 살아서 꿈틀거리고 있다. 그러한 개구리를 중학교 박물 선생이 메스로 찌르는 모습이 자꾸 어른거리는 것이다. 주인공은 그러한 자신의 방에서 탈출을 꿈꾸지만 그것조차 자신만의 힘으로는 되지 않는다.

> 「何如間 이房을 免하여야하겟다」 지긋지긋한듯이 房안을휘익돌아다본뒤에이러케생각하얏다. 어대던지 旅行을하라는생각은 벌서數朔前부터의計劃이엇지만 여름에한번 놀라가본新興寺에도 간다는말 뿐이요 이 째것 實現은 못되엇다.
>
> 「어대던지 가야하겟다. 世界의씃까지. 無限에. 永遠히. 발씃자라는데까지.……無人島! 西伯利亞의 荒凉한벌판! 몸에서 기름이 부지직부지직타는南洋! ……아-아」[1]

무거운 기분의 침체와 한없이 늘어진 권태, 신경질적인 환영에 시달리며 자신의 방안에서 탈출을 꿈꾸면서도 자신의 의지만으로는 쉽

1) 『廉想涉全集9』, 民音社, 1987, p.13.

게 그 방을 벗어나지 못하고 있는 것이다. 결국 그는 친구인 H의 도움을 받아 가지고서야 그 방을 벗어나게 된다. 그렇다면 왜 그는 자신의 방을 벗어나는 일을 그토록 망설이고 있었는가? 그것은 그가 변화하고 있는 방밖의 현실, 곧 식민지 근대화 과정을 밟고 있는 식민지 조선의 현실을 쉽게 받아들일 수 없기 때문이다. 그는 강제적으로 진행되고 있는 근대의 과정에 자발적으로 협조할 수도 없고 그렇다고 끝까지 무시할 수도 없다. 근대의 산물인 철길과 역사(驛舍), 근대적인 보건 위생체계는 식민지 조선에 점차 근대의 문물과 제도가 뿌리내리고 있는 현실을 보여준다. 주인공 X는 이러한 시대의 흐름에 자발적으로 동참할 수 없다는 것을 알고 있다. 왜냐하면 현재 진행되고 있는 근대는 곧 일제의 침략과정과 맞물려 있기 때문이다. 식민지 조선의 근대는 곧 일본 제국주의의 침략과정과 연결되어 있음을 알고 있기 때문이다. 그러나 그것을 끝까지 무시하고 있을 수만은 없다는 것도 알고 있다. 나서서 거부할 수도 없고 자발적으로 받아들일 수도 없는 상황이다. 자의 반 타의 반으로 친구에게 이끌려 기차에 몸을 싣듯이 현실을 받아들일 수밖에 없다. 그는 기차역에서 검역증명서 때문에 다시 친구와 실랑이를 하지만 일단 주사를 맞고 기차를 탄 후에는 모든 것을 잊고 편한 마음을 가지게 된다. 거부해야한다고 생각하지만 몸은 이미 그 문물을 받아들이고 있는 것이다. 의식과 몸이 일치하지 않고 있는 것이다.

> 百燭이나되는電燈미테서히스테리캘한看護婦가 注射침을들고 덤벼들際, 나는 반씀거더올렷던 <사쓰>를 내리우며 돌아서마조섯다. 그러나 看護婦의핀잔과催促에 마지못하야 눈을딱감고 한대마즌後 惶惶히플래포-ㅁ으로 들어가서 車에오랏다. 車에올라안저서도 空然히 後悔를하고 안젓섯스나 <휘스키->의 힘과 激甚한全身의動搖反撥, 轟轟한 軋響, 暗黑을 突破하는速力, 注射마즌억개의沈痛……

> 모든官能을한꺼번에쒸놀게하야 얼이빠진속에서 모든것을 잇고 새벽에는 쿨쿨잠이들만치 마음이가라안젓다. 德澤으로오날밤에는 메쓰도 번쩍어리지안고 面刀도 쒸어나오지안핫다.[2]

전등과 간호부, 예방검역으로 상징되는 의료행위, 기차역과 기차는 근대의 문물과 제도이다. 주인공 X가 자신의 방밖으로 끌려나와 마주치게 되는 것은 이러한 근대적 문물이다. 그는 이러한 근대적 문물에 거부감을 표시하지만 곧 이것을 편안하게 받아들인다.

식민지 조선의 현실 속에서 이러지도 저러지도 못하는 주인공은 만성적인 무기력감과 우울증, 권태, 신경증 증상에 시달릴 수밖에 없다. 이러한 주인공의 유일한 탈출구는 현실 밖으로의 끝없는 유랑이다. '끝없는 대로 영원히 흘러가고 싶다'는 주인공의 독백은 현실 속에서 무기력하게 자신의 젊음을 탕진할 수밖에 없는 식민지 근대인의 탄식이다. 그러나 주인공은 현실 밖으로 탈출하지 못하고 또 다른 식민지 현실 속으로 공간 이동만 하게 된다. 서울에서 평양과 남포로의 기차 여행이 그것이다.

H와 함께 평양에 도착한 주인공 X는 그곳에서 남포로 가는 기차 시간을 기다리는 동안 대동강 부벽루를 산책하다가 남포로 가서 비슷한 처지에 있는 친구 Y와 A를 만난다. 주인공 X는 그들에게 '북극의 철인'이자 '남포의 광인'인 김창억에 관한 이야기를 듣고 그를 심방한다. 주인공 X는 김창억의 모습 속에서 중학교 시절의 박물선생의 얼굴을 보며 궁극적으로 자신의 모습을 발견하게 된다. 그럼 김창억은 어떤 인물인가?

김창억은 서도의 부호 객주 김건화의 아들로 태어났으나 14세 되던 해 어머니를 여의고 누이와도 사별한다. 그의 부친은 주색잡기로 살림

2) 위의 책, pp.13~14.

을 탕진한다. 김창억은 고향에서 한학을 마친 후 16세에 경성의 한성 고등사범학교에 입학하나 3학년에 재학중 부친의 병사로 유학을 중단하고 고향으로 돌아온다. 고향으로 돌아온 김창억은 3년 동안 서재에 틀어박혀 독서와 눈물로 세월을 보낸다. 그러다가 새로 생긴 소학교에서 교편을 잡게 된다. 비로소 안정된 생활을 하던 그는 다시 아내를 잃고 방황하게 된다. 반년쯤 서재를 뛰쳐나가 방랑하던 그는 다시 집으로 돌아와 새로 가정을 이룬다. 그러나 안정적인 가정생활을 하던 그는 '불의의 사건'으로 감옥살이를 하게 되고, 그가 감옥에 있는 동안 젊은 아내는 가출을 한다. 무죄 방면되어 집으로 돌아온 김창억은 실성한 사람처럼 떠돌아다닌다. 그는 집에서 나와 한동안 3층 집 짓기에 열중한다. 김창억은 한 달 여의 공사 끝에 3원 50전을 들여 원두막 같은 3층짜리 건물 공사를 완공한다. 그 후 그는 그 건물에 '동서친목회'라는 간판을 내걸고 강연을 하고 있다.

김창억이 처음에 피로, 앙탈, 분노, 낙심, 비탄, 미지의 운명에 대한 공포와 불안에 시달리게 된 것은 가정적인 불운과 소극적인 개인의 성격 탓이지만 그가 결국 미쳐버리게 된 것은 '불의의 사건'과 그 이후 불어닥친 가정적 불운 탓이다. 여기에서 '불의의 사건'이란 시기적으로 볼 때 삼일 만세 운동과 관련된 것으로 추정해볼 수 있으나 그 사실 여부는 중요하지 않다. 문제는 김창억이 철창 신세를 지고 있는 동안 그의 아내가 도망을 가고 그의 가정이 풍비박산이 났다는 것이다. 물론 그를 구속했던 것은 식민지 세력이다. 무죄 방면된 그는 남은 딸과 집을 돌보지 않고 떠돌다가 원두막 같은 삼층집을 짓고 그리로 거처를 옮긴다. 그가 삼층집을 짓게 된 것은 서울에 갔을 때 서양 사람들의 집을 보고 그것이 위생상으로도 좋을 것 같고 서양 사람들이 짓는 것을 자기라고 못 지을 리가 없다는 것을 보여주기 위해서 지은 것이다. 당시의 조선 사람에게 근대란 외형상 역사나 병원, 학교와 교회 같은 서구식 건물로 상징되는 그 무엇이다. 김창억에게도 근대란 서양 사람들이 지은 양옥과 그 기술이다. 서양 사람들이 지은 집을 자신이라고 짓지 못 할 이유가 없다는 것이 그의 판단이다. 그리하여 그는 단돈 3원 50전을 가지고 단기간에 삼층 건물을 완성하는 것이다. 그의 판단으로는 동서가 '일대가정'을 이룰 시기가 왔다는 것이다. 그리하여 그는 자신의 집에 동서친목회 간판을 걸고 동서화합을 위한 감독관 노릇을 자처하고 나선 것이다.

「아ᄭᅡ말슴한것가티, 聖經에 가르치신바, 불의審判이 ᄭᅳᆺ나지안핫습니ᄭᅡ. 歐洲大戰의 그慘酷한砲煙彈雨가 卽불의審判이외다그래. 그러나 이번戰爭이 웨 닐어낫나요……이世上은 物質萬能, 金錢萬能의時代라, 仁義禮智도업고 五倫도업고, 愛도업는것은, 이物質ᄯᅢ문에 사람의마음이 慾에더럽혀진 ᄭᅡ닭이아닙니ᄭᅡ……父子兄弟가 서로反目疾視하고, 夫婦가 不和하며, 이웃과이웃이, 한마을과한마을이, ……그리하야 한나라와나라가, 서로다투는것은, 結局 物慾에 사람의마음이 가리웟기ᄯᅢ문이아니오니ᄭᅡ. 그리하야, 弱肉强食의大原則에ᄯᅡᆯ아, 世界萬國이, 干戈로써 서로대하게된것이 卽歐洲大戰亂이외다그래. 그러나 인제는 불의審判도 다-ᄭᅳᆺ낫다. 東西가 親睦할時代가 돌아왓다고하신 하나님의 말슴대로 나는信從합니다. 그러기ᄯᅢ문에 하나님의啓示대로 世界各國으로 돌아단이며 警察을하여야하겟쇠다.

……나도 여긔에는 오래 아니잇겟쇠다. 좀더硏究하야가지고, ……英美法德으로 돌아단이며, 天下名勝도 구경하고, 說敎도애야하겟쇠다」3)

동서친목회의 회의 취지가 뭐냐는 질문에 김창억은 위와 같이 답변

3) 위의 책, p.25.

한다. 김창억은 1차대전의 성격과 그 의미를 논리 정연하게 분석하고 있는 것이다. 그는 당시의 세계를 물질만능과 금전만능의 시대로 정의하고 세계대전은 약육강식의 원칙에 따른 제국주의 전쟁이었음을 지적한다. 그는 약육강식의 시대가 가고 동서가 서로 친목해야할 시기가 왔음을 역설한다. 그것이 그가 '동서친목회'를 만들고 세계 경찰 노릇을 자처한 이유이다. 또한 그는 '서양놈들이 입다 남은 양복 조각들을 입고 그 더러운 놈들 밑에서 굽실굽실하며, 돌아다니는 것들을 보면' 대가리를 쥐어박고 싶어하는 인물이다. 서양의 것이라면 무조건 경배하고 복종하는 세상의 인심과 풍습을 질타하고 있는 것이다. 이러한 사실들을 종합해볼 때 김창억은 단순히 미친놈이 아니라 세계평화와 자주적인 근대 등 당시의 식민지 조선 사회에서는 이룰 수 없는 원대한 이상을 가지고 있기 때문에 오히려 비정상적인 광인으로 취급받고 있는 인물로 비춰진다. 한 인간의 숭고한 이상이 식민지 현실 속에서 망상 내지는 미친 자의 백일몽으로 취급될 수밖에 없는 현실을 역설적으로 보여주고 있는 것이다.

주인공 X는 얼마 후 친구 Y로부터 김창억의 소식을 듣게 된다. 김창억이 자신의 삼층집을 태워버리고 사라져버렸다는 소식이었다. 그 소식을 들은 주인공의 가슴은 무겁게 내려앉는다. 결국 김창억도 약육강식의 제국주의 시대에 동서화합이라는 자신의 숭고한 이상을 포기하고 어디론가 사라졌기 때문이다. 김창억은 상징적인 자신의 삼층집을 불태우고 '배암보다 더 두려워하고 꺼리는 평양'의 거리로 나온 것이다. 그렇다면 주인공 X는 왜 평양을 뱀보다 더 꺼리는 평양이라고 했는가? 평양은 일본 제국주의의 식민지 근대화가 진행되고 있는 약육강식의 이전투구판이기 때문이다. 이제 김창억과 주인공 X의 앞에 기다리고 있는 것은 확고하게 일제의 식민지 수탈 체제로 편입되어가고 있는 식민지 근대 조선의 현실인 것이다. 그 현실이야말로 칠성판에 해부된 채 사지가 박혀있는 청개구리의 운명, 즉 식민지 조선의 모습인 것이다. 이상의 깃발을 내린 마당에 남은 것은 일상화된 현실뿐이다.

3. 식민지 근대교육 현장의 내면 풍경

「標本室의 靑게고리」에 등장하는 '김창억'이나 주인공 'X'가 식민지 조선의 현실 속에서 실현될 수 없는 이상을 포기하거나 내면화한 채 식민지 현실 속으로 스며들 수밖에 없는, 식민지 조선의 저자 거리로 자신의 몸을 숨길 수밖에 없는 식민지 근대인의 초상을 상징하고 있다면, 「E선생」의 주인공인 'E선생' 또한 식민지 근대 교육의 현장에서 소외될 수밖에 없는 식민지 근대인의 초상을 보여주고 있다.

X학교에서 교편을 잡고 있는 '고슴도치' 'E선생'의 이상은 원래 중학교 교사가 아니었다. 동경에서 공부를 마치고 귀국한 그는 친구의 소개로 월간잡지를 발행하기 위해 만든 주식회사에 돈을 투자하고 그들과 함께 일을 시작했지만, 결국 잡지는 나오지 못 하고 빚만 지게 된다. 그 후 그는 문화운동이니 주의선전이니 하며 남의 돈이나 긁어먹는 사회를 저주하게 된다. 그는 보다 순실한 사람들이 모인 사회에서 양심이 흐려지지 않은 사람들과 살고자 한다. 그리하여 그는 X학교에서 교편을 잡게 된다. 하지만 학교 사회 또한 그가 생각하듯이 그렇게 양심적이고 착한 사람들만 모여 있는 순실한 집단이 아니다. 삼일운동 후 활발하게 벌어지고 있는 문화 사업이나 각종 주의자들의 운동이 그가 생각하는 것처럼 순실한 인간들의 일만이 아니었던 것처럼 학교의 교육 현장 또한 그가 생각하듯이 순진한 삶의 현장이 아닌 것이다.

X학교는 서양 선교사들이 세운 학교로 기독교의 이념에 따라 세워지고 운영되는 학교다. 학교 자체가 근대의 상징이지만 서양 선교사들

에 의해 세워진 X학교야말로 서양의 근대정신에 의해서 세워지고 운영되어야 마땅한 학교인 것이다. 그러나 E선생은 점차 학교가 비정상적인 방향으로 가고 있음을 깨닫게 된다. 근대적인 교육의 이념과 기독교의 이념이 잘못 교육되고 학생들에 의해 실천되고 있음을 알게 된 것이다.

학교에 부임한 후 E선생은 체조선생과 대립하게 된다. 체조선생은 교장인 서양 선교사의 집에서 비서 노릇을 하던 사람으로서 구무관학교 출신의 퇴물이다. 교회의 권사이기도 한 그는 영어를 조금 할 줄 안다는 이유로 교장에 의해서 채용된 인물이다. 그는 교무실의 정보를 빼내어 학생들에게 알려주거나 시험문제를 운동부 선수들에게 미리 알려주는 등의 방법으로 학생들의 인기를 사고 있는 인물이다.

어느 날 하학 길에 E선생은 운동부 선수들이 담장을 넘어간 공을 찾는다는 핑계로 근처 민가의 밭에 들어가 배추를 짓밟아버린 사건을 목격하고 체조 선생을 대신하여 그 일의 중재에 나서는 한편, 이튿날 기도회에서 그러한 학생들의 행위는 상식과 하나님의 보편적인 생명애에 반하는 짓이라고 훈계한다. 이에 체조선생이 반발하여 사표를 제출한다. 운동부 선수들이 운동장 주변의 민가에 들어가 행패를 부리게 된 것은 사실상 운동장을 넓히기 위해 주변의 땅을 헐값에 사드리기 위한 술책이었다. 선교사인 교장은 자신의 사업이 원래 의연적(義捐的)인 것이니 주민들도 마땅히 의연하는 의미로 땅값을 싸게 팔아서 옮겨가라고 한 적이 있다. 교장의 이러한 뜻을 체조선생이 받들어 학생들을 배후에서 조종하여 주변의 민가를 소란스럽게 한 것이었다.

체조 선생의 사표 처리를 놓고 교사들은 분열되지만 합리적인 교감의 결단으로 체조선생의 사표가 수리되고 E선생은 학감 역할까지 맡게 된다. 그러던 중 다시 시험 사건이 터진다. E선생이 낸 시험 문제에 반발하여 일부 학생들이 시험을 거부하고 E선생에게 반발하기 시작하자 그는 다시 '시험'이라는 문제를 낸다.

> 오늘날의교육은 「사람」을맨드는게아니라, 機械나, 그러치안흐면 機械에게 使役할奴隷를맨들엇다. 그리하야 學問이라는것은 一種의 懲役가티되엇다. 自律自發이라는 精神은 完全히 무시되엇슬뿐만아니라 다만어떠한 目的을爲하야利用할器具를 맨들라고 一定한規範으로써 短促한時間에 過量의注射를 急激히注入하기때문에 學問의 尊貴와 權威도업서지고 人間性은甚한虐待에 畸形으로發達되엇다. 오늘날의教育은 試驗을爲하야 存在하얏다고 하드라도過言이아니다. 웨그런고하니 試驗의點數라는것은 곳그사람의運命을 決定하고 그사람의收入의 多寡를意味하고 그女子의婚處를 選擇할權利를주게하기때문이다. 함으로 오늘날學生의工夫는 學問을爲함이아니라 試驗點數를 爲함이다. 이와가티點數를엇는다는것이最優의目的이니까 目的을爲하야 手段을가리지안는다는 뜻을 實行하느라고 別別卑訥한짓을한다. 이것은 今日의教育制度가 그른까닭도잇고 또社會制度가 根本的으로잘못된까닭이라고도하겟지만 萬一 社會制度나 教育制度가改善되어試驗이라는것이 업서진다하면 그때에는 오늘날보다 工夫를더잘하지는못하드라도 오늘날만큼이라도할가. 그러면 試驗을본다는데에도 一弊가잇고 아니본다는데에도 一弊가잇슨즉 결국은어쩨케하면 조흘는지 각각생각하는대로 率直하게 깁히생각하야 써가지고오라고 E先生은 한時間이나 說明을하야 들리어주엇다. E先生의생각은이가티하야 次次試驗에대한 生徒들의그릇된 생각을고쳐주는同時에學問에대한興味를일으키게하랴는것이엇다.[4)]

그러나 이러한 E선생의 의도와는 상관없이 체조선생의 배후 조종을 받은 운동부 선수들을 주축으로 생도들이 시험을 거부하는 사태가 벌어진다. 제도의 폐단을 말하고자 했던 E선생의 의도와는 상관없이

---

4) 위의 책, pp.145~146.

학생들은 그 의미를 왜곡하여 제멋대로 받아들인 결과이다. 또한 그것을 이용하여 개인적인 원한을 갚으려 한 체조 선생의 음흉한 술책으로 결국 E선생의 교육적인 의도는 받아들여지지 않고 자신이 교육 현장에서 물러나야 하는 결과를 초래하게 된다.

이 시기에 E선생의 집안에선 또 하나의 문제가 발생한다. 삼십이 되도록 장가갈 생각을 하지 않고 있는 E선생에게 집의 어른들은 자꾸 살림을 맡기려고 하는 것이다. 계속해서 공부를 할 생각인 그는 결혼이나 살림엔 아직 관심이 없는데도 불구하고 집안의 장남에게 거는 기대 때문에 그는 괴로운 것이다. 그러던 차에 동생인 '창희'가 여학생을 끌고 여기저기 돌아다니다가 아버지께 들켜서 집안을 시끄럽게 하는 일이 발생한다. 언젠가 그가 동생에게 '오늘날의 결혼이란 것이 강간과 다를 것이 없다고 일러준 것이' 그러한 결과를 일으키게 한 모양이라고 E선생은 생각하며 쓴 웃음을 지으며 이것이 모두 누구의 죄인가 하고 의문을 제기해 본다.

학교에서나 집안에서나 자신의 의도와는 상관없이 근대적인 제도와 그 이념이 왜곡되어 받아들여지고 있는 현실을 「E선생」은 보여주고 있다. 개개인에게 체화되지 않은 어설픈 근대의 모습과 그러한 현실 속에서 소외될 수밖에 없는 근대인의 초상을 이 작품은 보여주고 있는 것이다. 그러나 'E선생' 그러한 현실을 객관적으로 보여주려고 노력할 뿐 섣부른 계몽주의자의 목소리를 내지 않고 있다.

4. 식민지 근대인의 실상과 염상섭의 소설

「E선생」의 'E선생'이 끝까지 이상을 좇아 현실과 대결하지도 않지만 그렇다고 있는 그대로의 현실을 그대로 수용하려고 하지도 않는 인물이라면, 「池先生」의 '지선생'은 철저히 현실을 현실 그대로 수용하고 있는 인물이다.

등장인물의 성격을 놓고 볼 때 「池先生」은 「標本室의 靑게고리」와 대조가 되고 있는 작품인 것이다. 「표본실의 청게고리」의 김창억이 이상을 실현할 수 없는 현실 속에서 미친 인물이라면, 「지선생」의 '지선생'은 철저히 있는 그대로의 현실을 현실로써 수용한 인물이다. 즉 '김창억'이 식민지 조선의 근대화 과정 속에서 이상을 실현하지 못하고 미쳐버린 인간이라면[5] '지선생'은 주어진 식민지 근대 조선의 현실을 그냥 현실로써 받아들인 인물이다.

지선생은 이조 말년의 유명한 한학자였다. 구한국 시대엔 많은 상소를 대작했으나 사람이 좀 겁이 많은 편이다. 그는 십오 년 내내 제일 먼저 학교에 등교할 만큼 부지런한 교사로서 학교의 터줏대감이다. 그는 현재 학교에 남아있는 유일한 조선인 교사로서 조선어 한문을 가르치고 있지만 내년부터 그 과목이 폐지되고 일본어 한문을 배우게 됨에 따라 곧 퇴직할 사람이다. 그가 조선인 교사들이 대부분 쫓겨날 때에도 혼자서 버틸 수 있었던 것은 예전에 이토오 통감과 시를 많이 써서 주고받았기 때문이다. 그런 그를 일본인들도 함부로 대할 수 없었던 것이다.

그런 그에게 좋지 않은 버릇이 있다. 교실 바닥에 침을 뱉는 것과 교실에서 수업 도중에 술을 마시는 일, 그리고 수업 시간에 묵독을 시키고 조는 일 등이다. 왜 교실 바닥에 침을 뱉냐는 학생의 질문에 그는 "옛날에 원세개는 파리에 가서 베르사이유 궁전 속에서도 그 훌륭한 양탄자 위에다가 생굴 같은 가래침을 탁탁 뱉았단다. 이따위 교실 속에 맨침 좀 못 뱉을 것은 뭐냐?"[6]고 대답한다. 그가 교실 바닥에 침을 뱉는 이유가 일본인들에 대한 일종의 반항이나 저항이의 의미가

---

5) 물론 김창억도 식민지 현실에 적극적으로 대항하지 못하고 광인 행세를 하다가 결국 현실을 수용한다.

6) 위의 책, p.338.

있는 것이 아닐까 의심하게 하는 대목이다. 중국의 원세개가 당시 중국을 침략하고 있던 서구 제국주의의 중심부인 프랑스의 베르사이유 궁전의 양탄자에 침을 뱉는 행위를 제국주의에 대한 저항의 의미로 해석할 수 있다면 지선생의 행위도 그러한 의미 맥락에서 해석될 여지가 있는 것이다. 학생들도 그러한 지선생의 행위를 '남의 학교'에 침을 뱉는 장한 행위로 장하게 여긴다는 말에서도 그러한 의미를 유추해볼 수 있다. 지선생이나 조선인 학생들에게 일본인 교사가 대부분인 식민지 조선의 학교란 것이 '남의 학교'에 불과한 것이라는 인식이 깔려있는 것이다. 또한 학생들과의 대화에서도 자신이 교실바닥에 침을 뱉게 된 것이 일종의 저항적인 의미를 담고 있는 것임을 암시한다.

> 「이따가 사무실로 들어오라는 거다. 너희들도 무슨짓 하니? 스트라이크라든가? 무어라든가? …… 아니, 요샌 또 다르다더구나? 만세를 부르고 공부를 안하는 것이라지?」
>
> 하며 지선생님은 코웃음을 쳤다.
>
> 「저희들은 안해요. 그건 해 무얼 합니까? 한자라도 배워야지」
>
> 어떤 장난꾼 학생이 실없는 어조로 이런 소리를 하니까 지선생님은 껄껄 웃으며
>
> 「옳은 말이다. 내가 이 교실에서 침 뱉는 것이나 다를 게 무에 있니」
>
> 하고, 책을 덮고 머뭇거리다가, 하학을 시켜 버리고 나가셨다.[7]

위의 대화 내용은 지선생의 침뱉는 행위가 학생들의 데모와 같은 의미가 있음을 암시한다. 학생들의 스트라이크가 자신이 교실 바닥에 침뱉는 일처럼 무의미한 반항임을 말하고 있는 것이다.

---

7) 위의 책, p.342.

이렇게 볼 때 전반적으로 지선생의 행위는 일제의 식민지 근대의 상징인 학교와 학교 교육을 전면적으로 거부하고 있는 것으로 해석될 수 있다. 교실 바닥에 침뱉는 행위, 수업 시간에 술을 꺼내서 마시는 행위, 수업을 하지 않고 묵독을 시키고 자는 행위 등등은 일제의 식민지 교육을 전면적으로 거부하고 있는 저항적인 의미로 읽을 수가 있는 것이다. 그러나 과연 그런 의미로 읽어야 하는가가 문제이다.

문제는 이러한 지선생의 행동을 조선인 학생들이 어떻게 바라보고 있느냐이다. 한때 조선인 학생들은 지선생을 몰아내려고까지 했었다. 그러나 조선인 교사들이 점차 쫓겨나가고 유일하게 지선생만이 남게 되자 그러한 학생들의 움직임은 오히려 하나 남은 조선인 교사를 보호해야한다는 쪽으로 향하게 된다. 조선인 학생들이 지선생이 뱉은 침을 닦아내며 그의 몰상식한 행동을 묵묵히 지켜봐주고 있는 것은 그의 행위의 의미를 저항적인 의미로 받아들여서가 아니다.

> <단 하나 있는 조선 선생>-이러한 생각이 그들로 하여금 모든 것을 관대하게 만들었다. 요사이의 <코뮤니스트>는 그 학생들이 <내셔널리스트>라고 비웃을 것이지만 그런 것은 우리 학생들은 모른다. 우리 학생들은 다만 솔직하게 양심에서 우러나오는대로 할 뿐이다. 학생들은 지선생님이 이또오히로부미 공작과 시를 지었다고 하여 침을 훔쳐주는 것은 아니요, 교장보다 선배인 십오년 공로자라고 하여서나 할아버지뻘이 된다고 하여서 교단 위에서 호리병을 빼드는 것을 조금도 불평없이 눈감아 버리는 것은 아니다. 만일에 아무리든지 치우쳐서 꼭 집어 내라면 혹은 지선생이 단 한사람 남은 조선 선생이라고 하여서 그렇다고도 할 수 있을 것이다.[8)]

8) 위의 책, p.339.

학생들의 입장에서 지선생의 행위를 묵인하고 있는 것은 그의 행위를 일제의 식민지 근대 교육에 대한 저항적인 의미로 받아들여서가 아니라, 단지 그가 조선 사람이라는 민족 감정에서 비롯된 것임을 알 수 있다. 오히려 지선생의 행위를 감싸안으려는 조선인 학생들의 행동이 일제의 식민지 지배 교육에 대한 저항의 의미를 담고 있다고 볼 수 있는 것이다. 지선생의 행위는 단지 근대적인 공중위생의식, 윤리의식이 결여되어 있는 조선인의 초상일 뿐이다.

「池先生」의 '지선생'은 「標本室의 靑게고리」의 '김창억'이나 'X', 「E先生」의 'E선생'이 가지고 있던 이상이나 문제의식조차 가지고 있지 못하다. 그는 다만 있는 그대로의 현실을 받아들이고 있을 뿐이다. 등장인물이 이상이나 이념으로부터 자유로울 때 작품은 일반적으로 일상적인 현실을 담담히 그리게 된다.

염상섭의 소설이 한국 사실주의 문학의 중요한 업적으로 평가받을 수 있는 측면이 바로 여기에서 비롯된 것이다. 그러나 그의 작품이 식민지 조선의 현실과 이념, 이상의 문제와 긴장감을 유지하고 있을 때 「삼대」나 「만세전」 같은 작품이 쓰여질 수 있었다는 사실을 주목할 필요가 있다. 그렇지 못했을 때 그의 작품은 대부분 신문 기사체 같은 맥 풀린 일상의 나열에 그치고 있다는 사실에 다시 한 번 주목할 필요가 있는 것이다.

-≪문예연구≫ 2001, 겨울호.

위악(僞惡)에서 위악(爲惡)으로

-김승옥論-

1. 머리말

김승옥은 몇 편의 빼어난 단편으로 일찍부터 한국현대문학사에 등기된 작가이다. 일찍부터 평론가들의 주목의 대상이었던 그의 소설은 최근에 씌어진 몇 편의 문학사 속에서도 여전히 60년대를 대표하는 작가로서 기록되고 있다.[1] 유종호로부터 <감수성의 혁명>이란 찬사를 받은 이래 김승옥의 소설은 주로 그의 개성적인 문체, 60년대의 개인화 현상, 한글세대의 선두주자 등의 수식어와 함께 언급되었다. 이러한 찬사와 수식어는 주로 「霧津紀行」(무진기행)을 비롯한 그의 몇몇 단편에 의해서 증명되었을 뿐이다. 그러나 그의 작품 가운데 결코 작은 비중을 차지하지 않고 있는 장편은 언급의 대상에서 제외된 채 현재에 이르고 있다.

필자는 김승옥의 전 작품을 통독하는 과정에서 그의 작품이 일관된 흐름을 지니고 있음을 발견하였다. 아울러 김승옥의 초기의 단편에서 후기의 장편에 이르는 과정은 단순히 통속화의 과정으로만 볼 수 없

1) 김윤식 · 정호웅 공저, 『韓國小說史』, 예하, 1993.
이재선, 『현대 한국소설사 1945~1990』, 民音社, 1991.

는 중요한 문학사적 의미가 깃들어 있음을 알게 되었다. 그것은 근대의 문제였다. 그의 소설 속에 등장하고 있는 위악적인 인물들은 전근대와 근대 사이에 끼인, 즉 과도기의 이중적인 삶을 살아가는 인간의 전형이다. 지방출신의 촌놈이 근대의 상징적 공간인 대도시 서울에서 좌충우돌하며 변모되어 가는 과정은 인상적인 근대화의 한 장면이다. 그런 의미에서 김승옥의 자전적 이야기[2]는 그의 소설을 이해하는데 많은 실마리를 제공하고 있다.

1941년 일본의 오사카에서 출생한 작가가 1960년 순천고등학교를 졸업하고 서울대 문리대에 입학하면서 겪게 되는 사회적 체험은 그대로 한국 근대사의 주요 풍경이 되고 있는 것이다. 김승옥이 대학생활과 서울생활을 동시에 시작한 1960년엔 4·19가 일어났으며, 이듬해엔 5·16 군사쿠테타가 일어났다. '한글세대'로 주목받고 있는 작가의 대학생활이 본의 아니게 온전히 근대사의 중심에 놓이게 된 것이다. 「산문시대 이야기」에서 확인할 수 있는 것은 서울출신에 대한 지방출신의 이질감을 가지고 출발했던 대학생활이 4·19와 같은 정치적 사건에 의해서 비로소 서울출신들과 동질의 의식을 가지게 되었다는 사실이다. 지방출신이 느끼는 서울출신에 대한 이질감이란 전근대적인 공간에서 살아온 인간이 근대적인 공간에서 느끼는 일상생활의 낯설음이다. 그 낯설음이 4·19와 같은 정치적 사건의 체험에 의해서 극복되고 있다는 사실을 주목할 필요성이 있다. 일상 생활의 차이에서 비롯된 이질감이 정치적 사건에 의해서 해소된다는 것은 우리의 근대감각이 정치적 사건의 공유에서 비롯된 것임을 암시하기 때문이다. 이것은 우리에겐 근대가 생활이 아니라 사건이었음을 말하고 있는 것이다. 사건으로써의 근대란 체득되지 않은, 즉 일상생활 속에 스며들지 않은 근대인 것이다. 김승옥 소설에 등장하는 위악적인 인물들은 바로

2) 김승옥, 『뜬 세상에 살기에』, 지식산업사, 1977.

이러한 시대의 상징적 산물인 것이다. 어쨌든 이러한 가운데에서도 동인지 「산문시대」를 통해서 이후 왕성한 활동을 하게 될 이청준 · 김현 · 서정인 · 염무웅 · 김치수 · 김주연 · 최하림 등과 김지하 · 하길종 등의 시인 및 문화계 친구들이 한 자리에 모이게 되는 문화사적 진풍경을 연출하게 되는 것도 이 시대에 기억해 둘 만한 일인 것이다.

그렇다면 김승옥 소설에 나타난 근대란 구체적으로 어떠한 것인가?

2. 근대, 자기 세계의 확립

한국사에서 근대와 전근대를 구분하는 문제는 쉽지 않아 보인다. <근대를 자본주의 생산 양식의 지평에 대응하는 것>3)이라고 하더라도 언제부터를 자본주의 생산 양식이 지배적인 시대로 볼 것인가 하는 '근대의 기점' 문제는 체제 이행의 속성상 보는 사람의 각도에 따라 심한 편차를 보일 수밖에 없다. 한국사의 근대의 기점을 위로는 임진왜란 이후의 17 · 8세기로부터 보고자 하는 시각과 아래로는 1960년대부터 근대의 시작으로 보고자 하는 시각까지 넓게 펴져 있는 것도 이러한 어려움을 단적으로 보여주는 예이다.

이러한 어려움은 한국 문학사에서도 예외가 아니다. 김현 · 김윤식이 『韓國文學史』에서 한국문학의 근대의 기점을 영 · 정조 시대로 끌어올린 이후에 근대의 기점에 관한 시각의 편차는 더욱 더 심하게 벌어졌다.

백낙청은 「문학과 예술에서의 근대성 문제」라는 최근의 논문4)에서 근대의 출발 시기를 형태상 세계 시장으로의 편입을 의미하는 강화도

3) 이선영, 「우리 문학연구의 새로운 지평」, 『민족문학과 근대성』, 문학과지성사, 1995, p.22.
4) 『창작과 비평』, 1993년 겨울호.

조약(1876)의 시기로 보고, 근대 문학의 출발은 갑오농민전쟁의 해인 1894년으로 보되, 작품다운 작품의 출현을 고려하여 그보다 한 세대 뒤로 잡아볼 수 있지 않을까 제안한 바 있다. 그러나 여기에도 문제가 있다. 그의 기점론을 전부 인정하더라도 작품다운 작품이란 무엇인지? 다시 말해서 근대적인 문학작품에 대한 문제-문학작품의 근대성 문제-는 하나도 해결되지 않고 있는 것이다.

이선영은 앞의 글에서 문학 작품의 근대성을 <우선 작품에 나타난 여러 현상, 예컨대 작자 및 등장인물의 가치관 · 습관 · 언어 · 생활 태도 등이 자본주의 생산 양식에 대응하는 변화 · 진보의 의미를 지닌 것들과 연결되는 것들로 파악할 수>있다고 보았다. 이렇게 놓고 보면 한국의 근대문학은 이광수로부터 2 · 30년대의 카프를 거쳐, 해방 이후 80년대의 민중문학에 이르기까지 결국은 문학 작품의 근대성 문제를 놓고 고민한 결과가 된다. 결과적으로 한국의 근대문학은 아직 문학의 근대성을 고민해야하는 처지에 있는 것이다. 그렇다면 자본주의 생산 양식에 대응하는 변화 · 진보의 의미를 지니는 사람이란 어떤 사람인가? 그것은 이성적 주체의 자율성을 지닌 근대적 자아를 의미한다. 한국 근대사에 있어서 근대적 자아의 정립은 4 · 19에 의해 촉발되었으며, 한국 문학사에서 근대적 의미의 문학은 4월 이후 거의 최초로 내면화되었다[5])고 한다면 한국의 진정한 근대문학은 60년대 이후로 내려와야 마주할 수 있다는 결론이 나온다. 이러한 결론을 가능하게 한 것이 바로 김승옥의 소설이다.

---

5) 이광호는 4 · 19 이후의 인식론적 전환은 네 가지 맥락에서 새로운 문학형의 구성에 작용한다고 보았다. i) 전통 단절론과 서구 추수주의의 극복과 민족 문학 개념의 대두 ii) 자신의 문제를 자신의 언어로 드러내려는 한글 세대의 근대적 언어의식과 개성적 문체의 확립 iii) 세계를 이해하고 그 이해를 개성적으로 표현할 수 있는 문학적 인식의 주체에 대한 믿음의 가시화 iv) 문학의 자율성과 사회 변혁의 선도적 위치를 정하는 문화적 기능에 대한 자각 등. 이광호, 「맥락과 징후」, 『위반의 시학』, 문학과지성사, 1993, p.20.

정한숙은 60년대 문학의 특징을 개인화로 보고 대표적인 작가로 김승옥을 거론하고 있다.6) 김승옥의 소설 속에서 개인주의적인 근대적 자아의 모습은 일관되게 <자기세계>를 가진 인물로 나타나고 있다.

김승옥의 등단작인 「生命演習」(1962)에는 <자기세계>가 <극기>와 동일한 의미로 나온다. 눈썹을 밀어버린 대학생, 자기의 성기를 스스로 잘라버린 전도사, 진지한 태도로 여자들을 차례로 정복해 가는 영수, 자신의 애인을 짓밟아 버리고 유학을 떠났던 교수, 이해하기 어려운 만화를 그리는 오선생, 과거의 남편의 모습과 닮은 사내들을 집으로 끌어들이는 어머니, 자위행위를 하는 선교사, 다락방에 있던 형 등은 모두 <자기세계>를 가지고 있는 인물들이며, 자기세계를 가지기 위해서 무언가 극기를 한 인물들이다.

이러한 인물들은 「乾」(1962)의 주인공, 「환상수첩」(1962)의 윤수·수영·형기와 「확인해본 열 다섯 개의 고정관념」(1963)의 '나', 「力士」(1963)의 서씨, 「싸게 사들이기」(1964)의 K 등과 같이 김승옥 소설의 대부분의 등장인물을 통해 확인할 수 있다.

「乾」(건)의 주인공은 방위대 건물의 지하실을 자기 세계로 가지고 있으며, 「幻想手帖」(환상수첩)의 등장인물들은 춘화를 그려서 생계를 유지하든, 시를 쓰든, 안마를 하든 자기 나름대로의 세계를 가지고 있다.

「力士」(역사)의 '서씨'는 밤마다 동대문 성곽의 돌을 남모르게 옮겨놓는 일을 하는 자기만의 세계를 가지고 있는 인물이다. 「싸게 사들이기」의 K도 책을 싸게 사들이는 자기만의 방법을 가지고 있는 인물이며, 「서울 1964년 겨울」(1965)에 등장하는 인물들도 다음의 대화에서 볼 수 있듯이 확실하게 <자기세계>를 가진 인물들이다.

"평화시장 앞에 줄지어 선 가로등들 중에서 동쪽으로부터 여덟

---

6) 정한숙, 『현대한국문학사』, 고려대출판부, 1982, pp.269~272.

번째 등은 불이 켜 있지 않습니다." 나는 그가 좀 어리둥절해하는 것을 보자 더욱 신이나서 얘기를 계속했다.

"……그리고 화신백화점 육층의 창들 중에서는 그 중 세 개에서만 불빛이 나오고 있었습니다……"

그러자 이번엔 내가 어리중절해질 사태가 벌어졌다. 안의 얼굴에 놀라운 기쁨이 빛나기 시작했기 때문이다.

그가 빠른 말씨로 얘기하기 시작했다.

"서대문 버스정거장에는 사람이 서른두 명 있는데 그 중 여자가 열일곱 명이었고, 어린애는 다섯 명 젊은이는 스물한 명 노인이 여섯 명입니다."

"그건 언제 일이지요?"

"오늘 저녁 일곱시 십오분 현재입니다."

"아"하고 나는 잠깐 절망적인 기분이었다가 그 반작용인 듯 굉장히 기분이 좋아져서 털어놓기 시작했다.

"단성사 옆 골목의 첫번째 쓰레기통에는 초콜릿 포장지가 두 장 있습니다."

"그건 언제?"

"지난 십사일 저녁 아홉시 현재입니다."7)

위의 예에서 볼 수 있듯이 「서울 1964년 겨울」의 등장인물들은 철저히 자기만의 세계를 고집하고 있다. 이들이 알고 있는 사실들은 극히 사소한 것이지만, 자기만이 알고 있는 세계라는데 의미가 있다. 그러면 왜 이토록 김승옥 소설 속의 인물들은 자기세계를 고집하는가? 우리는 이러한 인물들을 통해서 <4 · 19 세대의 내면 풍경과 문학적 인식의 구조를 엿볼 수 있다. '자기 세계'에 대한 이들의 집요한 추구

7) 『김승옥소설전집1』, 문학동네, 1995, p.207.

는, 타자에 대한 주체의 정립이라는 외향적 · 실천적 지향성이라는 측면과, 상상적 인식을 통해 자기 인식의 자율적 영역을 확보하려는 내성적 지향성을 동시에 갖는 것이다.>[8] 즉, 김승옥 소설 속에 등장하는 인물들의 <자기세계>란 이성적 주체의 확립이라는 근대적 자아의 정립을 위한 4 · 19 세대의 처절한 근대 지향의식의 표현으로 볼 수 있다는 것이다. 다시 말하면 근대적 자아란 결국 이성적 주체의 자율성을 지닌, 자기세계를 지닌 인간을 의미하는 것이다. 그렇다면 그 <자기세계>의 내용이란 어떤 것인가?

3. 훔친 근대, 僞惡的인 인물과 그 세계

이성적 자율성을 지닌 주체로서의 근대적 인간의 <자기 세계>란 주체와 객체, 자아와 세계의 변증법적 관계를 통해서 형성된 합리적인 세계를 의미한다. 이러한 <자기세계>는 자유주의와 개인주의를 근간으로 하는 서구 시민사회를 긍정적으로 유지할 수 있게 하는 기본적인 토양이다. 그러나 한마디로 김승옥 소설의 등장 인물들이 추구하고 있는 <자기세계>란 음습하고 비정상적인 기괴한 모습을 하고 있거나 비윤리적인 모습을 하고 있다. 이들이 추구하고 있는 자기세계는 광장이 아니라 밀실이며, 대화가 가능한 열린 세계가 아니라 타자와의 의사 교류가 불가능한 정체되고 고립된 세계이며, 고정 관념이 지배하고 있는 세계이다.

> '자기세계'라면 그것을 가지고 있는 사람을 몇 명 나는 알고 있는 셈이다. '자기세계'라면 분명히 남의 세계와는 다른 것으로서 마치 함락시킬 수 없는 성곽과도 같은 것이 아닌가 생각한다. 그

---

8) 이광호, 앞의 글, p.22.

> 성곽에서 대기는 연초록빛에 함빡 물들어 아른대고 그 사이로 장미꽃이 만발한 정원이 있으리라고 나는 상상을 불러일으켜보는 것이지만 웬일인지 내가 알고 있는 사람들 중에서 '자기세계'를 가졌다고 하는 이들은 모두가 성곽에서도 특히 지하실을 차지하고 사는 모양이었다. 그 지하실에는 곰팡이와 거미줄이 쉴새없이 자라나고 있었는데 그것이 내게는 모두 그들이 가진 귀한 재산처럼 생각된다.[9)]

「生命演習」(생명연습)에서 자기 눈썹을 밀어버린 대학생의 자기세계나 자기 섹스를 잘라버린 전도사의 자기세계란 물론 남과 다른 자기세계이지만, 타인과의 융화를 전제로 한 합리적인 세계가 아니라 비정상적이고 기괴한 자기세계일 따름이다. 유학을 떠나기 전에 자신의 애인을 짓밟아버리고 나자 마음 편히 유학을 떠날 수 있었다고 했던 한 교수나 아버지와 닮은 남자를 집안으로 끌어들이는 어머니, 그런 어머니를 죽여 버리겠다고 다락방에서 벼르고 있는 형의 모습은 기존 질서와의 타협을 무시한 인물들의 비윤리적인 자기세계로 보인다.

「싸게 사들이기」의 K도 자기가 필요한 책의 책장을 찢어놓았다가 싸게 사들이는 비도덕적인 자기세계를 가지고 있다. 「力士」의 서씨는 중국의 유명한 장수들을 배출한 명문가의 후손이지만, 이제 와서 그의 특출난 힘은 남들이 다 자는 밤에 동대문 성곽의 돌이나 여기저기로 옮겨놓는 일을 통해서만이 남과 다른 자기세계를 확인할 수 있는 비정상적인 인물일 뿐이다.

「서울 1964년 겨울」에 나오는 인물들의 자기세계란 고작해야 쓰레기통에 초콜릿 봉지가 몇 장인지, 가로등의 불빛이 들어오는지 마는지, 정거장에 서 있는 사람이 몇 명인지 알고 있는 치졸한 앎의 세계

---

9) 「생명연습」, 앞의 책, p.26.

이며, 기껏해야 공중화장실의 손잡이에 손톱자국을 만드는 것을 통해서만이 자기세계를 가질 수 있는 고립되고 분열된 인간들의 왜소한 자기세계일 뿐이다.

여기서 우리는 자기세계를 가진 인간이란 위악적인 인간이며, 자기세계란 도시로 상징되는 위악적인 세계의 다른 이름이라는 것을 알 수 있다. 그렇다면 다시 도시로 상징되는 위악적인 세계란 무엇인가?

여기서 말하는 도시란 행정의 중심지를 말하는 재래적인 의미의 도시가 아니라, 생산과 소비로 상징화된 산업화 시대의 도시를 의미한다. 그런데 왜 이 도시가 위악적인가? 도시란 기본적으로 <매우 경이로울 정도의 사회 기술적, 정치적인 혁신을 가능케 하는 사회적 힘을 불러오는 동시에 독특한 복합성, 권력과 광채의 물리적 경관 내에 가장 현란한 지식을 객관화시키는 인간 성취의 정점이다. 그러나 그것은 또한 더러운 인간 실패의 장이며, 가장 심화된 인간의 불만족과 사회적·정치적 갈등의 각축장이다. 그것은 신비로운 장소, 예기치 않은 부지이고, 선동과 동요, 다양한 자유, 기회, 소외가 가득한 곳이며, 열정과 억압, 세계주의와 제한주의, 폭력, 혁신과 반동이 가득한 곳이다. 자본주의의 도시는 자본주의의 불균등 발전의 변증법 내에서 기념비적인 선언과 움직이는 힘인 동시에 가장 심화된 사회적·정치적 혼란의 장소>[10]이므로 위악적인 요소를 충분히 가지고 있다고 볼 수 있다. 그러나 우리의 도시가 위악적인 것은 이러한 원인 이외에도 복잡한 우리 근대사의 흐름과 연관된 면이 많다.

그것은 한마디로 어설픈 주황색 구도의 실패에서 비롯된 것이며(「乾」), 우리에게 어울리지 않는 미군식의 유니폼을 입고 있는 탓이며(「夜行」),외국에서 공부하고 오느라 자신의 소중한 것을 버리고 냉혈동물이 된 탓이며(「生命演習」), '우리에게 가르친 대로 그대로 행하

10) 데이비드 하비, 『도시의 정치경제학』, 초의수 옮김, 한울, 1996, p.290.

라'는 구호가 너무 빨리 총을 맞고 추락한 현실 탓(「그와 나」)이다.

> 담고치는 일을 하는 동안 내처 애들의 화제는 주로 아침에 본 빨치산의 시체에 대한 것이었다. 그러나 나는 거기에 대해서 아무 말도 하지 않았다. 무엇을 얘기할 것인가? 하지만 애들은 그걸 이해해줄 것인가? 그 빨치산의 옷차림이 마치 거지 같았다고? 그러나 빨치산이란 다 그런 거라고 애들은 툭 쏘아버릴 것이다. 그러면, 나는 그 시체가 갖고 싶었다는 얘기를 할 것인가? 그러나 그건 안 된다. 내가 그런 얘기를 입 밖에 내면 그런 생각은 눈곱만큼도 해보지 않은 애들까지 덩달아서, 나도 갖고 싶었다, 나도 나도, 할 터이니까. 그러면 무엇을 얘기할 것인가. 그렇다, 할 얘기란 없었다. 나는 그저 어지러움만 느끼고 있었다.[11)]

「乾」(건)은 한국 근대사 속에서 빨치산으로 상징되는 근대적 인간의 이상적인 사회건설 계획이 허망하게 실패로 끝난 후의 어느 소도시를 배경으로 하고 있는 소설이다. 어설픈 주황색의 구도는 누구나 갖고 싶은 것이지만, 아무도 가질 수 없고 남은 것은 환상뿐인 현실을 이 소설은 그리고 있다. 근대인의 위대한 이상이 사라지고 남은 것은 야비한 욕망과 음모만이 꿈틀거리는 현실이다. 어린 화자는 이제 윤희 누나를 윤간하고자 하는 형들의 계획에 적극적으로 참여함으로써 이상이 사라진 위악적인 현실도시 속에 몸을 담근다. 이미 도시는 윤간당할 대로 윤강당한 위악적인 세계일 뿐이다.

「乾」이 식민지 시대 이후, 근대적 인간의 자생적인 근대 사회, <자기세계>의 건설 계획이 실패로 돌아간 것을 그리고 있는 소설이라면, 「그와 나」는 해방이후의 또 한 번의 자생적 근대 사회의 건설 의지가

---

11) 앞의 책, 「乾」, p.55.

무참히 총탄에 쓰러져간 역사적 현실을 빗대고 있는 소설이다.

반면에 「生命演習」이나 「夜行」은 우리의 근대가 우리의 의지대로 만들어진 <자기세계>로서의 근대 사회가 아닌, 우리 몸에 맞지 않는 이식된 근대, 훔친 근대, 즉 <남의 세계>임을 보여주고 있는 소설이다.

> 확실히 이 교수님께서는 어려운 구석이 있다. "외국에서 공부하고 오는 사람들은 다소간 냉혈동물이 되어 돌아오는 법이지"라고 말씀하시며 당신도 극도의 냉혈동물이었다고 말하시지만 젊었을 적엔 몰라도 지금 봐서는 그런 것 같지는 않았다.
>
> 외국이라면 대개 서구를 가리키는 것이니 아마 그네들의 합리주의와 개인주의가 몸에 배어 그럴 것이라고 변호를 해주시면서 한편으로는 "아아 성숙한 처녀처럼 믿음직한 그대 지식인이여"라고 말해놓고 웃으시고는 "그러나 나처럼 탈선할 가능성이 많지"하고 자조를 하시곤 했다. 외국서 학위를 받고 온 교수들은 강의 노트를 얻어오는 대신 모든 것을 거기에 지불해버리고 온다는 것이었다.[12)]

서구화로 상징되는 우리의 근대화는 서구를 따라잡기 위해서 간직했어야할 소중한 것까지 모두 지불해버리고, 어울리지 않는 옷을 걸치고 어울리지 않는 표정을 하고 있는 모습이다. 자신들이 살아갈 근대사회, 도시를 스스로 만들 수 있는 권리는 박탈당한 채, 외부에서 이식된, 만들어준 도시에서 살아남아야 할 의무만 주어진 인간의 모습이란 위악적일 수밖에 없다. 그러므로 그러한 인간의 행동은 하나하나가 위악적일 수밖에 없으며 그들의 언어 또한 빈정거림의 언어 또는 위악적인 언어일 수밖에 없다.

'마도로스 수첩에는 이별도 많더라'느니, '동대문 근처엔 영자도 많

12) 앞의 책, 『생명연습』, pp.30~31.

더라'느니, '강선생께서 하시는 사업은 착착 성공 중이시라'느니 떠들어대는 「生命演習」의 '영수'나, '창신동에 사는 사람들은 모두 개새끼들이외다'라는 식의 고어투의 점잖은 낙서는(「力士」) 현실을 현실 그대로 받아들일 수 없는 위악적인 인간들의 빈정거림이다. 빈정거림이란 <늦게 탄 자들이 먼저 탄 자들을 몰아낼 때 곧잘 쓰는 수법>(「그와 나」)이다.

「차나 한잔」(1964)의 주인공 '그'는 어느 일간지의 만화를 그리는 사람이다. 평소 정부의 정책에 비판적이었던 그의 만화는 신문에 실리지 않는 날이 점차 많아지더니, 미국 만화가들의 신디케이트에 밀려 어느 날 갑자기 신문사로부터 해고를 당한다. <자기세계>를 만들지 못한 인간이 결국 <남의 세계>에서 온 사람에게 밥그릇을 빼앗기게 됐다는 것도 흥미 있는 일이지만, 이 소설에서 보다 더 관심의 대상이 되는 것은 도시인의 어법이다.

> "요즘 재미가 좋으시더군요."
>
> 계단을 다 올라온 그 사람은 지금의 그에게는 터무니없는 인사를 했다. 그러나 그는 이런 서울식의 인사에는 익숙해져 있었다.
>
> "예, 그런데 배가 좀 아파서……"
>
> "크로마이싱을 잡숴보시죠……"
>
> "안색이 좋지 않구려."
>
> "예, 배…… 배수술 받은 지가 얼마 되지 않아서요."
>
> 그는 대답하고 나서 깜짝 놀랐다. 왜 이렇게 간사해져 버렸을까. 자기는 영감에게 자리를 양보해달라고 한 셈이었다.
>
> "아아니요. 실은 갑자기 배탈이 나서……"
>
> "설사였군요. 그 정도야 빨가벗고 여자를 끼고 하룻저녁만 자고

나면 거뜬히 나아버리지요."

"요담에 기회가 생기면 절…… 제게…… "

"그럭허지요. 꼭 그럭허겠습니다."

문화부장은 선선히 대답하고 나서,

"그럼 저도 한 가지 부탁드리겠는데."

"예 말씀하세요."

"혹시 예수님을 믿으시거든, 우리 사장이 좀 빨리 뒈져달라고 기도해주십시오."

이들의 대화는 예의의 탈을 쓴 위선이며 진실과는 거리가 먼 위악적인 언어로 가득 차 있다. 상대방의 입장을 배려하지 않은 발화자의 독백일 뿐이다. 해고당할 것을 알리기 전에 문화부장은 오늘치 만화를 좀 보자고 해서 해고당할 것을 예측하고 있던 '그'를 당황하게 한다. 결과적으로 문화부장은 '그'를 이중으로 희롱하고 만다. <차나 한잔>이란 말의 원관념은 <미안하지만 당신은 오늘부터 해고야>이다. <차나 한잔>이라는 세련된 도시의 어법 속에는 아직도 냉정하게 해고를 해고라고 말할 수 없는 한국식 정감이 어려 있다고 한다면 <회색빛 도시의 따뜻한 비극>이다.

이와 같이 위악적인 세계에서 위악적인 인물들은 위악적인 세계의 변방을 배회하며 이상과 현실, 시골과 도시, 자기세계와 남의 세계를 저울질하고 있는 것이다.

「霧津紀行」(1964)은 '윤희중'이라는 인물이 '무진'으로 상징되는 자기 내면으로의 여행을 거쳐 다시 서울이라는 현실적 생활 공간으로 돌아오는 僞惡적인 이야기이다.[13] 여기서 서울은 장인 덕에 제약회사

13) 이남호, 「삶의 내면으로의 여행-김승옥의 <霧津紀行>」, 『문학의 위족』, 민음사, 1990 참조.

의 전무가 될 수 있는 타율적인 자기세계이며, 무진은 과거의 순박했던 자신을 만날 수 있는 자기세계이다. 윤희중이 무진에서 조・박・하인숙 등의 또 다른 자신의 분신을 만나고, 잠시의 방황을 거쳐 다시 서울로 돌아가는 행위는 다분히 위악적이다. 서울은 이미 진정한 <자기세계>를 가지지 못한 위악적인 인물들의 위악적인 서울인 것이다.

「누이를 이해하기 위하여」(1963)「力士」「서울 1964년 서울」「염소는 힘이 세다」(1966) 등은 모두 서울을 배경으로 한 소설이다. 서울은 현대 한국 도시의 대명사다. <자기세계>를 가지지 못한 수많은 사람들이 도시로 몰려가서 일부는 다행히 뿌리를 내리고 일부는 상처만 입은 채 다시 시골로 돌아간다.「누이를 이해하기 위하여」에서 서울은 수많은 사람들이 처참한 모습으로 시들어 가는 곳이며, 누이는 그곳에서 상처만 입은 채 침묵만 배워서 돌아온다.「力士」에서는 '창신동'의 빈민가와 '양옥집'으로 상징되는 극단적인 세계가 서울에 공존하고 있는 모습을 통해 새로운 도시의 풍속도를 그려 보이고 있다.

4. 조장된 근대로의 답사여행

1967년 이후 김승옥의 소설은 장편화 경향을 보이고 있다. 이 시기를 전후하여 김승옥은 또한 영화계와 관계를 맺기 시작한다.

「내가 훔친 여름」(1967)은『중앙일보』에 연재됐던 소설로서, 서울에서 추방당한 두 젊은이가 무전여행을 하면서 벌어지는 이야기이다. '나'와 '영일'은 중학교 때 잠시 만났다가 헤어진 친구다. 현재의 '나'는 서울대 문리대를 다니다가 어느 교수의 돈 2만원을 횡령하고 고향에 내려와 있는 인물이다. 그런 '나'를 가짜 서울대생 영일이가 어느 날 갑자기 찾아온다. 두 사람은 서로 의기투합하여 여행을 떠난다. 그러나 얼마 못 가서 두 사람은 자신들의 여행이 무전여행임을 깨닫게 된다. 두 사람은 여수에 있는 어느 허름한 캬바레에서 서울대 미대생이라고 속이고 대학 선배로부터 실내장식을 하는 일자리를 얻게 된다. 그들은 그곳에서 '강동우'의 집안 내력을 알게 된다. '나'는 결국 강동우가 지방 소도시의 유지들을 모아놓고 벌이는 강연이나, 강동우의 아버지의 내력을 통해서 그들도 또한 어설픈 근대의 흉내를 내고 있다는 것을 깨닫게 된다.

강동우의 아버지 강영감은 원래 엿목판을 들고 섬으로 떠돌아다니던 사람이었으나 엿도갓집 막내딸과 배가 맞아 아들을 낳고 살게 된 인물이다. 그러한 강영감은 할 수 없이 장인이 차려준 주막에서 어린 아이들에게까지 술을 파는 수법으로 돈을 벌다가 그 섬마을의 뜻있는 청년들에게 얻어맞고 마을에서 쫓겨난 인물이다. 섬에서 쫓겨난 강영감은 부산으로 나와 술장사를 했으나 실패하고, 일본인의 돈을 횡령하여 만주로 도망갔으나, 그의 부인은 부산에 남아 일본인들로부터 곤욕을 당하기도 했다. 해방이 된 후 국내로 다시 돌아온 강영감은 만주에서 독립운동이라도 하다가 돌아온 듯이 굴며 일본인들을 폭행하고, 그들의 많은 재산을 강탈하여 섬으로 돌아갔다가 다시 가족들을 데리고 여수로 나왔으며, 때맞추어 일어난 여수반란사건에 과거에 섬에서 자신을 폭행하고 내쫓았던 청년들이 연루되자 그들을 모조리 잡아서 죽이고, 반공주의자로 행세하며 마을의 유지로 부상한 영악한 인물이다.

웬만큼 돈을 모았으나 자신의 무지함을 통감하고 더 큰돈을 벌기 위해서는 문화로써 집안에 권위를 붙여야 한다고 생각한 강영감은 수단 방법을 가리지 않고 자식들의 교육에 열을 올린다. 그러나 박사가 되어 돌아오기를 바랐던 둘째 아들 강동우는 강영감의 기대를 저버리고 돌아와 장사를 하겠다고 나서는 한편, 지역사회 연구소를 만들겠다고 함으로써 아버지의 기대를 배반한다. 그러나 강영감은 연구소에도 문화냄새가 난다며, 잘만 하면 집안에 국회의원이 생길지도 모른다는 생각으로 강동우의 일을 도와준다.

강동우는 지역사회의 발전을 위한 모임을 카바레에서 개최한다. 카바레의 모임에는 부시장을 비롯한 지역 유지들이 참가하여 성황을 이루었으나, 그 모임에서 나온 이야기들은 애매모호하거나 공상적인 이야기들뿐이다. 지역사회 발전을 위한 카바레의 모임은 결국 강동우의 일을 도와주던 남형진의 뜻하지 않은 사랑고백으로 흐지부지 된다.

남형진은 여순 사건 때 좌익으로 몰려 죽은 아버지로 인하여 내면의 깊은 상처를 지니고 있는 인물로서 강동우의 일을 적극적으로 도와주는 인물이다. 그는 강영감의 딸인 강동순과 사랑을 하는 사이이지만, 강영감과 강영감의 큰아들의 반대로 원만한 관계를 맺지 못하고 있다. 강영감이 집안의 권세와 부를 위해서 자신의 딸을 부산의 유력자 집안으로 시집을 보내려는 속셈을 가지고 있기 때문이다. 결국 남형진과 강동순은 사랑의 도피 행각을 벌인다. 이들은 '선 경제' '후 사랑'식의 강영감의 논리에 정면으로 반기를 든다. 경제 우선의 근대 논리에 정면으로 반기를 든 것이다.

강동순의 결혼 문제를 놓고 벌인 강영감 집의 가족회의는 강영감의 일방적인 의사결정으로 끝나므로써, 이광수의 『무정』에서 '선형'의 결혼 문제를 다수결의 의사로 결정하는 김장로 집의 형식적인 근대 가정의 모습에도 미치지 못하고 있으며, 카바레의 2부 모임에서 보여준 지역 청년들의 토론은 결국 자신의 직업을 떳떳하게 받아들여 열심히 일하여 지역 사회의 발전을 꾀하자는 것으로, 『무정』에서 이형식과 김선형, 박영채, 신우선 등이 각각 자신들이 배운 것으로써 민족의 발전에 이바지 하겠다는 계몽적인 의식수준에서 그리 멀어 보이지 않는다.

이 작품의 등장인물들의 시각이 현실을 직시하지 못한 잘못된 시각임을 단적으로 드러내주는 것이 안경이다. 영일이는 자기 눈에 맞지도 않는 안경을 대학생 흉내를 내기 위해서 끼고 있으며, 남형진도 눈의 시력과는 상관없는 도수 없는 안경을 끼고 있다. 남형진의 안경은 아버지가 저지른 과오를 숨기고 현실적인 사회에서 부르주아 흉내를 내며 나름대로 살아남기 위한 수단이다. 이들의 안경이 현실을 더 잘 들여다보는 도구가 아니라 위장에 지나지 않음은 강영감의 큰아들에게서 잘 드러난다. 강영감의 큰아들은 서울에 갔다가 국민학생들이 공부에 시달려서 안경을 쓰고 다니는 걸 보고 돌아와선 자기 아이들한테 도수도 없는 안경을 씌운 인물이다. 이처럼 이들 인물들의 행위는 현실에 자신을 끼워 맞추려는 행위이거나 어설픈 근대인의 모습을 흉내내고 있는 쇼에 불과하다. 강동우가 지역사회 발전연구소를 운영하면서 한편으로는 카바레를 운영한다는 것도 이와 같은 행동범주에서 벗어나지 않는다.

'나'와 '영일'이는 결국 강동우씨의 요청을 감당할 수 없어서 그곳으로부터 도망치고 만다. '나'는 그 해 여름 냄새나는 여관에서 기찻간에서 만났던 어설픈 시골처녀의 순결을 훔친다.

이렇듯 이 작품은 서울로부터 탈출한 젊은이들이 지방으로 내려와서 다시 그곳에까지 미만해있는 어설픈 근대의 모습을 목격하게 되는 이야기로 볼 수 있다. 결국 젊은이들이 가질 수 있는 세계는 영화배우에 대한 환상에 사로잡힌 얼빠진 시골 처녀로 상징되는 세계뿐임을 보여주고 있다. 그 시골처녀야말로 근대에 대한 허황된 환상에 사로잡힌 인물의 결정판인 것이다.

「육십년대식」(1968)은 68년 『선데이서울』에 발표되었던 작품이다.

> '아아 답답하다. 지금 누군가 죽어야 한다.
>
> 그것은 바로 나다.
>
> 이 시대가 답답하여 견딜 수 없는 모든 사람을 대신하여 나는 죽으려 한다.
>
> 누군가가 우리들을 답답하게 만들고 있다 그 사람에게 우리의 답답함을 알려주기 위해서 나는 죽으려 한다……'[14]

위의 글은 '도인'이 신문사로 보낸 유서의 서두다. 도인은 소련군이 체코를 점령하고, 북한군이 휴전선 교란을 시도하고, 시골청년이 오백만원 복권에 당첨되어 괴한으로부터 협박 편지를 받고, 내무부에서는 국민에게 일련번호를 매길 법안을 만들고, 뇌염으로 백사십육 명이 사망하고, 시외버스가 벼랑에서 전복되는 등의 현실이 답답하여 그 답답함을 누군가에게 알리기 위해 유서를 써서 신문사로 보내지만, 신문엔 실리지 않는다.

도인이 느끼고 있는 시대의 답답함이란 조장된 근대에 대한 답답함이다. 풍요로운 70년대를 위해서 정치적 민주화를 유보한 한국식 근대, 경제 제일주의 식의 근대가 뒤틀린 모습으로 자리를 잡아가고 있는 시대적 현실에 대한 답답함이며, 국가가 근대적인 관리방식으로 국민들을 통제하기 시작하는 시점에서 느끼는 옥죄임이다.

> 지금 하고 다른게 있다면, 지금은 모두들 장사꾼은 장사꾼대로 갈보는 갈보대로 제법 전문적으로 분화하여 틀이 잡혔다고나 할 수 있습니다만 그때는 장사꾼이건 갈보건 하루아침에 그렇게 된 사람들이었다는 것입니다. 쉽게 말하자면 아마추어들이었다고나 할까요? 전쟁 전엔 농민이었던 자가 갑자기 장사를 시작한 것이고 전쟁 전엔 목사의 따님이 갑자기 갈보가 된 것입니다. 그러니 누구라 할 것 없이 제정신이 아니었고 그러니까 악으로만 사는 것이고, 기껏 제정신이 있는 자도 겨우 생각하기를, 난 사실은 깨끗한 사람이야, 할 수 없이 남을 속이고 바가지를 씌우고 몸을 팔긴 하지만 말야, 하는 정도였습니다.[15)]

한국의 근대는 하루아침에 농사꾼이 장사꾼으로, 목사의 딸이 갈보

14) 『김승옥소설전집3』, 문학동네, 1995, p.202.
15) 앞의 책, 「60년대식」, p.310.

로 바뀐 역사다. 주어진 현실이 부당한지 부당하지 않은지 헤아려볼 수 있는 여력도 의지도 없이 살아남기 위해 발버둥쳐야만 했다. 위로부터 어느 날 갑자기 이식된 <남의 세계>는 하루아침에 전통적인 <자기세계>를 송두리째 파괴했고 살아남은 사람들은 살기 위해 변화된 세상을 받아들이는 척 했다. 갈보로서 장사꾼으로서의 변화된 현실을 수용했지만, 자신들의 본질은 목사의 딸이고 농부라고 생각했다. 결과적으로 본질적 자아와 현실적 자아의 괴리는 위악적인 삶을 양산했다. 그러나 이들은 프로가 아니라 아마추어였다. 僞惡(위악)은 프로의 爲惡(위악)과는 다르다. 그러나 현실이 본질로서 자리를 잡아나가면서 점차 僞惡은 爲惡이 된다.

도인은 자살하기 전에 옛날 애인이었던 '애경'양을 찾아 나선다. 애경은 도인이 사범대학을 다니던 시절 학교 근처의 하숙집 딸이었다. 영악한 하숙집 영감은 자신의 많은 딸들을 장래성 있는 하숙생들 가운데서 골라 얽어매는 방법으로 처리했지만, 애경양은 오히려 고자 흉내를 낸 남편의 간교에 의해 버림받고 집에 돌아와 있던 중 도인을 알게 되었던 사람이다. 현재는 결혼상담소의 비밀 직원으로 성병에 걸려 있다. 도인은 애경 양을 찾아다니는 과정에서 사회의 뒷골목까지 돈과 섹스가 지배하는 현실을 목격하게 된다. 교육은 영웅을 만드는 것이고 현대의 영웅은 재벌이라고 떠들어대는 교장, 그는 학생들 대가리를 세고 있는 것보다 맥주병 마개의 수를 헤아리고 있는 것이 더 빨리 재벌이 될 수 있는 길이라고 생각한다. 월남전 때문에 갑자기 큰돈을 만지게 된 가정주부의 탈선, 별 볼 일 없는 대중 팝가수가 갑자기 스타가 되고 바람이 나는 60년대의 세태를 통해 작가는 조장된 근대, 의사 근대가 <자기세계>로 자리잡아 나가는 모습을 보여주고 있다.

도인은 이렇게 조장된 근대 도시로의 답사여행을 마치고 자살을 포기한다. 생활인이 되기로 선택한 것이다. 僞惡적인 세상에서 생활인이 된다는 것은 프로가 된다는 얘기다. 진정한 자기세계를 가지지 못한 생활인들의 僞惡적인 삶은 이제 포오즈가 아니라 진정한 爲惡이 되는 것이다.

5. 위악(僞惡)에서 위악(爲惡)으로

僞惡은 선악에 대한 판단을 전제로 하며, 타인의 눈을 의식한 행동이다. 반면 爲惡은 선악의 개념 너머에 존재하며 타인의 눈을 의식하지 않는 행동이다.

「夜行」(1969)의 '현주'는 같은 은행에 근무하는 남자 직원과 결혼 아닌 결혼을 한 여자다. 서로가 남편과 아내라고 생각한다는 측면에선 결혼이지만, 결혼식을 올린 적도 없었고 결혼을 할 생각도 없다는 측면에선 결혼이 아닌 동거다. 그러나 이들의 관계가 아무도 모르는 둘만의 것이라는 측면에서 일반적인 동거와도 다르다. 이들의 <결혼>은 타인에게 알려지는 것을 거부한다는 측면에서 타인의 눈을 의식한 僞惡적인 요소가 짙다. 그러나 자신의 결혼에 대해 자백할 것이 아무것도 없다는 '현주'의 말을 통해 볼 때 이들의 결혼은 타인의 눈을 의식한 僞惡이 아니라 타인의 눈을 무시한 爲惡적인 요소가 더 많다. 이것은 다음의 예에서도 확인해 볼 수 있다.

> 차 속에서 그 여자는 8월의 그 사내가 여관 안에 들어갈 때까지 한번도 자기의 얼굴을 돌아보지 않았던 것의 의미를 깨달았다. 그것은 확실히 중요한 의미를 갖고 있었다.[16]

8월의 어느 오후, 대낮에 도심의 거리를 걷고 있던 '현주'는 어느

---

16) 앞의 책, 「夜行」, p.278.

낯선 사내에게 무작정 여관으로 이끌려가 강간을 당한다. 사내는 한마디 해명도 없이 현주를 바라보지도 않은 채 무작정 그녀를 끌고 들어가 강간을 해버린 것이다. 현주는 사내에게 끌려가면서 자신들의 위장결혼이 사내에게 들통이 나버렸다고 생각한다. 그러나 사내가 그런 것은 단지 그녀의 팔뚝이 매끄러워 보여서 자기 손에 넣고 만지고 싶다는 욕구 때문이었다. 사내는 현주의 얼굴을 한 번 쳐다보지도 않은 채 간단히 자신의 욕구를 해결해버린 것이다. 다소 僞惡적이었던 현주의 행동은 사내의 단순한 爲惡 앞에 무력하게 무릎을 꿇은 것이다. 이후에도 비슷한 일들이 익명의 다른 사내들에 의해서 시도되지만, 다른 사내들은 성공하지 못한다. 왜냐하면 그들은 자신에게 말을 걸거나 자신의 얼굴을 쳐다보았기 때문이다. 이것은 타인의 눈을 의식하지 않는 사람만이 자신의 욕망을 해결할 수 있게 된 사회적 현실을 말하며, 타인의 눈을 일일이 의식할 필요성이 없을 만큼 이미 평균화 되어버린 도시의 셀러리맨들의 모습을 상징적으로 표현한 것이다.

김승옥의 장편 소설 「보통여자」(1969)와 「강변부인」(1977)은 爲惡적인 세계를 더욱 극명하게 보여주고 있다. 「보통여자」는 새로운 세대의 성적 풍속도와 이성관을 그리고 있는 세태소설이다. 남자 주인공 '명훈'은 '수정'이라는 약혼자가 있으면서도 '종숙'이라는 국민학교 동창생과 성적인 관계를 계속해서 임신까지 시킨다. 명훈은 그전에도 군대시절 알게 된 춘천의 어느 국민학교 여선생과도 오랫동안 성적인 관계를 가져왔다. 그러나 그 여선생은 다행히 어느 해군 장교를 쫓아 떠났다. 명훈이의 아이까지 임신한 종숙이란 여자도 명훈을 다시 만나기 전에 다른 두 남자와 깊이 사귄 경험이 있으며, 그 남자의 아이를 임신한 경험도 있었던 여자다. 이와 같이 이 소설에 등장하는 인물들은 과거에 복잡한 남녀 관계를 가졌던 경험이 있으며, 이들은 피상적인 관계가 아니라 대부분 육체적으로 깊은 관계를 가졌던 관계다. 이 소설은 자신에게 맞는 사람을 찾기 위해 여자든 남자든 여러 사람을 만

나는 것이 하나도 이상한 일이 아니며, 그 속에서 성적인 접촉은 단순한 과정일 뿐이라는 새로운 세대의 성풍속도를 보여주고 있다. 여주인공 '수정'이가 처음엔 명훈의 복잡한 여자 관계를 받아들이지 못하다가, 결국엔 받아들이고 보통여자가 되어 가는 과정-어쨌든 남자를 소유하면 그것으로 끝이라는 생각-은 무분별한 성관계만큼이나 僞惡적이다.

여기서 한 걸음 더 나가 「강변부인」은 僞惡적 세계의 황폐함을 극명하게 보여주고 있다. 이 소설은 건축설계사 '이영준'과 그의 부인 '민희', 가정부 '순자'와 운전기사, 강의원의 부인 '남여사'와 인기가수 '윤하', 그리고 남여사의 조카 '최양일' 등 모든 등장인물들의 성희로 일관하고 있는 통속 소설이다. 남의 눈을 전혀 의식하지 않은 이들의 僞惡적인 행동은 민희와의 간통 현장을 그녀의 남편에게 들키고도 당당하게 맞서는 양일이의 행동에서 노골화되고 있다.

이런 현상은 제1회 이상문학상 수상작인 「서울의 달빛 0章」(1977)에서도 나타나고 있다. '나'의 아내 '한영숙'은 직업이 탤런트이다. 결혼 전에 이미 처녀가 아니었던 그녀는 인공유산의 경험도 많이 가지고 있는 여자다. 그녀의 직업이 대중적인 것처럼 그녀의 육체도 이미 대중적인 것이다. 그녀는 밤이면 돈을 더 벌기 위해 호스테스로 술집에 나가기도 한다. 그러던 어느 날 술집에 갔던 '나'는 그 술집에서 호스테스로 나온 아내와 마주치게 된다. 이들의 결혼은 결국 파국으로 치닫게 된다.

탤런트라는 직업은 대중의 눈에 노출되는 직업이다. 이미 대중의 눈에, 욕망에 노출돼 있으므로 숨길 것이 없다. 대중의 욕망은 이미 평균화된 욕망이므로 일일이 의식할 필요성이 없다. 그러므로 한영숙의 행동은 은밀한 僞惡의 차원을 넘어 공공연한 僞惡으로 치닫는 것이다. 아내와 헤어지기로 한 '나'가 3개월 동안 60명의 여자와 관계하는 것도, 성교 역시 일과로서의 僞惡이 되버린 시대적 현실을 보여주고 있는 것이다.

6. 맺음말

김승옥은 일관되게 <자기세계>를 추구한 작가이다. 여기서 <자기세계>란 이성적 자율성을 지닌 주체로서의 근대적 자아를 의미한다. 그러므로 진정한 <자기세계>란 주체와 객체, 자아와 세계의 변증법적 관계를 통해서 형성된 합리적인 세계, 즉 근대를 의미한다. 그러나 김승옥의 소설은 <僞惡적인 자기세계>에서 출발하고 있다. 그것은 우리 나라의 근대가 내재적인 필연적 발전과정 속에서 출현한 근대가 아니라, 남의 세계로부터 훔친 근대이자 위로부터 이식된 근대이며, 자생적인 근대 계획이 실패로 끝난 곳에서 출발한 조장된 근대라는 데 원인이 있다. 김승옥의 소설은 조장된 근대가 일상화되는 시점에서 시작하고 있다. 그의 초기 소설의 僞惡성은 바로 전근대적인 세계와 이식된 근대가 충돌하는 시대의 모습을 담아내고 있다. 60년대의 위로부터 이식된 근대가 도시화 형태로 나타나기 시작한 僞惡적인 세계의 풍경을 僞惡적인 인물을 통해 보여주고 있는 것이 김승옥의 초기 단편들이라면, 후기의 장편은 고착화되어 가는 僞惡적인 세계를 생활인으로서 받아들인, 이미 爲惡적인 세계를 爲惡적인 인물을 통해 보여주고 있는 소설이다. 자아와 세계의 변증법적인 관계를 통해 진정한 <자기세계>를 구축하지 못하고, 僞惡적인 세계를 선험적으로 받아들임으로써 조장된 근대 도시의 세계 속으로 매몰되어버린 우리 나라 현대인의 모습을 뛰어나게 형상화 한 것이 김승옥 소설의 성과이지 한계였다. 결국 김승옥의 소설은 <僞惡적인 자기세계>에서 <爲惡적인 자기세계>로의 변모를 보다 철저히 비판적으로 수용하지 못함으로써 진정한 근대인의 초상을 형상화 해내는데 실패하고 말았다. 결과적으로 김승옥의 소설은 60년대 한국 근대문학의 진정한 가능성을 가능성으로만 보여주는데 그치고 말았다.

김승옥은 영화계를 거쳐 1980년 장편 『먼지의 방』(미완)을 끝으로 창작 활동을 중단하고 현재는 종교적인 생활을 하고 있는 것으로 알려져 있다. 어쩌면 종교적인 삶이 위악으로 가득찬 저 소설의 세계보다 평화로울지 모를 일이다. 그러나 그것 또한 위악이 아닐지, 우리의 삶이 거대한 위악인 것처럼.

-≪한국어문교육≫ 고려대학교 사범대학 국어교육학회, 1996.
(이 학회지에 실린 논문의 초고임.)

황폐한 시대, 강 건너는 법

-정 찬論-

혼자서는 건널 수 없는 것
오랜 날이 지나서야 알았네
갈대가 눕고 다시 일어나는 세월,
가을빛에 떠밀려 헤매기만 했네
-구강본의 「강」에서

1.

한국문학사의 서두에는 강을 건너다가 빠져죽은 미치광이의 노래가 실려 있다. 미치광이의 아내가 불렀다고도 하고, '여옥'이란 여자가 불렀다고도 하는 이 노래는 수천 년 동안 동북아시아에서 인구에 회자되다 시공을 초월하여 현재의 우리에게까지 전해지고 있다. 그러나 이 노래는 우리에게 많은 의문점만을 남겨준 채 그 노래 가사 이상의 아무 것도 말해주고 있지 않다. 도대체 미치광이는 어떤 사람이었으며, 그 미치광이에게 강이란 무엇인가? 또한 그 미치광이의 아내는 어찌하여 미치광이를 따라 그 강에 뛰어들었으며, 살아남은 자들에게 강이란 또 무엇인가? 중국문헌에 실린 몇 마디의 사설도 『해동역사』에 실린 어떤 구절도 이 의문을 풀기에는 역부족이다. 다만 이 노래는 설명할 수 없는 슬픔의 잔상만을 우리에게 각인시키고 있을 뿐이다.

강은 시대와 문화적 차이에 따라 다양한 의미를 지니고 있다. 우선 우리 나라의 신화에 나타나는 강은 신성한 모태의 상징인 동시에 희망의 땅으로 들어가기 위한 통로, 즉 낙토의 길목인 두 세계의 경계선으로 존재하고 있다. 또한 우리의 조상들은 강을 포용력과 풍요의 상징으로 바라보았으며, 유교적 관념에 젖은 사대부들에게 있어 강은 인생의 섭리와 자연스럽고 유연한 순리의 관념을 도출해 내게 하였다. 한편 불교의 세계에서는 중생의 세계이면서 부처가 변신하는 세계로서, 도교에서는 은일자의 거처로서 상징적으로 나타난다. 일반적으로 동양의 역사와 문학 속에서 강은 순리와 근원의 상징으로서, 이승과 저승의 경계 또는 피난처의 매개 등으로 표상 되어 신비와 영험의 대상으로 숭앙되었다. 현대로 오면서 강은 현대인의 의식 속에서 관념화되고 내면화되어 나타나기 시작했다. 채만식의 『탁류』에서처럼 전래적인 강의 투명성과 명징성은 사라지고 더럽고 혼탁한 것으로 묘사되기도 한다. 이 때의 강은 도시의 오염 및 삶의 절망을 상징적으로 나타내는 대상물의 성격을 지니고 있다. 서양에서도 강은 경배의 대상으로서 신성한 곳인 동시에 고통, 비탄, 망각, 분노, 증오를 상징하는 강들로, 죄를 지은 자에게 가해지는 신의 형벌을 상징하며, 지옥의 강들은 천국에 이르기 위해서 반드시 겪어야 하는 통과 제의적 의미를 띤다.

이러한 강의 상징적 의미를 참조해 볼 때 「공무도하가」에 나오는 강의 의미도 위와 같은 의미의 범주를 벗어날 것 같지는 않다. 특히 고조선의 문화를 계승하고 있는 것으로 판단되는 고구려의 신화 속에서 강은 이미 신성한 모태와 낙토의 길목으로 상징되고 있기 때문이다. 고구려의 시조 주몽의 어머니인 유화는 강의 신 하백의 딸로서 고구려의 수호신으로서 신묘에 받들어지고 섬겨졌으며, 또한 추병에 쫓기던 주몽은 어별(漁鼈)의 도움으로 강을 건너가서 새로운 세계를 건설하였다.[1]

---

1) 이 문제에 대해서는 임재해, 『민족 신화와 건국 영웅들』(천재교육, 1995)을 참조할 것.

이와 같이 볼 때 「공무도하가」에 나타나는 강도 신성한 모태의 상징인 동시에 새로운 낙토로 들어가는 경계로서의 공간으로 볼 수 있다. 그렇다면 백수광부와 그의 처는 누구이며, 그들은 왜 강물 속으로 몸을 던졌는가 하는 의문이 남는다.

조동일[2)]은 백수광부와 그의 처의 정체를 무당이라고 보고 있다. 고조선이 이미 고대국가의 기틀을 갖추어 가면서 제정일치 시대의 제사장으로의 무당의 권위가 퇴색하기 시작했으며, 백수광부와 그의 처는 권위를 상실한 무당으로서 그들의 죽음은 권위를 상실할 수밖에 없는 무당의 시대적 운명을 나타낸다고 본 것이다. 그렇다면 그들의 죽음과 강은 무슨 관련이 있는가? 강은 단지 백수광부와 그의 처가 투신자살의 장소로 선택한 공간일 뿐인가?

강이 신성한 모태의 상징인 동시에 새로운 낙토로 들어가는 경계의 의미를 지니고 있으며, 백수광부와 그의 처가 무당이라는 사실을 고려하면 이들 부부의 죽음이 단순히 염세적인 남녀의 동반 자살이 아니라는 것을 눈치 챌 수 있다. 역사 시대로 접어들면서 권위를 상실한 무당이 신성한 모태의 상징인 강을 건너다가 죽었다는 것은 한 때 신성 그 자체였던 무당이 잃어버린 신성을 되찾기 위해 신성의 모태인 강으로 되돌아간 것으로 볼 수 있다. 그렇다면 백수광부와 그의 처는 단지 역사시대 이전의 자신들의 신성을 되찾기 위해서 강물에 빠져죽은 시대착오자인가? 아니다. 그들을 자신들의 기득권이나 찾으려는 이기적인 시대착오자로 몰아가기에는 상황증거가 너무나 미약하다. 그들은 살아서 자신들의 신성을 되찾으려 한 것이 아니라 죽음으로서 자신들의 실추된 신성을 되찾으려 했기 때문이다. 그들이 되찾으려 했던 것은 과거와 똑같은 그 신성이 아니라 역사 시대가 요구하는 새로운 신성인 것이다. 백수광부가 살았던 시대는 이미 인간이 자기 보존

---

2) 조동일, 『한국문학통사1』, 지식산업사, 1982 참조.

을 위해서 자연을 닮으려고 노력하는 시대가 아니었으며, 자연을 인간의 구도에 따라 구획하기 시작한 시대였다. 인간이 자연을 닮으려고 노력하던 시절의 무당은 인간과 자연을 매개하는 신성한 존재였으나, 인간이 자연을 지배의 대상으로 인식한 시대의 무당은 이미 전 시대의 신성이 실추된 시대의 낙오자일 뿐이다. 백수광부는 자신의 권위가 실추된 그 자리에 신성의 탈을 쓴 권력이 들어서는 것을 목격했고 그것에 온몸으로 저항한 것이다. 그렇다면 백수광부와 그의 처가 죽음으로써 건너가고자 했던 강, 즉 새로운 세계는 어떤 세계였을까? 그들은 그 강 너머에서 무엇을 보았을까?

정찬의 소설은 이 의문에 대한 해답을 제시하고 있다.

2.

정찬의 소설은 끊임없이 강 너머를 꿈꾸고 있다. 그런 의미에서 그의 소설 속의 주인공들은 현대판 백수광부이다. 그의 소설에서 강은 사람과 신, 사람과 사람 사이를 흐른다. 그러나 그의 강은 온통 핏빛으로 물든 슬픔의 강이다. 왜냐하면 강 이쪽의 삶은 인간들의 끝 모를 욕망이 얽히고설켜 서로가 서로를 잡아먹는 악마의 정원이기 때문이다. 정찬 소설의 대부분의 주인공들은 그 가운데에서 강 건너편을 바라보거나 꿈꾸다가 상처받고 좌절한 인물들이다. 그들은 잡스럽고 어지러운 세상에서 갈 길을 잃고 헤매고 있다.

정찬 소설에 나타난 피의 강의 발원지는 지칠 줄 모르고 내뿜는 권력자의 욕망의 샘이다. 권력자는 피해자로 전락하지 않기 위해 끊임없이 강을 피로 물들이며, 대다수의 군중들은 그 강에서 물을 받아 고통스런 삶을 경작하고 있다.

정찬이 소설 속에서 펼쳐놓은 세상은 다분히 이분법적이다. 세상은

<서 있는 자와 꿇고 있는 자. 옷 입고 있는 자와 벌거벗은 자. 사지를 움직일 수 있는 자와 묶여 있는 자>로 구성되어 있으며, 이 두 존재 사이에 강이 가로놓여 있다. 그리고 <수많은 꿇고 있는 자와 벌거벗은 자와 묶여 있는 자들은 서 있는 자와 옷 입고 있는 자와 움직일 수 있는 자들의 자리를 강탈하기 위해 피를 흘리며 강을 건너고 골짜기를 기어오르고 있다>는 것이다. 이러한 이분법적인 세계인식의 밑바탕에는 삶에 대한 허무와 절망감이 자리잡고 있다. 권력자와 군중의 대립은 강을 피로 물들이며 삶을 황폐하게 한다. 권력자와 군중은 타협과 화해를 전제로 한 삶의 언어적 구도가 아니라 지배와 굴복, 탄압과 착취를 당연시하는 이데올로기적 언어다.

권력의 목적은 살아남기 위함이다. 그것은 꿇고 벌거벗고 묶여 있는 군중으로서가 아니라 권력자의 모습으로 살아남길 원한다. 권력은 소멸을 거부하며 살아남기 위해 폭력을 사용한다. 폭력은 권력의 자기유지 수단이다. 권력의 폭력성이 노골적으로 드러나게 되는 것은 군대와 같은 합법적인 폭력단체, 즉 공권력이 남용되는 과정에서다. 정의로워야 할 공권력이 권력의 시녀로 전락하여 수많은 사람들의 살을 찢고 뼈를 부수고 있는 모습은 정찬의 소설에서 흔히 나타나고 있다. 광주에 진입한 계엄군의 횡포, 국가의 안전과 질서의 이름으로 행해지는 각종 투옥과 고문은 정의의 탈을 쓴 권력의 야만성을 폭로하기에 충분하다.

「새」는 80년 5월 광주에 계엄군으로 출동한 적이 있는 인물이 과거에 자신이 휘두른 폭력으로 인하여 현재의 일상적인 삶에 균열이 가는 이야기다. 계엄군으로 광주에 갔던 적이 있는 김장수는 7년이나 지난 어느 날 자신의 옛날 군복에서 발견한 한 장의 주민등록증으로 인하여 한 인물과 다시 마주하게 된다. 박영일은 80년 5월 18일 광주에서 당시 공수부대원이었던 김장수의 개머리판에 머리를 맞고 쓰러졌던 인물로서 뇌의 손상을 입고 5월 16일 이후의 기억을 하지 못하는 인물이다. 그는 당시의 충격으로 평형감각이 파괴되었으며, 언어 능력의 일부를 잃어버린 인물이다. 박영일의 기억상실은 도저히 믿어지지 않는 현실을 인정하지 않으려는 그의 의식적 노력의 산물이었다. 그는 백주에 대로에서 자행된 살인과 그 결과로 탄생한 새로운 세상을 인정할 수가 없었던 것이다. 박영일은 그러한 세상 속으로 빨려 들어가는 것을 두려워했다. 그는 끔찍한 현실 속에서 달아나기 위해 매일 술을 마셨다. 그와 그의 가족의 삶은 점점 더 황폐해져 갔다. 그의 눈에 비친 세상은 자신과 이웃의 살을 뜯어먹는 벌레 투성이다.

> "시간이 얼마나 지났는지 몰랐습니다. 이상한 소리가 들려와 주위를 두리번거리던 저는 소르라치게 놀랐습니다. 헤아릴 수 없이 많은 벌레들이 저에게로 기어오고 있었습니다. 그 벌레들은 살아있는 먹이를 찾고 있었고, 제가 유일한 먹이었습니다. 벌레들은 점점 다가오고, 저의 몸은 꽁꽁 묶여 있었습니다. 어디를 보아도 벌레들만 보였습니다. 세상은 벌레를 토해내는 거대한 입이었습니다."

<전진섬망>이라는 병으로 판단된 이 병은 만성 술중독자가 체력과 정신력의 상실로 술을 못 마시게 될 때 나타나는 정신착란이다. 이 병은 불안 · 초초 · 불면증 · 악몽 · 식사 거부 등의 증상으로 시작되어 작은 벌레나 동물들이 보이는 환시 현상과, 그 벌레들이 몸에 달라붙는 환촉 현상을 일으킨다. 현실에 대한 거부감은 박영일로 하여금 술을 마시게 하고 그로 인하여 그의 몸은 더욱 피폐해지고 결국은 정신 착락을 일으키게 만든다. 이러한 박영일의 삶은 결국 그의 어머니의 죽음을 몰고 온다. 옆에서 견디다 못한 박영일의 어머니는 결국 자살로서 삶을 마감한다.

박영일의 지난 7년 동안의 삶의 실상을 알게 된 김장수는 잊어버렸던 피의 기억을 다시 불러일으키게 된다. 그러면서 김장수의 평온했던

삶에 점점 균열이 가기 시작한다. 박영일을 쫓아다니느라 공장 일을 돌보지 못하게 되고 그 사실을 추궁하는 아내를 때리고, 그러자 아내가 집을 나가고 평온했던 집안은 순식간에 파국으로 치닫게 된다. 김장수는 박영일이 살아있는 한 자신의 삶이 정상으로 되돌아갈 수 없다는 것을 깨닫고 7년 전 광주에서 흔히 그랬듯이 박영일을 대검으로 찔러 죽인다. 그 후 김장수의 삶은 겉으론 평온한 일상으로 되돌아가지만, 김장수는 날마다 이명에 시달린다.

「새」는 권력의 시녀로 전락한 공권의 폭력성이 어떻게 인간의 삶을 황폐하게 하며, 그 폭력의 대행자인 사람의 삶조차 어떻게 망가뜨리는가를 보여주고 있다.

「새」가 노골적으로 드러난 물리적 폭력의 문제라면, 「영산홍 추억」은 사회의 제도적 틀 속에 은폐된 권력의 폭력성을 다루고 있는 소설이다. 이 소설 속에는 전쟁 중 인민군에게 부역을 했다는 죄로 20년 동안 감옥살이를 하다가 풀려나자마자 죽은 아버지의 이야기가 있으며, 황선생과 같이 전쟁 중이나 정전 직후 체포된 사상범들이 감옥 안에서 온갖 전향 강요 고문을 당하고, 사회 안전법과 같은 제도적 장치에 의해 평생을 감옥 안에서 보내고 있는 장기수들의 이야기가 있다.

> "미전향 사상범들은 살아서 햇빛을 보게 해서는 안 되는 것이 정치 권력의 의지였고, 그 의지의 실천이 바로 사회안전법이었다."
>
> 선배의 목소리가 꼿꼿이 일어섰다. 그런데 아버지는 비록 짧은 시간이나마 살아 햇빛을 보았다. 영산홍을 가슴에 새기고 있는 아들의 방에서. 파괴적 고문이 집중적으로 자행되고 있던 73년 가을에……
>
> 나는 무릎을 꿇지 않았다.
>
> 그것은 혼신의 목소리였고, 아들에게, 아들이 서 있는 세상을 향해 던진 마지막 말이었다.

권력자들은 최악의 경우에 광주에서처럼 그들의 야만적인 폭력성을 노골적으로 드러내지만, 그들이 태평성대라고 말하는 순간에도 밀실에선 자신들의 권력을 영구화하려는 공작을 그치지 않는다. 자신의 권력에 도전하는 모든 행위와 그 행위에 이론적 정당성을 부여하려는 어떠한 사상적 행동도 용납하지 않는다. 권력자는 살아남기 위해 어떠한 짓이라도 할 수 있는 존재이다.

미전향 사상범들을 가두고 고문하는 것이 권력자의 모습이라면, 그 권력 앞에 무릎을 꿇지 않는 사람 또한 또 다른 권력자이다. 스스로가 선택한 이데올로기를 온몸으로 권력화시키는 치열한 인간의 모습이 바로 황선생과 아버지이다. 이들은 권력과의 싸움에서 또 다른 권력을 획득한 권력자들이다. 이들은 정치 권력의 가혹한 전향 고문과 탄압 앞에 무릎을 꿇지 않고 자신의 세계를 지킨 권력자들이다.

3.

소멸을 거부하는 이러한 권력의 속성을 삶의 미학으로 완성한 인물들이 「얼음의 집」에 나오는 하야시와 그의 한국인 제자다. 하야시는 군국주의 일본이 배출한 최고의 고문 기술자로서 권력의 본질을 간파하고 있는 인물이다. <역사란 권력의 역사이며, 희생자의 피와 살과 뼈의 축적물>이라는 사실을 몸으로 체득하고 있는 인물 중의 하나다. 철저한 권력 추구의 역사인 일본의 역사 속에서 그 권력의 정점에 자리잡고 있는 것이 천황이다. 천황은 일본인이 만들어낸 가장 <휘황찬란한 권력의 황금빛 의자>다. 천황은 세속적인 정치 군사상의 최고 권력자임과 동시에 국가의 제사를 집행하는 최고의 사제로서 살아있는 신으로 추앙되며, 어떠한 일이 있어도 책임을 추궁 당하지 않는 절대 존재다. 반면에 인간을 신으로 만든 일본인들이 그와 대립되는 가장 비천한 인간, 인간을 짐승의 수준으로 만들어 놓은 것이 에타다. 하야시가 바로 최하층의 에타 출신이다.

에타의 기원은 고대 일본으로까지 거슬러 올라간다. <대륙에서 이주해온 집단들이 일본 원주민을 정복, 지배하여 혼혈을 거듭한 결과, 일본 민족이 이루어졌는데 그 과정에서 산 속으로 도망간 집단, 곡예를 하며 각 지방을 유랑하는 집단, 비천한 직업에 종사하는 집단들과 사회로부터의 낙오자나 도망자들이 합류함으로써 에타의 모체가 되었다>고 한다. 도꾸가와 막부 이후 에타는 철저히 권력의 지배 착취 체제의 유지를 위한 안전핀 구실을 하게 된다. 도꾸가와 막부는 <백성은 살리지도 말고 죽이지도 말고, 알게 하지도 말라는 정책>하에 농민이나 상공업자들을 가혹하게 착취했다. 막부는 백성들의 불만을 억제하기 위해서 에타를 철저한 천민 계급으로 만들었다. 백성들로 하여금 자신들보다 더 더럽고 비참한 생활을 하는 에타가 있다는 사실을 알게 함으로써 상대적인 우월감을 심어주고 현실의 불만을 억제시키는 구실을 하게 한 것이다. 이들 에타는 머리 형태로부터 복장에 이르기까지 엄격하게 규정되었으며, 일반인들과 격리되어 살면서, 주로 도살, 죽은 동물의 처리, 매장, 죄인의 형벌 집행, 쓰레기 청소원, 신발 제조업 등에 종사했다. 마치 우리 나라 백정과 흡사하다.

하야시는 사람 대접도 못 받는 가장 천한 에타 출신으로서 인간이 만들어 놓은 권력의 정점에 있는 천황과 대등한 권력자가 되려고 했던 인물이다. 그러한 하야시가 에타의 땅을 떠나 천황과 대등한 권력자가 되기 위한 수단으로 선택한 것이 고문이다. 역사란 권력의 역사이며, 수많은 희생자의 피와 살과 뼈의 축적물이며, 그 정점에 천황이 위치하고 있다면 천황이야말로 세상에서 가장 완전한 고문자라는 것이 하야시의 생각이다.

"그 모든 권력, 그 모든 역사의 정점에 천황은 서 있었다. 천황의 이름으로 칼을 치켜들었으며, 천황의 이름으로 뼈와 살을 먹었으며, 천황의 이름으로 피의 강둑을 쌓았다. 에도의 성을 보라. 그 돌 하나하나가 살과 뼈이며 짙푸른 해자의 물은 희생자의 눈물이며 핏물이다. 천황의 의자야말로 가장 높고 가장 휘황찬란한 권력의 황금빛 의자이다. 역사가 쌓아올린 희생자의 무덤을 딛고 서 있는 권력자. 그 권력자의 내면을 상상해보라. 박해받은 자의 살과 뼈로 이루어진 가시는 어떤 가시보다도 길고 예리하다. 박해받은 자의 상처와 증오로 번뜩이는 눈빛은 어떤 짐승의 눈빛은 어떤 짐승의 눈빛보다 깊고 뜨겁다. 어떤 권력자도 볼 수 없었던 소름끼치는 괴물이 몸을 틀고 앉아 가슴을 파먹고 있다."

스승은 거칠게 숨을 내쉬며 잠시 몸을 떨었다.

"그러나 천황의 내면은 깨끗하다. 가시도, 짐승의 눈빛도, 살과 뼈의 신음도, 상처와 증오의 아우성도 없다. 아무 것도 없다."

수많은 사람들이 흘린 피의 땅위에 군림하는 최고의 권력자이면서도 일반적인 권력자의 운명에서 비껴나 있는 인물이 천황이다. 왜냐하면 천황은 땅위에 발을 딛지 않은 하늘의 인간이기 때문이다. 천황은 세속적인 절대 권력자인 동시에 세속을 초월한 신성을 지닌 이중적 존재이다. 이러한 이중성은 천황이 실질적인 권력자이면서 역사의 짐, 역사의 쇠사슬로부터 벗어나 있음을 의미한다. 하야시는 천황의 모습 속에서 완벽한 고문자, 완전한 권력자의 모습을 본 것이다. 최고의 권력을 행사하면서도 그 권력의 박해를 받는 사람들의 증오와 적의의 대상에서 벗어나 있는 천황이야말로 소멸을 거부하는 권력의 본질 그 자체이기 때문이다. 천황한테 부여된 신성은 박해받은 자들의 적의와 증오, 권력에 대한 도전의 화살을 비껴가게 한다. 하늘로부터 신성을 부여받은 천황은 세속의 시비대상이 될 수 없다. 또한 그러한 천황으로부터 권력을 위임받은 일본의 통치자들은 파멸을 두려워하지 않고 무지막지한 권력을 휘두를 수 있는 것이다.

이와 같이 일본의 권력자들은 자신들의 권력을 유지하기 위하여 이중의 안전핀을 마련해놓은 것이다. 그 하나가 천황이며, 또 다른 하나가 에타다. 천황이 권력자들의 권력의 원천이라면, 에타는 권력의 처참한 결과물인 동시에 권력을 지속적으로 지탱할 수 있게 하는 희생양이다. 하야시는 이러한 일본 권력자들의 간교한 구도를 읽고 부정한다. 천황에 대한 절대충성과 복종의 구도에서 일탈하여 하야시는 최하층 에타로서 최상층의 천황을 넘본 인물이다. 하야시가 택한 권력의 사다리는 고문이다. 하야시는 고문을 통해 실질적인 권력자이면서 권력자의 운명을 벗어난 권력을 꿈꿨다. 살아남는 것이 권력의 토대이며 목적이라면, 그 권력을 떠받치고 있는 고문 또한 살아남음의 고문이어야 한다. 그렇다면 살아남는 고문이란 무엇인가? 그것은 상대를 사물로 인식하는 것이다. 피고문자를 인간으로서 바라보는 것이 아니라 생명이 없는 하나의 사물로 바라보는 태도이다. 다시 말하면 그것은 권력의 쾌락을 지우는 행위이다. 고문자가 고문을 하면서 맛볼 수 있는 권력의 쾌락을 끝임 없이 지우는 행위는 천황이 실질적인 권력자이면서 역사의 짐으로부터 해방될 수 있는 것이 그의 신성성에 있는 것처럼, 쾌락을 거부하는 고문은 세대를 초월하여 고문자가 살아남을 수 있는, 역사의 짐으로부터 풀려날 수 있는 유일한 방법이다. 상대를 사물로 바라본다는 것은 스스로가 행사하고 있는 권력에 대한 부정이며, 피고문자의 사상이나 인간적인 모든 의식과의 절연을 의미하며, 세상의 모든 윤리나 역사 의식으로부터의 절연을 의미한다. 천황이 하늘로부터, 일본의 권력자들이 천황으로부터 권력을 위임받았듯이, 고문자는 명령에 의해서 움직일 뿐이다. 그러므로 고문자는 천황이나 일본의 권력자들처럼 어떠한 책임도 질 필요가 없는 것이다. 제국이 소멸하고 새로운 체제나 국가가 들어서더라도 권력은 소멸하지 않으며 박해받는 자들도 소멸되지 않는다. 따라서 고문 또한 없어지지 않으며 고문자는 기꺼이 어떠한 시대에도 살아남을 수 있는 것이다. 단지 고문 기술자에겐 대상만 바뀔 뿐이다. 대상이 반천황주의자에서 민족주의자, 사회주의자, 등등으로 바뀔 뿐이다.

하야시가 자신의 후계자로 삼은 사람이 조선인 <나>다. 일본인에겐 조선인이란 에타와 다를 것이 없다. 그런 <나>가 하야시의 후계자가 될 수 있었던 것은 하야시가 권력의 최고 자리에 있는 천황과 대등해지려고–물론 내면적인 의미에서–했던 것처럼, <나>는 천황을 죽이려고 했던 인물이기 때문이다. <나>의 아버지는 관동대지진 때 다른 조선인들처럼 폭도로 몰려 잔인하게 살해되었다. 그 때 <나>의 나이는 14살이었다. 아버지의 죽음의 대가로 살아남은 <나>는 그 후 적의에 불탄다. 나는 일본 사회의 밑바닥을 전전하며 짐승 같은 삶을 영위한다. 그러던 중 17살 때 어느 인쇄소에 취직하게 된다. 그 인쇄소 주인은 사회주의자였고 <나>는 자연스럽게 사회주의 사상에 감화된다. 사회주의 사상을 통해 나는 새로운 세계에 눈을 뜨게 된다. 자신의 짐승 같은 삶의 원인이며, <모든 착취와 악의 원천인 일본의 군국주의적 지배체제를 타도하는 혁명만이 해방의 열쇠를 움켜쥐는 유일한 방법>이라는 것을 깨닫게 된다.

이 세계에서 새롭게 알게 된 인물이 '정준영'과 '후미꼬'이다. 정준영은 조선인으로서 공사판을 떠돌던 가난한 노동자였으며, 악명 높은 시나노강 발전소 작업장의 탈주자였다. 1922년 7월말 시나노강 하류로 한국인 익사체가 계속해서 떠내려옴으로써 시나노강 발전소 작업장의 참혹상이 드러났다. 새벽 4시부터 밤 8, 9시까지 가축처럼 혹사당하던 조선인 노동자들은 그곳에서 탈출을 시도했고, 탈출을 하다가 실패한 조선인 노동자들은 무자비한 구타와 고문을 당하다가 수없이 죽어갔고 일본인들은 죽은 조선인 노동자의 시체를 시나노강에 버려 증거를 인멸하려했다. 정준영도 그렇게 당한 사람 가운데 한 사람이었다. 일본인들은 죽었다고 판단된 정준영의 시체를 시나노강에 버렸다.

그러나 정준영은 오른손이 으깨어지고 한쪽 다리가 부러지고 온몸이 피투성이가 된 채 강 하류로 떠내려갔으나 기적적으로 목숨을 건졌다. 불구가 된 정준영은 거지가 되어 동경 시내를 떠돌아다녔다. 그의 생명을 지탱해준 것은 가난과 일본인들의 멸시와 박해에 대한 적의였다. 시나노강 사건 이후 그가 또 하나 가지게 된 감정은 세계에 대한 허망함이었다. 세계에 대한 적의는 차츰 시들어가고 허망함만이 마음속에 자리잡아 가던 그는 점차 죽음의 손길을 느끼게 된다. 그 때 다리 밑에 버려진 그를 구한 것이 후미꼬이다.

후미꼬는 고아로서 학대와 능욕의 세월을 견딘 인물이다. 17살 때 홀로 동경에 올라와 고학을 하던 중 사회주의 사상에 경도 되었으나, 자신의 저주받은 삶으로 인하여 허무주의를 끌어들였고, 이 과정에서 조선을 침탈한 일본에 대해 증오를 품고 있던 조선인 무정부주의자 박열을 만나 의기투합하여 동거까지 하게 된 인물이다. 이들은 1923년 관동대지진이 발생한지 이틀 후 경찰의 보호 검속이란 명분으로 체포된다. 이들은 재판과정에서 천황의 살해기도 혐의로 사형을 언도 받았으나, 재판이 끝난 후 열흘 후 무기징역으로 감형을 받는다. 그러나 후미꼬는 자신의 죽음을 유예시키려는 국가 권력의 기도를 거부하고 자살하고 만다. 자신의 생명을 스스로 끊음으로써 천황제의 군국주의 국가권력을 부인하는, 인간은 모두 평등하다는 자신의 사상을 완성한 것이다.

정준영은 후미꼬가 죽은 후 후미꼬의 사상을 이 지상에서 실천하는 것이 자신이 할 일이라고 생각한다. 드디어 정준영은 총을 구하고 매일 밤 황성 앞을 산책하며 천황 암살 계획을 치밀하게 준비한다. 정준영의 천황 암살 계획을 알게 된 <나>는 그 동안 박해받고, 상처받고, 훼손된 자신의 삶을 완벽하게 치유하는 유일한 방법은 일본인들이 모두 꿇어앉고 머리를 조아리는 절대적인 존재인 천황을 쓰러뜨리는 일이라고 생각한다. 순간 <나>는 황홀감을 느끼며, 그 일은 자신과 같이 선택받은 자만이 할 수 있는 일이라고 생각한 <나>는 정준영을 살해한다. 그러나 정준영의 살해 혐의로 체포된 <나>는 고문을 받다 하야시를 만나 그의 기술을 전수 받아 새로운 권력자로서의 삶을 살게 된다.

'하야시'와 '나'는 최고의 권력에 대항하다가 새로운 권력을 가지게 된 인물로서 동질적인 인물들이다. 그러나 이들은 권력의 하수인에 불과하다. 고문 기술자를 움직이는 것은 권력의 명령이다. 고문 기술자들은 권력의 명령만을 따를 뿐 역사의 짐을 지지 않는다는 것이 하야시의 논리이다. 그리하여 시대와 체제를 초월하여 살아남을 수 있다는 것이 하야시 사상의 핵심이다. 군국주의 시절에도 패전 후에도 살아남은 천황처럼 고문기술자들도 살아남아서 성격이 다른 피고문자들을 고문하며 살아남았지만, 사실상 그들이 살아남은 모습은 권력자의 모습으로서가 아니라 또 다른 군중의 모습으로 살아남은 것이다. 스스로는 완전한 권력자, 고문자로서 살아남았다고 생각하지만 과연 역사의 짐에서 해방된 것인가? 이들이야말로 죽어서라도 역사의 짐을 져야 될 사람들이 아닌가? 결국 「얼음의 집」에서 하야시가 평생을 걸쳐 쌓은 것은 차가운 권력의 허상일 뿐이다.

이 소설에서 천황이나 하야시와 같은 권력자들에 대립되는 인물이 가부키 배우 '기베'와 '후미꼬' 같은 인물들이다. 천황이나 하야시의 권력을 향한 욕망이 소멸을 거부한 것이라면, 이들은 자신의 소멸을 통해 진정한 권력을 완성한 인물들이다. '기베'는 하야시와 같은 에타였으나, 권력의 사다리를 오르는 방법의 선택에서 하야시와 달랐다. 하야시가 선택한 것이 고문이라면 기베가 선택한 것은 정신의 <하나미치>(花道)이다. <하나미치>란 객석 가운데를 종단하면서 무대로 이어지는 아름다운 길을 의미한다.

"그렇다. 인간이 아닌 자. 더러운 자. 더 이상 전락할 수 없는 천한 자. 너무나 낮아 천황을 바라볼 수 없는 자. 나의 사다리는, 에타의 땅을 떠나는 나의 사다리는 바로 하나미치였고 무대 위의 청루였고 달빛처럼 푸르고 창백한 조명이었다. 내가 그 사다리를 한 계단 한계단 오를 때마다 내 몸은 변신해갔다. 에타의 피가 빠져나가고 에타의 사슬이 녹고, 에타의 가시가 시들어갔다. 그리하여 낮은 땅이 높아져 사람들을 내려다볼 수가 있었다. 에타는 누구보다도 변신의 능력이 탁월하다. 밤이 되면 뱀처럼 몸이 차가워지지 않는가. 인간과 짐승의 세계. 그 까마득한 거리의 세계를 넘나드는 에타야말로 탁월한 변신의 존재이다. 누가 하나미치 위의 아름다운 여인이 짐승인줄 알겠는가. 가까이 가기만 해도 더러워진다는 에타인 줄 누가 상상할 수 있겠는가. 그런데 하야시는……"

하야시가 천황을 모방함으로써 고문을 통해 에타의 땅을 벗어나 현실적인 권력의 사다리를 올라갔다면, 그의 친구 기베는 하나미치, 즉 무대의 사다리를 통해 에타의 땅을 떠나고자 한 인물이다. 배우인 기베는 극적인 자기 변신을 통해서 에타인 자신의 운명으로부터 벗어날 수 있다는 것을 깨달은 사람이다. 배우란 자기 자신을 끝임 없이 부정하는, 끝임 없이 자기 소멸을 꿈꾸는 사람들이다. 특정한 개인의 욕망을 부정하고 모든 인간의 보편적인 이상과 욕망을 보여주는 것이 배우인 것이다. 일본의 가부키는 이러한 배우의 성격을 극명하게 보여주는 장르이다. 가부키에는 여자 배우가 없다. 여자의 역할도 성인 남자가 한다. 성인 남자가 여성의 역할을 할 때 기댈 수 있는 것은 그의 연기뿐이다. 18세기초 어느 유명한 온나가타(女形)는 <여배우가 무대에 출연하면 이상적인 여성의 아름다움을 표현하지 못한다. 왜냐하면 여성은 오직 자신의 육체적 특성의 활용에만 의존할 것이므로, 그것 때문에 여성의 종합적 이상을 표현할 수가 없기 때문이다. 이상적인 여성은 오직 남자 배우에 의해서만 표현할 수 있다>고 말했다. 이 말에서 알 수 있듯이 배우는 자신의 모습을 있는 그대로 드러내는 사람이 아니라, 변신을 통해 인간의 보편적인 이상과 아름다움을 표현하는 사람이란 걸 알 수 있다. 다시 말하면 배우는 자신의 부정을 통해 인간의 보편적인 꿈과 욕망을 그리는 사람이다. 무대 위에는 현실의 추악함과는 다른 아름다움이 있다. 그 위에서는 현실적인 권력도 한줌의 먼지에 지나지 않는다. 수많은 관객들은 그 무대 위에서 자신의 꿈을 보고 그 꿈을 성취한다. 기베는 하나미치 위에서 에타의 운명을 벗어나 수많은 인간의 꿈과 욕망을 대변하는 정신적 권력의 정점에 선 인물이다.

기베가 가부키를 통해 현실적인 권력의 패러다임 속에서 벗어난 인물이라면, 후미꼬는 자신의 육체적인 소멸을 통해 현실적인 권력에서 벗어난 인물이다. 천황이나 하야시의 권력은 타인의 뼈와 살을 부수고 피를 흘리게 하지만, 후미코의 권력은 자신의 육체를 부정함으로써 자신의 사상의 소멸을 거부한 권력자이다. 현실적인 권력자들이 소멸을 거부했다면 이들은 예술적인 자기 변신, 자기 부정, 자기 소멸을 통해 아름다운 세상을 꿈꾼 인물들이다. 이들이야말로 그 옛날 잃어버린 진정한 신성에 다가가려고 하는 인물들이다. 자기 부정을 통해 자기를 지킨 인물들.

그렇다면 「얼음의 집」을 부정하는 「신성한 집」이란 무엇인가?

4.

「신성한 집」은 예술의 원형적 모습에 대한 탐구 소설이다. 이 소설의 주인공은 소설 속에서 예술은 신을 향한 인간의 욕망의 산물이며, 모든 예술은 신성에의 갈망에서 비롯된 것이라고 말하고 있다. 신성이란 <초월적 존재에 대한 인간의 외경이 만들어내는 감각>이라고 한다. <신성이 둥근 원의 모습으로 살아 있었던 시간의 세계 속에서 인간을 신과 닿게 했던 것은 이성적 사고가 아니라 감각>이었으며, 신과 닿을 수 있는 감각을 지닌 이들이 바로 샤먼이었다는 것이다. 즉 샤먼은 신과 인간을 연결하는 통로인 것이다. 예술가의 원형은 바로 신과 인간 사이를 감각을 통해 연결해주던 샤먼인 것이다.

프리기아의 피리 부는 목자(牧者)인 '마르샤스'의 이야기는 예술과 예술가의 원형적 모습과 운명에 관한 이야기이다.

'마르샤스'는 신기에 가까운 피리 솜씨를 가진 프리기아의 목자로서 신들의 어머니라 불리는 여신 키벨레의 슬픔을 위로했다고 한다. 그는 아테네의 피리를 주었다고 한다. 마르샤스는 어느 날 음악 시합을 신청했는데 그 시합에서 마르샤스가 패배하여 그 대가로 소나무에 묶이어 산채로 가죽이 벗겨졌고 수족이 잘렸다고 한다. 마르샤스의 몸 가죽은 합류하는 강의 물소리가 들려오는 동굴 속에 매달려 있었는데, 그 강은 암흑에서 암흑으로 가는 통로로서 동굴에서 새어나오는 희미한 빛만이 반사되고 있었다고 한다. 동굴 속에 매달린 마르샤스의 몸 가죽은 그의 고향인 프리기아의 음악이 흘러 들어오면 진동을 했고, 아폴론을 찬양하는 음악에는 전혀 움직이지 않았다고 한다.

주인공은 마르샤스를 신의 노래를 흉내내는 음악가, 샤먼이라고 생각한다. 그러면 왜 샤먼인 마르샤스가 아폴론에게 대들었을까? 주인공은 마르샤스의 행동을 신성에 대한 도전이 아니라, 신성을 지키기 위한 행동이라고 해석하고 있다. 이러한 생각은 그리스 신화에 대한 근본적인 회의에서 비롯된 것이다. 그리스 신화는 신성이 살아있던 <황금빛 세계>의 이야기가 아니라는 것이다. 그리스 신화 속에서 확인할 수 있는 것은 자신의 권력이 강탈당할까 두려워 아들을 유폐시키는 아버지와 아버지를 해하고 권력을 빼앗는 아들, 그리고 아버지가 가졌던 똑같은 두려움으로 다시 자신의 아들을 잡아먹는 짐승 같은 인간의 욕망이며, <권력의 원형적 얼굴>이라는 것이다. 아폴론은 세상을 창조한 신이 아니라, 이 세상이 창조한 권력자의 얼굴인 것이다. 인간에게 최초의 권력자는 신이었다. 그러나 인간의 지혜가 발달하면서 인간들은 신의 자리에 정치적 권력자를 앉혔다. 감각이 지배하던 샤먼의 신성은 점차 설자리를 잃어버리고, 이성이 지배하는 거짓샤먼의 세계, 정치적 권력자의 시대가 시작된 것이다. 그러나 정치적 권력자는 권력의 원형이었던 신의 자리를 엿본다는 것이다. 이 과정에서 정치적 권력자는 신성의 획득을 요구한다. 여기에서 샤먼은 정치적 권력자에게 가짜 신성을 부여하는 역할을 하게 되며, 이것이 예술의 저주스런 운명이라는 것이다.

마르샤스는 정치적 권력자인 아폴론의 요구를 거절함으로써 처참하게 죽임을 당했다. 그러나 암흑으로 가는 통로인 강의 물소리가 들리는 동굴 속에 유폐된 마르샤스의 몸가죽은 예술의 영혼이며, 그 영혼은 지금도 살아있다는 것이다. 이러한 마르샤스의 영혼이야말로 예술의 원형적 얼굴이라고 말하고 있다. 그런데 왜 마르샤스의 몸가죽은 암흑에서 암흑으로 가는 통로인 강의 물소리가 들리는 동굴 속에 유폐되었는가? 이 의문을 풀기 위해서는 정찬의 다른 소설, 「황금빛 땅」을 살펴볼 필요성이 있다.

「황금빛 땅」에서 화자인 '나'는 소설 원고료를 탈 겸 들렀던 잡지사에서 우연히 강원도 산골짜기에 있는 어떤 늙은 무당이 이삼십 년 전 자신의 어린 딸을 10년 동안 빛이 들지 않는 동굴 속에 가두었다는 얘기를 듣는다. 호기심을 이기지 못한 '나'는 며칠 후 그 무당의 딸을 찾아 나선다. '나'는 그 무당의 딸의 남편인 '지수영'의 입을 통해 사건의 내력을 알게 된다.

자신의 어린 딸을 10년 동안 어둠 속에 유폐시켰던 그 늙은 무당은 동학혁명을 일으켰던 전봉준의 아들로 추측되는 인물이다. 그 노인은 동학혁명이 실패로 끝난 후 전봉준의 행방을 찾는 관군에게 붙잡혀 육신이 찢기는 고문의 과정에서 그 고통을 견뎌냄으로써 영혼이 상승하고, 선택된 인간, 즉 샤먼이 된 인물이다. 그 노인은 자신의 딸을 신의 거처로, 즉 성소로 만들기 위해 빛이 조금도 들어가지 않는 작은 오두막으로 들여보낸다. 그가 자신의 딸을 성소로 만들려고 한 이유는 세상이 악령들로 들끓고 있어서 신이 머리를 둘 곳조차 없기 때문이다. 세상이 악령들로 들끓게 된 것은 사람들의 지칠 줄 모르는 욕망과 증오, 거짓과 타락, 살의와 광기 때문이다. 그는 자신이 만든 오두막을 <빛의 우물>이라고 했다.

> –빛의 우물은 신이 인간의 땅으로 하강하실 때 머무는 성수(聖樹)로 만들었다. 성수는 인간이 신과 닿을 수 있는 사다리이다. 그러나 이제는 악령이 가득차 성수조차 더럽혀졌으니 마침내 인간 스스로 성수가 될 수밖에 없구나. 악령이 침입하지 않는 빛의 우물에서 너 스스로 나무가 되어라. 신과 인간을 위한 징검다리가 되어라. 신을 갈망하는 인간의 메마른 입술을 적시는 향유가 되어라.

우리 민족의 건국신화인 단군신화에 보면 환웅이 태백산 신단수 아래로 내려오는 장면이 나온다. 신단수는 '세계수'로서 세계의 중심, 우주의 배꼽을 의미하는 신성의 상징물로서 신과 인간이 교통하는 통로이다. 즉 위에서 말하는 성수에 해당한다. 노인이 자신의 딸이 거처해야 할 오두막을 이러한 성수로 만들었다는 것은 오두막이 신이 내려올 신성한 공간임을 의미하는 것이다. 그런데 그 오두막은 빛이 조금도 들어가지 못하는 컴컴한 밀실이다. 빛이 들어갈 수 없는 오두막은 단군신화에서 곰이 백일 동안 들어가 있었던 동굴과 같은 의미를 가진다. 동굴은 곰이 그 속에서 햇빛을 보지 않고 견뎌냄으로써 인간으로 환생한 신성한 공간이다. 마찬가지로 빛이 스며들지 않는 오두막은 외부의 잡스러움으로부터 단절되어 있는 공간으로서 동물이 인간으로, 인간이 신으로 새롭게 환생하는 신성한 공간인 것이다. 그러나 현실은 신이 내려올 성수조차 이미 더럽혀졌기 때문에 신과 인간을 연결하는 통로가 사라져버린 시대이다. 그렇기 때문에 노인은 자신의 딸을 빛이 차단된 오두막, <빛의 우물>속에서 새롭게 환생하여 딸의 몸 자체가 신이 내려올 수 있는 성수가 되도록 한 것이다. 노인이 자신의 어두컴컴한 오두막을 <빛의 우물>이라고 한 것도 다분히 상징적이다. 어두운 밀실은 빛과 대립된다. 그러나 노인은 자신이 만든 어두운 밀실을 오히려 <빛의 우물>이라고 불렀다. 그렇다면 노인은 왜 자신의 오두막을 <빛의 우물>이라고 했는가? 먼저 우물의 의미를 알아볼 필요성이 있다. 우물은 신화에서 보통 여신과 관련된 상관물이다. 신화 속에선 샘, 웅덩이, 우물, 강 등은 여자나 여신과 깊은 관련을 맺고 있다. 고구려의 건국 시조인 주몽의 어머니 유화부인은 하백의 딸이었으며, 박혁거세의 부인 알영은 우물에서 나온 여자이다. 이와 같이 물은 창조의 원천으로서 여성의 생산적 원리를 상징하는 신성한 공간이다. 그러므로 노인이 자신이 만든 오두막을 우물에 비유한 것은 오두막이 신을 맞을 딸이 거쳐하는 공간이며, 그 딸이 샤먼으로 새롭게 태어나야할 신성한 공간이기 때문이다. 어두운 동굴이나 빛이 차단된 오두막이 우물과 같은 여성성의 상징이라면, 유화부인이 햇빛을 받아 임신을 하듯이 빛은 남성의 이미지를 갖고 있다. 그러므로 노인의 <빛의 우물>은 다시 말하면 <빛을 받는 우물>인 것이다. 우물은 빛을 받아 새로운 생명을 탄생시키는 공간인 것이다. 노인이 만든 빛이 차단된 오두막 속에서 그의 어린 딸은 일정한 시간과 통과제의를 겪은 다음 다시 빛을 받아 새로운 신성, 즉 샤먼으로 태어나는 것이다. 여기서 빛은 평범한 빛이 아니라 한 여인으로 하여금 새로운 생명의 씨를 잉태할 수 있게 할 수 있는 신성한 빛이며, 세상을 새롭게 비춰줄 새로운 세상의 빛이다. 그렇기 때문에 노인은 자신이 만든 컴컴한 오두막을 <빛의 우물>이라고 한 것이다.

이와 같이 볼 때 마르샤스의 몸가죽이 왜 암흑에서 암흑으로 가는 통로인 강의 물소리가 들리는 동굴 속에 매달려 있을 수밖에 없었는가에 대한 의문이 좀 풀리게 된다. 여기에서 앞의 암흑은 현실 세계의 어둠을 의미한다. 어둠은 소멸, 즉 죽음을 의미한다. 그러므로 앞의 암흑은 타락한 현실세계의 죽음을 의미한다. 그러나 뒤의 암흑은 단순한 앞의 암흑의 반복이 아니라 새로운 세계를 잉태한 어둠으로서의 암흑이다. 마르샤스의 몸가죽은 바로 현실세계의 죽음을 통해 새로운 세계로 가는 '강의 물소리가 들리는 동굴'에 매달려 있는 것이다. 강의 물소리가 들리는 동굴이란 바로 <빛의 우물>인 것이다. <빛의 우물>로서의 암흑이며, 동굴의 암흑이다. 이 암흑은 앞에서도 보았듯이 생명이고 사랑이며, 새로운 세상을 잉태하고 있는 여성의 자궁이다.

> "죽음은 소멸의 궁극적인 모습입니다. 소멸의 아름다움이 꽃잎처럼 떨어지는 곳, 동시에 생명의 태가 깃들여 있는 곳이 바로 죽음입니다. 그릇된 주술에 빠져 있는 이들에게는 새가 뒤집혀 날아가는 소리로 들릴지 모르나 평등 사상은 그것을 가르치고 있습니다. 소멸 속에서 생명이 움트는 것을 말입니다. 샤먼은 이 생명의 태를 바라보면서 소멸의 노래를 부릅니다. 원통하고 원통하여 이승을 떠나지 못하고 떠도는 넋을 향해 소멸의 노래를 부릅니다. 소멸의 노래를 불러 넋을 달래고, 슬픔에 젖어 있는 사람들에게 생명의 태를 드러내 보이는 것, 드러내어 피부에 닿게 하는 것."

마르샤스는 소멸 속에서 새로운 생명을 얻은 것이며, 노인의 어린 딸은 빛이 차단된 오두막 속에서 신성한 존재로 다시 태어나는 것이다. 그러면 여기서 다시 왜 마르샤스가 사지가 절단되어 몸가죽이 벗겨진 채로 매달려야 했는가에 대해 더 생각해볼 필요성이 있다. 마르샤스가 사지가 절단되고 몸가죽이 벗겨진 채로 동굴 속에 매달리는 것은 노인이 고문을 당하는 과정 속에서 신내림을 받는 과정과 흡사하며, 일반적으로 샤먼들의 성무과정과 일치한다.

> "그런데 소년이 고문당하는 모습이 무척 흥미롭습니다. 물론 고문의 참혹함을 과장해서 표현한 것이라고 생각할 수 있지만, 고문에 의해 해체되어가는 육체의 모습은 샤먼의 입무(入巫) 절차와 매우 흡사합니다. 샤먼이 되기 위해서는 통과의례를 거쳐야 합니다. [⋯] 시베리아 무속 신앙에 의하면 샤먼이 되기 위해서는 육신 해체, 혹은 육신 절단이라는 상징적 통과의례를 겪습니다. 그는 단신과 불면 속에서 신을 보고 신의 목소리를 듣게 되는 상태에 이릅니다. 평범한 인간의 영역을 벗어나 초월자의 영역으로 영혼과 육체가 위태롭게 노출되는 것입니다. 마침내 신은 모습을 드러냅니다. 그는 신이 그의 살을 져며내어 뼈를 깨끗이 씻는 것을 봅니다. 심지어 뼈를 깎기까지 합니다. 그리하여 물처럼 투명해진 뼈에서 새 살이 돋아납니다. 마침내 그는 샤먼으로 탄생한 것입니다. 이렇게 샤먼의 길은 잔혹한 죽음과 재생 체험의 길입니다. 목매달기, 익사, 화살 맞는 일, 육체 해체 등이 퉁구스 무당이나 에스키모 무당의 성무(成巫)과정으로 알려져 있습니다."

위에서 볼 수 있듯이 우리는 여기서 마르샤스가 왜 육신이 찢겨져야만 했는지 그 이유를 알 수 있다. 마르샤스의 몸가죽이 벗겨지는 것은 다름 아닌 샤먼의 성무 과정인 것이다. 이렇게 볼 때 마르샤스는 이미 신성이 사라진 시대에, 정치적 권력자에게 신성을 부여하는 거짓 샤먼이기를 거부하고, 소멸함으로써 다시 새로 신성을 획득한 샤먼인 것이다. 샤먼은 신과 인간 사이를 매개하는 매개자이다. 그렇다면 샤먼은 어떻게 신과 교통하는가? 그것은 말을 통해서이다. 샤먼은 진실한 <말을 구하는 자>이다. 인간의 진실한 말을 하늘에 닿게 하고, 하늘의 뜻을 인간에게 전달하는 매개자가 샤먼이다. 그러나 언제부턴가 그러한 샤먼의 신성은 사라졌다. 인간의 타락한 욕망이 그 통로를 막아버린 것이다. 그리하여 참된 샤먼이 사라진 자리에 대신 들어선 권력자와 거짓 샤먼은 소멸을 거부한 채 끊임없이 유언비어를 날포하고 있다. 세상은 아직 살만한 곳이니, 갈 때까지 가보자고. 그러나 마르샤스의 몸가죽은 아직도 암흑의 통로에서 온몸으로 거부하며 권력자와 거짓 샤먼들을 비웃고 있다. 수많은 예술가들의 이름으로.

마르샤스의 몸가죽이 매달려 있는 암흑의 동굴 속은 새로운 생명을 잉태한 자궁이다. 예술은 현실적 세계의 소멸을 통해 새로운 세계를 꿈꾸는 것이며, 새로운 빛의 세계로 건너가는 통로다. 소멸을 거부하는 권력자를 부정하고 소멸을 통해 새로운 세계를 노래하는 것이 예술의 본 모습이며, 예술은 권력자의 오만한 폭력의 세계를 부정하고 신과 인간이, 인간과 인간이 평등하게 연결되어 있는 새로운 세계의 태를 보여주는 것이라는 것을 말해주고 있다. 신성이 사라진 세계에서 예술이야말로 새로운 세계로 흘러가는 강인 동시에 초월자에 대한 외경과 겸손이 만들어 내는 감각이 깃든 <신성한 집>인 것이다.

5.

현대는 신성이 사라지고, 심하게 훼손된 세계이다. 훼손된 세계는 훼손된 질서를 요구하며 훼손된 질서는 수많은 사람들에게 상처를 입힌다. 그리고 한번 입은 상처는 쉽게 아물지 않는다. 현대는 타락한 정치권력과 인간의 이성이 이룩한 타락한 자본주의 문명에 의해 신성이 거세되고, 즉물적인 인간의 욕망만이 재생산되는 시대이며, 지향해야 할 가치를 잃어버린 시대이다. 현대인들은 「산다화」에서처럼 모두 고향을 저 깊은 물 속에 파묻고 인위적인 문명에 중독되어 죽어 가는 존재이며, 인간의 향기가 모두 증발해 버린 지상에서 서로가 서로를 뜯어먹고 있는 정신병자들이며(「별들의 냄새」), 지향해야 할 삶의 가치를 발견하지 못하고 종이날개를 단 채 허우적거리고 있는(「종이날개」) 존재들이다.

「패랭이꽃」의 주인공은 탐욕스런 자본의 욕망이 지배하는 냉혹한 현실 속에서 자신과 가족의 생존을 위해 무거운 짐을 짊어진 채 어디론가 가고 있다. 자본의 욕망이 지배하는 공간 속에서 주인공이 할 수 있는 일은 자본의 흐름에 무의식적으로 몸을 맡기는 일 뿐이다. 자본의 욕망은 잠시의 일탈도 도중하차도 허락하지 않는다. 욕망을 거스르는 행위는 곧 죽음을 의미한다.

> 나는 지금 어느 길 위에 서 있는가. 냉혹하고 탐욕스러운 자본의 욕망이 지배하는 세상 속에서 나는 어떤 모습으로 서성거리고 있는가. 산다는 것은 자본의 욕망에 순응하는 행위이다. 자본의 욕망에서 해방된 공간이란 이 세상 어디에도 없다. 만약 있다면, 그것은 원시적 삶이며, 유적의 삶이며, 버려진 삶일 뿐이다. 이 욕망의 틀 속에서, 욕망을 조금이라도 거스르면 욕망의 날카로운 이빨이 어김없이 파고든다. 자본은 패배를 용납하지 않는다. 그것은 이윤 추구의 무한정한 욕망이며, 이 수직적 질주 속에서 같이 질주하지 않으면 낙오된다. 낙오란 패배이며, 상처이며, 버려진 삶이다.

자본주의는 일상적인 삶을 재생산한다. 주인공의 삶은 전쟁 중에 남편을 잃고, 두 자식을 키우기 위해 악착같이 돈을 벌었고, 그토록 원하던 손주를 셋이나 보았고, 큰아들과 두 손자를 먼저 보내고 그리고 흙 속에 묻힌 그의 어머니의 삶과 다를 것이 없다. 자본주의 사회에서 인간이란 욕망의 벨트에 실려 가는 부품에 지나지 않는다. 그런 의미에서 주인공의 삶과 그의 어머니의 삶은 닮은꼴일 수밖에 없다. 그의 어머니 또한 그 속에서 <길이 보이지 않는다>고 되뇐다. 그들은 살아

있는 한 벨트 위에서 내려설 수 없으며, 내려서지 않는 한 길은 영원히 보이지 않는 삶을 반복한다. 어머니가 발견한 길은 패랭이꽃으로 상징되는 죽음이며, 죽은 자들이 가 있는 세계이다. 자본주의 체제가 만들어놓은 인간이란 욕망의 노예에 불과하다. 이들은 죽기 전까지 욕망의 속도를 줄일 수 없는 인간들이며, 죽음을 통해서만이 세속적인 현실에서 해방되어 다른 세계를 꿈꿀 수 있는 자들이다. 「패랭이꽃」 속에는 죽음만이 이 시대의 우리가 찾을 수 있는 유일한 길이라는 암담한 인식이 스며있다.

정찬이 소설을 통해서 들여다보고 있는 인간의 삶은 계속해서 고통스럽다. 인간이 지향해야할 가치를 상실한 시대, 인간이 건너가야 할 강이 온통 핏빛으로 물들어 있고 추악한 권력과 폭력이 난무하는 세상 속에선 그것에 대항하는 인간조차도 권력의 탈을 쓸 수밖에 없다는 뼈아픈 인식이 담겨있다.

20세기의 인간들은 그 핏빛 강의 중간에 조그만 「섬」을 만들었다. 그 강은 넓은 강을 헤엄쳐 건너가기엔 너무 벅찬 사람들에겐 조그만 휴식처였고 희망이었다. 그러나 어느 날 깨어보니 그 섬마저 강의 소용돌이에 휘말려 떠내려가고 말았다. 어떤 사람들은 그걸 보고 역사의 필연적인 흐름이라고 했고, 어떤 사람들은 이제 희망이 없다고 했다. 「슬픔의 노래」는 그 강을 타고 계속 울려 퍼지는데, 사람들은 넋을 놓고 바람만 보고 있다.

「공무도하가」의 백수광부는 자신의 시대가 소멸할 수밖에 없음을 알고 과감하게 강물에 몸을 던졌다. 그는 소멸함으로써 새롭게 태어나야 한다는 것을 알았다. 새로운 세상은 강 건너에 있다. 슬픔의 강 너머에 새로운 세상이 있다. 새로운 세상을 볼 수 있는 자, 새로운 세상을 꿈꾸는 자, 새로운 말을 구하는 자, 이들이 샤먼이라면, 슬픔의 강에 계속해서 몸을 던지고 있는 현대판 백수광부, 이들이 바로 예술가요 소설가들이다. 그들 뒤에서 누군가 머리 풀고 땅을 치며 노래를 부르고 있다.

<그대 혼자서는 강을 건너지 마세요.>

-≪한국문예비평연구≫, 한국현대문예비평학회, 1998.6.

풍자와 해학 사이

-성석제의 『황만근은 이렇게 말했다』(창비, 2002)-

소설이라는 장르에 아직도 패설(稗說)이라는 이름을 달아줄 수 있다면 성석제의 소설이 가장 적합한 대상일 것이다. 성석제는 다양한 인물들과 소재를 통해 쉴 사이 없이 시정(市井, 市政, 市情)과 시정잡배들의 이야기를 뱉어내고 있다. 그의 소설들은 대개 그러한 시정과 시정잡배들에 대한 풍자나 해학에 받쳐지고 있다. 그런 면에서 그는 김유정 소설의 계보를 잇고 있는 작가이기도 하다. 그의 최근 작품집인 『황만근은 이렇게 말했다』도 예외가 아니다.

「황만근은 이렇게 말했다」의 주인공 '황만근(黃萬根)'은 반편이라고 동네사람들로부터 놀림을 받고 있는 인물이지만, '만물의 근원'이란 뜻의 그의 이름이 말해주듯이 인간으로서 갖춰야 할 근본적인 품성을 소유한 인물이다. 그는 우직하고 부지런하며 효성이 지극하고 모든 일에 공평무사한 인물이다. 그렇기 때문에 그는 오히려 모자라는 인간이며 반편이라고 놀림을 받는 인물이다. 황만근의 품성이 현실적인 인간들과는 다르기 때문이며 그러한 품성을 가지고서는 각박하고 약삭빠른 세상을 잘 살아갈 수 없는 세상이 되었기 때문이다. 그는 동네의 염습과 산역(山役), 똥구덩이 파기, 벽돌 찍기, 마을길 풀 깎기, 도랑 청소, 공동우물 청소 등 온갖 궂은 일을 도맡아 하지만 마을 사람들로부터 돌아오는 것은 다음과 같은 공치사뿐이다.

> "반근아, 너는 우리 동네 아이고 어데 인정없는 대처 읍내 같은 데 갔으마 진작에 굶어죽어도 죽었다. 암만 바보라도 고마워할 줄 알아야 사람이다. 아나 어른이나 너한테는 다 고마운 사람인께 상 찡그리지 말고 인사 잘하고 다니라. 아이?"

동네 일을 도맡아 하면서도 마을 사람들로부터는 인정을 받지 못하고 있으나마나한 존재로 인식되거나 오히려 골칫거리로 취급을 받는다. 그런 황만근이 어느 날 이장의 말을 듣고 농가부채 탕감을 위한 군민 시위대회에 경운기를 몰고 참석했다가 돌아오지 못하는 사건이 발생한다. 돌아오는 길에 얼어 죽은 것이다. 남들은 아예 가지 않거나 버스나 트럭을 타고 가는 길을 이장의 말대로 헌 경운기를 몰고 갔다가, 시위 현장엔 제대로 참석하지도 못하고 돌아오는 길에 고장 난 경운기를 지키고 있다가 얼어 죽은 것이다. 사실 그에겐 탕감받아야 할 빚도 없었다. 그럼에도 불구하고 그는 "보나마나 내일, 융자받아서 다방이나 댕기민서 학수겉이 겉농사 짓는 놈들이나 및 올까. 만근이 자네겉이 똑부러지기 농사짓는 사람은 하나도 안 올 끼라. 자네가 앞장을 서야 하네. 자네 깅운기 겉은 헌 깅운기에다 농사짓는 놈 다 직이라고 써붙이 달고 가야 된께……"라고 말한 이장의 말대로 경운기를 몰고 시위 현장에 갔다가 얼어 죽은 것이다. 반편인 황만근의 어처구니없는 죽음이다.

그러나 풍자의 대상인 바보가 알고 보니 바보가 아니었다는 식의 구성이 풍자적 구성의 일반적인 예다. 황만근은 마을 사람들이 모두 인정하는 바보다. 그러나 소설을 다 읽고 나면 그 바보가 바보가 아니라는 사실을 알게 된다. 풍자의 대상과 주체가 뒤바뀌게 되는 것이다. 시위대회에 참가하기 전날 황만근과 민씨가 나눈 대화의 내용은 황만근이 온 동네 사람들이 말하는 그런 바보가 아님을 말해준다.

> "농사꾼은 빚을 지면 안 된다 카이."
>
> (한번 빚을 지면 그 빚을 갚으려고 무리하게 일을 벌린다. 동네 곳곳에 텅빈 우사(牛舍), 마른똥만 뒹구는 축사, 잡초만 무성한 비닐하우스를 보라. 농어민 복지, 소득향상, 생활개선? 다 좋다. 그걸 제 돈으로 해야 한다. 제 돈으로 하지 않으면 그건 노름이나 다를 바 없다. 빚은 만근산의 눈덩이, 처마의 고드름처럼 자꾸 커진다.)
>
> "기계화영농 카더이마 집집마다 바퀴 달린 기계가 몇이나 되나. 깅운기, 트렉터, 콤바인, 이앙기, 거다 탈곡기, 건조기에……다 빚으로 산 기라. 농사지봐야 그 빚 갚느라고 정신없다."
>
> […]
>
> "그런 기 다 쌀값에 언차진다(얹어진다). 언차져야 하는데 사실로는 수매하마 먹고살기 간당간당한 돈을 준다. 그 대신에 빚을 준다. 자금을 대준다 카는데 둘 다 안했으마 좋겠다. 둘 다 농사꾼을 바보 멍텅구리로 만든다."
>
> […]
>
> "내가 왜 빚을 안 졋니야고. 아무도 나한테 빚 준다고 안캐. 바보라고 아무도 보증 서라는 이야기도 안 했다. 나는 내 짓고 싶은 대로 농사지민서 안 망하고 백년을 살 끼라."

이처럼 작품을 다 읽고 나면 풍자의 대상이 바보 황만근이 아니라 똑똑한 마을 사람들이나 시대적인 현실임을 알게 된다.

「황만근은 이렇게 말했다」는 성석제의 소설 가운데에서 비교적 풍자적 구성의 특성을 분명하게 드러내고 있는 소설이다. 대부분의 그의 소설들은 풍자와 해학 사이를 오가고 있다. 그러나 한 작품이 풍자냐 해학이냐를 구분하는 일이 쉬운 일만은 아니다. 풍자 속에도 해학이 있고 해학 속에도 풍자적인 요소가 있기 때문이다. '성석제의 소설은 그저 재밌을 뿐이다'라는 식으로 말하는 독자나 비평가들의 경우는 주로 그의 소설에서 해학적인 면을 보는 사람들이다. 소설이 일단 재밌다는 것은 중요한 미덕이다. 그러나 그것만 가지고는 만족할 수 없다는 것이 성석제의 소설에 불만을 표하는 사람들의 생각이다. 이러저러한 인간의 모듬살이를 소재로 한 것이 소설이라 했을 때 그 소설은 특정한 시대의 사회적 특징을 배경으로 한 인간의 모듬살이를 다루게 된다. 이 경우에 특정한 시대의 사회적 특징이 부각되면 풍자적 구성으로 가기 쉽고 그 사회적 배경이 희미하게 뒤로 물러서면 해학으로 그치기 쉽다. 성석제의 소설에 불만을 제기하는 사람들은 그의 소설이 해학적 구성에 치중하고 있다고 보는 사람들이다. 그러한 사람들에게 「황만근은 이렇게 말했다」라는 작품은 성석제의 한계를 넘어선 반가운 작품으로 읽혀질 것이다. 그러나 여타의 작품들에선 여전히 비슷한 불만을 제기할 만 하다.

시대의 현실에 뒤처진 인물들이나 기이한 인물들은 여전히 그의 소설의 단골 등장인물이다. 「천애윤락」의 '동환'이, 「천하제일 남가이」의 '남가이', 「쾌활냇가의 명랑한 곗날」에 등장하는 계원들, 「책」에 등장하는 당숙이나 '나', 「욕탕의 여인들」에 등장하는 인물들 모두가 정상적인 인물들은 아니다. 시대의 현실에 뒤처진 인물이 등장할 경우 풍자적 구성으로 가기 쉬우나 시대적인 현실 문제가 별 영향력을 발휘하지 않을 경우 그냥 해학적인 구성으로 가기 쉽다. 위의 작품들 모두가 사실상 시대적인 현실과는 깊이 관련된 이야기들이 아니다. 이럴 경우에 작품의 초점은 기이한 인물에 맞춰지기 쉬우며 결과적으로 그 인물들의 기이한 행각이나 해학적인 행위를 그리다가 말 가능성이 많아진다.

소설가가 소설을 재미있게 쓰는 것은 작가의 가장 큰 미덕이다. 그러나 독자들은 그저 재미만을 요구하지는 않는다. 과도한 요구인지는 모르나 작품이 단순한 재미를 넘어서 감동으로 이어지기를 원한다. 감동은 기이한 인물들의 기이한 행각만으로는 달성할 수 없다. 소설이 소금장수 얘기의 차원을 넘어서기 위해서는 평균을 벗어난 인물의 등장만으로는 부족하다는 얘기다. 이런 측면에서 성석제의 「황만근은 이렇게 말했다」는 그의 소설의 가능성을 새롭게 보여준 역작이라 할 만하다. '바보 황만근'이 몸담고 있는 농촌 현실과 주위의 현실적인 인물들이 너무나 문제적이기 때문이다. 이 소설을 통해 독자들은 그동안 그의 소설에 결여되어 있다고 생각했던 '감동'을 재미와 함께 느끼는 기쁨을 얻을 수 있을 것이다.

-≪문화저널≫ 2002.

개발과 보존 그리고 불화

-조헌용의 『파도는 잠들지 않는다』(창비, 2003)-

갑작스런 자연 생태의 변화는 자연과 인간의 삶 모두를 혼란스럽게 한다. 변화는 우주 삼라만상의 보편적 현상이지만 천재지변이나 급격한 인위적 변화는 그에 따른 희생을 동반하게 한다. 따라서 변화된 환경에 적응할 수 있는 시간적 여유를 갖지 못한 급격한 변화는 폭력적일 수밖에 없다. 하지만 모든 우주의 변화에 대하여 인간이 그러한 여유를 요구할 수는 없는 노릇이다. 갑작스런 천재지변의 화를 피하기 위해 인간이 할 수 있는 일이란 고작해야 그것을 예측하고 대비하는 일이다. 그러나 인위적인 인간의 행위에 따른 변화와 그 결과에 대해서는 어느 정도 그 완급을 조절할 수 있으며 경우에 따라서는 원하지 않는 화를 피할 수도 있다.

지난 근대 100년 간 우리 주변에서 벌어진 급격한 자연적·사회적 변화의 원인은 산업화(서구화·공업화·도시화·근대화)에 있었다. 서구 근대 제국주의 세력의 침략과 수탈, 대립과 경쟁 속에서 이루어진 우리의 근대화 과정은 일상적인 삶의 모습을 포함한 신분 계층의 변화, 사고방식과 가치관의 변화는 물론 우리가 살아온 국토 산하의 모습을 급격히 변화시켜 왔다. 산업화의 모토는 개발이었으며 그 개발이란 사실상 우리의 삶의 공간에 대한 급격하고도 폭력적인 변화를 의미하는 것이었다. 한국의 근대문학은 그 동안 그러한 폭력적 변화의 과정을 추적하고 거기에서 파생된 상처를 보듬어 안기 위해 노력해왔다. 이미 한국문학사의 명소로 자리잡은 「무진기행」의 '무진'이나 「삼포 가는 길」의 '삼포'는 지난 시기의 산업화 과정에서 잃어버렸던 우리의 고향과 그 삶의 의미를 되새겨주는 문학사적 지명들이다. 여기에 '새만금'을 새롭게 추가할 수 있을 것인가? 그 해답의 실마리를 조헌용의 『파도는 잠들지 않는다』가 쥐고 있다.

일제의 식민지 정책은 일제에 의한, 일제를 위한, 일제의 정책이었으므로 명분과 실리가 모두 저들에게 있었을 뿐 우리에게 있지 않았다. 따라서 식민지 근대화론자들의 주장에 일부 타당성이 있다는 점을 인정할 수는 있으나 전반적으로 일제 강점기는 일제에 의한, 일제를 위한, 일제의 근대화 정책 시기였을 뿐이다. 이것이 일제의 한반도 강점이 우리의 근대화 과정에 이바지했다는 일부의 주장을 긍정적으로 받아들일 수 없는 이유의 하나다. 이런 측면에서 일제의 식민지 정책은 일단 논외로 하고, 해방 이후에 진행되어온 우리의 근대화 정책을 살펴볼 필요성이 있다.

해방 이후, 특히 박정희 정권 이후에 국가가 주도적으로 나서서 실행한 근대화 정책의 밑바탕엔 변화된 인류사적 흐름과 세계 정세의 흐름 속에서 한 국가와 그 구성원들의 절대적인 생존과 유지 번영을 위한 명분과 실리적 의도가 깔려 있었다. '경제 개발' 논리로 집약된 국가의 근대화, 산업화 정책 속에는 절대적인 기아에서 벗어나야 한다는 명분과 실리, 당위와 소망적 사고가 응축되어 있었던 것이다. 이를 위한 구성원들의 인적 재편 작업과 물질적 재편 과정 및 국토의 기획적인 공간 배치와 변화는 개발의 논리로 정당화되었다. 개발은 곧 선이었고 당위였다. 사십여 년 이상 진행된 그러한 개발은 가시적인 성과를 나타내어 현재의 한국 사회의 모습과 위상을 가능케 했다. 그러나 기존의 개발 논리는 많은 문제점들을 더불어 노출시키기도 했다.

조헌용의 소설이 주목 받아야하는 이유가 여기에 있다. 그의 소설은 '개발' 논리 속에 숨겨진 문제점들을 통해 개발에 대한 시각과 가치 규정에 변화가 필요함을 역설하고 있다.

> 다른 건 몰라도 바다만한 벌이가, 특히나 아무것도 가진 것 없는 사람들에게는 그 넉넉한 바다보다 더한 벌이가 없다는 것을 잘 알고 있었다. 여의도의 백사십배 가량의 땅이 생기는 것을 아는 사람들이 왜 그만큼의 바다를 잃는다는 것은 알지 못할까? 땅이야 주인이 있다지만 바다는 그렇지도 않았다. 그저 욕심만 부리지 않는다면, 어처구니없이 성난 파도에 맞서 싸우지 않는다면, 자연의 순리대로만 살아간다면 바다는 모자람이 없이 누구에게나 일한 만큼은 갖게 해준다는 것을 모르는 것일까?
>
> -「바다에 길을 묻다」 중에서

개발의 논리 속에 진행되어온 국토의 대대적인 인위적 용도 변경과 구획은 그 자체가 근대화 과정의 상징으로써 당연시 되어왔다. 미지와 신비의 자연을 계산 가능한 수학적 세계로 구획하는 것이 근대화의 과정이었듯이 국토의 쓰임새를 계산 가능한 세계로 포획하는 것이야말로 근대적인 개발의 논리였다. 산을 깎아 평지로 만들고 바다를 메워 농경지로 만드는 일이야말로 개발의 상징이었던 것이다. 자연을 좀 더 상품성 있는 현실적 용도로 변경하는 일이 개발이었던 셈이다. 그러나 근대적인 개발이 회복불가능한 일방적 파괴일 수 있다는 생각이 점차 확산되기 시작하면서 근대적인 개발 논리에 제동을 걸기 시작했다. '개발' 논리에서 '보존' 논리로 점차 가치의 무게 중심이 이동하기 시작한 것이다. 그러한 변화를 가능케 한 원인은 물론 과학의 발달에 따른 사실 및 가치 인식의 변화에 있겠지만, 그 동안 진행해온 개발에 따른 물질적 풍요의 결과에 힘입었다는 사실도 부정할 수 없다. 이젠 그렇게까지 '개발'하지 않아도 먹고 살만한 것 아니냐는 인식이 작용하고 있다고 볼 수 있다는 얘기다. 이러한 생각은 인류 사회 혹은 한 국가의 전체적인 시각에서 볼 때 상당한 타당성을 지니고 있다. 현재의 인류가 당면하고 있는 사회 문제의 상당수는 절대적인 생산의 결핍으로 인해 초래된 것이 아니라 적절한 분배의 문제에 따른 것임을 고려할 때 이러한 생각은 더욱 설득력을 가지게 된다. 그러나 개발에 따른 이해 집단 혹은 인간들 간의 대립과 갈등은 여전히 무시할 수 없는 실정이다.

> 새만금 공사가 환경단체 등의 여론에 밀려 잠시 중단된다는 소식을 들었을 때 눈앞이 노래지는 기분이었다. 새만금 공사를 믿고 차를 샀고 새만금 공사를 믿고 꿈을 꾸었다. 그런데 갑자기 공사를 중단한다니 미치고 환장한 노릇이었다.
>
> 그, 그 미친놈들이 왜 생트집이래? 아, 좁아 죽겠다는 땅덩어리 늘려 우리도 한번 잘살아보자는디 왜 지들이 지랄이야. 이 바다가 뭐, 지들거여.
>
> 어떡헌디야. 참말로 어떡헌디야이. 지들한테는 환경인지 몰라도 우리한테는 밥줄이고 생명이잖여. 아, 요즘같이 건설경기도 안 좋은디 지금 물러나면 다 굶어죽으란 얘기잖여이.
>
> -「고래가 올 때」 중에서

개발의 논리 속엔 항상 이해 당사자들 간의 대립과 갈등이 있게 마련이다. 그러나 지난 시기의 개발 논리가 국가 혹은 한 사회 구성원 전체의 이익과 생존의 문제를 명분과 실리로 걸고 제시했다면(그것이 사람들로부터 상당 부분 인정을 받음), 요즘에 진행되고 있는 개발은 지역 혹은 국가의 이익을 명분으로 내걸고 있으나 그 점 자체가 의심을 받고 있다는 점이 다르다.

'개발'에 따른 이익이나 불투명한 미래보다는 '보존'에 따른 이익과 예측 가능한 미래에 더 많은 관심과 가치를 두고 있는 인류사적인 변화의 의미를 고려할 때, 국가 혹은 지방자치제의 행정적 기능은 개발공사에 따른 이해 당사자들의 이해관계를 조정하는 것도 중요하지만, 개발 자체의 실효성과 문제점을 사전에 깊이 있게 연구하고 그 문제점을 수정 보완하는 방향으로 정책의 무게 중심을 옮겨가야 할 필요성이 있다. 조헌용의 소설은 이러한 점을 조용히 역설하고 있다.

조헌용의 『파도는 잠들지 않는다』는 연작소설 형태의 소설이다. 그러나 이 작품집은 한 작품으로 썼어야할 소설이 여러 작품으로 분산된 느낌을 갖게 한다. 소설을 읽으면서 느낄 수밖에 없었던 지루함은 한 작품으로 썼어야할 작품을 여러 작품으로 분산시킨 결과에 따른 것이다. 반복은 강조의 효과는 있으나 변화를 요구하는 서사의 흐름엔 치명적인 독이 될 수도 있다.

-≪문화저널≫ 2003/12.

민족사, 그 유혹의 시원(始原)

-이병천의 『神市의 꿈』(한문화, 2004)-

역사의 유혹은 소설가들에겐 숙명적인 그 무엇이다. 허구로서의 소설은 사실로서의 역사의 결핍이다. 따라서 소설은 역사를 욕망한다. 그러나 소설은 역사에 도달할 수 없으며 도달해서도 안 된다. 둘 사이에는 좁힐 수 없는 틈이 발생할 수밖에 없다. 그럼에도 불구하고 소설은 끊임없이 역사를 욕망하며 역사에 접근하려고 한다. 그 현실태가 역사소설이다.

역사소설은 역사가 아니라 소설이다. 역사소설에 대한 가치 평가는 소설의 내용과 역사적 사실 사이의 근접성이나 거리의 원근으로 평가해서는 안 된다. 하지만 역사소설에 대한 독자들의 평가는 끊임없이 역사적 사실과의 일치 여부에 고착되어 있는 듯 하다. 이러한 경향은 역사적 기록의 진실조차 의심해봐야 하는 연구자들에겐 곤혹스러운 일이 아닐 수 없다.

한국문학사의 흐름 속에서 역사소설이 유행한 시기는 크게 세 번이다. 그 세 번의 시기는 각각 애국계몽기와 1920·30년대 그리고 1970·80년대였다. 각각의 시기에 유행했던 역사소설들은 나름대로의 특징을 가지고 있으며, 그것이 긍정적인 것이든 부정적인 것이든 각각의 시기에 담당했던 문학사적 역할이 있다. 애국계몽기의 역사소설은 전근대와 근대의 교차시기에 전근대문학의 양식을 발전적으로 계승하면서 국권상실의 위협에 대항하고자 한 민족사적인 의지의 발현이었다. 주로 민족사적인 영웅들을 주인공으로 했던 이 시기의 역사소설은 국권상실로 인한 현실적인 제약과 전근대적인 의식의 한계로 말미암아 그 수명을 다할 수밖에 없었다. 그러나 민족의식의 고취를 통한 국권수호와 근대적인 민족국가의 건설을 위한 국민화 과정에 긍정적인 영향을 미친 바가 있다. 이어서 20·30년대에 유행했던 역사소설은 애국계몽기에 나왔던 역사소설의 양식적인 한계를 어느 정도 극복한 면도 있으나 역사의 사사화 혹은 현실 도피로서의 제재적 수단으로 전락한 혐의를 받고 있다. 마지막으로 70·80년대에 쓰여진 대하역사소설들은 왜곡된 한국근대사의 반성적 성찰을 요구하는 사회사적인 변화와 민족사의 주체 세력에 대한 변화된 역사의식을 반영하고 있다. 그렇다면 21세기초에 쓰여진 이병천의 『신시의 꿈』은 어떠한 역사소설인가?

역사 연구는 현재에서 과거로 거슬러 올라갈수록 자료의 부족으로 인한 현실적인 한계를 드러낼 수밖에 없다. 역사의 시원으로 거슬러 올라가다 보면 결국 신화와 만나게 되는 것도 이러한 현실을 반영한 것이다. 역사의 시원에서 역사와 문학의 경계는 모호하다. 신화는 어쩌면 빅뱅 이전의 우주처럼 역사와 문학이 분리되기 전의 세계를 반영하고 있는 것인지도 모른다. 신화는 역사의 모태이자 문학의 자궁이다. 그러나 상징적인 언어 속에 갇혀있는 신화적인 역사가 문학의 축복이 될 수만은 없다. 고대사를 배경으로 했던 20·30년대의 역사소설들이 한계를 드러내는 지점이 바로 역사적인 기록과 연구 자료가 부족한 역사적 시기와 사실을 문학적으로 재구해내야 하는 바로 그 지점이다. 이미 신화가 서사로서의 역할과 기능을 상실한 현실 속에서 역사적 사실과 자료가 뒷받침되지 못하는 작가의 상상력은 개연성과 합리적인 논리를 요구하는 근대적인 서사의 요구와 독자들의 안목 앞에 무기력할 수밖에 없다. 이병천의 『신시의 꿈』이 다소 위험하게 보이는 점도 바로 이 때문이다.

이 소설은 대종교의 창시자이자 독립운동가인 홍암 나 철 선생(1863~1916)의 생애를 다루고 있는 역사소설이다. 현재의 전사(前史)로서의 역사를 대상으로 요구하는 루카치 식의 역사소설을 상정할 때 나 철과 그의 생애는 매력적인 역사소설의 대상이 될 수 있다. 그러나 이 소설이 위험해 보이는 것은 근대인 나 철 때문이 아니라 대종교(단군교)의 창시자 나 철 때문이다. 단군과 단군에 관련된 역사는 근대의 한국사 속에서 오랫동안 신화로 격하되거나 믿을 수 없는 역사로 취급되었다. 물론 그것은 일제와 일제에 의해서 교육받은 역사가들에 의해 형성된 담론일 수 있다. 단군과 관련된 『천부경』『삼일신고』『한단고기』『태백일사』『부도지』 등의 기록들이 사학계에서 의심받고 있는 것도 이러한 사정을 반영하고 있는 것이다. 그러나 어느 민족이나 국가의 역사도 윗대로 올라갈수록 신비화되는 측면이 있고 또한 사료의 부족을 드러낼 수밖에 없으며, 있는 사료의 기록조차 위조 여부를 놓고 갑론을박을 벌일 수밖에 없는 상황임을 고려한다면 단군의 사적과 자료에 대한 이야기도 새삼스러울 것이 없다. 이병천은 이러한 한계를 우리말의 어원에 대한 고찰이나 음식 및 생활 풍습과 전통에 대한 역사적 고찰을 통해 나름대로 역사적 사실의 사료적 공백을 메우고 있다.

나 철의 생애와 그가 세운 대종교는 그와 대종교의 역사적 비중에 비해 너무 무시되어 왔다. 적어도 19세기말부터 1920년을 전후로 한 시기의 민족주의운동이나 독립운동의 중심엔 동학(후의 천도교), 강증산교, 대종교 등의 민족종교가 자리잡고 있었다. 1920년대 이후 사회주의 세력이 전면에 나서기 전까지 이들 민족종교와 그 지도자들은 민족운동의 중심이자 전위였다. 따라서 이들 민족종교와 그 추종자 및 지도자들에 대한 일제의 탄압과 억압이 극심했음은 당연하다. 노예의 특징은 자신의 부족신 대신 주인의 신을 섬기는 것이라는 말이 있다.

민족 종교의 위축과 외래종교의 세력 확장이 단순히 문명 개화나 세계화의 증거로, 혹은 일제가 규정한 것처럼 민족종교는 사이비고 기독교나 불교만이 고등종교인 것처럼 말하는 일부의 편견을 받아들일 수 없는 것도 이 때문이다. 우리는 혹시 보편성의 이름으로, 세계화의 이름으로 누군가의 노예로 전락하고 있는 것은 아닌지 이 소설은 한번쯤 의심케 한다.

잊혀진 역사, 망각되어서는 안 되지만 의도적으로 거세되었던 역사와 인물들을 다시 역사의 표면으로 부상시켰다는 점만으로도 이병천의 『신시의 꿈』은 충분히 그 가치를 인정받을 수 있다. 돌보지 않은 역사가 결코 우리 것이 될 수 없음을 발해사나 최근 중국의 동북공정작업으로 문제가 되고 있는 고구려사가 말해주고 있다. 그러나 아무래도 자료의 부족에 기인한 것으로 보이는 대종교의 창립을 전후로 한 인물들의 갈등과 고민, 내분을 둘러싼 갈등 그리고 나 철의 자결을 둘러싼 문제의 처리와 대종교의 사상이 충분히 작품 속에서 표현되지 못한 아쉬움은 그대로 남는다. 또한 너무나 많은 역사적 사건들이 주마간산 식으로 스쳐 지나가는 것도 눈에 거슬리는 면이다. 역사적 사건에 대한 집중과 선택의 묘가 좀 더 필요했을 듯싶다. 격동기 민중들의 삶이 핍진하게 드러나지 않고 있는 것도 아쉬움으로 남는다. 화자의 시선이 원경에서 돌고 있기 때문이다. 그러나 이 모든 것이 작가가 의도적으로 선택한 창작 방법일 수도 있음을 부정하지 않겠다. 이러한 한계 혹은 특징에도 불구하고 그의 소설은 차분하면서도 맛깔스런 문장을 자랑하고 있다. 『신시의 꿈』은 애국계몽기에서 70·80년대의 역사소설로 이어지는 한국 역사소설의 맥을 나름대로 계승하고 있다.

끝으로 역사소설로서의 『신시의 꿈』은 어떤 의미가 있는 것인가? 그 의미는 아무래도 나 철이 죽기 전에 남겼다는 글의 끝 구절에서 찾아야할 것 같다. '食飮赤靑 弘益理化(식음적청 홍익이화)'의 민족사적

새 날과 인류사의 미래를 새롭게 여는 의미에서 말이다. 그런 의미에서 소설가 이병천은 우리 문학사의 최전선이자 미래이다.

-≪문화저널≫ 2004/4.

여성만이 희망인가
-한승원의 『흑산도 하늘 길』(문이당, 2005)-

중심에서 멀어진다는 것

세상의 중심이라고 생각하던 곳에서 밀려나 어느 날 갑자기 세상의 변방으로 밀려난 사람이 있다. 있어야 할 곳에 있지 못하고 세상으로부터 버림받아 절해고도에 안치된 유배객이 할 수 있는 일은 무엇일까? 우선 먹고살기 위해서 해야 하는 일들을 해야만 할 것이다. 다행히 본가의 살림이 넉넉하여 그저 견디는 것만으로도 유배가 가능하다면 그나마 다행이다. 일차적인 생존을 위해 해야 하는 일로부터 자유롭다면 그는 절치부심하면서 유배된 세상에서 벗어나 왔던 곳으로 돌아가는 날을 꿈꿀 것이다. 그러나 이것도 저것도 여의치 못하다면 유배된 세상에서 살길을 찾아야할 것이다. 그렇다면 지금 있는 곳에서 살아야할 길을 찾아야만 하는 인간이 취해야할 태도는 어떠해야할 것인가? 고고하게 목에 힘을 주고 머리를 꼿꼿하게 세운 채 나는 천한 원주민인 너희들과는 다른 사람이다는 식으로 살아가는 방법이 있을 수 있다. 물론 이렇게 살기 위해서는 주위 사람들에게 아쉬울 것이 없어야 한다. 그러나 있는 자리에서 쫓겨나 사고무친의 먼 타지에 내 처진 인간이 어찌 주위 사람들에게 아쉬워할 것이 없겠는가? 쉽지 않은 일일 것이다. 다행히 속히 돌아갈 기약이라도 있다면 그걸 믿고 버텨 볼 수도 있을 것이다. 하지만 그러한 기약도 없고 본가도 믿을 것이 없다면 어차피 지금 있는 곳에서 현지 사람들과 섞여서 살아가야 할 길을 모색하는 것이 현명할 것이다. 그러나 그러고도 남는 한이나 고통은 어찌해야한다 말인가?

이방인과 원주민

손암 정약전은 다산 정약용의 형으로 더 잘려져 있는 인물이다. 비록 다산이 대학자요 손암 자신도 벼슬길에 나가본 경험이 있는 선비요, 우리 나라 동물도감의 시조라 할 만한 『현산어보』의 저자라고는 하나 수백 권의 저술이 그 이후 우리 나라의 역사에 어떤 영향을 끼쳤는지 알 바 아니며, 물고기에 관한 책이 당대에 물고기를 잡아먹으며 살았던 사람들에게 어떤 도움이 되었는지, 이후의 역사 속에서 어떤 실질적인 영향을 주었는지 아는 바가 없다. 우리의 근대가 어느 정도는 우리 조상들의 역사를 배반한 역사이듯이 그들의 학문적 업적 또한 정당하게 평가받고 계승된 적이 없으며 지금의 사정도 나아진 것 같지는 않다. 한국 기독교 전파사를 연구하는 사람들에겐 그들이 당한 교난이 의미가 있겠으나 나에겐 그것조차 의미가 없다. 아니 전혀 없는 것은 아니다. 그들이 저질렀던 배반과 배신의 사건들에는 어쩔 수 없이 인간적인 관심이 가는 것도 사실이다. 그러나 무엇보다도 나의 개인적인 관심을 끄는 것은 그들이 당대의 중심에서 밀려난 사람들이며 변방에서 생을 마치거나 오랜 세월을 보낸 사람들이라는 데 있다. 동생인 다산보다 정약전은 섬으로 밀려나 그곳에서 생을 마감한 사람이다. 그런 측면에서 정약전은 나의 개인적인 연민과 관심을 불러일으키기에 충분한 인간이다.

자기의 생활공간에서 어느 날 갑자기 낯선 곳으로 유배자가 되어서 쫓겨난 사람에게 현지의 원주민과 그곳의 아전들은 경계의 대상이 될 수밖에 없다. 갑자기 원주민들의 생활 공간으로 끼어든 이방인에게 원주민들은 엄청난 기득권자이자 생활의 주인일 수밖에 없다. 원주민들의 눈 밖에 나는 순간이 이방인에겐 또 다른 유배의 시작이다. 원주민의 시선이 그대로 이방인의 감옥이기도 하다.

> 섬사람들은 모두 두 개의 얼굴을 가지고 있었다. 한양에서 유배되어 온 그의 처지를 안쓰러워하면서도 그의 삶에 대하여 많은 호기심을 가지고 있었다. 양반은 오른손으로 밥을 먹는가 왼손으로 먹는가, 양반도 물을 마시는가, 양반도 술을 마시고 취하면 비틀거리는가, 잠을 자면서 잠꼬대를 하는가, 양반도 꼬집히면 아파하는가, 양반도 오줌 누고 똥을 싸는가, 양반은 밑구멍을 씻을 때 어느 손을 쓰는가, 오줌을 앉아서 누는가 서서 누는가, 양반의 똥에서도 구리 칙칙한 냄새가 나는가, 양반도 여자와 잠자리에 들면 그 일을 치르는가, 양반은 발가벗고 하는가 옷다 입고 갓이나 망건을 쓰고 하는가, 양반은 반듯이 누워 자는가 모로 자는가, 양반도 이런 섬으로 귀양살이를 오게 되면 외로워하는가, 가족들을 그리워하는가, 슬프면 눈물을 흘리고 우는가.

원주민들에게 이방인은 신기한 구경거리일 것이다. 한평생을 함께 살다보니 너무나 낯익어진 주위 사람들에 비해 멀리 낯선 곳에서 온 이방인은 너무 낯익어서 주위에선 더 이상 신기한 것이 없는 원주민들에겐 더 없이 좋은 볼거리일 것이다. 더군다나 그가 자신들과 다른 신분이고 중앙에서 벼슬을 하던 사람이라면 여러 가지 호기심이 더 이는 것은 뻔한 이치다. 그러나 원주민들의 과도한 호기심은 이방인에게 작게는 사생활 침해가 될 것이고 간섭이 될 것이며 나아가 불쾌한 억압이 될지도 모른다. 하지만 이 모든 것들이 이방인의 선입관에서 비롯된 피해 의식일 수도 있다. 이방인에겐 원주민들과 그곳의 풍경은 모두 낯설고 무서운 것일 수 있기 때문이다. 현지의 음식과 언어 그리고 풍속도 이방인이 현지에서 느껴야할 이질감의 부피를 확장하는 요인이다.

> 또 하나, 나장의 속을 홍어의 얼큰한 냄새처럼 메스껍게 한 것이 그들의 말끝에 따라붙는 어리광이 담겨 있는 듯 싶으면서도 상대를 억지스럽게 어르고 달래는 설득의 의지와 기어이 자기 의지대로 일을 밀고 나가겠다는 은근한 오기가 들어 있었다.
>
> 그보다 더욱 나장의 비위를 거스르게 한 것이, 앳된 젊은이가 쓴 '머시기'란 말일 터였다. 그 '머시기'와 나이 지긋한 뱃사람이 쓴 '거시기'란 말은, 깊은 배움 없는 뱃사람들의 표현 미숙으로 말미암은 어눌함이나 떠듬거림이 아니었다. 머시기와 거시기는 그들의 애매하고 어둑어둑한 무지와 울퉁불퉁하고 꺼끌꺼글한 야만의 성정을 함축하고 있었다.

자칫 이러한 낯설음이 적대감으로 해석될 여지는 충분하다. 그러나 무턱대고 그러한 원주민들의 행태를 비난만 할 수도 없다. 난리가 나지 않는 한 평생을 한 곳에서 자기들끼리 살아온 사람들에게 낯선 이방인의 출현은 자신들을 다스리기 위해 중앙에서 파견한 관리이거나 침입자의 출현으로 인식될 것이다. 원주민들에게 이방인의 출현은 항상 불쾌한 기억을 동반하고 있을 지도 모른다. 더군다나 외부와의 접촉이 제한되어 있는 섬사람들에게 자기들끼리의 유대 의식이 강하면 강할수록 외부인에 대한 경계와 감시의 강도 또한 높을 것이다. 이방인과 함께 묻어 들어온 것들은 원주민들에게도 낯선 것일 수 있으며 때에 따라서는 흉흉하고 불쾌한 것들일 수 있다. 경우에 따라서는 자신들의 생존을 위협했던 역사적 사실들을 떠올릴지도 모른다. 따라서 이방인과 원주민 사이에는 서로가 서로를 이해하기 위해서 일정한 기간의 탐색이 불가피한 것이다. 일정한 탐색기간을 거치고 나서도 영원히 좁혀지지 않는 것이 있다면 그것이 곧 불화의 씨앗이 될 것이다.

일정한 탐색 시간을 걸쳐서 원주민들은 원주민들대로 이방인은 이방인대로 서로가 섞여서 살 수 있는 방어술과 공격술을 터득할 것이다. 흑산도에 유배된 정약전도 그러한 이치를 차츰 깨달아 간다.

> 소흑산의 사람들은 성씨가 다를지라도, 구정물 한 방울만 튀어간 사이면 형님이라고 부르고 아우라 부르고 '아제'라 부르고 조카라 부르곤 했다. 형제처럼 지내려고 하는 것은 상대에게 적의가 없음을 보여 주고 공격받지 않으려는 것이었다. 대흑산 사람들도 소흑산 사람들과 다를 리 없을 터였다.
>
> 뭍에서 날아온 한 개의 돌멩이인 그가 눈덩이처럼 커다랗게 덩이져 있는 그들 속에 들어가 살려면 그러한 지혜를 배워 익혀야 하는 것이었다. 아니, 그들보다 한결 더 영악해지지 않으면 안 되는 것이었다. 더 영악해지되 그 영악함이 드러나지 않도록 잘 포장해야 하고 어떤 수단과 방법을 동원해도 구별할 수 없도록 섞이어야 하는 것이었다. 혹시라도, 그들과 생리가 다르고 그들보다 지체가 높은 사람으로 비쳐서는 안 되는 것이었다. 그래서 한사코 그들이 그에게 하는 만큼 공손하게 높임말을 쓰곤 하는 것이었다. 그것은 그들과 적당한 거리를 두겠다는 뜻이기도 하지만 그들로 하여금 말 주고받기에서 그에게 밀지고 산다는 생각을 갖지 않게 하려는 것이었다.

이로써 정약전은 유배지의 원주민들 틈 속에서 살아갈 수 있는 일차적인 외적 조건을 구비하게 되는 셈이다. 그러나 원주민이 이방인을 받아들이고 이방인이 원주민들과 함께 섞여서 살아갈 준비가 되어 있다고 해서 모든 것이 해결된 것은 아니다. 정약전과 같은 인물에게 그것은 일차적인 생존 조건에 불과한 것이다. 자신이 속해있던 사회와 가족, 친지 그리고 친구들로부터 떨어져서 소외된 변방에서 홀로 생활해야 하는 사람의 외로움과 박탈감은 여전히 그 자신이 감당해야만 하는 고통인 것이다.

술 담그는 여자

유배지에서 만난 여자는 유배객에게 어떤 의미가 있는가? 유배 생활을 하는 동안의 단순한 성적 희롱물인가? 아니면 진정한 동반자인가?

정약전의 앞에 나타난 '거무'의 존재는 단순한 현지처 혹은 섹스파트너 이상의 의미를 지니고 있다. 거무는 정약전의 단순한 성적 배설의 대상만이 아니다. 거무는 그의 일상을 책임지고 있는 여자일 뿐만 아니라 거무의 가족사에서 드러나듯 천주교에 대한 이해 그리고 그로 인한 상처의 경험을 통해 정약전의 내면을 이해해 줄 수 있는 사람이다. 작가는 두 사람이 서로를 이해할 만한 인생의 경험을 나눠가지고 있음을 보여주고 있다. 젊은 여자가 무턱대고 나이 먹은 이방의 낯선 남자에게 접근하는 당돌함을 거무의 가족사가 보완해주고 있다. 천주교 신자였던 상놈 출신의 아버지와 양반출신의 어머니, 그들의 출분과 배교의 역사가 그들의 딸인 거무가 천주교 신자였으나 천주를 부정하고 동료 신자들을 배신하고, 이제는 유배객으로 전락한 정약전에게 자연스럽게 접근할 수 있게 만든 것이다. 비슷한 상처를 가지고 있는 집안의 딸인 젊은 거무의 존재야말로 유배지에 홀로 떨어져서 절치부심의 세월을 견뎌야하는 정약전의 고통을 위무해줄 사람이다.

'아버지, 시방 저는 첩을 맞이하고 있사옵니다. 이 처녀가 자기

> 를 희생하여 어머니처럼 저를 길러 줄 것이옵니다. 이것은 어찌할 수 없는 선택, 이 섬에서 건강하게 살다가 돌아가고자 하는 방편이옵니다. 허락하여 주시옵소서.'

모든 여자는 남자의 어머니이다. 남자에게 생명을 주고 또 살아가야 할 현실적 이유와 욕망을 부추기는 존재다. 정약전은 유배지에서 다시 여자를 맞아들임으로써 생존의 교두보를 확보한 셈이 된다. 여자가 옆에 있는 한 남자들은 그 습관적인 삶을 반복할 것이다. 따라서 거무의 존재는 정약전이 유배지에서도 그 삶을 지속해나갈 것임을 암시하는 기표다. 유배지의 정약전을 새로 낳은 것은 그의 생물학적 어머니가 아니라 새로 얻은 첩 거무인 셈이다. 그러나 여자만으론 부족하다. 유배지에 버려진 한 남자의 생존 이유는 여자와 그 여자가 담그는 술에 의해서 지탱될 때 더욱 설득력을 가지게 된다.

> 두 손으로 술 사발을 받쳐들고 입술을 시울에 댔다. 숭엄하고 외포스런 절대자에게 제의를 치르는 사제처럼 그의 마음은 떨리고 있었다. 술 한 모금을 입에 머금었다. 혀와 입 안의 모든 세포들이 주신을 맞이하면서 환희했다. 목구멍과 위장이 그것을 얼른 넘겨달라고 아우성쳤다. 한 모금을 목구멍 너머로 흘려 보내면서 동시에 또 한 모금을 머금었다. 가뭄으로 말미암아 가랑잎처럼 바삭거리던 대지와 풋나무들이 봄비를 맞듯 위장이 술을 향해 아흐! 아흐으!, 하고 광기 어린 소리를 질러 댔다.
>
> 위장이 열광하는 소리를 들으면서 혀를 내둘러 곰곰이 술의 향과 맛을 음미했다. 술은 음험한 마법과 광기 같은 불꽃이 슴베여 있는 불가사의한 물이었다.

여자 거무가 그를 다시 낳고, 술이 그를 하루하루 살 수 있게 하는 밥이요, 유배지에 버려진 한 인간이 자신이 처해 있는 현실적 상황을 잊게 해주는 망각의 약이다. 그 술이 대마로 만든 술일 때 그 현실적·상징적 효과는 극대화될 것이다. 대마로 만든 술은 자신의 육체가 처해 있는 비루하고 남루한 현실을 망각하게 해주는 마약이다. 결국 그 술 때문에 자신의 생명을 단축하게 되듯이 술은 곧 현실적 육체의 부정이다. 그 육체가 발붙이고 있는 현실의 부정인 것이다. 술에 취해 있는 동안 유배자 정약전은 살아있는 것이다. 술의 금단현상은 곧 삶에 대한 불안과 전망의 불투명함을 말해준다.

이제 여자와 술이 준비되었으니 그만인가? 그렇지 않다. 여자와 술이 있으니 하루하루의 삶은 지속되더라도 그것은 즉물적인 삶에 불과하다. 책을 읽고 벼슬을 했던 인간이 그러한 삶속에서 계속 살아야할 명분을 찾기란 쉬운 일이 아니다. 여자와 술이 그가 삶을 계속해나갈 수 있는 물질적 토대라면 그는 그 위에다가 뭔가 가치 지향적인 세계를 구축하려할 것이다. 그것이 뭘까?

물고기의 족보

강진에 유배되었던 정약전의 아우 정약용은 18년 동안의 유배 기간 동안 수백 권의 저서를 집필했다. 정약용이 그의 자식들에게 보낸 편지를 통해서 그가 왜 그 많은 책들을 저술하고 있었는가를 짐작할 수 있다. 그는 자신이 한낱 국법을 어긴 유배자로 역사에 남을지 모른다는 것에 대해서 심한 강박증을 가지고 있었던 것 같다. 결국 수백 권의 그의 저서는 후대의 인간들이 정약용이란 인물이 한낱 국법을 어긴 범법자가 아니라 수백 권의 저서를 남긴 위대한 학자임을 증명해줄 자료가 되는 셈인 것이다. 정약용은 그 사실을 굳게 믿고 싶었을 것이다.

정약용이 남긴 수백 권의 저서들이 그가 단순한 유배자가 아니었음을 증명해주듯이 『현산어보』는 정약전이 그저 그런 유배자가 아니었음을 대변해주는 자료다. 그의 아우 정약용이 유배지인 강진에 있으면서도 국내외의 서적들을 뒤적이며 집필에 몰두하고 있는 동안 육지에서 멀리 떨어진 섬에 유배되었던 정약전은 바닷가의 생물들과 그 흔한 물고기들의 얼굴을 들여다보며 그들의 생태를 관찰하고 기록하고 있었던 것이다. 그것은 섬에 유배된 자가 선택할 수밖에 없는 어쩔 수 없는 일이었을 수도 있다. 여기서 『현산어보』의 가치를 논할 수는 없다. 어쩌면 『현산어보』에 기록된 물고기들의 생태는 당시 그 섬에 살던 사람들에겐 상식에 불과한 것이었을 수도 있다. 그러나 그것을 기록하여 자료로 남기는 일은 아무나 할 수 있는 일이 아니었다. 글을 아는 자만이 할 수 있는 특권이다. 그러나 글을 안다고 하더라도 아무나 그런 일을 하는 것은 아니다. 중심에서 잘 나가는 사람들이 비린 물고기들의 얼굴이나 관찰하며 그들의 생태에 관심을 가지지는 않을 것이다. 그들은 그런 하찮은(?) 일이 아니더라도 크고 작은 일들과 환락에 하루가 짧을 것이다.

어쩌면 흔적조차 없이 사라졌을지도 모르는 유배자 정약전은 『현산어보』의 저자로 역사에 남았다. 여자와 술이 누추한 섬에서의 즉물적인 삶을 견딜 수 있게 해준 물질적 토대라면 물고기 족보를 작성하는 일은 그에게 그나마 섬에서 살아남아야 할 명분을 부여해준 정신적인 작업이었다. 그러나 그렇다고 하여 정약전의 정신적인 작업의 결과가 그의 삶에 물질적 토대를 제공한 여자나 술보다 더 훌륭한 것이었다고 말할 수는 없다. 그 둘은 하나다. 오히려 『현산어보』야말로 위대한 일상의 삶속에 덤으로 남겨진 먼지인지도 모른다. 정약전이나 그가 남긴 책보다도 그의 일상적 삶을 떠받치고 있었던 여자와 술이 더 위대한 것은 아닌가? 그를 내치지 않고 보듬어 안아준 섬사람들과 그들의 누추한 일상이 더 위대한 것은 아닌가? 『현산어보』의 저자 정약전에게 받쳐질 경배의 상당 부분은 여자 거무와 술 그리고 그를 받아준 섬

사람들에게 받쳐져야 한다.

「세상 모든 진리는 여러 얼굴을 가진 것처럼 보이지만 결국 하나로 돌아가는 것일세. 수천 개의 강물이 바다로 흘러가지만 결국 똑같은 바닷물이 되어 버리는 것처럼.」

나는 질푸른 하늘을 쳐다보며 생각했다. 현(玄)자는 '하늘현'이라고도 한다고 자전에 쓰여 있다. 한데 정약전과 정약용이 사용한 '현산(玆山)'이란 말에서는 하늘현(玄)자 두 개가 나란히 붙어 있다. 그 현산은 '깊고 깊고 드높고 드높은 하늘'에 있는 산이다. 하늘 한가운데 눈길을 묻은 채 소리쳐 물었다.

「'결국 하나로 돌아가는 것'이 현산이라는 것입니까?」

나에게 그 현산은 여자의 자궁으로 읽힌다. '현묘하고 또 현묘한 검음'은 암컷의 자궁이고 그것은 곧 천지의 뿌리인 셈이다. 우리는 결국 그 자궁에서 태어나 자궁에서 놀다가 자궁으로 돌아가는 존재들이다. 그래서 여성은 위대하다. 어울릴 것 같지 않은 『시경』의 시구절이 의미가 있는 것도 이 때문이다.

언덕 위에 삼밭 있네
유씨네 아들아, 아아
유씨네 아들아, 아아
나 그대 기다리고 있으니 어서 와서 나를 품어 다오

흑산도 하늘길? 그렇다 여자의 자궁에 이르는 길은 하늘로 가는 길이다. 그래서 성적인 환희의 순간을 홍콩 간다, 천당 간다는 식으로 얘기하지고 하지 않는가. 절망의 순간에도 품어줄 여자만 있다면 살고 싶은 의욕이 생긴다.

그래도 여전히 뭔가가 미진하다. 거무의 내면이 빈약하게 그려진 탓일까 생각도 해본다. 작가도 뭔가가 미진했는지 끝 부분을 정약전과의 인터뷰 형식을 통해 좀 더 직설적으로 말해보려고 한 듯 하다. 그래도 소설의 미진함은 여전히 남는다. (2005)

한국 문단의 현주소

-『2003 올해의 문제소설』(푸른사상, 2003)-

전국의 대학에서 현대소설을 가르치고 있는 교수들이 주축이 되어 만든 <현대소설학회>에서는 매년 우리 나라 월간지나 무크지, 계간지 등에 발표된 소설 가운데에서 우수한 작품을 선정하여 '올해의 문제 소설'을 단행권으로 엮어내고 있다. 『2003 올해의 문제소설』은 2001년 11월부터 2002년 10월까지 1년 동안 <현대문학>을 포함한 월간지, <창작과비평>을 포함한 계간지 등 국내 16개의 잡지에 실렸던 중・단편 소설을 대상으로 하여 학회에서 활동하고 있는 교수들로부터 후보작을 추천 받고, 학회의 위촉을 받은 고려대 등 4개의 대학원 석・박사 과정에 재학 중인 현대소설 전공자들이 중심이 되어 1년 동안 발표된 전 작품에 대하여 예비적인 검토 작업을 거쳐, 60여 편의 작품을 추천 받아 이사진이 중심이 된 선정위원회가 최종적으로 12편의 작품을 '2003 올해의 문제소설'로 선정하였다. 이상문학상이나 동인문학상 등 매년 특정한 작품을 선정하여 수상작을 뽑고 작품집을 단행권으로 발행하는 제도는 일찍부터 있어왔으나 그것은 특정 출판사나 단체에서 몇몇 평론가들을 중심으로 작품을 선정하여 상을 주는 제도였다. 그러한 제도는 그것 나름대로 의미가 있으나 출판사의 상업적인 의도에서 자유로울 수 없으며 작품의 선정과정에 대하여 잡음이 있는 걸 보면 선정된 작품에 대한 신뢰도에도 문제가 있는 듯 하다. 어떠한 선정 행위에도 선택과 배제의 원리가 작용하겠지만 시상을 전제로 했을 때 기존의 수상작가를 제외해야하고 여러 가지 문단의 역학관계를 고려해야하는 문학상과 관련된 작품집의 경우 객관적인 작품 선정을 기대하기는 힘들 것 같다. 이에 비해 <현대소설학회>에서 하고 있는 '올해의 문제소설' 선정은 시상을 목적으로 한 것이 아니라 문학사적인 자료의 정리 측면에서 매 해에 발표된 작품 중 우수작을 가리는 데 목적이 있는 만큼 앞의 문제점들로부터 좀 더 자유로울 듯 싶다. 그만큼 책임감도 크다는 얘기다.

『2003 올해의 문제소설』에 최종적으로 선정된 작품은 강영숙의 「검은 밤」(현대문학 2001년 11월호) 등 12편의 단편소설이다. 11편의 작품이 실린 2003년도 이상문학 수상 작품집과 비교해보면 4명의 동일한 작가가 양쪽 작품집의 선정에 선정되었고 그 중 두 개의 작품은 동일한 작품이다. 전상국의 「플라나리아」(동서문학 2002 봄호)와 정미경의 「호텔 유로, 1203」(21세기 문학 2002 가을호)가 그것이다. 그러나 이러한 사실이 이 두 작품의 우수성을 대변하고 있는 것은 아니다.

문학세계란 인간과 세상의 탐구, 즉 인간세계의 탐구에 다름 아니다. 『2003 올해의 문제소설』집이나 '2003년도 이상문학상 작품수상집'을 읽으면서 나는 그 사실을 다시 확인할 수 있었다. 두 작품집에 실린 작품의 상당수가 인간관계의 어려움, 특히 남녀가 함께 살아가는 일의 어려움을 소재로 한 작품들이었다. 여전히 인간관계의 중심에 남녀문제가 놓여있음을 확인할 수 있었다. 그러나 내가 이번 작품집에서 가장 주목한 작품은 그러한 문제를 다룬 작품이 아니었다.

재미와 감동은 필자가 소설에서 요구하는 두 가지 덕목이다. 물론 가장 좋은 작품은 재미와 감동을 동시에 줄 수 있는 작품이겠지만 두 가지 중에 하나의 덕목만 만족시켜줘도 나는 좋은 작품이라고 생각한다. 이 두 가지 덕목 중에 이번엔 재미 쪽을 선택했다. 이 시대에 소설이 갖춰야할 최고의 덕목이 이야기가 가지고 있는 재미라고 생각하기 때문이다. 취향에 따라 좀 다르겠지만 재미없는 소설을 써놓고 소설이 안 읽힌다고 하소연하는 소설가, 재미없는 소설만 골라서 읽히면서 요즘 학생들은 소설을 읽으려고 하지 않는다고 하는 교사나 교수, 재미도 없는 소설을 자기만 아는 현란한 수사로 장식하여 명작인양 독자를 우롱하는 평론가들이 '소설의 시대'를 가게 하는 주범들이다. 소설은 예나 지금이나 재미있어야 하며 앞으로도 재미있어야 한다. 이런 측면에서 '올해의 문제소설'에 선정된 김종광의 「낙서 문학사 · 창시자편」(문예중앙 2002 여름호)은 읽는 재미가 각별한 소설이다.

한때 나는 이상의 시를 보면서 '이게 어디 낙서지 시인가?' 하는 의문을 품은 적이 있으나 아직 그의 시에 대한 깊이 있는 연구를 해보지 않아 해답을 내리지 못하고 있다. 혹자들은 현재에 발표되고 있는 문학 작품들에 대해 많은 불만을 품고 있다. 그야말로 낙서지 문학이 아니라는 것이다. 그만큼 양질 면에서 작품의 수준이 떨어졌다는 얘기다. 여기저기서 수도 없이 양산되는 수준 미달의 작가들과 그들의 작품을 지켜볼 때 그러한 우려와 불만에도 일리가 있다. 김종광의 「낙서 문학사 · 창시자편」에는 그러한 문단 상황에 대한 비판의 목소리가 짙게 깔려 있다. '시는 시화호처럼 썩었고, 소설은 폭격 맞은 산처럼 황폐해졌고, 수필은 문학이기를 포기했고, 희곡은 연극의 노예가 되었고, 평론은 출판사의 첩이 되어' 있는 것이 현재의 문단 상황이기 때문이다.

이 작품의 시간적 배경은 2015년이다. 대표적인 문학 장르인 시 · 소설 · 평론 · 희곡 · 수필 등을 젖히고 낙서가 문학사의 핵심적인 장르로 떠올라 있는 시기다. 그 낙서문학의 창시자가 30년 전에 요절한 '유사풀'이란 인물이다. 이 소설은 그 유사풀의 일대기를 22명의 주변 인물들의 증언으로 구성해놓은 소설이다. 광부인 아버지와 작부인 어머니 사이에서 태어나 어머니로부터 버림받고 의붓어머니와 함께 살던 유사풀은 일찍부터 글읽기와 글쓰기에 탁월한 재능을 보인다. 약관의 나이에 신춘문예에 시가 당선되고 작품집을 내지만 스물 다섯 살의 나이에 요절을 하고 만다. 그는 어려서부터 남들이 보기엔 시나 소설인 자신의 작품을 낙서라고 우겼던 인물이다. 살아생전에 주목받지 못한 그의 작품은 그의 사후 '안목 있는' 어느 평론가의 발굴에 의하여 일약 베스트 셀러가 되고 그의 작품집은 핵박(대박의 100제곱)을 터트리게 된다. 급기야는 낙서문학사의 창시자로 추앙 받게 되고 '유사풀 낙서문학상'이 제정되며 그 상의 상금은 노벨 문학상 상금의 두 배로 전 세계적으로 권위를 가지게 된다는 것이 작품의 줄거리다.

이문구가 살아온 듯한 능청스런 문장은 이 소설을 읽는 재미를 맘껏 부풀리게 한다. 맛만 보자.

> 걔와 섹스 한 거요? 그거 그냥 순간적인 충동으로 한 거예요. 내가 젊었을 때 했던 섹스가 대개 그러했듯이. 내가 '문학과' 잠깐 다니면서 그나마 말을 하고 지낸 애가 걔얘요. 걔의 낙서문학을 무시하기는 했지만, 걔의 글을 재미있게 읽기는 했지요. "낙서 부문이 없다고 시부문에 투고한 것은, 네 말대로 하자면 낙서문학에 대한 훼절 아냐?"라고 물었더니, "어쩔 수가 없었어. 낙서문학을 드높이기 위해서는 제도문학권으로 들어가야 하는데, 그 방법은 등단이 유일하고, 일단 아무 것으로나 등단을 하고 보자는 거였지. 내 판단이 옳았다고 봐"라고 대답했던 게 기억나요.
>
> 휴학계를 내러 갔다가, 역시 휴학계를 내러 온 걔와 마주쳤지요. 우리는 생맥주를 한 잔 하기로 했어요. 나는 미국으로 간다고 했더니, 걔는 세상 속으로 간다고 하더군요. 그리고 걔는 나를 볼 때마다 먹어보고 싶다는 생각을 했다는 거예요. 내가 몇 명이나 먹어보았냐고 했더니, 다섯 명이라고 하더군요. "그중에 너처럼 잘빠진 애는 없었어"라는 말을 덧붙이더군요. 나는 열댓 명의 남자를 먹어

> 보았지만, 시인을 먹어본 적은 없었지요. 개는 낙서가라고 우기건 말건 나는 개를 시인이라고 생각했어요. 우리는 서로를 먹어보기로 했어요. 그래서 한 거예요.

어떤가? 매력적인 문장이 아닌가? 하지만 다음과 같은 문장을 읽다 보면 '문학인'의 한 사람으로서 찔리는 면도 없지 않다. 어쩌면 작가는 우리 문단이 사기판이고 작품이란 것은 모두 낙서라고 말하고 있는 듯 하다.

> 나는 문학이라는 게 영 사기판 같았거든요. 그의 낙서문학 때문이죠. 그가 낙서문학을 했을 당시에는 아무도 쳐다보지 않았어요. 그런데 그가 죽고 한참 뒤에 모두들 그의 낙서문학을 떠받들고 있어요. 과거 사람들이 알아보지 못했기 때문이라고요? 그럴 수도 있겠죠. 하지만 어쩐지 사기 같단 말입니다.

이 소설을 읽다보면 명작은 죽은 자의 작품이라는 문단의 우스개소리가 자꾸 떠오르는 건 왜일까? 그래도 '창시자 편'의 후속 작품을 기대하며 강호 선남선녀들의 일독을 권한다.

-≪문화저널≫ 2003/8.

한국 현대소설에 나타난 교육현장과 교사상론

1. 머리말

칸트의 교육학강의는 '인간은 교육을 필요로 하는 유일한 피조물이다'라는 말로 시작된다.[1] 굳이 그의 말이 아니더라도 인간의 인간됨은 교육을 통하여 형성되고 전수된다. 그러나 오늘날 우리는 그 인간됨이 의미하는 것이 무엇인지 의심스런 시대에 살고 있다. 또한 스승다운 스승이 없고 제자다운 제자가 없다는 말이 더 이상 낯설게 느껴지지 않는 시대에 몸을 담그고 있다. 자기를 가르쳐 주는 사람을 스승이라 하고, 스승의 가르침을 받거나 받은 사람을 제자라고 했을 때, 현재 시중에 넘쳐나는 수많은 학교와 학원에 몸담고 있는 '스승'과 '제자'들을 생각하면 이 말은 어딘가 앞뒤가 맞지 않는다. 적어도 직업으로서의 '스승'과 그들의 현실적인 '제자'들을 생각할 때 이 말은 분명히 모순된 것이다. 하지만 스승과 제자의 사전적 의미에 집착하는 한 이 문제는 풀리지 않는다. 해결의 실마리는 스승과 제자라는 말 속에 스며있는 우리 사회의 문화적 의미에서 찾아야할 것이다.

우리 사회의 전통 속에서 스승이란 단순히 지식을 전수하는 자의

---

1) 金丁煥, 『敎育哲學』, 博英社, 1987.

의미를 넘어선다. 자기를 가르쳐 주는 사람을 스승이라고 했을 때 그 스승의 가르침은 일반적으로 단순한 지식을 의미하지 않는다. 그 가르침의 내용이 바로 그 스승의 사회적 의미와 관련되는 것이다. 여기에서 말하는 가르침은 일반적인 지식을 넘어서 인간의 도리와 관련된 그 무엇이다. 그러므로 스승이란 단순히 지식과 기술을 전수하는 자가 아니라 인간의 도리, 즉 인간됨을 가르치는 자이다. 우리가 스승이라는 고전적인 말 속에서 선비, 지사, 선각자의 이미지를 떠올리는 것도 이와 관련된 것이다. 따라서 제자란 스승으로부터 인간됨을 배우거나 배운 자인 것이다. 결과적으로 스승다운 스승이 없고 제자다운 제자가 없다는 것은 결국 인간의 도리를 가르치고 배우는 사람이 없다는 말이며, 인간됨을 가르치고 배우는 공간으로서의 전통적인 학교의 의미가 단순히 지식과 기술을 주고받는 교육현장으로 바뀌었다는 의미일 것이다.

이제는 아무도 인간의 인간됨을 고민하거나 가르치지 않으며 가르칠 수도 배울 수도 없다. 인간의 인간됨에 대한 개념이 모호해졌고 복잡해졌으며 불분명해졌다. 그것은 현대사회가 복잡해짐에 따라서 인간의 가치가 극도로 다양해지고 불분명해진 결과이다. 따라서 스승들은 골치 아픈 인간의 인간됨에 대해서 제자들에게 가르치려고 하지 않으며 가르칠 수도 없고, 제자들 또한 골치 아프고 따분한 인간의 도리에 대해서 듣기를 거부한다. 이러한 현실 속에서 교육이 인류구원과 인격완성을 위한 것이라는 칸트의 말은 빛 바래고 있다. 또한 '스승'과 '제자'라는 우리 나라 저 고전적인 단어는 고리타분하고 구태의연한 고려적 말이 되어버렸다.

이 글에서는 한국 현대 소설 가운데에서 학교를 배경으로 한 소설을 중심으로 우리의 근대적인 교육 현장과 교사의 모습을 집중적으로 살펴볼 것이다.

2. 식민지 근대교육의 현장과 교사

이광수의 「헌신자」(1910)는 우리 나라 근대 초기의 학교 풍경을 엿볼 수 있는 작품이다. 오산 학교의 설립자였던 남강 이승훈을 모델로 한 소설로 알려져 있는 이 작품에는 초기 근대식 학교를 세운 인물들의 헌신적인 삶과 고뇌가 담겨있다. 자신의 온갖 정열을 자신이 세운 학교에 쏟아 붓는 설립자의 모습 속에서 초기 근대식 학교를 설립하고 이에 헌신한 선각자들의 모습을 볼 수 있다. 작품 속의 노인은 일본에서 온 지 얼마 되지 않는 젊은 교사에게 일본에서도 졸업식에서 예복을 입느냐고 묻는다. "외국서도 그런 것 같으면 아무리 돈은 없어도 만들어 볼랴구요"하는 것이 노인의 말이다. 이해에 밝은 상인이 교육 사업에 헌신하고 근대식 학교 교육의 도입을 통해 새로운 세상을 꿈꿨던 초기 학교 설립자의 모습 속에서 '교육구국'이라는 기치를 내걸고 교육에 헌신했던 선각자들의 한 단면을 확인할 수 있다.

「헌신자」가 학교 설립자에 관한 이야기라면 「金鏡」(1915)은 젊은 교사의 이야기이다. 고아출신의 어린 교사인 김경은 자신의 개인적인 삶을 뒤로하고 교수와 연구에 열중하지만 그가 궁극적으로 느끼는 것은 피로감이다. 교사 생활이란 것이 일방적인 자기 희생이라고 느끼기 때문이다. 「헌신자」의 학교 설립자가 근대 교육의 본질에 대한 인식보다 자칫 '교복'이라는 피상적이고 형식적인 제도의 도입을 근대 교육이라고 착각할 위험에 노출되어 있다면, 「김경」의 어린 교사는 선각자인 교사로서의 막중한 책임감과 자아 실현의 문제 사이에서 괴리감을 느끼고 일찌감치 피로감에 시달린다. 이것은 초기 근대 교육의 현장에 있던 인물들이 스스로 자기 모순에 빠질 위험이 있었음을 말해준다. 서구 근대의 본질을 제대로 간파하지 못한 학교 설립자, 자아 실현의 수단으로서의 교사라는 직업과 일방적인 자기 희생과 막중한 책임감만을 강요하는 선각자로서의 교사라는 직업을 일치시키지 못한 교사의 모습은 초기 근대 교육 현장의 문제점을 극명하게 보여준다.

염상섭은 「표본실의 청개구리」 「E선생」 「池先生」 등의 소설을 통해서 일제 강점기 하의 학교와 그 주변의 모습을 깊이 있게 그린 작가이다.

「E선생」(1922)은 근대 학교 교육의 문제점을 한 학교의 교사와 학생들의 모습을 통해 적나라하게 보여주고 있다. 'E선생'은 동경에서 귀국한 후 어떤 친구의 소개로 유명 인사들이 주식회사의 형태로 발행한다는 월간 잡지의 발행에 관여했다가 빚만 지고 교육계에 발을 들여놓은 사람이다. 그가 귀국 후에 목격한 것은 자신들의 현실적 이익을 위해 문화운동이니 주의주장을 떠들어대면서 사회의 유지로 자처하는 인간들과 그러한 인간들이 행세하는 한심한 사회였다. 그가 교육계에 발을 들여놓은 것은 "될수잇으면 醇實한, 사람답은사람이모인團體, 冊床머리에잇슬때의良心이흐려지지않흔靑年의『ᄭᅳ릅』, 世間的으로 아주怜悧하야지지안흔 어린同모……이러한속에서놀고십은생각이 比較的懇切하야젓다"[2]는 이유 때문이었다. 그러나 그가 선택한 학교도 순실하고 사람다운 사람들만이 모여 있는 사회가 아니다. 그가 근무하게 된 X학교는 미국인 선교사가 교장으로 있는 미션스쿨이다. 그러나 종교계 학교의 구성원들이 가지고 있어야 할 도덕성과 양심은 상당히 결여되어 있다. 교장인 서양 선교사는 학교 운동장의 확장을 위해 부근의 민가를 헐값에 매입하려고 하는 인물이며, 이 학교의 체조 선생인 A선생은 그러한 교장의 심중을 헤아려 운동부 학생들을 부추겨서 부근 민가에 행패를 부리게 한다. A선생은 '무관학교 시대의 퇴물'인 동시에 현재의 교장인 서양 선교사의 비서였던 인물로서 교회의 권사직을 맡고 있는 인물이기도 하다. 그러한 인물이 교장의 권위를 믿고 학생들을 선동한다. 이러한 모습을 바라보는 동리

2) 廉想涉, 「E선생」, 『廉想涉全集9』, 民音社, 1987, p.115.

주민들의 시선이 고울 리가 없다. 동리의 노인들은 학교 교육이라는 것을 저주한다.

반면에 E선생은 동경고등사범학교를 졸업한 인물로서 대다수 학생들의 존경을 받고 있다. 그러나 열정적이고 직선적인 그의 성격은 A교사를 비롯한 일부 교사들 및 도덕적으로 무자각적인 학생들과 충돌하게 된다. 그는 주변 민가에 일부러 행패를 부리는 학생들과 부정행위를 하는 학생들을 준엄하게 질타하고 꾸짖는다.

> 「試驗의奴隷, 돈의奴隷, 名譽의奴隷, 虛榮心의 奴隷…… 그런더럽은 그런末種들을길러내랴고 이學校를 세운것은아니다. 오늘아츰에 너히들은 무어라고祈禱를하얏는지모르지만 <예수크리스트>는 試驗에挾雜을 하라고는 아니가르치셧슬것이다. 試驗에방맹이질하는놈은 足히 나라도 팔아먹을놈이다. ……그런썩은생각 썩은魂을가진놈은가르칠필요도업다. A,B,C가 教育이아니오 試驗에滿點을하는것이 壯한것이아니다…….」[3)]

E선생은 도덕적으로 무자각한 교육, 위선을 가르치는 교육을 강하게 비판한다. 그는 오늘날의 교육이 사람을 만드는 것이 아니라 기계나 그 기계에게 사역 당할 노예를 만드는 것이 됐다고 개탄하며 군국주의 교육을 비판하고 기계적인 시험 제도에 대해서도 비판을 가한다. 그러나 그의 의도를 잘못 이해한 학생들에 의해 곤경에 처한다. 학생들이 쫓겨난 A선생과 그를 따르는 교사들의 사주를 받은 운동부 선수들의 선동으로 졸업 시험을 거부하겠다고 했기 때문이다. 결국 E선생은 이 사건으로 인하여 교감과 함께 사표를 제출하고 학교를 떠나게 된다.

---

3) 염상섭, 「E선생」, 위의 책, p.138.

이와 같이 이 작품은 진정한 근대식 학교 교육이 정착되기에는 아직도 기본적인 인식과 자질이 성숙되어 있지 못한 조선인들의 모습을 보여주는 동시에, 서양인 선교사 및 일제 군국주의자들에 의해 이식된 근대식 학교 교육이 왜곡된 모습으로 자리잡아가고 있는 식민지 조선의 현실을 잘 드러내고 있다. 이러한 측면에서 조선 말기의 '몇 안치는 한학자'이자 양반 출신인 조선인 교사가 교실 바닥에 침이나 뱉고 수업 시간에 술을 마시거나 졸기나 하는 모습으로 등장하는 염상섭의 「池先生」(1930)은 여전히 전근대적인 수준의 인식과 감각에 머물러 있는 당시 조선인 교사의 모습을 보여주고 있어서 주목된다. 학교의 유일한 조선인 선생인 '지선생'은 암묵적으로 학생들의 보호를 받고 있다. 언뜻 보기에 따라선 식민지 조선의 학교란 '남의 학교'요, 남의 학교의 교실 바닥에 침을 뱉는 행위는 곧 식민지 지배세력과 그들의 교육에 대한 반항적 의미로도 읽힐 수 있다. 그러나 퇴락해가는 학교 건물과 곧 일본인 한문 선생으로 대치될 그의 수업이 말해주듯이 지선생의 모습은 곧이어 퇴출되거나 밀려날 수밖에 없는 전근대적이고 고루한 시대착오적인 교사의 모습임을 알 수 있다.

염상섭의 소설들이 식민지 '근대'의 교육을 제대로 수용하지 못하거나 적응하지 못하는 교육 현장과 조선인 교사들의 모습을 보여주고 있다면, 이태준의 「失樂園 이야기」(1932)는 식민지 지배 세력에 의하여 교육 현장에서 내몰릴 수밖에 없는 조선인 교사의 모습을 보여주고 있다. 동경에서 돌아온 '나'는 전기도 들어오지 않고 신작로도 나있지 않은 궁벽한 산촌에 있는 '신명의숙'에서 순박한 아이들을 상대로 그들을 가르치고 마을의 행복을 위해서 일하겠다는 이상을 가지고 부임한 인물이다. 신명의숙은 기미년 이후에 신학문을 가르치기 시작한 학교로서 교원이라고는 '나'뿐이다. 이곳에서 '나'는 학생들과 마을 주민들로부터 환대를 받는다. 그러나 몇 달이 지나지 않아서 주재소 소장의 간섭을 받기 시작한다. 주재소 소장은 나의 일본어 실력을 시험하기도 하고 선생을 그만두고 경관이 되라고 압력을 넣기도 한다. 하지만 그의 제안을 거절하고, 비 온 날 그에게 말댓구를 한 것이 그의 비위를 상하게 하여 결국 학교를 떠나게 된다. 그가 학교에 남아 있으면 학교의 강습 허가를 취소하겠다고 경관이 압력을 넣었기 때문이었다.

이상에서 본 것처럼 식민지 시대의 소설 속에서 조선인 교사들은 헌신적이지만 근대 학교 교육의 본질을 제대로 이해하지 못하거나, '식민지 근대'의 형식으로 이식된 근대 학교 교육에 적응하고 이를 수용하는데 실패하고 있는 것으로 그려지고 있다. 또한 식민지 지배 세력에 의해서 교육 현장에서 쫓겨나는 조선인 교사의 모습을 보여주고 있다.

3. 고속 성장시대의 교육현장과 교사

해방 이후 우리 사회는 비민주적인 독재권력과 고속 경제 성장 정책에 따른 사회구조의 변화, 빈부격차의 문제 등으로 심한 혼란을 겪게 된다. 교육 현장과 교사 또한 이러한 혼란스런 사회 변화의 와중에서 때로는 체제 유지의 방패로서 또 때로는 체제 변화의 전위로서의 역할을 하게 된다. 이 시기의 학교 모습은 파시스트적인 당시 사회의 전반적인 모습과 닮아있다. 이 시대를 배경으로 한 소설 속에 등장하는 교사의 모습은 세 가지 유형으로 나타난다. 첫째는 학생들과 주위의 일에 무관심한 인물로서 이들은 사회의 현실에 무관심한 채 자신의 잇속만 챙기고 살아가고 있는 대부분의 사회 구성원들과 같은 인물이다. 두 번째는 파시스트적인 교사의 모습으로서 해방 이후 이 사회를 지배해온 독재자들과 닮은꼴을 하고 있다. 세 번째는 학생들에게 잘못된 것을 깨우쳐주려고 하는 계몽적인 지식인의 모습을 하고 있는 교사이다.

황석영의 「아우를 위하여」(1972)는 육체적인 힘을 앞세워 민주적인 절차를 무시하고 학급을 독단적으로 끌고 가는 급장과 그 '어깨들'의 모습을 통해 함께 살아가야 하는 사회의 모습이 어떠해야 하는가를 보여주고 있는 소설이다.

전쟁이 끝난 지 수년이 지난 후 부산에서 서울로 전학을 온 '나'는 학교에 미군들이 들어와 있어서 기분을 잡쳐버리게 된다. 그 즈음 학급에 '이영래'라는 새로운 학생이 전입을 해와 학급의 세력을 장악하게 된다. 그는 미군부대의 하우스 보이로 '싸젠'이 기르는 아이이다. 나이도 동급생들보다 많다. 싸젠이 학교에 와서 초콜릿과 도넛을 반 아이들에게 나누어주자 반 아이들은 졸지에 이영래를 찬양하며 그의 주변으로 모여든다. 졸지에 이영래는 몸집이 작고 약한 '석환이'를 제치고 급장이 된다. 이어서 그를 추종하는 임종하와 박은수를 기율부장과 총무로 임명하고 독단적으로 학급을 운영해가기 시작한다. 이들은 선수 유니폼과 새로운 교생 선생에게 '성의 표시'를 한다는 명목으로 돈을 걷어 일부를 횡령하기도 하고, 아이들을 매로써 징계하기도 한다. 이들의 등장으로 기지촌 아이들까지 기가 살아 학생들의 도시락을 함부로 까먹기도 하고 학생들과 수시로 싸움을 벌이기도 한다. 기지촌 아이들은 영래의 지시를 어긴 아이들을 영래에게 고자질하기도 한다. 영래와 그 일당들은 비민주적인 폭력으로 학급을 장악하고 운영하면서 '단체행동에서 빠지는 애는 잡아다 조져'는 식으로 학급의 분위기를 험악하게 몰고 간다. 학급의 분위기가 이러함에도 불구하고 담임선생인 '메뚜기'는 부업으로 자신의 가게를 벌려놓고 툭하면 자습을 시켜놓고 밖으로 돌아다닌다. 이런 상황에서 학급에 젊고 아름다운 여자 교생 선생님이 오게 된다. 이 '병아리 선생'은 '단체행동'이라는 명목으로 개개인의 의사를 무시하고 학급을 독단적으로 운영하는 것은 잘못이라는 점을 강조한다. 결국 나와 학급 아이들의 반발로 영래와 그 일당들은 무너지게 되는데, 작가는 이 작품을 통해 '여럿의 윤리적인 무관심으로 해서 정의가 밟히는 일이 있어서는 안 될 거야. 결인한 사람이 이 겨울에 얼어 죽어도 그것은 우리의 탓이어야 한다.'는 점을 강조하고 있다.

미군에 의해서 키워지고 그들의 힘에 의해 쉽게 권력을 장악하고 그 힘을 이용하여 폭력적인 비민주적 방법으로 학급을 운영하며 학급 아이들을 억누르고 착취하는 작중 인물 '영래'의 모습 속에서, 해방 이후 미군의 전폭적인 지지 속에 정권을 장악하고 이에 빌붙어 온갖 권력을 휘두르며 독재를 해온 남한 정권의 모습을 유추하는 것은 어렵지 않다. '단체 행동'이라는 명목으로 개개인의 의사를 무시하고 학급을 독단적으로 운영하는 모습 또한 군사독재 시절의 우리 사회 모습과 그리 다르지 않은 것도 주목된다. 그러나 이 작품에서 무엇보다도 주목해야 할 것은 두 선생님의 모습이다. 먼저 담임인 '메뚜기' 선생은 자신의 부업에 신경을 쓰느라 학급의 일에 무관심하다. 그리하여 학급이 어떻게 돌아가는지조차 파악하지 못하고 있다. 반면에 새로운 교생 선생은 영래 일당들의 획일적인 학급 운영에 문제를 제기하고 학생들로 하여금 잘못된 것을 바로 잡도록 충고한다. 시도해 보지도 않고 무서워만 한다면 결국 그 무서움의 노예가 된다는 사실을 학생들에게 주지시키려고 하는 것이다. 이 작품은 한 사회의 지도자로서, 지식인으로서의 교사의 모습이 어떤 것이어야 하는지에 대해 시사하는 바가 크다. 이러한 교사의 유형은 이문열의 작품 속에서도 볼 수 있다.

먼저 이문열의 「우리들의 일그러진 영웅」(1987)은 비민주적이고 불합리한 질서에 기초해 있는 기존의 체제에 도전하는 것이 얼마나 어려운 일이며, 변혁에 대한 대중의 욕망과 그 실천이 때로는 간교할 것일 수도 있음을 보여준다.

중앙부서의 고위 공부원인 아버지의 전출로 시골 학교로 전학을 오게 된 '나'(한병태)는 서울에서 다니던 학교의 분위기와는 다른 반 분위기에 당황한다. 민주적인 절차와 자치 분위기에 익숙해 있던 나는 담임 선생의 권한을 위임받은 반장 엄석대가 제왕처럼 군림하고 있는 학급의 분위기에 적응하지 못하고 반발하게 된다. 그러나 엄석대와 그의 사주를 받은 반 학생들의 조직적인 따돌림과 횡포에 굴복하고 만다. 엄석대의 질서 체제 안으로 들어간 나는 그의 특별한 보호와 권력의 시혜 속에서 편한 학교 생활을 하게 된다. 하지만 학년이 바뀌면서 새로 온 담임 선생이 엄석대의 본 모습을 까발리며 학생들을 자극하자 그 동안 쥐 죽은 듯이 엄석대의 부하 노릇을 하던 학생들이 모두 나서서 그를 탄핵한다. 곧이어 엄석대의 권위는 일시에 무너진다. 학교를 뛰쳐나간 엄석대는 등하교길에 밖에서 기다리고 있다가 자신을 배반한 반 아이들을 괴롭히나 학생들의 조직적인 반격에 엄석대는 어디론가 도망간다. 그러나 나는 변화된 학급의 분위기를 선뜻 받아들일 수가 없다. 왜냐하면 엄석대의 체제를 유지하는 데 적극적으로 협조했던 학생들이, 내가 엄석대에게 대항할 때 앞장서서 나를 괴롭히던 아이들이 갑자기 반엄석대의 선봉이 되어 있었기 때문이다. 자신들의 힘으로 스스로 이루지 못한 변혁에 대한 의구심도 반 아이들의 분위기에 무조건 동조할 수 없는 이유이다.

학교를 졸업하고 내가 경험하게 된 사회도 엄석대 체제의 학교와 그리 다르지 않다. 사회 또한 재능과 노력, 자율과 합리에 의해 지배되는 곳은 아니었던 것이다.

> 재능과 노력, 특히 정신적인 능력과 학문에 대한 천착의 깊이로 모든 서열이 정해지고, 자율과 합리에 지배되는 곳들만을 지나와, 그때까지도 석대는 여전히 부정(否定)의 이미지에 묻혀 있을 수밖에 없었다.
>
> 그러다가-석대가 다시 내 의식 표면으로 떠오르기 시작한 것은 군대를 거쳐 사회에 나온 내가 한 십 년 가까이 생활의 진창에 짓

> 이겨진 뒤였다. [⋯] 약품과 보험과 자동차의 상품 카탈로그를 한 가방 넣어 뛰어다니는 사이에 이 나라의 70년대 후반과 내 청춘의 끄트머리가 함께 지나갔다. 그리하여 결국 이 나라의 세일즈맨은 그 자체가 한 고객에 지나지 않거나, 기껏해야 내구연한(耐久年限)이 2년을 넘지 않은 대기업의 일회용 소모품에 지나지 않음을 깨달았을 때는 벌써 30대도 중반으로 접어든 헙수룩한 가장(家長)이 되어 있었다.4)

사상누각과 같아 보이던 대기업은 점점 번창해가고, 거기 남아 있던 동료들은 승진에 승진을 거듭하고, 부동산에 손을 댄 동창은 건물 임대료만으로 골프장을 드나들고, 구멍가게를 열었던 친구도 용도도 가늠 안 가는 상품으로 떼돈을 벌고 군인이 된 줄 알았던 동창은 난데없이 중앙부처의 요직에 앉아 있고, 재수마저 실패하여 미국 유학을 갔던 동창도 돌아와 교수가 되어 있는 현실 속에서 나는 조급해진다. 결국 나는 모험적인 사업에 손을 댔다가 실업자가 되고 만다. 실업자가 되어 바라본 세상은 더더욱 '그들만의 질서'로 다스려지던 엄석대의 왕국과 크게 다를 것이 없다. 자유나 합리와는 거리가 멀어 보이는 현실 앞에서 나는 다시 '엄석대의 반'을 떠올리게 되는 것이다. 우리의 근대화 과정이 자유나 합리성과 같은 근대정신과는 거리가 먼 이상한 방식으로 '그들만의 질서'를 잡아나가는 상황 속에서 경찰에 체포되어 가는 엄석대를 바라본 날 밤 나는 눈물을 흘린다. 그 눈물은 초라하게 몰락한 영웅을 위한 것이며, 초라한 자신의 신세를 한탄하는 눈물이며, 더더욱 초라하고 이상한 우리의 근대 앞에 흘리는 비관의 눈물이다.

이 소설에 등장하는 두 교사의 모습은 사뭇 대조적이다. 5학년 때의

---

4) 이문열, 「우리들의 일그러진 영웅」, 『우리들의 일그러진 영웅』, 문학사상사, 1987, p.83.

담임 선생이 자신의 모든 권한을 반장인 엄석대에게 위임하고 학급일에 무관심한 편이라면, 6학년 담임을 맡은 젊은 선생은 적극적으로 학급의 동향을 파악하여 학급의 비리와 실상을 밝혀내는 부지런한 교사다. 그 젊은 교사는 엄석대의 비리와 그와 관련된 일들을 학생들로 하여금 밝히게 하고 엄석대의 지배에서 학생들 스스로 벗어나도록 유도한다. 학생들은 새로운 담임이 지난 번의 담임과 다름을 인식하고 엄석대의 비리를 고발하고 그의 지배에서 적극적으로 벗어나기 위해 나선다. 그러나 스스로의 힘으로 엄석대 체제를 바꾸지 못한 학생들은 이후 여러 시행착오를 겪으며 혼란을 겪기도 한다. 학생들 스스로 자신들의 문제를 해결하지 못하고 담임의 개입으로 문제가 해결되었기 때문에 학생들 사이의 문제의 갈등이 완전히 해결되지 않는 것은 당연하다. 젊고 유능한 새 담임 선생은 학생들이 엄석대의 억압적인 체제를 타파하고 자신들의 권리를 찾게 해주는 데 결정적인 역할을 하지만 그의 모습은 어디까지나 '매를 든' 계몽적인 지식인의 모습으로 나타나고 있는 것이다.

이에 비해 전상국의 소설 속엔 파시스트적인 교사의 모습이 등장한다. 전상국의 「돼지새끼들의 울음소리」(1975)는 '최달호'라는 실력파 수학 선생, 7년 연속 3학년 담임에, 1년 무결석반, 이사장의 호에서 연유한 청송정신 구현 최우수반, 교내 체육대회 종합 1등, 송충구제실력 1등반, 자학자습기풍선양 최우수반, 사랑의 실천 모범반 등 뛰어난 학급을 만들어 온 신화적인 한 교사의 모습이 학생들의 모의에 의해 어처구니없이 초라하게 몰락하여 그 실체를 드러내게 되는 이야기이다.

3학년 8반 담임 최달호가 첫날 학생들에게 한 말은 '精神一到 何事不成', '예의는 사람을 만든다.', '나는 약하다. 그러나 우리는 강하다.'는 말로 압축된다. 그러나 '정신일도 하사불성'은 수단과 방법을 가리지 않고 '하면 된다'는 식의 말로 그 진의가 드러난다. 교내 체육 대회에서 최달호 교사의 반은 담임의 지시대로 반칙과 폭력 등 수단과 방법을 가리지 않는 방법으로 시합을 하여 이긴다. 과정보다는 결과가 중요하기 때문이다. 또한 예비고사도 볼 실력이 없는 돈 많은 집 학생들을 최달호는 별도로 관리하여 원서를 써준다. 불가능이 없는 것이다. '예의는 사람을 만든다'는 말은 학생들에게 교장 선생님의 병문안 가게 하기, 선생님들의 일에 학생들을 슬그머니 특사로 파견하기, 여름방학 동안 이사장님에게 편지 쓰게 하기, 학교 양호 교사란 명목으로 단 일주일 근무한 이사장 딸에게 위문편지 쓰기, 이사장 회갑연에 다른 반보다 많은 축의금을 걷어 보내기 등으로 그 의미가 실현되며 학부모들에게 연락하여 식사 대접받기, 자신의 부인을 계주로 하여 계모임 꾸리기 등의 모습으로 실현되기도 한다. 또한 '나는 약하다. 그러나 우리는 강하다.'는 말은 대를 위하여 소를 희생해야한다는 전체주의적인 사고에 불과한 것임이 점차 폭로된다. 최달호는 반 학생을 첩자로 이용하여 반 학생들의 동태를 일일이 감시하기도 한다.

결국 담임 최달호에게 반 학생들은 자신의 후생비를 위해 키우는 '돼지새끼'들에 불과한 것임이 드러난다. 담임의 본질을 눈치 챈 반 학생들은 예비고사를 앞두고 일종의 모의를 하게 된다. 종례를 하러 들어온 담임 선생을 슬리핑백으로 뒤집어씌우고 자신들이 하고 싶었던 말을 한 마디씩 외치는 것이다. 그러나 학생들의 말은 지리멸렬하고, 담임의 반응을 두렵게 기다리고 있는 학생들 앞에 드러난 담임 최달호의 모습은 평소에 자신감 있고 당당했던 그 모습이 아니라 초라하게 찌부러진 사내의 모습이었던 것이다. 이로써 한 신화적인 교사의 위선적인 모습과 학생들에게조차 연민을 불러일으킬 수밖에 없는 초라한 본질이 드러나게 되는 것이다.

또한 전상국의 「우상의 눈물」(1980)은 '1년간의 일사불란한 항해'를 위해 하나로 결속할 것과 학생들 '자율'적으로 통제할 것을 요구하는 담임 선생의 치밀한 통제와 조정에 의해 한 반의 우상이 그야말로 '우상'이 되어 가는 모습을 보여주고 있다.

담임은 무사안일한 1년을 위해 첩자를 심어놓고 반의 정보를 파악하고, '유능한 반장' '임형우'를 통해 반의 핵심적인 문제 인물인 '최기표'와 '재수파'들의 문제를 해결한다. 이 과정에서 담임은 교묘하게 학생과 세상 사람들의 연민을 이용하기도 하며, 언론 매체를 이용하여 사실을 왜곡, 과대 선전하고 본질을 은폐하여 진실이 무엇인지 헷갈리게 만들기도 한다. 최기표의 악행은 삽시간에 선행이 되고, 병든 부모를 위한 효도가 되며, 그 동안의 폭력과 억압에서 비롯된 행동들은 갸륵한 우정이 되고 미담이 된다. 문제의 당사자인 최기표가 걷잡을 수 없이 전개되어 가는 일들을 감당하지 못하고 자취를 감추게 되는 모습이야말로 현상과 본질의 괴리가 얼마나 심각한가를 말해준다. 무지막지했던 '폭력 학생'이 전도된 폭력 앞에 겁이 나서 세상으로부터 도망치는 모습은 희극적이기조차 하다. 이로써 담임의 '일사불란한 항해'는 성공할 것처럼 보이나 학생들이 느끼는 교육 현장의 현실은 비관적이다.

> 그랬다 슬픈 일이지만 우리들은 언제부터인가 교사들을 한낱 껄끄러운 존재로 여길 뿐 오히려 그룹 과외선생의 완벽함에 더 매료되곤 했다. 그것은 상대적이었다. 우리들이 교사들을 존경하지 않는 것처럼 교사들도 우리를 사랑으로 가르치지 않았다. 그렇다고 그룹 과외선생처럼 철저하게 얼굴에 철판을 깔지 못하고 어정쩡한 태도를 취했다. 문제는 지배(支配)에 대한 견해의 다름이었다. 그네들은 옛날 훈장이 누렸던 권위가 고스란히 쥐어주길 바랬고 실상 그러한 권위만이 변화된 가치 속에서 그들이 누릴 수 있는 유일한 보상이었다. 그러나 우리들은 그러한 인습적 권위에 대해서 코방귀를 날릴 수 있을 만큼 그보다 더 완벽하고 조직적인 권위의 다스림 속에 몸을 맡기길 좋아하고 있었다. 그 한 가지 예로 우리 엄마는 촌지 봉투로 담임선생을 움직일 수 있다는 확신을 가지고 있었던

것이다.[5)]

위의 단락은 언제부턴가 학생들이 지도의 대상에서 관리의 대상으로 바뀐 학교의 현실과 붕괴된 교사의 권위를 말해주고 있다.

이상에서 살펴본 전상국의 소설을 통해서는 병영화된 사회와 선각자도 지식인도 아닌, 어쩐지 한 시대를 지배했던 권력자의 모습을 학교 현장과 교사의 모습 속에서 읽을 수 있었다.

고시홍의 소설 속에서도 이러한 학교 현장의 모습을 그대로 볼 수 있다. 고시홍의 「잃어버린 목소리」는 유신시대 교육 현장의 모습을 단적으로 보여주고 있는 소설이다. 교사들은 매일 자기 관리 카드와 학생 계도일지를 작성하여 제출하고, 신문조차 마음대로 보지 못하고 관에서 지정해주는 '동일신문'을 보며 체제 수호의 도구 노릇을 하고 있다. 1973년의 어느 날 3학년 교실에 보강을 들어갔던 윤리 교사 '강희건'은 한국식 민주주의와 서구식 민주주의의 차이가 뭐냐고 빈정거리며 질문하는 '김승삼' 학생을 때린 적이 있다. 선생이 그럴 수 있냐는 학생의 질문에 강희건 교사는 교사라는 자신의 정체성에 대해 회의하게 된다. 그 후 몇 년이 지나서 고교 연합고사 출제 위원이 되어 들어간 호텔에서 강희건은 교사가 되어 출제위원으로 들어온 김승삼을 다시 만나게 된다. 강희건은 기관지 절개 수술을 받은 후라 말을 못하고 있다. 공교롭게도 김승삼과의 두 번의 만남이 모두 강희건이 말문이 막히거나 말을 할 수 없는 상황이었던 것이다. 알아도 안다고 말을 못하고 입이 있어도 말을 할 수 없었던 한 시대의 풍경을 이 소설은 상징적으로 보여주고 있는 것이다.

"기왕 말이 나왔으니 허는 말인데, 강 선생은 같은 윤리과 소속

---

5) 全商國, 「偶像의 눈물」, 『偶像의 눈물』, 民音社, p.22.

이면서 그럴 수 있어? 다 강 선생만큼 배웠고 생각헐 줄 아는 사람이라구. 강 선생 혼자 그러는 건 우리들을 모독허는 처사라구. 혼자 사는 세상 아니야! 물론 강 선생 개인 입장에서 보면 절 떠난 중이 돼도 처자식 거느리고 있는 우리들관 달리 새로운 길을 택해서 갈 수 있어. 이십 대까진 나도 대학생 기분으로 살아봐서 이해가 간다구. 허나 제 입에 맞는 떡만 먹고 살 순 없는 거야. 아, 똥을 무서워서 피하는 사람이 어딨나, 더러워서 피하는 거지. 설령 미심쩍은 점이 있다손치드래두 올근볼근허지 말고 협조헙시다, 교장 선생님의 체면을 생각해서래두. 이건 강 선생 선배로서 허는 말이야."[6]

계도일지 쓰기를 거부하는 강희건에게 윤리 주임은 위와 같이 말한다. 강희건의 대학 은사인 김교수도 세상은 서로 이익을 주고받으며 살아가는 공리공생이지 한쪽이 먹고 먹힘을 당하는 편리공생이 아니라고 강희건을 설득한다. 그러면서 '사소한 것들'에 신경 쓰지 말고 자신의 일에나 정열을 쏟으라고 충고한다. 불의에 즉각적으로 맞서 싸우는 것이 능사가 아닐 수도 있지만, 남을 가르치는 교단에 서서 정의를 실천하는 일이 김교수의 말처럼 그렇게 '사소한 것'인지, 똥이 더러워서 피하는 심정으로, 처자식과 주위 사람들의 점잖은 체면을 위해 힘 있는 자가 시키는 대로하는 일들이 모두 정당화될 수 있는 것인지는 여전히 의심스럽다. 한 시대는 자신이 살기 위해 어쩔 수 없이 저들의 공범자가 되고, 그 이후는 공범자 의식의 관성에 의해 스스로의 행동을 합리화하며 말도 안 되는 시대를 살아온 사람들이 제대로 말문을 열 세상은 오고 있는 것인지 알 수 없다. 이 작품 속에선 여전히 잃어버린 목소리를 찾기엔 아직 이르다고 말하고 있다.

조세희의 「뫼비우스의 띠」(1976)에는 고속경제성장의 시대에 변두

6) 고시홍, 「잃어버린 목소리」, 『대통령의 손수건』, 전예원, 1987, p.74.

리로 몰려나는 사회적 약자들의 모습이 담겨있다. 그의 소설에서 사회적 약자들은 '앉은뱅이'나 '꼽추'와 같은 불구의 모습으로 등장한다. 그들의 비정상적인 불구의 모습이 세상 사람들로부터의 차별과 소외를 한편으론 정당화시켜주지만, 동시에 불구의 모습을 하고 있는 우리 사회의 모습을 동시에 보여주기도 한다.

「뫼비우스의 띠」에 나오는 '수학교사'는 대학 진학을 앞둔 학생들을 앞에 놓고 마지막 강의를 한다. 강의의 핵심은 '인간의 지식은 터무니없이 간사한 역할을 맡을 때가 많다. 그러므로 자신의 지식이 결코 자신의 이익에 맞추어 쓰여지는 일이 없도록 노력하라'는 것이다. 개인과 사회, 부분과 전체, 내부와 외부가 다른 것이 아님을 인식하고 정상적인 학교 교육을 받은 사람, 사물을 옳게 이해할 줄 아는 사람이 되어야 한다는 수학교사의 훈계 속에는 이성의 계발과 끝임 없는 헌신을 요구하는 계몽주의자의 목소리가 담겨있다. 그런 의미에서 조세희의 「뫼비우스의 띠」는 이광수의 소설 「헌신자」와 황석영의 「아우를 위하여」와 같은 작품과 함께 '계몽주의 소설'의 계보를 잇고 있는 소설이라고 할 수 있다.

김종광의 「분필 교향곡」은 해방 이후, 우리 시대 교육 현장의 현주소와 그 교육 내용을 풍자적으로 보여주고 있는 작품이다. 작품의 등장인물은 승만, 정희, 종필, 두환, 태우, 영삼, 대중, 일성, 정일, 회창, 인제 등의 남북한 거물 정치인들과 주영, 건희, 우중 등의 경제인, 찬호, 동렬, 봉주 등의 체육인들이 망라되어 있다. 의도적으로 차용한 이들 등장인물들의 이름을 통해 작가는 해방 이후 남북한의 정치, 경제, 문화 등 다방면의 현실과 수준을 한 교실 안의 풍경을 통해 보여주고 있다. 이 땅의 정치, 경제, 문화의 수준이야말로 교육 수준의 반영이기 때문이다.

비 오는 날 어느 학교의 한 교실 안. 학생들 몇 명은 뭔가를 모의하고 있고, 또 몇 명은 모여서 짤짤이를 하고 있다. 또 어느 학생은 소설책을 보고 있고, 또 어느 학생은 음란 도서를 보고, 어느 학생은 앉아서 영어 단어를 외우고 있다. 담배를 피우다 교실 바닥에 비며 끄는 학생도 있다. 교실 한편에선 학생 두어 명이 분필 던지기를 하고 있다. 비 때문에 운동장 수업을 할 수 없게 된 체육 교사가 5교시 수업을 하기 위해 교실을 들어선다. 누군가 던진 분필이 교실 마룻바닥에 부딪치는 것을 체육교사가 본다. 인사가 끝나고 교사는 분필을 던진 학생을 찾는다. 아무도 대답이 없다. 교사는 학생들을 책상 위로 올라가게 한다. 다시 분필을 던진 학생이 누구냐고 묻지만 학생들은 아무 대답이 없다. 학생들의 손을 들게 하고 다시 허벅다리를 때리고 하는 식으로 한 시간 내내 이상한 수업이 진행된다. 체육복 가져오지 않은 학생이 불려나가고, 체육 교과서를 가져오지 않은 학생도 불려나가 맞는다. 교사는 예의를 강조하고 연대 책임을 강조하지만 학생들은 아무도 나서지 않는다. 교사 자신의 말대로 '그깟 분필' 때문에 한 시간 내내 학생들은 교사에게 괴롭힘을 당한다. '참교육' 관련 교사인 담임 선생까지 학생들에게 '참교육'을 한 것 같지 않다고 체육교사에게 비웃음을 당한다. 그러다가 분필을 던졌던 학생이 자수를 한다. 그 때 한 학생이 체벌을 이기지 못해 발작을 일으킨다. 5교시 수업 종료 종이 울리자 교사는 다시 나가고 교실 안은 똑같은 풍경이 되풀이된다.

이와 같이 「분필 교향곡」은 알맹이 없는 수업 내용과 교사의 폭력적인 교육 광경을 통해 해방 이후 몇 십 년 간 달라진 것이 없는 우리의 교육 현실과 사회 현실 수준을 풍자적으로 보여주고 있다.

산업화, 서구화, 근대화, 도시화 등으로 명명되었던 우리 나라 고속 경제 성장 정책은 기존의 농촌 공동체를 급격히 와해시켰다. 별다른 기술과 자원이 없던 상태에서 추진된 수출 주도형 산업화 정책은 저임금 체제를 유지하기 위한 저곡가 정책, 즉 농촌 경제의 와해 위에서 추진되었다. 수대를 농민으로 살아온 사람들이 어느 날 갑자기 도시의 빈민 노동자로 전락하고 도시는 순식간에 유입된 인구로 팽창에 팽창을 거듭하였다. 도시와 농촌의 엇갈린 명암은 교육 현장에도 영향을 미쳤다. 더 이상 농촌은 인간의 삶의 근거지이자 낙토가 아니라 소외된 인간 군상들의 유배지에 불과한 것이 되었다.

오탁번의 「人形의 教室」(1979)의 공간적인 배경은 서울에서 온 교사들이 안정된 직장을 갖기 전에 어쩌다 임시로 와 있는 학교 정도로나 생각하고 있는 서울 근교의 어느 학교이다. 사범대학을 갓 졸업한 '혜숙'은 잠시 바람을 쐬러 가는 심정으로 학교에 부임해온다. 그러나 학생들은 새로 온 선생을 보고도 무감각한 표정들이다. 선생이 새로 오고가는 것에 무덤덤한 표정들이다. 부임한 지 일주일이 지났을 때 혜숙은 수업 도중에 교탁에 벗어놓았던 옷을 잃어버린다. 이어서 만년필이 없어지고 일부러 풀어놓은 머플러도 보란 듯이 없어진다. 그리고 다시 일부러 교탁 위에 벗어놓은 시계도 없어진다. 그러던 중 부임한 지 2개월 만에 혜숙은 서울 본가에서 기업체의 사장 비서로 취직이 되었다는 연락을 받고 떠나게 된다. 그런데 떠나기 전날 학교 창고에서 그 동안 없어졌던 선생님들의 소지품들로 치장되어 있는 허수아비들이 발견된다. 부임하자마자 다시 떠나버리는 선생님들을 학생들은 그런 식으로 기리고 또 마음속에 담아두는 의식을 하고 있었던 것이다. 혜숙은 학생들과의 싸움에서 완패를 당했다는 느낌과 함께 부끄러움을 느끼게 된다.

송하춘의 「두력산」도 '젊고 유능한' 선생이 학교를 떠나 미군 부대 통역관으로 취직해 가는 전후 교단의 모습을 통해 점차 왜소해지는 교단의 분위기를 그리고 있다. 어느 날 학교에서 가까운 곳에 미군의 헬리콥터가 떨어지자 사범학교를 졸업한 젊은 교사 '남상훈'은 미군과 경찰을 도와서 없어진 물건들을 수습하는데 적극적으로 나선다. 남상훈은 일제시대에 교원 양성소를 나와서 30년 이상 복무하고 있는 '한성민'이나 '박교장'과는 달리 유능하고 진취적인 모습으로 학생들의 인기를 독차지하고 있다. 하지만 그는 미군 부대의 통역관으로 전직을 하게 되고 학교엔 일제시대부터 학교를 지켜온 선생들만이 다시 남게 된다. 남상훈과 같은 젊고 유능한 새로운 세대에 의해서 당장 뭔가 달라질 것 같던 학교는 다시 평상시의 분위기로 돌아간다.

> "그래서 아마 박교장이 학교를 옮겨보고 싶었는지도 모르죠. 말이 났으니 말이지, 그 심정 저는 이해합니다. 일본놈과 짜고 세운 학교, 해방이 되고도 달라질 줄 모르는 교육, 양심적인 교장이라면 당연히 고민되시겠죠. 일본놈 교장이 물러갔다가고는 하지만 건물이 달아지길 했나, 그들이 심은 벚나무는 욱일승천 자라지요, 교장 관사는 어떻구요? 그놈의 오까베이집, 지겹지도 않은가요? 이거야 원, 내가 왜정 때 다니던 우리 모교나 어디 한 군데 달라진 구석이 있어야지, 여기서 무슨 새 교육을 주장하고 새 정신을 부르짖겠어요? 한 번쯤 떠나고도 싶겠죠."[7)]

한성민은 일제시대부터 묵묵히 교단을 지켜온 인물이다. 박교장과 함께 학교를 세우고 지켜온 학교의 산 증인이기도 하다. 하지만 젊고 유능한 남상훈 앞에서 자괴감을 느끼기도 한다. 한성민을 앞에 두고 남상훈은 변화된 시대에 맞는 뭔가 새로운 교육을 해야 된다는 식으로 말하지만, 정작 자신은 학교를 떠나고 다시 학교엔 한성민과 같은 늙은 교사가 남아 교단을 지키게 되는 것이다. 이로써 교단은 일제시대 이래 변화된 것 없이, 도달할 수 없는 '두럭산'의 산봉우리처럼 희망 없는 '성역'으로 남게 된다.

산업화 시대의 학교는 산업화에 필요한 산업역군의 공급 기지로써, 체제 수호를 위한 이데올로기 교육의 배후 기지로서의 역할을 충실히

7) 송하춘, 「두럭산」, 『하백의 딸들』, 문학과지성사, 1994, p.97.

다해왔다. 그러나 정작 학교는 사회 발전의 과정에서 소외된 채 변화의 사각지대에서 벗어날 수 없었다. 낙후된 교육 환경과 제도, 교사들에 대한 저급한 대우는 학교와 교단을 후진적인 정치의 부속품으로 기능 하게 했다. 학교의 총체적인 병영화와 저열한 경쟁 체제는 교사와 학생들을 파시스트적 사회 체제의 도구로 만들어버렸다. 이 시기의 학교 모습은 사회의 모습과 닮아있으며 교사의 모습 또한 파시스트적인 정치 지도자들 혹은 무력하거나 이기적인 대다수의 피지배 사회 구성원들과 닮아 있음을 알 수 있다. 학교와 사회, 독재자와 교사와의 상동성에 주목할 필요가 있다. 그러나 사회 민주와의 진전과 변화된 정치 현실에 의해서 교육 현장과 교사는 새로운 변화를 요구받게 되며, 오히려 사회 개혁과 변혁의 전위로서 새롭게 태어날 것을 요구받게 된다.

4. 참교육의 현장과 그 주변

해방 이후 수십 년 간 교육 현장은 부패한 권력과 사회의 구조적 모순 속에서, 고속 경제 성장의 뒷그늘 속에서 신음하며 외면당해왔다. 1986년의 '교육민주화선언', '전교협'에서 '전교조'의 창립으로 이어지는 일선 교사들의 교육 개혁 노력은 '아이들을 가르치는 일이 교사의 최우선 의무라는 가장 단순한 진실조차도 지켜지지 않는 생활, 위로부터 내려오는 명령에 복종하지 않으면 무능 교사가 되는 교사 사회, 교육이 형식으로 그치고 그 형식마저도 정치에 유린당하는 풍경'[8)]을 더 이상 두고 볼 수 없던 교사들의 고뇌에 찬 양심의 표현이었다. 이 시기의 소설 속에서 교사들은 계몽적인 지식인의 모습

8) 양귀자, 「슬픔도 힘이 된다」, 『슬픔도 힘이 된다』, 문학과지성사, 1993, p.153.

을 벗어 던지고 실천적인 지식인으로 거듭 날 것을 요구받는 시대적 인물로서 등장하게 된다.

양귀자의 「슬픔도 힘이 된다」(1989)는 '참교육'을 위해 나선 초중등 교사들의 그러한 인간적 고뇌와 갈등을 그리고 있다. 전교조를 결성하기까지 각자가 학교에서 겪어야 했던 고민과 갈등, 당국의 탄압에 맞서 끝까지 싸우지 못하고 중도에서 탈퇴 각서를 쓰고 스스로의 자괴감에 괴로워하는 교사의 모습은 학생들 옆에 있어야 할 교사들이 그들이 본래 있어야 할 교단에서 내쫓기면서까지 굽힐 수 없었던 그 '참교육'의 대의와 명분이 결코 포기할 수 없는 사회적, 시대적 명제였음을 뼈아프게 증언하고 있다.

양귀자의 「슬픔도 힘이 된다」가 전교조에 참여한 교사들의 고민과 갈등 그리고 그들의 문제 의식을 다루고 있다면, 김인숙의 「당신」은 전교조 해직 교사를 남편으로 두고 있는 한 아내의 인간적인 고민과 갈등을 그리고 있다.

'윤영'의 남편인 '김선생'은 처음부터 전교조에 적극적으로 참여할 정도로 적극적인 인물이 아니었다. 해직된 교사에게 문안 인사를 가는 학생들을 잘 단속하지 않는다고 교장으로부터 문책을 받던 김선생은 학생이 선생을 찾아뵙는 일을 못하게 할 수는 없다고 반발한다. 그런 김선생에게 교장은 김선생도 전교조냐고 반문한다. 김선생은 전교조에 가입한 사실이 없으면서도 홧김에 그렇다고 대답을 해버린다. 결국 김선생은 그 일로 인해 학교에서 쫓겨나게 된다. 남편의 해직 소식을 들은 윤영은 처음엔 말문이 막혔지만 곧 사태를 인식하고 현실을 받아들인다. 전교조가 사회 문제가 되면서 그녀도 어렴풋이나마 학교와 사회의 분위기를 알고 있었기 때문에 남편의 고민과 선택을 어느 정도 이해할 수 있을 것 같았기 때문이었다. 전교조 교사가 아니라고 하면 돈이나 밝히는 놈으로 알고, 전교조 교사라고 하면 빨갱이로 몰아붙이는 현실 속에서 어느 쪽의 선택도 원만할 수 없었던 것이다. 그러나 해직 기간이 일 년을 넘어가면서부터 점차 가정에 무관심한 듯한 남편이 원망스러워지기 시작한다. 다행히 시부모로부터 물려받은 2층 건물이 있어 거기에서 나오는 세를 받아 이럭저럭 살림을 꾸려가긴 했지만, 남편이 전교조 사무실을 들락거리기 시작하면서부터는 아예 집안 일엔 관심도 없어 보였기 때문이다. 아래층에 세 들어 있는 미장원의 세를 좀 인상해야겠다고 하니까 그 짓은 못하게 하면서 가정 살림이 어떻게 돌아가는지는 관심도 없으니 속이 터질 수밖에 없다.

> 전교조? 참교육? 올바른 사회? 웃기고 앉았네. 수신제가치국평천하라는 고리타분한 말을 들먹이자는 건 아니지만, 그러나 적어도 자기 식솔에게조차도 책임감을 느끼지 않는 자가 무슨 참교육이고, 무슨 올바른 선생이냐, 전교조도 좋고 참교육도 좋다. 그렇지만 그런 것에 헌신하려면 최소한의 인간적 책임은 지킬 줄 알아야 하는 게 아닌가. 정말 그가 양심 있는 자라면, 좋다, 전교존지 뭔지를 그만두란 소리도 안하겠다. 정말 그가 양심 있는 사람이라면 하다못해 일주일에 한 번씩 막노동 노가다판이라도 뛰어야 하는 게 아닌가. 단순히 돈을 벌어오라는 소리가 아니다. 아니, 백번 양보해서 가장의 노릇까지도 기대하지 않겠다. 최소한의 자기 몸뚱어리 하나는 책임져줘야 하는 게 아닌가. 용돈 궁하지 않고 밥 굶지 않는다는 이유 하나만으로 그는 어떻게 그렇게 당당히 자기가 하고 싶은 일 이외의 모든 것에서 손을 떼어버릴 수가 있단 말인가. 아래채 사람들에 대해서는 언제 어느 순간에라도 그렇게 너그럽고, 심지어는 송구스러워할 줄까지 아는 사람이면서, 그는 왜 땀 흘려 자신과 자신의 가족을 책임지려고 하지 않는 것인가.[9)]

9) 김인숙, 「당신」, 『당신』, 솔, 1996, p.247.

윤영은 그러한 남편의 모습 속에서 가정의 기대와 책임을 방기하고 신부가 되어 집을 나가버리는 바람에 가정을 풍비박산 나게 하고, 자신의 대학 진학도 물거품이 되어버리게 했던 친정 오빠의 모습을 발견한다. 남편이 올바른 사회, 올바른 교육을 위해 일하면 일할수록 자질구레한 일상의 삶만 자신이 떠안게 되는 현실 앞에서 윤영은 자신의 정체성에 대해 고민하기 시작한다. '자기 몫의 세상 현실'을 분간하고 싶은 것이 그녀의 욕망이었던 것이다.

양귀자의 「슬픔도 힘이 된다」가 전교조 교사들의 이야기이고 김인숙의 「당신」이 전교조 교사를 남편으로 둔 아내의 이야기라면, 최시한의 『모두 아름다운 아이들』 연작은 전교조 교사가 학교에서 쫓겨나기 전후에 학교에 남은 학생들의 이야기이다. 「허생전을 배우는 시간」의 '왜냐선생'은 「허생전」의 줄거리와 내용, 그리고 '허생'의 인물됨에 대하여 조목조목 대화로 학생들과 수업을 진행해간다. 유도식 질문으로 학생들 스스로 생각하게 하고 그 과정에서 소설의 의미를 읽어내게 하는 것이 '왜냐선생'의 수업 특징이다. 그는 「허생전」의 '허생'을 「홍길동전」의 '홍길동'과 비교해보기도 한다. 그리하여 '왜냐선생'은 실천적인 지식인과 계몽적인 지식인의 차이와 한계를 학생들에게 이해시키려고 노력하기도 한다.

연암 박지원의 「허생전」에 나오는 '허생'은 7년 동안 집안에 틀어박혀 책을 읽고 있던 선비다. 그는 자신의 공부가 무슨 소용이 있냐는 부인의 질책을 듣고 집을 나와 나라 안에서 제일 부자로 소문난 '변부자'에게 만 냥을 빌려 장삿길을 떠난다. 나라 안의 과일과 말총을 모두 사들여 가격이 폭등하자 이를 방매하는 식으로 거금을 모은다. 거금을 모은 후 허생은 나라 안의 모든 도적을 데리고 섬으로 들어가서 그곳에다 그들의 보금자리를 꾸미게 한다. 그런 후에 허생은 섬에서 글을 아는 자들을 모두 데리고 나오면서 배를 불살라 버린다. 자신이 모은 100만냥 중 50만냥은 바다에 버리고 나머지 돈을 가지고 전국을 돌아다니면서 가난뱅이들을 구제한 다음, 변부자에게 10만냥을 되갚는다. 그 후 그는 자신의 집으로 돌아온다. 그는 다만 자신의 재능을 시험해보았을 뿐 개인적인 이익을 취하지 않는다. 허생은 나라의 규모나 현실이 자신의 재능을 감당할 수 없음을 알고 자취를 감춘다. 그는 비록 나라를 부강하게 할 수 있는 경륜과 지혜가 있지만 사회가 자신의 능력을 감당하지 못함을 알고 스스로 물러나 자취를 감추는 것이다. 허생은 섬에서 '글을 아는 자'들을 모두 제거하여 화를 제거할 정도로 지식인의 한계와 병폐를 잘 알고 있는 인물이지만, 스스로 현실 속에서 물러나 자취를 감추는 것에서 알 수 있듯이 그 스스로도 참여하여 민중과 함께 하는 실천적 지식인의 모습을 끝까지 보여주지는 못하는 인물이다. '왜냐선생'은 그러한 허생의 한계를 학생들이 인식할 수 있도록 유도하지만 그 의미를 제대로 파악하는 학생은 말도 제대로 못하는 '박윤수'와 '선재' 정도에 불과할 뿐이다.

'왜냐선생'을 둘러싸고 뭔가 심상치 않은 분위기가 계속되더니 마침내 그의 수업은 계속되지 못하고 '왜냐선생'은 학교에서 쫓겨난다. 그의 출근은 교감과 교무주임 그리고 정체 불명의 사내들에 의해서 교문에서 저지 당한다. '왜냐선생'은 평소의 자신의 말대로 학생들을 더 잘 가르치기 위해서 교직원 노조에 가입한 교사였던 것이다. '왜냐선생'의 수업 시간에 대신 들어온 담임 선생은 다른 데 신경 쓰지 말고 공부나 하라고 하며, '누구든 자기 주장만 앞세워서는 안 된다. 민주주의는 다수결이다. 모든 의사 표시는 절차를 밟아 법대로 해야지, 남이 어쨌다고 우우 거기에 쏠려서는 못쓴다.'고 말하며 은근히 '왜냐선생'이 절차와 다수결의 원칙을 무시한 범법자인 것처럼 말한다. '왜냐선생'은 자신의 수업 시간에 학생들에게 가르친 것처럼 필요하다면 새 길을 닦아야 한다는 신념을 실천하지만 대부분의 동료 교사와 학생들은 무관심하게 이를 외면할 뿐이다. 평소에 말을 더듬던 '박윤수' 만이 운동장 한가운데 누워서 시위를 한다.

「반성문을 쓰는 시간」은 '왜냐선생'이 학교에서 쫓겨난 후 선재와 몇몇 반 아이들이 어느 노인의 집에서 자신들만의 '놀이판'을 벌리려다 발각되어 처벌을 받게 되는 이야기이며, 「모두 아름다운 아이들」은 '왜냐선생' 사건 때 시위를 하다가 처벌을 받았던 '윤수'가 3학년 선배들의 대입고사 직전에 열리는 기원의 밤 행사의 분위기를 망치는 이야기이다. 윤수는 처벌을 받고 난 후 학교 생활에 적응하지 못하며 이상한 짓만 하다가 '기원의 밤 행사'가 한창 열리고 있을 때 바바리 코트를 입고 뛰쳐나와 '모두가 승리하면 누가 패배하는가? 각자의 촛불을 끄면, 아무도 패배하지 않는다'는 식의 말을 하다가 입시생들로부터 집단 구타를 당한다. '나'는 평소 말썽만 부리고 담임 선생과 학생들에게 내놓은 놈 취급을 받던 말더듬이 윤수의 말이 맞다는 생각이 들기 시작한다. 이상한 것은 윤수가 아니라 세상 사람들이다. 윤수는 적자 생존의 정글의 법칙을 거부하고 모두가 패배하지 않고 아름답게 승리할 수 있는 길을 홀로 온몸으로 모색하고 있었던 것이다. '왜냐선생'의 「허생전」 수업은 그러한 윤수를 통해서 계속되고 있었던 것이다.

5. 대학 사회와 교수, 스승의 스승들

인간은 누구나 누군가로부터 가르침을 받으며, 또 한편으론 누군가를 가르치면서 살게 된다. 반드시 스승과 제자로 만난 사람이 아니라 하더라도 그것은 피할 수 없는 인간의 운명이다. 하물며 직업상 누군가를 가르쳐야 하는 사람들에게 그것은 운명 그 이상의 것이다. 직업으로서의 교사가 될 사람의 스승이 된다는 측면에서 교대나 사범대 교수의 위치는 각별하다. 하지만 사회 각 분야의 지도자를 양성하는 곳이 대학이라고 했을 때 대학에 몸담고 있는 교수라는 인간의 사회적 위치 또한 각별한 구석이 있다. 인류의 역사 속에서 대학의 설립

이래 교수는 그 사회의 최고 스승으로서 존경을 받아왔다. 대학교수는 당대 그 사회의 최고 지식인이자 엘리트였다. 그러나 한편에선 상아탑 속에 안주하여 이상과 현실, 이론과 실제를 구분하지 못하고 뜬구름 잡는 소리나 하고 있는 인간들로 여겨지기도 했다. 그렇다면 현재 우리 사회의 교수는 어떤 위치에 있는 존재들인가?

이태준의 「馬夫와 教授」(1933)는 자칫 교수란 존재들이 실상을 알지도 못하면서 입만 살아 잘난 척하는 꼴불견이 되기 쉽다는 사실을 보여주고 있다. 한 교수가 퇴근길에 여학교 앞에서 한 마부가 쓰러져 있는 말에게 가혹하게 채찍을 휘두르는 것을 목격한다. 주변의 학생들도 그런 모습을 보고 분개한다. 교수는 주위의 성화와 자신의 체면을 위해 마부에게 다가가 '아무리 동물이기로 당신 이익을 위해 저렇게 힘의 착취를 당하고 쓰러진 걸 왜 불쌍히 여길 줄 모르오?'하고 제법 유식한 티를 낸다. 그러자 마부는 '이를테면 댁이 나보다 더 이 말을 중히 여겨 하는 말이오?'하고 대꾸한다. 교수는 다시 동물을 불쌍히 여기는 마음은 자신이 더하다고 말한다. 그 말을 들은 마부는 뭘 모르면 가만히나 있으라는 식으로, 말이란 것은 쓰러졌을 때 이내 일으켜 세우지 못하면 죽고 마는 짐승이라, 병이 들어 약을 먹이고도 눕지 못하게 허리를 떠 매달아놓는 것이라고 말해준다. 이 말을 들은 교수는 말문이 막혀 슬그머니 뒤꽁무니를 뺀다. 이와 같이 근대식 대학 교육이 시작된 지 얼마 되지 않은 시기에 이미 교수란 존재의 실체가 한국 사회에서 부정적으로 그려지고 있음을 이 소설을 통해 알 수 있다.

최 학의 「하늘에는 잔별도 많아」(1994)는 현재 우리 사회에서 교수의 사회적 위상이 어떤 것인가를 다시 한번 실감나게 그린 소설이다. 국문학을 전공한 '주황경' 교수는 가족들이 모두 수안보 온천으로 떠난 날 대학 졸업식 식사문을 작성한다는 핑계로 혼자 집에 남아 시시콜콜 이 생각 저 생각에 골몰하고 있다. 국민학생이 읽는 '한용운 전기'를 읽으며 비현실적인 문장에 시비를 걸어보기도 하고, 현실성도 필요성도 없이 해마다 관례적으로 쓰고 읽고 하던 졸업식 식사문의 내용을 다시 고쳐 읽으며 말장난이나 하거나, 가까이 살고 있는 동료 교수를 만나서 대담하게 골목에 세워둔 차 옆에서 섹스를 하는 젊음이를 지켜보고만 있었다는 얘기를 듣거나, 에이즈에 걸린 수영 강사가 혼자 죽기 억울해서 그곳에 들락거리는 사모님들과 고의적으로 관계를 맺었다는 얘기를 주고받으며 희희덕거린다. 밥을 짓는 사이 해직된 교수의 문제와 재단 문제에 대해서 다시 생각을 해보기도 한다. 그러면서 비리 재단의 편에도 '이돈욱' 교수를 비롯한 개혁파 교수들의 입장에도 쉽게 동조할 수 없었던 자신의 입장을 다시 한번 정리해보기도 한다. 그러나 이 모든 것이 내가 밥을 먹기 위해 짓고 있는 밥이 다 될 때까지의 단순한 상념에 불과한 것이다. 밥이 다 되자 주황경 교수는 이 모든 것을 묻고 밥을 먹기로 한다. 결국 주황경 교수에겐 해직교수 이돈욱의 절박함도 한용운의 그 당당함도 시시콜콜한 이야기들도 자신이 먹고사는 문제의 중간에 심심풀이로 해보는 넋두리이고, 결국 이러한 것들은 자신의 밥 맛 없음의 문제만도 못한, 개의 교잡 문제만도 못한, 자신에겐 아무 의미가 없는 사소한 문제들이라고 생각하는 것이다.

이처럼 최 학의 「하늘에는 잔별도 많아」는 스스로 운명을 찾아 집 밖으로 뛰쳐나가는 개만도 못한 인간들만 득실거리는, 대학교수조차 한 시대 한 사회의 '성좌'가 되기는커녕 세상의 모든 일을 자신의 밥 맛 문제만도 못하게 생각하고 있는 수많은 '잔별' 중의 하나가 되어버린 사회의 모습을 적나라하게 그리고 있는 소설이다. 이 소설 속에 등장하는 '주황경' 교수를 통해 엿볼 수 있는 교수의 모습이란 것이 결국은 자신의 생존을 위해 모든 것을 합리화하는 간교한 이성의 부정적인 모습일 뿐이다. 만해 한용운의 그 단호하고 당당한 삶조차 그것이 일제 식민지 시대였기 때문에 가능했다는 식의 사고야말로 '주황경 교수'의 의식 수준을 적나라하게 보여주는 것이다. '식민지 시대였기 때문에 한용의 삶이 빛을 낼 수 있었다'는 식의 역설적인 논리는 거꾸로 식민지 시대가 아니기 때문에 그나마 친일파 소리를 듣지 않고 있어 다행스런 수많은 인간 군상들이 현실 속에서 활보하고 있음을 말해주고 있다.

민현기의 『교수들의 행진』(1996)에는 교수와 교수 사회의 부정적인 면이 집약되어 있다. 연구실이나 집이나 빈손으로 오는 손님은 받지 않는 「돈탈로치의 축제」에 나오는 '방교수'나 그의 스승 '남박사' 등은 돈만 밝히는 교수의 전형이다. 학위 논문 심사를 미끼로 식사대접, 술대접 등등 거마비 명목으로 학생들로부터 대접받는 것이 당연시 되어 있는 대학의 풍속도. 「천국의 폐쇄회로」는 인맥, 학맥, 지연, 학연이 총동원 된 권모술수식 교수 채용 방식이 그려져 있고, 「복수혈전」엔 공부를 하기 위해 경제적으로 이용한 후 교수가 되고나자 치밀한 행동으로 쓸모 없게 된 아내를 정신병자로 몰아 이혼하는 '현철홍' 교수와 같이 야비한 교수는 물론, 경쟁 관계에 있는 교수를 죽이기 위해 상대방의 강의 내용을 녹음하여 약점을 잡고, 입시부정도 서슴지 않는 교수들이 등장한다. 「홀로 아리랑」엔 진급 심사에서도 떨어질 정도로 학문 연구엔 관심도 없으면서 정치판만 기웃거리는 교수들의 군상이 나오며, 「맹교수의 무릎」엔 어용교수협의회를 조직하고 '문제교수' '문제학생'을 제거하기 위해 음모를 꾸미는 교활한 교수(狡獸)들이 등장한다. 맹교수는 적당히 이편저편을 상황에 따라 오가며 보신에만 신경 쓰면서 증권투자나 하며 재산 증식에 열을 올리고 있는 기회주의적인 인물이다. 「왕박사의 하루」에 나오는 '왕교수'는 제자들에게 신문 기사나 연구비를 받아내기 위한 논문 계획서를 대필시키고, 교사채용의 기부금과 관련된 이권에 개입하며, 주색잡기에 골몰하고, 마당발을 이용해서 남의 교통 사고 문제나 해결해주며 이권을 챙기는 파렴치한이다. 「교수는 무엇으로 사는가」에는 교통법규 위반을 눈감아달라고 조르다가 통하지 않자 인맥을 이용해 교통 경찰을 협박하는 '조교수', 총장 선거를 돕기 위해 과거 자기들이 당했던 도청 수법을 이용하여 교수들의 동태를 파악하고 약점을 잡아 발목을 잡으려고 하는 운동권 출신의 '강교수', 여학생을 불러 수작이나 하는 외국 유학파 교수, 고급 백화점만 들락거리면서 거들먹거리고 칫솔 하나까지 배달을 시키며, 공연히 우유나 배달시킨 양장피를 트집잡아 되돌려보내는 몰상식한 아줌마 교수 등등이 등장한다. 이들의 모습 속에서 '진정한 지식인이란 다른 사람을 위해서 자신의 모순된 삶을 사는 사람이며 다른 사람을 위해서 그 모순을 극복하는 사람'이라고 사르트르가 말했던 지식인의 모습을 발견하는 것은 어렵다. 그러나 학점을 미끼로 학생을 이용하는 교수도 나쁘지만 그것을 역이용하는 학생들도 순수하지만은 않다. 학점 때문에 교수를 협박하고 교수의 약점을 이용하는 학생들의 모습도 긍정적인 학생의 모습만은 아니다. 이렇듯 이 소설들은 우리 시대의 일그러진 교육 현장의 모습을 적나라하게 보여주고 있다.

6. 맺음말

이상으로 일제강점기부터 최근까지 한국 현대 소설 가운데에서 학교를 배경으로 한 소설들을 살펴보았다. 이러한 소설을 통해 우리의 교육현장과 교사들의 모습을 집중적으로 살펴본 것이다. 결론적으로 일제 강점기에 쓰여진 소설 속에는 식민지 근대 교육을 수용하고 정착시키기 위해 노력하는 선각자적인 교사의 모습과 근대 교육 제도와 내용을 올바로 체화하지 못하고 있는 교사와 학생들의 모습이 등장하고 있으며, 일제의 식민지 통치 세력에 의해서 교육 현장에서 추방되고 있는 조선인 교사의 모습이 나타나고 있음을 보았다.

해방 이후의 고속 성장 시대에 쓰여진 소설 속에 나타난 학교의 모습은 파시스트적인 당시 사회의 모습과 닮아 있었다. 이 시기에 학교 현장을 배경으로 쓰여진 소설 속에 등장하는 교사의 모습은 세 가지 유형으로 나타났다. 첫째는 학생들과 주위의 일에 무관심한 인물로서 이들은 사회의 현실에 무관심한 채 자신의 잇속만 챙기며 살아가고 있는 대부분의 사회 구성원들과 같은 인물들이다. 두 번째는 파시트적인 교사의 모습으로서 해방 이후 우리 사회를 지배해온 독재자들과 닮은꼴을 하고 있었다. 세 번째는 학생들에게 잘못된 것을 깨우쳐주려고 하는 계몽적인 지식인의 모습을 하고 있는 교사들이었다.

한편 산업화의 결과로 나타나기 시작한 도시와 농촌간의 괴리 현상은 농촌 지역 학생들의 상대적 박탈감과 상처 입은 동심을 드러낸 소설과 시대의 변화에 적응하지 못하는 교사들의 모습을 그린 소설 속에서 그 심각성을 드러내고 있었다.

해방 이후 수십 년 간 부패한 권력과 고속 성장의 뒷그늘에서 왜곡되고 소외되어온 한국의 교육 현장은 80년대 후반에 들어서면서부터 새로운 개혁을 요구받게 된다. 이 시기의 학교 현장 소설은 참교육을 주장하다가 해직된 전교조 출신의 교사들과 그 가족들의 고민과 고통 및 비인간적인 교육 현장을 그리고 있다. 이러한 소설에 등장하는 교사들은 실천적인 지식인으로서의 교사의 모습을 하고 있었다. 그러나 그들 주변과 교육 현장은 여전히 변화의 필요성에 둔감한 이기주의적인 동료 교사들과 학생, 학부모 등이 장악하고 있는 현실이 그려지기도 했다.

이 밖에 대학 사회와 교수들의 모습을 그린 소설 속에서는 대학 사회의 각종 비리의 주범으로서의 교수의 모습이 부정적으로 그려지고 있었다.

하근찬의 「여제자」처럼 삼십 년만에 옛날의 스승을 찾아오는 훈훈한 내용의 소설도 없는 것은 아니나, 우리의 근대교육 현장과 교육의 주요 주체인 교사와 교수들의 모습은 대부분의 소설 속에서 대체로 부정적으로 그려지고 있었다.

-≪현대문학이론연구≫ 2002.6.

3부 ▪▪ 평론과 속설

문학적 지성과 현실적 지성

-김병익의 평론-

1.

신문기자 출신의 평론가 김병익(1938∼)은 "내가 4·19 세대에 속해 있음을 나의 생애에 가장 큰 행운이라고 생각한다."[1]고 말했다. 우리는 이 말을 김병익 자신의 생물학적 세대에 대한 자기 규정인 동시에 자기 비평의 입지점에 대한 직접적인 언급으로 받아들일 수 있다. 그렇다면 우리 문학사에서 4·19 세대란 무엇인가? "이 세대의 문학은 삶의 내용과 정서, 지적 사유와 개념의 구성을 모국어로 수용하고 한국 문화적 체계로 용해하여 한글 문체로 표출하면서, 그 때까지 중국 혹은 서구의 인식적·미학적 체계로의 전단적 의존을 탈피하여 그것들을 우리 자신의 관점과 판단으로 재편성하는 주체적 작업을 모색"[2]하는 문학이다. 이것은 다시 말해 한글 세대 즉, "가짜 근대성의 표상인 일본 문자 체계의 극복"[3]을 말하는 주체적인 세대를 의미한다. 이러한 자기 세대의 정체성에 대한 인식과 자신감은 김현·김치

---

1) 김병익, 「모국어 세대와 모국어 문화」, 『숨은 진실과 문학』, 문학과지성사, 1994, p.1.
2) 김병익, 「4·19와 한글 세대의 문화」, 『열림과 일굼』, 문학과지성사, 1991, p.83.
3) 김병익, 앞의 책, p.12.

수·김주연 등과 함께 펴낸 『문학과 지성』(1970년 9월)의 창간호에서 도 볼 수 있다.

> [···] 우리의 태도는 한국의 문화 풍토, 혹은 사회·정치 풍토를 정확한 사관의 도움을 받아 이해하려는 노력을 전제로 한다. 그래서 우리가 취할 또 하나의 태도는 한국을 정확히 이해하기 위해서 한국의 제반 분야에 관한 탐구의 결과를 조심스럽게 주시하겠다는 것이다. [···][4]

문학을 감싸고 있는 정치·경제·.사회 전반에 대한 이러한 포괄적인 관심은 신문 기자 출신의 김병익에게 더욱 더 강하게 나타나는 특징이다. 50년대 이후, 우리 현대사의 정신사적 흐름을 실존주의로부터 인문주의·민주주의·민중주의의 흐름으로 파악할 때, 인문주의적인 전통 속에서 출발한 김병익의 비평은 이후 민주·민중의 시대를 거치면서 변화에 적절히 대응해나가면서, 한편으론 그 한계를 노출하게 된다.

2.

김병익이 평론 활동을 시작한 것은 김현의 권유로 『68문학』의 동인으로 참가하면서부터다. 그러나 그가 본격적인 평론 활동을 시작한 것은 70년대 들어서서 동아일보의 기자직에서 해직되면서였다. 김병익의 비평적 관심은 주로 소설 쪽으로 기울어져 있다. 이것은 그의 비평적 태도가 언어의 내재적 분석이나 유희를 즐기는 분석가이기보다, 그것을 포괄하여 작품을 사회의 전체적인 맥락 속에서 보고자 노력한

---

4) 김병익, 「김현과 '문지'」, 앞의 책, p.341에서 재인용.

문화론자의 그것에 가까움을 의미한다. 그의 평론집은[5] 전부 3부분으로 구성되어 있으며, 그 가운데 첫째 부분은 항상 정치 · 경제 · 사회 등의 문화 전반에 대한 비평에 바쳐지고 있음은 이를 단적으로 뒷받침해준다.

김병익의 평론은 자기와 같은 세대인 김승옥 · 이청준 · 홍성원 · 서정인 등의 60 · 70년대 작품에 대한 관심과 애정에서 비롯되고 있다. 그가 이들의 소설에서 읽어내는 것은 바로 자기 세대의 정체성이다. 「分斷意識의 文學的 展開」란 글에서 그는 6 · 25에 대한 문학적 인식이 김동리 · 황순원 · 하근찬 등 50년대 작가들의 일방적인 피해의식에서 60년대 김승옥과 이청준 소설의 내면화, 혹은 성장기적 각성의 과정을 거쳐 70년대 중반의 홍성원의 『남과 북』에서 자기화 되고 있다고 본다. 그가 여기에서 중요하게 본 것은 역사를 바라보는 주체적인 시각이 개인주의적 자아를 획득한 4 · 19세대에 의해서 비로소 형성되었다는 점이다.

이와 함께 김병익의 평론에서 중요하게 언급되고 있는 것은 문학과 현실의 거리문제이며, 문학의 그 문학됨에 대한 논의이다. 이러한 그의 관심은 '문학적 지성'과 '현실적 지성', 노동 '문학'과 '노동' 문학, 모더니즘과 리얼리즘, 브레이트와 루카치 등과 같은 형태의 고민으로 나타난다. 다음은 이와 관련된 언급들을 대략적으로 뽑아본 것이다.

> 1) 李淸俊은 현실과 진실 사이의 괴리 때문에 우리가 억압당하고 있다는 진단을 내리고 있다. 그런데 문학은 유일하게 욕망으로

---

5) 『狀況과 想像力』(문학과지성사, 1979), 『知性과 文學』(문학과지성사, 1982), 『들린 시대의 문학』(문학과지성사, 1985), 『전망을 위한 성찰』(문학과지성사, 1987), 『열림과 일굼』(문학과지성사, 1991), 『숨은 진실과 문학』(문학과지성사, 1994), 이 밖에 『한국문단사』, 『한국문학의 의식』, 『현대 한국 문학의 이론』(공저), 『두 열림을 향하여』(선집)과 『부드러움의 힘』, 『愚公의 호수를 보며』 등의 산문집이 있다.

부터 해방된 자유체이며, 그렇기 때문에 억압하지 않는 문학을 통해 우리는 자유를 얻는다. 작가는 그 자유를 위해 글을 쓴다는 것이 이청준의 결론이다.[6](이청준)

2) 소설의 체계와 미학 속으로 용해되지 않는 知的 發言이란 바로 知的 發言, 소설이 아닌 다른 양식으로도 표현이 가능한 지적 발언일 뿐이며 따라서 여전히 現實的 知性으로 남아 있는 것일 밖에 없다. 그것은 문학의 경우 활자로만 나타난 역사와 현실, 민족과 민중일 뿐이며 겉으로만 드러난 지성일 뿐이다. 활자로, 문면으로만 나타난 이 지적 발언들은 그것이 문학적 지성으로 변형되지 않는 한, 오히려 진정한 역사와 현실, 참된 민족과 민중의 뜻은 고착되고 은폐될 위험을 갖고 있다.[7](서정인)

3) 기법과 정신에서의 낭만주의적 성격과 주제의 사실주의적 관점이란 것은 어쩌면 기이한 인상을 줄지도 모른다. […] 여하튼 우리가 자유로운 상상력의 풍요로움을 통해 바라볼 때 『난장이』의 그 주제와 방법, 정신과 태도의 대립은 창작품이 지닌 현실성과 문학성, 시대성과 영원성의 대립을 드러냄으로써 그것을 지양시켜주는 효과를 얻게 될 것이다. 우리는 이것을 순수와 참여의 대립된 견해를 극복시키는 하나의 범례로 보아도 좋을 것이다.[8](조세희)

4) 작가란 자기 계급에 충실하든 그것에 배반하든, 계급적 이해관계에 순응하기 보다는 그것들의 역학 관계를 통찰하며, 장인적 언어 탐구를 통해 새로운 지평으로의 의식의 확대와 개척을 수행해야 한다는 것, 그리고 자신의 존재 의미를 글쓰는 신분으로서가 아니라 행위로써 자기 증명해야 한다는 것을 뜻한다.[9]

---

6) 김병익, 「왜 글을 쓰는가」, 『상황과 상상력』, 문학과지성사, 1979, p.89.
7) 김병익, 「同化와 現實」, 위의 책, p.258.
8) 김병익, 「對立的 世界觀과 美學」, 위의 책, p.213.
9) 김병익, 「작가란 무엇인가」, 『전망을 위한 성찰』, 문학과지성사, 1987, p.123.

5) 나는 여기서 문학으로서, 그리고 '노동문학'으로서 뛰어난 감동을 받은 박태순의 중편 「밤길의 사람들」과 고리키의 '자전적소설' 3부작 『어린 시절』『세상 속으로』『나의 대학』에 대한 간략한 소감으로 결론을 대신해야겠다. 이 결론은, '노동문서'와 함께 '노동'문학의 현장적 효용을 중시하면서도 노동'문학'의 발전적 전개가 요구되어야 한다는 관점에서 이 작품들이 주는 의미를 음미하기 위한 것이다.[10]

1)에서 보여지듯 김병익이 이청준의 소설 「言語社會學序說」, 「소문의 壁」, 「쓰여지지 않는 自敍傳」 등에서 읽고 있는 것은 작가는 왜 글을 쓰며, 문학이란 무엇인가 하는 궁극적인 문제이다. 그가 이청준의 소설을 통해 말하고 있는 것은 결국 문학의 초월성이며 자율성이다. 문학은 현실적으로 유용한 것이 아니기 때문에 억압적이지 않고, 작가는 현실적으로 세계를 지배하려 하지 않는 다는 점에서 다른 지도자와 다른, 고된 진실의 순례를 떠나야하는 숙명적인 이상주의자일 뿐이라는 것이다.

또한 그는 2)와 3)에서 문학의 그 문학됨에 대해 말하고 있다. 70 · 80년대의 문학적 현실을 염두에 둔 위의 발언은 한마디로 문학 속에 들어온 현실은 문학적 회로를 거쳐야 된다는 말로 요약할 수 있다. 문학적 지성과 현실적 지성은 혼돈되어서는 안 된다는 것이다. 문학적 지성은 단순한 민족문제나 민중문제의 소재적 차원이 아니며, 현실 참여적인 지성의 발언을 문학적 구성과 문체를 통해 발산하면서 이 세계와 인간을 감성화 시킨다는 것이 그의 주장이다. 이 말은 다시 소설에서의 내용과 형식이 갈등적인 관계가 아니라 서로 연계되고 보완적인 관계라는 말과 연관되어있다.

---

10) 김병익, 「'노동'문학과 노동'문학'」, 『열림과 일굼』, 문학과지성사, 1991, p.159.

김병익은 이러한 요구 조건을 만족시켜주는 70년대의 대표적인 작품이 조세희가 쓴 『난장이가 쏘아 올린 작은 공』이라고 보고 있다. 그는 이 소설이 "근대적인 산업 사회로 넘어가는 경제적 사회 구조 변화와 그 과도 속에서 함몰되어 가는 뿌리 뽑힌 사람들의 잔혹한 삶이라는 70년대적인 양상"을 다루고 있으며, 이러한 변화와 비인간성에 대해 우리가 어떻게 느끼고 무엇을 생각하고 행동해야 하는가라는 자기 반성과 상황적 성찰을 보여주고 있어서 충격적이었다고 전제하고, 이러한 충격은 문학적인 측면에서 더 두드러진 것이었다고 말하고 있다. 이 작품이 취하고 있는 "사실주의적 관찰법과 그 관찰을 기술하는 데 있어서의 極寫實主義的인 수법이 反사실주의적인 문체 실험과 결합되어 있다는 데서 그 충격을 획득하고 있다"[11]는 것이다. 그는 참여와 순수, 리얼리즘과 반리얼리즘의 70년대의 문학적 대립이 조세희의 소설에서 완벽하게 융합하고 있으며, 그의 소설은 70년대 상황의 극적인 결정체였다는 것이다.

그러나 이와 같은 행복한 융합은 80년대의 문학적 현실 속에선 찾아보기 힘들다. 4)와 5)는 80년대의 복잡한 현실 속에서도 김병익이 견지하고자 했던 생각들이다. 그는 노동소설의 중요성을 인식하지 못한 것은 아니었으나 노동소설의 비문학성에 대해선 부정적이었다. 문학은 현실적 문제의 직접적인 해결보다는 인간의 내면의 구원에 기여한다는 그의 기본적인 생각은 "사회 변혁을 위한 문학도 '문학 예술로서의 격'을 지켜야"하며, "'리얼리즘적 규율'도 감동에 근거해야 한다"는 말속에 깊게 스며있다.

11) 김병익, 「새로운 한국만학의 모색을 위하여」, 『지성과 문학』, 문학과지성사, 1982, pp.199~200.

3.

김병익은 4·19세대의 인문주의적 시각을 계속해서 유지하고 있는 비평가이며, 현실의 문제를 끊임없이 고민해온 지성이다. 그는 주어진 체제 안에서 체제의 모델을 계속해서 탐구했으며, 계급보다는 계층적 시각에서, 민중보다는 시민의 관점으로 사회를 보고자 했다. 그는 주도적 계층으로서의 중산층에 대해 깊은 관심을 표시하면서도 현재의 천박한 중산층의 문화에 대해선 회의적이었다. 그가 꿈꾼 것은 이 사회의 정치적 혁명이 아니라 문화적 다양성·다원성을 바탕으로 한 문화적 민주주의였다. 그는 스스로도 지적하고 있듯이 "민족적 정체성을 근원적으로 파괴하는 분단의 상황과, 사회구성체적 모순을 체화하는 자본주의 체제를 움직일 수 없는 현실 조건으로 회의 없이 수락해 버리고 말아버린"[12] 4·19 세대의 인식론적 한계에 갇혀있다. 이 한계의 극복을 김병익은 그 다음의 과학주의 세대에게 새로운 탐색과 개척의 과제로 미루고 있다.

필자는 김원일의 근작 『그곳에 이르는 먼길』이라는 소설에 대한 김병익의 비평문에서 "문학은 문학으로써만이 그 병든 삶의 모습을 진지하게 들여다보고 그 병과 싸울 수 있는 힘을 길러낸다는 것을 우리에게 가르쳐 준다"는 부정할 수 없는 낯익은 문장과 마주한 채, 혹시 우리의 역사가 그의 말대로 어떤 추상도 진보도 아니며 오직 <웬수질일>의 반복이 아닌가 생각해 본다. (1995)

12) 김병익, 「모국어 세대와 모국어 문화」, 『숨은 진실과 문학』, 문학과지성사, 1994, p.13.

위기 의식의 문학

-김태현의 평론-

김태현은 1983년 무크지 『문학의 시대』의 편집 동인으로 참여하면서부터 비평 활동을 시작하여, 이미 『열린 세계의 문학』(1988), 『그리움의 비평』(1991) 등의 평론집을 내놓고 있는 평론가이다. 그의 평론 활동은 분단 상황과 시대에 대한 위기 의식에서 출발하고 있다. 그는 해방 이후의 한국문학을 개괄하는 글(「해방 후 한국문학의 특성」)에서, 해방 이후를 분단시대로 정의하고 '민족의 동질성 회복'에 주력한 작가와 그들의 작품에 관심의 초점을 맞추고 있다.

그에 의하면 해방 직후 채만식의 「맹순사」, 이태준의 「해방전후」, 계용묵의 「별을 헨다」, 황순원의 「두꺼비」 등은 "이 시절의 사회의 구조적 모습을 제각기 잘 보여줌으로써 민족의 동질성을 우회적으로 강조했던" 중요한 문학적 결실로 평가되고 있다.

50년대 민족의 시대적 아픔과 분단에 관심을 기울인 소설로서 김동리의 「밀다원시대」, 황순원의 『카인의 후예』 『나무들 비탈에 서다』, 김성한의 「바비도」, 장용학의 「요한시집」, 손창섭의 「혈서」 「잉여인간」, 서기원의 「암사지도」, 하근찬의 「수난이대」, 이범선의 「오발탄」, 이문희의 「흑맥」 등을 주목하고 있다.

그는 또한 60년대에 민족의 동질성 회복의 길을 재촉한 것은 4·19

였다고 평가하고, 최인훈의 『광장』은 "남북 간의 이데올로기적 대립의 양상을 균형 있는 안목으로 서술하려고 애썼던 문제작"이었다고 평가한다.

또한 김태현은 분단 극복에 관한 진지하고 오랜 탐색이 알차게 이루어진 시대로써 70년대를 주목하고 있다. 박완서의 『나목』, 황석영의 「한씨 연대기」, 홍성원의 『남과 북』, 신상웅의 『심야의 정담』, 박태순의 「홍역」, 이호철의 『이단자』, 김원일의 『어둠의 혼』, 이문구의 『관촌수필』, 윤흥길의 「장마」, 송기원의 『월행』, 현기영의 『순이삼촌』, 김춘복의 『계절풍』, 유재용의 「고목」, 전상국의 『바람난 마을』 등의 소설과 조태일, 고은, 문익환, 정희성, 김준태, 이성부 등의 시에 주목하고 있는 것이 그것이다. 그의 위기 의식은 이러한 70년대의 분단 극복의 열기가 80년 봄 신군부의 등장으로 무참히 짓밟힌 현실로부터 비롯되고 있다. 그가 지속적으로 가장 절박하게 요구한 것은 "문학에서 꿈으로 표현되는 그 통일이 현실로 나타나는 것"이었다.

이와 같은 그의 기본적 시각을 고려하면, 이문열의 『영웅시대』가 "분단 극복 의식이 별로 나타나지 않고 있어서 기존의 분단 극복 의식을 보여준 소설의 수준만큼도 도달하지 못"한 '황당한 관념 소설'이라든가, 최인호, 김홍신, 이외수 등의 소설은 '위기의 시대'를 악용한 저질의 상품소설이라고 다소 과격하게 매도하는 그의 비평적 태도가 이해될 수 있다.

한편 그는 오정희의 『바람의 넋』을 평가하는 글에서, "오정희가 세속적으로 유복한 조건을 갖춘 여인들의 위로 받을 길 없는 절망감에 상당한 관심을 두고 있다"고 전제하고, 하지만 이 소설집에 등장하고 있는 "여주인공들이 공통적으로 느끼고 있는 것은 그 절망이 북적대는 시정이나 소용돌이치는 역사의 현장에서 발생하는 것이 아니라는" 점에 불만을 토로하고 있다. 아무래도 그는 섬세한 관찰로 인간의 내면 세계를 탐구하는 것보다는 사회·역사적 현실을 날카롭게 조형하는 일에 더 많은 관심을 보이고 있는 것 같다. (1995)

지식 생산 시스템의 안과 밖, 그리고 사이

-대학, 재단을 넘어 교육부를 넘어 일류를 넘어-

1.

수능시험 비리 문제로 온 나라가 시끄럽다. 대학입시 문제는 항상 시끄러웠다. 그 동안 교육 문제의 중심에 대학입시 문제가 자리잡고 있었다. 교육개혁은 대학입시 문제와 항상 연결되어 있었다. 교육개혁에 관한 시비는 언제나 대학입시 문제에서 시작해서 대학입시 문제로 끝났다. 더 이상의 진전은 없었다. 그러나 여전히 대학의 입시 문제는 골칫거리로 남아있다. 여전히 세인들의 교육에 대한 관심은 대학입시에 집중되어 있으며 자녀들의 대학 입학과 함께 그것 또한 끝난다. 대학입시는 교육의 끝이 아니라 시작임에도 불구하고 이 땅의 학부모들은 대학 입학과 함께 교육문제는 일단락된다고 생각한다. 초등학교 교육과 중등학교 교육이 물론 나름대로의 정체성과 의의를 지니고 있는 것임에도 불구하고 그 모든 것들은 대학에 가기 위해 거쳐야할 과정으로 취급되는 것도 문제지만, 자녀들이 정작 대학에 입학하는 것과 동시에 학부모들이 교육에 대한 관심을 접는 것이 문제다. 수학능력시험은 그야말로 말 그대로 대학에서 공부할 수 있는 능력이 있는지 없는지를 시험하는 시험임에도 불구하고 수험생들과 학부모들은 이 시험에 인생의 승부를 모두 건다. 그래서 수능시험은 수학 능력의 유무를 측정하는 시험이 아니라 남은 인생의 성공 여부를 판가름하는 시험으로 변질되고 만다. 이미 수능시험은 단순한 수학능력 시험이 아니라 인생의 승패를 좌우하는 '거사'가 되고, 그래서 전국의 사찰과 교회 그리고 기도처에선 수험생의 능력과는 상관없이 좋은 점수를 얻기 바라는 학부모들의 온갖 주술적인 행위가 극성을 부리고 방송과 언론 또한 해마다 이를 당연하다는 듯이 보도한다.

그러나 이 모든 것들이 단순히 대학에 가기 위한 것만은 아니다. 이미 대학의 입학 정원이 고등학교 졸업생 수를 넘어섰으니 이치를 따져보면 대학에 못 갈 고등학교 졸업생이 이 나라 안에는 없다. 수능시험의 점수나 수학능력과는 아무 상관없이 대학에 갈 수 있는 구조적 조건이 갖춰져 있는 것이다. 문제는 어느 대학의 어느 학과를 가느냐에 있다. 수능시험의 점수에 따라서 서열화된 대학의 서열화된 학과 중 수위 대학의 수위 학과를 선택할 수 있는 현실적 자격이 주어진다. 대학과 학과의 서열화는 단순히 대학이나 학문의 수준이나 중요성을 반영하는 것이 아니라 졸업 후의 취업 및 경제적 수입과 맞물려 있는 문제다. 그러므로 수능시험의 점수는 잠재적으로, 그러나 지극히 현실적으로 장래의 경제적인 수입과 맞물려 있는 문제인 것이다. 수험생과 학부모들이 결코 가볍게 넘어갈 수 없는 문제의 원인이 여기에 있다. 일부 수험생과 학부모들이 부정한 방법을 통해서라도 좋은 점수를 받아 좀 더 '좋은 대학'에 가려고 하는 원인도 여기에 있는 것이다. 결과적으로 그것은 단순히 점수에 대한 욕심이 아니라 안정적 지위와 돈에 대한 욕심인 것이다.

그러면 수험생이면 누구나 가고 싶고 학부모면 누구나 보내고 싶은 그 '좋은 대학', 소위 '명문대' 혹은 '일류대'는 정말 좋은 대학인가? 언론이나 평가기관의 대학 평가 결과가 일반인들이 알고 있는 서열화된 대학의 순차와 대강 일치하니 그렇게 생각할 수도 있다. 그러나 우리 나라 대학의 교수 1인당 학생수가 48.6명으로 초등학교의 35명보다 많으며 OECD 국가의 14.5명에 훨씬 미치지 못하고 있는 상황을 보면 뭔가 의심스럽다. 세계 100위권 대학에 우리 나라의 명문대, 일류대라고 하는 대학들 가운데 하나도 들어가 있지 않은 것을 보면 그 명문 혹은 일류는 우리끼리의 얘기인 것 같다. 물론 그 평가란 것이 교수의 논문 발표 건수라든가 교수 1인당 학생 수와 같은 지극히 형식적인 평가에 근거한 것이긴 하지만, 우리 나라의 대학들이 뭔가 문제를 가지고 있다는 의심을 거두기는 어렵다. 기부금을 받아 교수 1인당 학생 수를 OECD 수준도 아니고 그냥 1 : 20 정도의 수준으로 낮춰보겠다고 하는 어느 명문대의 사정을 듣고 있으면 우리 나라 대학들의 가장 기본적인 교육조건이 얼마나 열악한 것인지를 짐작할 수 있다. 그럼에도 불구하고 대학의 정원은 고등학교 졸업생 수를 넘어서는 기이한 현상이 벌어지고 있다. 세계 어느 나라에서도 벌어지지 않고 있는 현상이 벌어지고 있는 것이다. 상급학교의 정원이 하급학교의 정원보다 더 많고 상급학교의 교육 조건이 하급학교의 교육 조건보다 더 열악한 기이한 현상이 우리 나라에서 벌어지고 있다. 숫자에 민감한 공무원들이 그 단순한 계산을 못해서 그런 현상이 벌어지게 되었다고 믿기는 어렵다. 90년대 이후 더 증가한 신설대학의 수를 보면 이러한 것들이 장기적인 계획에서 나타나기 마련인 오차라고 볼 수도 없다. 10년도 안 되는 시간에 일곱·여덟 개의 대학을 동일인과 그 재단 관계자들에게 인가해주고, 지속적인 증원·증과는 물론 이전까지 승인해준 교육부의 행각을 보면 문제의 한 원인을 짐작할 수 있다.[1]

실사가 따르지 않는 서류상의 심사만으로는 최소한의 대학 설립인가 조건조차 충족하고 있는지를 판가름할 수 없다. 서류상으로 형식상의 몇몇 인가조건이 충족되어 있다고 하더라도 실제의 사정은 이와

1) 이 문제에 관해서는 졸고, 「교육투기냐 교육정책이냐: 서남대학교 설립자 이홍하와 교육부」, ≪인물과사상≫, 2000년 9월호 참조.

다른 경우가 많기 때문이다. 교수확보율이 비록 높더라도 확보된 교수의 질을 평가하게 되어있지 않은 상황에서 확보된 교수의 자질을 믿을 수 있는가 없는 가도 문제지만, 확보되어 있다고 하는 교사(校舍)나 시설들이 실제로 사용할 수 있는 것인지 없는 것인지는 실사를 통하지 않고서는 확인할 수 없기 때문이다. 믿을 만한 실사가 따르지 않을 때, 사실상 실사를 하지 않는다는 설립자와 관계자 쪽의 '암묵적인 동의'가 있을 경우에 재단 측의 서류보고는 얼마든지 허위 사실을 기재할 가능성이 열려있는 것이다. 사실상의 동일인에게 10년 사이에 일곱·여덟 개의 대학을 설립 인가해준 예가 그것을 말해준다. '교육비리의 몸통은 교육부다'는 세간의 의혹을 떨쳐버리기 위해선 보다 엄격한 설립 기준의 강화도 문제지만, 기존의 설립 조건을 제대로 갖추고 있는지의 여부를 실사를 통해 확인하는 실무 행정이 선행되어야 할 것이다. 교육부는 그 동안 인력의 부족으로 사실상의 실사가 어렵다는 핑계를 대왔다. 불신의 대상이 되고 있는 교육부의 실사보다는 믿을 만한 평가 기관에 위탁하던가 지역사회의 믿을 만한 단체와 사람 그리고 전문가들로 구성된 평가 기관을 필요에 따라 구성하여 평가서를 제출하게 하는 방법도 생각해봐야 한다.

2.

현재의 대학의 위기를 재단이나 학교 경영자들은 대학 경영의 위기로 받아들이고 있다. 교육사업인 대학의 문제를 '교육'의 위기 측면에서 바라보기보다는 '사업'의 위기로 인식하고 있는 면이 강하다. 무분별한 대학의 양적 팽창으로 인하여 대학의 정원이 고등학교의 졸업생 수보다 많아짐에 따라서 정원을 채우지 못하는 미달 학교들이 늘어났기 때문이다. 등록금 의존율(70%)이 절대적인 우리 나라의 사학의 경우 정원 미달은 곧 수입의 감소를 의미한다. 재단의 전입금이나 수익사업이 미미하거나 애초에 믿지 못할 허위보고 항목인 경우가 많은 사실에 비추어 볼 때 사학들의 등록금 의존은 절대적일 수밖에 없다. 따라서 정원 미달은 곧바로 대학의 경영 위기로 연결된다. 그러므로 지금 대학의 위기를 운운하는 것은 교육적인 측면에서보다는 사업적인 손익계산에서 비롯된 것이다. 그것은 무분별한 대학 설립을 추진해온 사학 재단과 이를 묵인하고 조장한 교육부의 책임이 크다. 자격미달의 대학을 무분별하게 설립하고 이를 인가해주었을 때 이미 예상했어야할 문제였다.[2] 문제는 지금의 대학 위기가 단순한 사업상의 위기가 아니라는데 있다. 고등교육 기관으로서의 우리 나라의 대학의 위상이 흔들린 것은 이미 오래 전부터였다. 진리탐구와 학문추구라는 대학의 전통적 이상은 물론 사회나 기업에서 요구하는 인재들 또한 제대로 양성해내지 못하고 있다는 비판을 받아온 것이 이미 오래다. 또한 우리 나라의 대학이 국제 경쟁력을 갖추지 못하고 있다는 사실도 잘 알려져 있다. 따라서 현재의 대학의 위기 문제는 정원 미달로 인한 경영상의 사업적 차원에서가 아니라 대학의 본질과 사회적 위상의 차원에서 다시 검토되어야 한다.

우리 나라 대학의 근본적인 문제는 대학의 80%를 재정상태가 취약한 사립 재단에 의존하고 있는 현실에서 비롯된 것이다. 사회적 공공성이 강조되어야 할 교육사업이 개인의 손에 맡겨져 있을 때 사회적 공공성이나 교육적 측면보다는 안전한 개인의 수익사업으로 전락될 위험성을 항상 내포하고 있게 된다. 어려운 교육환경 속에서도 계속

2) 교육부의 잘못된 정책과 행정으로 인하여 야기된 대학의 양적 팽창과 이에 따른 비리 사학의 폐해는 전적으로 학부모들과 학생들에게 돌아갔다. 또한 부실한 교육 환경에서 적절한 교육을 받지 못한 대학졸업생들의 문제는 이제 사회가 떠안게 되었다. 대졸 실업자의 증가는 단순히 경기 침체로 설명할 수 없는 면이 있다. 이제 교육부는 자신들이 설립 인가해준 대학들을 폐교로 유인해야 하는 모순된 상황에 처해 있다.

증가하고 있는 사학의 부동산과 예치금, 그리고 심심하면 터져 나오는 사학 재단의 비리와 횡령 사건은 이를 반증해주고 있다. 이것을 일부 사학 재단만의 문제라고 보기엔 무리가 있다.

식민지 근대 이후 열악한 국가 재정이나 명분 없는 국가 권력을 대신하여 인재를 양성하고 지식을 보급해온 사학의 전통과 공을 전면적으로 부정하기는 힘들다. 그러나 시대가 변하고 사회가 변화하였음에도 불구하고 사회적 공공성이 강조되어야 할 교육을 여전히 개인의 사업 대상으로 인정함은 물론, 한 나라의 고등 교육의 절대적인 비중을 사립에 의존하고 있는 현실은 문제일 수밖에 없다. 더군다나 사립이라고는 하나 운영비의 절대적인 비중을 학생들의 등록금에 의존하고 있는 대부분의 사립대학의 상황을 고려해볼 때 사립대학의 존립명분이 의심스럽기까지 하다. 나아가 사학 재단의 기여도에 비해 사실상 재단에 전적으로 귀속되어 있는 인사권과 운영권은 사학 비리의 온상이 되고 있으며 대학의 발전을 가로막는 장애물이 되고 있다. 문제는 이러한 상태에서 대학의 질적인 발전은커녕 생존조차 어렵게 된 상황 변화에 있다. 비록 열악하나마 대학의 양적인 팽창은 고등교육의 대중화를 선도해온 것도 사실이다. 그러나 과도한 양적 팽창은 제 살 갉아먹기 식의 경쟁을 부추겨 대학들 모두의 생존을 위협하는 지경에까지 이르게 만들었다. 이러한 자해적인 경쟁은 대학의 본질적인 이상은커녕 치열한 국제경쟁 속에서 살아남을 수 있는 지식과 인재를 양성해내야 하는 국가와 사회의 현실적 요구와도 부합할 수 없게 된 것이다.

결과적으로 우후죽순처럼 난립해있는 대학들을 정리하여 경쟁력 있는 대학으로 만들어가기 위해서는 그 동안 사학이 떠맡아온 고등교육의 절대적인 비중을 국가나 사회가 대신해나가고, 자생력이 없고 경쟁력이 없는 대학들은 퇴출을 유도해나가는 것이 국가의 과제로 남게 되었다.

그런 의미에서 현재 정부가 주도하고 있는 대학 개혁의 방향은 나름대로 의의를 가지고 있다고 볼 수 있다. 선택과 집중을 통한 전략적 대학 지원, 대학정원을 감축하는 총량적 차원의 구조조정, 교수평가 강화를 통한 수월성 제고, 대학 교육의 실용성 강화 등[3]이 그것이다. 어차피 지금의 대학을 모두 안고서는 갈 수가 없는 것이라면 선택과 집중의 원리에 의해 경쟁력 있는 대학을 키워나갈 수밖에 없다. 선택의 기준으론 우선 학문의 특성과 지역적인 안배를 고려해 봐야 할 것이다. 정부는 얼마 전부터 대학의 특성화를 요구해왔다. 현재의 획일화된 대학의 학문(학과)적 구성으로는 변별력 있는 대학의 특성을 살리기가 힘들다는 판단에서 비롯된 것이다. 우선 실업 교육을 위주로 해야 할 전문대학과 학문 연구에 초점을 두어야 할 4년제 대학이 구분되어야 하며, 4년제 대학 중에서도 기초 학문을 중심으로 한 연구 중심의 대학과 실용적인 지식이나 기술 개발에 초점을 두어야 할 대학을 구별해야 한다. 그에 따라 국립대와 사립대, 수도권 대학과 지방 대학 사이의 역할관계도 조정해야 할 것이다.

또한 양적으로 팽창되어 있는 정원을 점차적으로 축소해 나가야 하는 것도 당연하다. 여기에도 물론 학문적인 특성과 수요관계, 지역적인 안배는 물론 국립과 사립의 현실적인 상황을 고려해야 할 것이다. 또 교수평가를 통해 교수의 자질을 제고해야 함은 물론이다.(이 문제는 나중에 다시 언급할 것임) 대학의 특성에 따라 실용성 있는 교육을 집중적으로 실행해야 한다는 것에도 이의가 있을 수 없다. 그러나 이러한 정부의 대학개혁의 방향 속에 대학의 도덕성과 민주성, 투명성을 제고시킬 수 있는 방안이 들어 있지 않다는 지적에도 귀를 기울여야 한다.[4] 그 동안 사학의 발전을 가로막고 있었던 재단의 지배적인 소

---

3) 정부의 대학 개혁의 방향에 대해서는 「좌담: 주체적이고 세계적인 학문은 가능한가」, ≪창작과비평≫, 2004, 겨울호 참조.

4) 홍덕률, 「대학평가 · 학문평가를 평가한다」, ≪창작과비평≫, 2004, 겨울호.

유구조와 독단적인 전횡을 막기 위한 장치를 마련하고 재단 운영의 투명성과 민주성을 보장할 수 있는 구조를 정착시키는 방향으로 가야 한다.[5] 1994년부터 대학교육협의회에서 실시해온 대학종합평가도 대학의 재정상태나 발전계획의 타당성과 같은 대학의 전반적인 운영실태, 교수의 연구실적, 교수 확보율, 학생 복지, 교사(校舍)확보율, 교육용 기자재 구비율 등과 같은 외형적인 계량적 평가에 치우쳐 있어서 대학의 도덕성이나 민주성, 그리고 대학의 정체성을 평가할 만한 평가항목이 결여되어 있는 것이 현실이다. 대학의 도덕성과 민주성 그리고 정체성이 담보되어 있지 않을 때 대학, 특히 사립대학은 기술 전수소나 개인의 수익사업 단체로 전락할 수 있는 가능성 앞에 항상 노출되어 있는 것이나 마찬가지다.

3.

대학교수가 비판적 지성인이 아닌 단순한 직장인으로 전락했다는 지적은 이미 새롭지 않다. 한 사회의 양심이자 최고의 지성으로서 존경을 받는 교수의 이미지는 이미 사라진 지 오래다. 원래부터 그런 것은 존재하지 않은 것인지도 모른다. 교수가 되기 위해 지불해야 하는 수많은 날들의 모멸감과 박탈감은 이 사회가 교수를 지성인으로 키우기보다는 단순한 기능인이나 특정 집단의 하수인 정도로 키우려는 의도를 지니고 있는 것이 아닌가 하는 의구심을 가지게 만든다.

우수한 교수를 가려내겠다는 의도로 시행된 교수 재임용 제도는 일찍부터 정권이나 재단의 권력이 '문제교수'를 가려내는 데 악용되어 왔으며, 여전히 그 '전통'은 부조리한 사학 재단에 의해 계승되고

---

5) 이 문제에 관해서는 현재 국회에서 추진 중인 사립학교법 개정 과정을 지켜봐야 할 것 같다.

있다. 일부 사학에선 학생들의 정원 미달로 인한 재정적 손실을 교수들에게 떠넘기며, 교수 재임용제를 계약제의 의미로 변질시켜가며, 여차하면 합법적으로 자리에서 떨구어 낼 수 있는 전가의 보도처럼 사용하고 있기도 하다. 그런 대학에서 교수는 언제 떼일지 모르는 땅을 부치고 있는 소작인들처럼 재단의 눈치나 보며 재임용 때마다 알아서 기어야 하는 신세가 되어버렸다. 입시 때마다 학생들을 구걸하러 고등학교 교무실을 문턱이 닳도록 들락거려야 하는 것은 이제 일도 아니다. 연구와 교수, 사회 봉사는커녕 학생 구걸이 교수의 제일 덕목이 되어 버렸다. 교수의 품위는 온데간데없다. 교수 사전에 그런 말은 없다. 그렇다고 해서 그 핑계로 논문을 발표하지 않으면 그야말로 언제 목이 날아갈지도 모를 판이다. 논문발표는 재단의 교수 재임용을 위해서도 필요하고 외부의 대학 평가를 위해서도 필요하기 때문이다.

교수 재임용 제도가 교수의 숨통을 조이고 있는 재단의 도구라면 대학 평가는 교육부나 사회가 대학에 대해서 쥐고 있는 칼자루다. 그 평가에 따라 대학들은 공식적으로 서열화 되며 수험생들의 냉정한 평가를 받게 된다. 그나마 그러한 평가에 의해서 대학들의 수준을 점검해보고 질적인 변화를 모색할 수 있는 기회를 제공한다는 측면에서 대학 평가의 의미를 부정할 수만은 없다. 그러나 교육부나 대학교육협의회의 대학평가 방법이 특정 학술지에 발표된 교수의 연구 실적, 교수 확보율 등과 같은 수량적인 평가에 치우쳐 있어서 이미 학교 측과 교수들이 이를 쉽게 악용하고 있다는 데 있다. 연구실적을 늘리기 위해서 서로의 논문에 이름 올려주기, 특정 학교의 학회지나 지역학회지를 전국 규모의 학회지로 둔갑시키기 위해 이름을 빌려오고 빌려주기, 학회지의 등급을 끌어올리기 위해 서류 심사를 조작하는 일 따윈 이미 흔한 일이 되어버렸다. 개인 교수들도 논문 편수를 늘리기 위해서 될 수 있으면 하나의 주제를 여러 개로 쪼개서 소단위의 논문으로 만들고, 장기적이고 지속적인 연구보다는 단기간에 결과물이 나올 수 있는 단편적인 연구에 매달리고, 기존의 논문 틀에 맞추다보니 창의적인 방법이나 내용보다는 심사를 통과하기에 무난하다고 생각하는 내용과 방법을 선택하는 등 평가제도를 악용한 편의적인 방법을 선택하고 있다. 이러한 분위기 속에서 교수들에게 창의적이고 비판적이며 양심적인 학자의 모습을 기대하기는 어렵다. 그나마 전임강사 이상의 교수들은 학교에 일정한 자리가 있고 일정한 보수도 보장되어 있으니 사정이 나은 편이다. 비전임 교수의 경우는 거의 가능성이 없는 대학에 지원하기 위해서라도 단편적인 논문을 지속적으로 발표해야 하며, 이 대학 저 대학의 기준에 맞추기 위해 노력해야 한다.

한편 교육부나 대학교육협의회의 교수확보율 평가 항목은 대학의 교수 확보율을 끌어올리기 위한 목적에서 있는 것이겠지만, 학교에서는 겸임 교수제를 악용하여 교수 확보율을 끌어올리고 있다. 실제로 지방의 D대학의 경우 97년도에 겸임교수가 단 한 명이었던 것이 2년 후엔 161명으로 늘어났다. 같은 기간 동안에 전임 교수는 7명밖에 늘지 않았다. 하지만 44%였던 교수 확보율은 겸임교수의 확충으로 62.8%로 늘어나 입학정원을 자율적으로 정할 수 있는 교수 확보율인 55%를 넘겼다.[6] 이와 같이 대학에서 겸임 교수를 '선호'하는 것은 전임교수 월급의 몇 분의 일만으로도 써먹을 수 있고 보너스나 퇴직금도 줄 필요가 없는데다가 학교에 대한 발언권도 없고 쉽게 교체가 가능하다는 편리성과, 그럼에도 불구하고 교수 확보율로 일정하게 인정받을 수 있다는 장점 때문이다. 겸임교수의 채용을 통한 교수 확보율 높이기는 이미 전국적으로 유행하고 있다. 사실상의 비정규직인 이들 겸임 교수들은 전임도 강사도 아닌 어정쩡한 자신들의 입지에 대해 스스로도 혼란스러워 하고 있는 실정이다.

---

6) 「사립대 겸임교수제 악용, 낮은 보수로 교수확보율 높이기 급급」, ≪중앙일보≫, 1999.11.12.

사정이 더 딱한 것은 시간 강사들이다. 우리 나라 대학의 과반수 강의를 떠맡고 있으면서 '대우는 교수의 10분의 일' 정도밖에 되지 않는 이들의 존재는 한국 대학 사회의 그늘 그 자체이다. "한국 대학은 강사의 고혈 위에 대책 없이 확장된 허술한 공주누각"[7]이다. 그 동안 한국 사회에서 진행된 민주화의 바람도 강사들에겐 미치지 못했다. 대학 수업의 반을 떠맡고 있으면서도 이들은 교수확보율에도 들어가지 않는 것에서도 알 수 있듯이 교수로서 인정도 받지 못하고 있는 이상한 존재들이다. 연구실은 물론 보너스도 퇴직금도 없다. 하지만 강의평가도 받아야하고 일정 논문을 제출해야 강사 자격도 인정받을 수 있다. 그러나 그것마저 무한정 할 수 있는 것이 아니다. 일정 기간이 지나면 다른 학교로 떠나야 한다. 이 모든 것이 전임이 되기 전까지 당연히 겪어야할 과정으로 인식될 뿐이다.

이와 같이 기존의 형식적인 교수 평가제와 대학 평가제는 기형적인 풍속을 대학에 정착시키고 있으면서 정작 개선해야 할 문제들 앞에선 별로 긍정적인 역할을 하지 못하고 있는 실정이다. 대학이나 교수에 대한 평가 제도가 그 긍정적인 의도에도 불구하고 그 실효성이 의심받을 수밖에 없는 것은 각 학교와 학문의 특수성 그리고 개별 교수들의 적성과 역할을 고려하지 않은 획일적인 평가기준과 이것의 획일적인 적용에서 비롯된 것이다. 전문대든 4년제든, 지방대든 서울에 있는 대학이든 우리 나라의 모든 대학과 교수들은 거의 동일한 평가 기준에 따라서 평가를 받는다. 특정 학술지에 발표한 논문 건수나 저서 수로써 평가를 받게 되어 있다. 그러다 보니 각 대학의 특성이나 학문적 특성 그리고 개별 교수들의 특성이 반영되어 있지 않다. 문제는 대학 측에도 있다. 사실상 현재 우리 나라의 대학들이 대부분 최소한의 교수만을 확보하고 있다 보니 각자의 적성과 주된 역할에 따라서 강의

7) 김형인, 「미국 대학 VS 한국 대학」, ≪중앙일보≫, 2004.11.29.

교수, 연구교수, 행정교수 등과 같이 특기와 적성에 따라서 교수들을 나눌 수 없는 형편이다. 교수들은 그때그때 맡겨지는 일들을 할 수밖에 없거나 동시에 이 모든 일들을 처리해야만 한다. 그러다 보니 자기 연구에만 몰두하는 교수는 강의나 학교 행정에 소홀할 수밖에 없고, 강의에 정력을 기울이는 교수는 자연히 연구나 학교 업무에 소홀할 수밖에 없다. 마찬가지로 학교 행정에 몰두하다보면 연구나 강의는 소홀할 수밖에 없는 것이 현실이다. 대학들 간에 변별력이 없는 것도 획일적인 평가 방법을 부채질하는 이유가 되고 있다. 사실상 우리 나라의 대학들은 대학 간에 학문적인 특수성이나 차이를 인정해줄만한 특성을 가지고 있지 못하다. 종합대학의 경우 서울대부터 지방대까지 백화점 식의 학과 구성은 천편일률적이다. 획일적인 평가방법은 획일적인 대학의 현실엔 어쩌면 당연한 것인지도 모른다.

4.

학술진흥재단의 학술지 평가나 지원 사업도 학교나 교수 평가의 문제점을 그대로 답습하고 있다. 아니 학술진흥재단의 학술지 평가 기준에 따라서 교수들의 연구 실적 평가 방법이 결정되었다고 볼 수 있다. 학술진흥재단의 등재지나 등재 후보지로서 갖추어야 할 자격 조건에 따라서 앞의 예에서 볼 수 있는 학교와 교수들의 행태가 나타난 것이다. 학술지의 발행 횟수, 회원의 전국분포도, 논문심사 탈락률, 편집위원의 연구실적 등의 평가 항목에 따라서 이것들의 요구조건을 맞추기 위한 학술지 개편 작업이 최근 몇 년 동안 벌어지고 있다. 그러나 이러한 학술진흥재단의 학술지 평가가 부정적인 것만은 아니다. 그 동안 전국에 난립되어 있었던 학회와 학회지들을 통일적인 기준에 의해서 정비할 수 있는 기회가 되었으며, 형식적인 부분도 있었으나 이로 인하여 지역간·학회간의 인적 교류가 활발하게 진행되었다는 점은 긍정적인 면들이다. 일정 기간 동안에 실제 학회비를 납부한 회원의 수를 고려한 회원수의 측정으로, 허수로 이름을 빌려준 사람들을 회원수에서 제외할 수 있는 장치를 마련한 것도 개선된 평가 방법이다. 하지만 그럼에도 불구하고 학진의 학술지 평가 방법이 형식적이고 수량적인 평가차원에 머물고 있다는 비판은 면할 수 없다. 학술지에 대한 일정한 평가가 터무니없는 수준의 학술지를 상향조정하는 역할도 했지만, 학술지를 일정한 틀 속에 가둠으로써 틀에 박힌 논문을 재생산해내는 시스템을 구축해놓은 결과가 되기도 했다. 창의적이고 실험적인 형식과 내용의 논문이 이러한 학술지에 실리기는 어려워 보인다. 학문의 성격에 따라서 편차는 있겠지만 실험적이고 창의적인 논문은 틀에 박힌 논문의 형식을 벗어난 것일 수 있다. 전통적인 학술지의 논문 형식에서 탈피한 자유로운 글쓰기를 인정해주고 권장할 필요도 있다. 그러기 위해선 기존의 학술지 중심의 연구실적 평가에서 벗어나 다양한 글쓰기, 예를 들어 문학의 경우엔 문학잡지나 다른 형식의 매체에 발표한 글까지를 일정하게 연구실적으로 인정할 수 있는 방안도 함께 마련해야 한다. 또한 교수의 재임용 문제나 연구실적 평가와 관련된 문제이기도 하지만 소단위 논문과 단행본 형식의 저서에 대한 차별적인 평가 방법도 마련해야 한다. 5년 10년 이상의 장기적인 연구가 필요한 부분에 대해서는 그 기간 동안의 연구 활동을 보장해줄 수 있는 제도를 정착시켜야 한다.

학술진흥재단의 지원 사업은 학술연구교수지원, 협동연구지원, 박사후연구지원, 선도연구지원, 신진교수연구지원, 기초학문 우수연구자지원, 기초학문 인문사회분야지원, 보호학문 시간강사지원 등 다양한 분야의 지원 프로그램을 가지고 있다. 여기에 연구소 지원을 포함하면 학진의 학술연구지원사업은 나름대로의 내용을 갖춘 꼴이 된다. 그러나 여기에도 문제는 있다. 대부분의 지원 사업이 3년 이하의 단기간이고 5년 이상의 중·장기적인 지원이 눈에 띄지 않는 다는 점과 지원 대상자가 특정 학교나 기관에 소속된 경우라야만 지원을 받을 수 있다는 점이다. 학문의 성격상 공동작업을 해야 하는 경우도 있지만 경우에 따라선 특정 학교나 기관에 소속되어 있을 경우 오히려 연구자의 자유로운 연구활동을 제약받을 수 있다는 단점이 있다. 특정 학교나 기관에 소속되어 있는 연구자들에 집중되어 있는 지원 사업을 앞으로는 개인에게로 확대해야 한다. 그리하여 대학이나 연구소에 자리 잡지 못하고 있는 연구인력들이 소신껏 자신의 프로그램에 따라 연구할 수 있는 물질적 토대를 제공해줘야 한다. 여러 가지 관리나 책임 문제가 있겠지만 방법은 있을 것이다.

그러나 이러한 모든 지원 사업이 사실상 누군가의 표현대로 '취로사업'의 성격에서 벗어나지 못하고 있다는 점이다. 무엇보다도 중요한 것은 연구자의 신분보장이다. 일찍이 맹자도 항산(恒産)이 없으면 항심(恒心)이 없다고 하지 않았는가? 그리고 체계적이고 지속적인 지원, 각 분야의 연구를 책임지고 수행할 수 있는 적절한 연구소와 연구인력 그리고 근본적인 학문의 육성 없이는 결국 임시방편의 소모적인 취로사업이 될 수밖에 없을 것이다.

5.

해외에 나가 있는 한국인 유학생이 18만 명을 넘어섰다. 8만 명 정도의 어학 연수생을 감안하더라도 10만 명 이상이 외국의 대학과 대학원에서 공부를 하고 있다는 소리다. 그들이 모두 국내에서는 배울 수 없는 희귀 학문을 하는 학생이라곤 생각하지 않는다. 국내 대학에 대한 불신과 국내 대학 출신들에 대한 일부의 편견이 유학을 부채질한 원인일 것이다. 국내의 130개 대학에 석·박사학위 과정이 개설되어 있으나[8] 몇몇 국학 관련 과정을 제외하면 단지 외국 유학을 위해 거쳐 가는 정거장의 역할을 할 뿐이다. 국제경쟁력을 위해서라도 학생들의 해외 유학은 부정적인 현상만은 아니다. 그러나 유학생들의 절대 다수가 미국 쪽에 치우쳐져 있는 현실에서 알 수 있듯이 학문의 다양성과 경쟁력 차원에서 유학 현상이 긍정적이기보다는 특정 국가에 대한 학문의 종속을 심화시키고 있다는 측면에서 우려할 만한 현상이기도 하다. 또한 우리 스스로 국내 대학에서 학위를 한 국내파들에 대한 불신이 유학을 권장하고 부추기는 원인의 하나라는 점도 심각한 문제다. 사실상 국내의 대학원이 제 역할을 하지 못하고 있는 현실 또한 부정할 수 없기 때문이다.

우리 나라의 대학은 대학원을 대학의 부속 시설 정도로 생각하고 있는 것이다. 대학원은 학부에 학과가 있으면 당연히 학부 교수가 부수적으로 하면 되는 정도로 인식하고 있다. 대학원 운영은 학부 운영의 부산물 정도로 생각하고 있는 것이 현실이다. 학부 교수가 '남는 시간'을 이용하여 대학원 강의를 하면 된다는 식인 것이다. 교수는 초과수당을 받으니 좋고 대학은 그냥 있는 시설에 대학원 학생만 더 받으면 되니 좋은 일이다. 그러다 보니 자기 모교에서 대학원까지 다니다보면 한 교수에게서 비슷한 수업을 대여섯 번씩 듣게 된다. 결국 공부는 알아서 해야 하는 것이 되고 학문에 대한 심화보다는 특정 교수에 대한 심화 학습이 되는 것이다.[9] 이러한 국내 대학의 풍경이 교

8) 「99학년도 80개대 대학원 정원 동결」, ≪한국일보≫, 1998.9.29.

9) 386세대는 데모나 하느라 수업을 듣지 않아서 아는 것도 없고 무식해서 일을 제대로 하지 못한다는 식의 일부 몰지각한 인사들의 평가에 대해서 나는 불만이 많다. 그거야말로 뭘 모르는 무식한 말이기 때문이다. 물론 386세대가 대학을 다니던 시절엔 휴강도 많았고 정치적 사건도 많아서 수업도 제대로 되지 않았고, 학생들이 강의실에 잘 들어가지 않은 것도 사실이다. 통치자가 조기방학을 지시해서 학기가 한 달이 짧아졌다는 말도 있다. 그러나 그렇다고 해서 그 세대가 공부를 하지 않아 무식하다는 말은 성립할 수 없다. 그것은 공부는 강의실에서 교수하고만 해야 한다는 편견에 불과하다.(교수들의 강의도 성의

수들 스스로도 자신들이 가르쳐놓은 국내 박사보다도 외국 박사를 선호하게 만드는 모순된 현상의 원인일 될 것이다.

신사유람단이 일본과 청나라를 오가며 외국문물을 구경하고 돌아온 이후에 우리는 지난 백 년간 서구의 문물을 배워오는 데 혼신의 힘을 기울였다. 그리하여 현재 세계 경제규모 12위라는 위업을 달성했다. 그간 외국에 나가서 선진 기술과 지식을 부지런히 배우고 돌아와 그것을 국내에 전파한 유학생들의 노고에 감사하지 않을 수 없다. 그러나 그에 따른 부작용도 없지 않았다. 귤이 회수를 건너면 탱자가 된다고 했던가? 외국에서 수입한 제도와 지식이 우리의 현실에 맞지 않거나 부작용을 일으킨 경우도 적지 않았다. 아직도 우리는 외국의 새로운 지식과 최첨단 기술을 수입하여 저들을 추격해야만 하는지 모른다. 그러나 이제는 그것만 가지고서는 곤란하다. 언제까지 지식의 수입상이나 중개상 노릇만 할 수는 없는 것이다. 우리의 대학과 연구소에서 개발하지 않고 외국에서 배워온 것만으로는 저들과의 경쟁에서 살아남을 수 없기 때문이다. 그것이 국내의 대학과 대학원을 하루 속히 국제적으로 인정받을 수 있는 수준으로 만들어야 하는 이유다. 지

가 없었다. 어떤 과목의 교수는 한 학기 수업을 세 시간만에 끝내고 종강하기도 했다. 교수들이 감당하기엔 너무 많은 학생들이 대학에 들어왔기 때문이기도 하다. 이래저래 강의실 안의 풍경이 실망스러웠던 것도 강의실을 기피한 원인이다.) 실험 · 실습을 해야만 하는 학문들은 빠질수록 손해겠지만 다른 인문 · 사회과학 쪽의 학문들은 그냥 혼자서 책을 읽는 것만 못한 경우도 많았다. 그러니까 강의실 출석이 크게 의미가 없을 수도 있다. 그러므로 출석이 좋으면 성적은 좋을 수도 있으나 실력이 좋다고까지는 말할 수 없다. 더군다나 당시의 한국의 대학은 교수 확보율이 대부분 좋지 않아서 한 교수의 강의를 졸업할 때까지 여러 개 들어야했으므로 과목만 바뀔 뿐 그 얘기가 그 얘기인 경우가 많아서 특정 과목 수업을 조금씩만 들어도 어차피 졸업할 때까지 한 교수로부터 들을 소리는 다 듣게 마련이었다. 오히려 강의실 밖에서 그들은 사회와 직접 만나고 다양한 사람들과 교류하며 폭넓은 경험을 하는 한편, 특정인의 시각에 구속되지 않고 자유롭게 자신의 관심과 수준에 따라서 공부를 해나갔다. 앞으로 한국 사회의 가능성이 있다면 이들 세대의 이러한 경험과 지적체험이 바탕이 될 것이다.

난 100년 동안의 학문적 축적과 경험을 바탕으로 국내에서 공부하고 연구해도 충분히 국제적인 수준의 연구 결과를 산출할 수 있다는 자신감이 필요한 시기다. 1400년 전에 살았던 원효가 우리에게 던져주고 있는 교훈이 바로 그것이다. 원효가 살았던 시기, 수세기 동안의 국제적인 교류가 한반도의 한 편 구석에 살고 있던 한 인간이 당시의 중심이었던 당나라에 유학하지 않고서도 세계적인 수준의 학문적 담론을 생산할 수 있다는 자신감과 그것을 현실화한 원동력이었을 것이다. 이제 우리는 다시 원효의 교훈을 되새겨야 할 때이다. 그러나 그것은 자신감만 가지고는 안 되는 일이다. 국내에서 공부하고 연구하더라도 세계적인 석학들과 겨루고 또 능가할 수 있는 물질적 토대를 구축해줘야만 한다. 미국의 주립대학은 교수 한 명에 학생이 7~8명꼴이고 아이비리그는 학생이 대여섯 명이라고 한다.[10] 그러나 우리 나라의 대학은 아직도 몇 년이나 남은 미래의 2008년도 교육부 권장 추천 비율이 20~25명 수준이다. 한 나라의 교육 수준은 결국 그 나라 교원들의 양적·질적 수준에 비례한다. 적절한 교수의 확보 없이 대학의 개혁은 공염불이다. 단순히 입시문제가 아닌 교육의 근본적인 문제에 관심을 집중하고 재정적 확보를 통한 개혁에 힘을 기울일 때이다. 한 보수 일간지의 기사가 이토록 가슴을 칠 줄은 몰랐다.

> [전략] 이런 모든 문제가 유기적으로 뒤엉켜 우리 나라 대학은 현재진행형으로 계속 추락하고 있다. 기형적 구조물로 전락한 우리 대학, 처방은 전임교수 수를 대폭 늘리는 기초체력 조성으로만 가능하다. 기업은 이윤 추구가 목적이므로 세계시장에서 살아남기 위해 끊임없이 자체 개선을 한다. 그러나 우리 중견 대학은 국내의 입시 시장이 보장된 상태라 그런 노력을 안 해도 생존에 지장이 없다.

10) 김형인, 앞의 글.

> 여기에 대학의 나태와 추락의 근본 요인이 있다. 그래서 대학은 자각하면서 경영해야 하는 도덕률이 요구되는 아주 힘든 업종이다.[11)]

대학과 그 구성원의 문제는 장기적으로 볼 때 대학과 대학 구성원들에게 맡겨야 한다. 하지만 그 방향으로 가는 길에 다수가 믿을 수 있고 인정할 만한 어느 정도의 합리적인 장치는 마련되어야 한다. 그리고 대학이 갖춰야 할 어느 정도의 기본적인 인적·물적 조건은 제시되어야 하며 그 기준에 미달된 대학들은 강제로 퇴출시켜야 한다.

사람들은 정원 미달 사태로 많은 대학들이 문을 닫게 될 것이라고 말한다. 어떤 전문가는 현재 대학의 60% 정도만이 살아남을 것이라고 말하기도 한다.[12)] 그러나 내 생각은 다르다. 그냥 두면 소수의 몇몇 대학들은 문을 닫을지 모르지만 대부분의 대학들은 계속해서 '영업'을 할 것이다. 물론 부실 영업이 되겠지만 얼마든지 버틸 수 있는 방안을 찾아낼 것이다. 교수와 직원을 줄이고 시설과 투자를 줄이면서 버틸 수 있는 방법은 현실적으로 얼마든지 있으며 실제로 가능하다. 일반 기업이 도산하는 경우와 대학은 다르다. 그렇기 때문에 국가와 사회의 현명한 결단이 필요한 시기다. 대한민국의 모든 대학이 세계적 수준의 일류가 아니면 죽음을! 물론 돈이 든다. 자본주의 사회가 아닌가?

수능시험의 비리 문제나 대학의 서열화 문제는 입시문제의 조정으로 수정 가능한 것이 아니다. 이 모든 문제는 대한민국의 모든 대학의 질적인 향상을 통해서만이 해결할 수 있는 문제다. 소수의 대학이 일류대를 자처하고 나머지 대학은 스스로 이류로 행세를 하는 한 이러한 문제들은 계속 되풀이 될 것이다. 소수의 대학이 전통과 권위를 앞세워 일류대 행세를 하며 별 노력 없이 앉아서 학생들을 받고, 수험생들이 해마다 그 앞에 줄을 설 때 문제는 해결되지 않는다. 소수의 일

11) 김형인, 위의 글.
12) 「위기의 지방대학, 그 생존 전략」, ≪강원일보≫, 2004.2.28.

류대를 넘어 다수의 일류대를 향해 갈 때 문제는 자연히 해결될 것이다. 그것은 대학의 하향평준화가 아닌 절대적인 상향평준화를 통해서만 도달할 수 있는 경지일 것이다.

-≪비평과전망≫ 2005/하반기.

(2004년 하반기에 실릴 예정이었으나 잡지사 사정으로 1년 후에 실림)

교육투기냐 교육정책이냐

-서남대학교 설립자 이홍하와 교육부-

우리 나라 교육 무엇이 문제인가?

얼마 전 과외의 전면 개방과 대학 입시의 평가 기준 문제를 놓고 다시 온 나라가 시끄러웠다. 정권이 바뀌고 교육 개혁의 목소리가 높을 때마다 항상 문제가 된 것이 학생들의 과외와 대학 입시 정책이었다. 오랫동안 우리 나라 교육개혁은 고액 과외의 문제와 대학 입시 정책의 부분적인 손질 수준에서 맴돌았다. 그러나 과연 교육개혁의 문제가 과외 문제나 대학 입시 정책의 부분적인 손질 수준에서 매번 끝나야 할 문제인가 의심스럽다.

나는 대한민국이 정하는 정상적인 학제 하에서 정상적인 과정을 밟으며 공부해왔다.[1)] 초등학교 6년, 중학교 3년, 고등학교 3년, 대학교 4년을 모두 제 때에 맞게 입학하여 정해진 기간 안에 졸업했으며, 일반대학원 석사과정을 5학기, 박사과정은 11학기 만에 마치고 학위를 받았다.[2)] 유치원을 제외한 모든 교육기관을 정상적으로 다녔지만, 나는

1) 당시 내가 태어난 곳에서는 유치원이란 것이 없었다. 그래서 유치원을 다닐 기회가 없었다. 누군가의 말대로 세상에서 배워야할 것의 50%를 유치원에서 배운다면 나는 그 50%를 배울 기회를 잃어버린 셈이다.

2) 군대는 대한민국의 정상적인 남자라면 누구나 일정 기간 의무적으로 다녀와야 한다는 의미에서 중요한 교육기관의 하나다. 나는 군복무를 공군에서 41개월간

도무지 하지 못하거나 자신 없는 것들이 너무 많다. 대학교 때까지 체육 시간이 있었으나 현재 내가 살아가면서 즐길만한 운동을 하나도 제대로 하는 것이 없으며, 고등학교 때까지 미술 시간이 있었으나 내가 그리고 싶은 것 하나 제대로 그릴 줄 모른다. 음악 시간도 꼬박꼬박 있었던 것 같으나 역시 악기 하나 제대로 다루지 못하고 있다. 죽자살자 영어, 수학을 공부했던 것 같으나 쉬운 영어 한마디 제대로 하지 못하고 알아듣지도 못한다. 더군다나 수학은 산수 수준을 빼면 지금 제대로 써먹거나 알고 있는 것이 전무하다. (물론 교육이란 것이 모두 현실 생활에서 써먹기 위해 배우는 것은 아니라는 것쯤은 나도 안다.) 이 모든 것들이 과외와 입시 문제 때문에 생긴 것인가? 참고로 말하자면 나는 과외를 한 시간도 받아본 적이 없으며 시험이란 시험에서 낙방해 본 경험도 없다. 그렇다면 위의 문제들은 내가 과외를 받아본 적이 없고 입시에서 떨어져 본 경험이 없기 때문에 생긴 것인가? 아직도 우리 나라의 교육은 과외와 입시가 문제인가? 아니면 무엇이 문제인가?[3]

장교로서 정상적으로 근무했다. 당시의 내 임관 동기생 189명 가운데 80% 이상이 석사 이상의 학력 소지자였으며, 그들 대다수가 우리 나라의 명문대 출신들이었다. 그런 의미에서 나는 군대조차 지극히 너무 정상적으로 다녀왔다.

3) 보수 언론과 정치인들은 우리 교육의 문제점 중 하나로 평준화 문제를 지적하고 있다. 평준화 교육이 전반적으로 교육의 질을 저하시켰다는 논리다. 그들은 그러한 평준화 정책이 우리 교육의 질을 저하시키고 대학의 경쟁력을 저하시켰다고 말한다. 그러나 평준화 정책 이후, 특히 90년대 이후에 대학 입시에서 고득점을 한 학생들의 진학이 수도권 소재의 대학에 편중되었다는 사실, 그 편중이 더 심해졌다는 사실과 몇 개의 대학이 고득점자들을 독점해왔다는 사실, 그러나 우수한 학생들을 독점하다시피 했던 대학들이 세계 200위권 안에도 들지 못했다는 사실을 설명하지 못하고 있다. 문제의 핵심이 평준화에 있는 것이 아니라 교육 시설 및 환경의 낙후, 교육 내용과 방법의 문제에 있음을 망각하고 문제의 초점을 평준화 문제로 돌리고 있다.

교육 투기꾼 이홍하

나는 대한민국의 자타가 공인하는 명문 사립대학을 다녔다. 그러나 나의 대학 생활은 참담했다. 시대적으로 불행했던 이유도 있었지만 대학 자체에 대한 불만도 컸기 때문이었다. 당시엔 많은 학생들이 밖에서 민주화 운동을 하느라 도서관 밖에서 서성이던 시절이었는데도 불구하고, 어쩌다 도서관에 앉아 책이라도 보려고 하면 앉아 있을 자리가 없었다. 학생 복지 시설도 그리 좋은 편이 아니었다. 써클실이나 동아리방도 부족하여 있을 곳이 없었다. 식당, 기숙사 등도 마찬가지였다. 갑자기 늘어난 대학생 수를 그 학교의 시설이 감당할 수 없었던 것이다. 내가 대학을 다니던 80년대 초중반이 그런 실정이었으니 그 이전 수준도 미루어 짐작할 만하다.[4] 그러나 이러한 사정은 90년대에도 나아지질 않았다. 박사과정을 밟을 때에도 앉아서 공부할 곳이 없기는 마찬가지였다. 이것이 우리 나라 명문 사립대학의 실상이었다. 별다른 실험 실습 시설이 필요 없는 학과를 다닌 내가 겪은 사정과 실험과 실습을 위주로 하는 학과를 다닌 학생들의 사정은 또 다를 것이지만 어쨌든 나는 학교를 다니면서 내내 학교 시설에 대해 불만이 많았던 것이다.

그러나 내가 나의 모교를 다니면서 느꼈던 그러한 것은 아무 것도 아니었다. 내가 박사과정을 수료하고 전임강사로서 일하게 된 서남대학교를 겪어보기 전까지 그것은 제 복에 겨운 단순한 불만이었다. 대학시설들이 열악한 것이 아닌가 하는 생각은 해보았으나 우리 나라 대학 시설이 얼마나 열악한 상태인가는 그 전엔 미처 깨닫지 못하고 있었던 것이다.

한눈에 보아도 불량해 보이는 학교 건물들, 이를테면 창문과 창틀

4) 물론 전두환 정권이 들어서면서 대학입학 정원이 자율화되어 갑자기 대학 인구가 늘어나면서 이를 학교 시설이 감당하지 못한 측면도 있다.

이 하나도 맞지 않고 냉난방이 전혀 돼 있지 않은 강의실, 일년 내내 청소가 되지 않고 먼지와 쓰레기에 뒤덮여 있는 강의실, 높낮이가 각각 다른 계단, 곳곳에 금이 가있는 건물들, 비만 조금 내리면 잠기는 강의실과 복도 등 이러한 모습은 내가 서남대학교에 가자마자 한눈에 그대로 들어온 것이었다. 내막을 알아갈수록 더 기가 막혔다. 도서관도 없고 기숙사도 없고 학생회관도 없고 조교도 없고 수위나 청소부도 없고 행정 전문 직원도 없었다. 전부가 없는 것 투성이었다. 조교와 직원이 해야 할 일들은 모두 교수들의 몫이었다. 학생들은 졸업할 때까지 제대로 된 실험 한 번 해보지 못하고 졸업을 하고 있었다. 이것이 91년도에 개교한 대학의 96년 현재의 모습이었다. 그러나 당시 설립자 이홍하는 생긴 지 얼마 되지 않은 학교라서 그렇다고 했으며, 앞으로 비약적으로 발전할 것이라고 했다. 그나마 그 말에 조금의 위로를 받았다. 의심이 들지 않은 것은 아니었으나 그 당시 의대도 막 생기고 뭔가 차차 나아지리라고 생각했다. 하지만 나의 불안한 예상은 여지없이 빗나갔다. 97년 4월 광주지검 특수부에 의해 등록금 및 국고지원금 횡령(426억원, 3학기 분)외 10가지 죄목으로 설립자가 전격 구속됨으로써 설립자 이홍하의 교육 사기행각이 드러나기 시작했기 때문이다.[5)]

'교육계의 마피아', 혹은 '교육계의 패륜아'로 불리고 있는 이홍하는 1981년 옥천여상을 시작으로 광남고(1985), 대광여고(1986)를 설립한 후, 이를 발판으로 90년대에 들어서서 본격적인 '대학사업'에 착수하였다. 1991년 서남대학교 개교를 시작으로 93년 광주예술대, 94년 광양대, 95년 한려산업대 등 최단 기간 내에 일년에 하나 꼴로 4개의

---

5) 이홍하에 대한 광주지방법원 1심 판결문에서 그에게 적용된 범죄는 특정경제가중처벌 등 법률위반(횡령, 사립학교법위반), 사문서변조, 변조사문서행사, 건축법위반, 국토이용관리법위반, 뇌물공여, 허위공문서작성, 허위작성공문서행사, 부동산중개업법위반, 뇌물수수 등 11가지였다.

대학을 설립하고 2개의 종합병원을 인수함으로써 일거에 학원 재벌로 부상하며 세인들을 놀라게 했다. 또한 96년에는 경기도 화성에 안산 산업대와 충남 아산에 서남대학교 분교(공학계열 이전), 98년엔 광주 간호보건대학을 설립인가 받았다. 있는 것이라곤 목욕탕밖에 없었던, 별다른 수익 사업이 없는 이홍하의 이러한 귀신 찜쪄먹을 비법은 어떻게 가능했던 것인가?

이홍하에 대한 재판부의 판결문에서 드러났듯이 자신의 소유로 되어있는 학교의 학생들 등록금의 횡령 및 유용, 이로 인한 학교의 부실경영이 없이는 불가능한 것이었다. 그럼에도 불구하고 교육부에서는 이들 대학에 계속해서 증원 및 증과를 해주었으며[6], 서남대학교에는 많은 세인들의 의혹을 받아가며 의대까지 유치할 수 있도록 해주었다. 이들 대학들이 출발부터 얼마나 부실한 상태에서 시작했는가는 서남학원의 등기부 등본에 명시된 자산이 약 6억8천 만원이란 사실에서 명약관화하게 드러나고 있다. 약 30여만 평의 대지 위에 대학을 세우면서 들어간 돈이 6억 8천만 원이란 사실을 어떻게 생각해야할지 실로 난감할 뿐이다. 교육부 조사 결과 이홍하 소유의 재단 중 가장 우수하다고 판단되는 서남대학교의 98년도 기준 교사 확보율은 47.4%(전국사립대학 평균 64.1%)[7], 교원 확보율은 59%(60.3%)[8], 학생은 정

6) 1991년 개교 당시 서남대학교는 10개학과 400명에서 2000년 현재 44개학과 9,000명 수준의 종합대학으로 양적인 성장을 했다.

7) 서남대학교의 건물은 예결산 자료에 의하면 평당 250만원으로 책정 돼 있다. 일반적으로 학교 건물은 평당 120만원에서 150만원 정도인 것으로 건축 전문가들은 평가하고 있다. 이는 인건비를 포함한 가격이나 서남대학교의 경우 인건비는 평당 가격에서 제외되어 있으며, 인건비는 별도로 계산되어 있다. 인건비를 포함할 경우 서남대학교의 건물은 평당 300만원에서 350만원 수준의 건물이 된다. 이는 최고급 아파트나 웬만한 호텔의 평당 건축비와 맞먹는 가격으로서 서류대로라면 서남대학교 학생들은 현재 최고급 아파트나 호텔급 강의실에서 수업을 받고 있어야 한다. 그러나 서남대학교 학생들은 현재 냉난방도 전혀 되지 않고, 창문과 창틀도 제대로 맞지 않는 강의실에서 수업을 받고 있다. 가장 많은 횡령이 건축비에서 빠져나가고 있는 것으로 추정되고 있다.

원의 49.3%[9])로써, 기본적인 시설에 대한 미투자 및 부실 운영으로 인하여 심각한 학생 미달 사태 및 재학생 대거 편입 사태를 초래하였다. 현재 서남대학교는 개교한 지 10년이 되었지만 도서관이나 학생회관 같은 기본 시설도 없는 실정이며, 많은 학과에서 기본적인 실험이나 실습도 못하고 있는 실정이다.

문제는 이것만이 아니다. 이홍하는 4개 법인의 이사 및 이사장을 본인과 처 및 친인척, 측근 교수들로 대부분 2개 법인의 이사 및 이사장으로 중복 임명해 놓고, 자신과 자신의 처는 이사장과 총장을 서로 바꿔가며 맡으면서 사실상의 모든 권한을 독식하고 있다. 형이 확정 된 직후인 98년 3월, 이홍하는 서남대학교의 총장직에서 형식상 사퇴했지만, 허수아비 총장을 세워놓고 모든 결재를 실질적으로 하고 있는 것으로 드러났다.[10]) 이홍하는 이렇듯 막강한 권한을 바탕으로 계속해

---

8) 별다른 시설이 갖춰져 있지 않은 서남대학교가 그 동안 계속해서 증원 및 증가를 할 수 있었던 이유 중의 하나는 학생 대 교수의 비율이 낮다는 것이었다. 학생 대 교수의 비율이 낮은 것은 학생의 편입과 미달로 인한 학생 수 감소에도 원인이 있으나, 교수의 일인당 인건비가 저렴하여 타 대학의 경우와 비교하여 동일한 돈으로 2배 정도의 교수를 임용할 수 있었던 점과 이를 이용하여 교육부에 증원 및 증과를 요구하려는 재단의 의도가 작용했기 때문이다. 현재까지도 서남대학교는 교수 연구비를 지급하지 않고 있으며, 전임강사의 임기를 4년이나 4년 6개월로 하고 있다. (정관에는 2년으로 되어있음.) 이러한 수법으로 교수의 월급을 실정에 맞지 않게 지급하고 있다.

9) 학생 정원이 이토록 미달인 것은 호남지역의 고등학교 졸업생에 비해 이 지역 대학 정원이 많아진 것에도 이유가 있지만, 근본적인 원인은 이홍하의 등록금 횡령과 학교의 부실 운영으로 인한 대외 이미지 악화와 이로 인한 경쟁력 상실에 있다. 서남대학교의 경우 재학생의 70% 이상이 호남권이 아닌 수도권과 타지역 출신 학생들이다. 98년 2학기에 한꺼번에 700여명의 재학생이 다른 학교로 편입한 것에서도 알 수 있듯이 서남대학교는 입학 당시부터도 미달이지만, 재학생조차 제대로 관리할 수 없을 정도로 기본적인 시설이 열악하여 학생들의 학업 의욕과 학교에 대한 애착을 저하시키고 있다.

10) 서남대학교의 현 총장인 윤재룡은 교수협의회 회장단 교수와의 대화에서 자신은 총장이 된 이후에 한 일이 하나도 없으며, 아무 권한도 없다고 했다. 그래도 자신이 총장직에 있는 것은 자신의 대학 후배들을 대학으로 데려오기 위해서라고 고백한 적이 있다.

서 등록금을 횡령하고 있다. 이것은 지난 해 국회에 제출된 자료를 토대로 이를 분석한 이수인 전 의원의 조사서와 검찰 수사, 이 예결산 자료를 분석하여 검찰에 진정서를 제출한 서남대학교 교수협의회의 자료에서도 드러나고 있다.

이홍하는 현재 아산에 서남대학교의 공학계열 아산 이전 공사를 하고 있으며, 이에 필요한 자금을 약 256억원으로 책정해 놓고 있다. 교육부에 보고한 소요자금 조달계획(법인81411-10)을 보면 설립자 소유의 병원 회계에서 현금 75억원을, 서남대학교의 학교비에서 30억원을, 이사들의 기부 출연금 약 12억3천만원, 기타 이사 및 협조자들의 자금 27억원을 통해 조달하는 것으로 되어있다. 그러나 이홍하 소유의 병원인[11] 남광병원이나 적십자 병원은 둘 다 적자에 허덕이고 있는 병원으로서 이 병원을 운영하기 위해 오히려 서남대학교의 등록금을 유용하고 있는 것으로 알려져 있다. 또한 이사나 기타 협조자들의 출연금이란 것도 명실이 상부할 수 없는 것이다. 대부분이 친인척이거나 이홍하 소유의 학교에서 교원으로 있는 자들이 그만한 출연금을 내놓을 수 있다고는 믿을 수 없기 때문이다. 결국 모든 돈은 서남대학교의 학생들 등록금에서 공사에 필요한 돈을 빼낼 수밖에 없다는 결론이 도출된다. 결론적으로 서남대학교의 공학계열 아산이전 공사는 서남대학교의 학생들 등록금을 횡령할 수밖에 없다는 것이다.

한편 이홍하는 학교 및 병원, 그리고 토지의 무분별한 건립과 인수, 투기로 말미암아 법인의 잔고가 고갈되고 자금이 바닥나자 한려대와 서남대학교의 일부 교수들의 명의로 융자를 받아썼음도 검찰 수사에서 드러난 바 있으며, 지난해에는 임기도 채 끝나지 않은 교수를 포함한 한려대학교 교수 39명을 재임용에서 불법으로 탈락시켰고, 서남대

11) 이들 병원은 이홍하 소유의 학교에서 횡령한 돈으로 매입한 것임. 서남대학교 의과대학의 부속병원을 지을 생각은 하지 않고, 오히려 등록금을 유용하여 개인 명의로 병원을 매입함.

학교 교수협의회 교수 4명을 교협 탈퇴 각서를 쓰지 않으면 재임용을 시키지 않겠다고 협박하여 포기 각서를 받았다. 이어서 99년 9월에는 동아리방을 요구하며 평화적으로 시위하던 서남대학교 학생들을 제적시켰다. 또한 2000년 3월에는 서남대학교 교수협의회 회장단 교수들에게 재임용을 미끼로 탈퇴 협박 및 회유를 하다가 이를 거부한 회장단 교수 전원(4명)을 적법한 절차도 밟지 않고 재임용에서 탈락시켰다. 서남대의 경우 2000년 1학기의 재임용 대상자는 모두 53명이었으나 이들 4명에게만 재임용 서류를 내려보내지 않고 원천적으로 재임용 과정을 밟지 않고 탈락시킨 것이다.[12)]

이러한 '문제' 학생 및 교수들을 제적과 재임용에서 탈락시킨 것은 이홍하가 서남대학교의 공학계열 아산 이전 승인 조건에 명시된 내부 구성원의 동의 절차를 무시하고 독단적으로 일을 진행하기 위한 이홍하식의 사전 정지 작업이었다. 사정이 이러함에도 불구하고 교육부는 지난 해 9월에 서남대학교 교수협의회가 서남대학교의 정관 위배 사항에 대한 감사 요구서를 교육부에 제출해 놓은 상태였음에도 불구하고 현재까지 재단 측에서 답변이 도착하지 않았다는 이유로 책임 있는 조치를 하나도 취하지 않고 있으며, 2000년 1월에 교육부에 제출한 서남대학교 예결산 자료에 대한 감사 요청서에 대해서도 일체 답변을 하지 않고 있는 실정이다. 이것은 학교 측과 교육부가 사전의 협의를 통해 각자 자신들의 책임을 회피하기 위해서 교협 교수들을 재임용에

12) 서남학원 측에서는 이들 4명의 교수를 재임용에서 탈락시킨 것은 구조조정 차원에서 한 것이라고, 교협 교수들이 교육부 징계위원회에 재심청구를 하자 이에 대한 소명자료에서 밝힌 바 있다. 그러나 환경보건학과 교수의 경우 재학생이 4학년까지 있는 상태에 교수가 2명밖에 없는 상태에서 그 중 한 명을 탈락시켰으며, 경영학과의 경우도 6명의 재임용 대상자 중 유독 희귀 전공인 교수를 탈락시킨 것에 대해 이렇다 할 해명이 없으며, 국문과의 경우는 전체 학생을 상대로 한 교양과목이 많아 오히려 강사들을 더 사용하고 있는 실정이며, 화학과도 같은 계열의 생물학과나 물리학과에 비해 교수대 학생 비율이 오히려 타 과에 비해 높은 상태였다.

서 탈락시키는 시기까지 기다린 혐의가 짙다. 이 또한 이홍하와 서남학원의 비리에 교육부가 밀착되어 있다는 증거이다.

교육부는 그 동안 서남대학교의 설립 및 증원·증과 과정에서도 제대로 된 실사도 거치지 않고 재단 측에서 올린 서류만을 근거로 하여 설립 및 증원·증과를 해주었다. 이들 학교의 부실화는 이미 설립 당시부터 예정된 것이었음에도 불구하고 교육부의 안일한 탁상 행정과 사실상의 관리 감독의 소홀로 인하여 교육의 수혜자인 학생과 학부모 및 교직원들에게 막대한 손해를 끼쳤다. 대한민국 최초로 내려진 광주예술대 폐교 조치, 한려대의 폐쇄 계고 조치 및 정원 감축, 서남대학교의 정원 감축 등 교육부가 내린 조치는 모두 문제가 불거진 이후에 내려진 사후 조치였을 뿐이다. 그러나 그 조치조차 학교의 정상화를 위한 것이기보다는 설립자를 보호하고자 하는 의도가 농후할 뿐이다. 폐쇄된 광주 예술대의 재산을 같은 사람이 운영하고 있는 서남학원으로 귀속시키게 하고, 한려대의 경우도 주위의 요구와 의견을 묵살하고 광양대로 귀속시키려 한다는 점 때문이다. 이것은 학생들의 등록금으로 설립한 대학을 부실하게 운영한 책임자의 처벌은커녕 그의 재산 증식을 교육부가 나서서 합법화 시켜주고 있는 꼴인 것이다. 더욱이 개탄스러운 것은 재판 중이었음에도 불구하고 아산으로 공학계열을 이전허가, 연기해주고 이를 계속해서 방관하고 있었다는 사실이다. 이미 교육 전과자, 실패자, 패륜아로 낙인찍힌 인물에게 계속해서 학교 설립을 허가해주는 교육부의 저의를 의심하지 않을 수 없는 상태이다. 2000년 3월 경기도 화성에 다시 신경학원(신경대학)을 설립 인가해 준 사실은 도대체 우리 나라 교육부에 교육 정책이란 것이 있는지 의심케 하는 대목이다. 뻔히 이홍하 소유로 되어 있는 토지에 이홍하 소유의 병원장으로 있는 자를 이사장으로 했음에도 불구하고 교육부는 이를 묵인하고 다시 새로운 학교를 교육투기꾼에게 인가해준 것이다.[13)] 이홍하와 교육부, 환상의 사기조를 보고 있는 느낌이다.

전국민 대졸 출신화 교육정책

대학의 설립을 빌미로 상식 수준을 넘어서는 투기와 경제적 이익만을 추구함으로써 교육 현장을 황폐화시키고 있는 사악한 교육 투기꾼들에 대한 제재는 하루 속히 철저하게 이루어져야 한다. 교육은 어느 특정 개인의 독단적인 경제적 사업의 대상이 될 수 없다. 잘못 만들어진 물건은 폐기 처분되거나 재생산하면 되지만, 잘못된 교육자와 교육 환경에 의해 상처받고 그 과정에서 왜곡된 인간은 폐기 처분할 수도 재생산할 수도 없다는 사실을 명심해야 한다. 대학을 세워놓고 그 안에서 온갖 불법과 파렴치한 행각을 온몸으로 보여주고 있는 대학과 그 대학의 설립자 및 교수로서의 책임을 다하지 못하고 있는 학교 구성원들은 우리 사회에서 하루 속히 추방되어야 한다.[14] 그러기 위해선 교육정책을 시장의 논리에 맡겨 놓은 채 사실상 수수방관하는 현재의 교육정책에서 탈피하여 정부와 사회가 참여하고 책임질 수 있는 방안을 마련하고 시행하여야 한다.[15] 양적으로 확대된 우리 나라 대

---

13) 이 사실은 2000년 5월 21일 서울방송 <그것이 알고싶다>의 '교육투기꾼 그 비리의 끝은 어디인가'에서 적나라하게 드러났다.

14) 이홍하는 내가 서남대학교 교수로 임명될 당시 임명장을 주는 자리에서 교수들을 모아놓고 '여기 학생들은 공부도 못하는 애들이니 가르치는 데 그리 신경을 쓰지 않아도 된다, 학생들 관리나 잘 해라'고 말한 적이 있으며, 학생 매수, 폭행, 교수 폭행 등으로 이미 악명을 떨친 바 있다. 한편 서남대학교의 보직 교수들은 학생들이 학교 당국에 대해 쓴 비판적인 글이나 서명 작업 등을 적극적으로 나서서 방해하고 대자보나 서명 용지를 찢고 다니는 등 교수로서의 자질이 의심스러운 행동을 자연스럽게 하고 있으며, 대다수의 교수들은 이홍하의 무죄를 주장하는 진정서에 서슴없이 도장을 찍는 등 비판적인 지성인으로서의 모습을 조금도 보여주지 않고 있다. 학생들이 징계를 당해도 묵묵히 서류에 도장이나 찍어주고 아무런 항변도 하지 않는 등 지극히 이기적이고 기회주의적인 모습들을 보여주고 있는 실정이다.

15) 교육부는 실제적인 설립 기준 이행 여부에 상관없이 대학 설립인가를 남발해주고 있으면서도 정작 문제가 발생하면 개입을 회피하고 있다. 이미 대학 입학 정원이 고등학교 졸업생 수를 초과하는 현상이 초래되고 있음에도 불구하고 망하든 흥하든 대학의 문제는 교육 시장 자체의 경쟁에 의해 해결해야 한

학은 고등교육의 기회를 모든 사회 구성원들에게 확대했다는 측면, 양적인 측면에서의 교육의 민주화에 기여한 면이 없는 것은 아니나 그 내용과 질적인 측면에서 한 단계 도약하지 않는 한, 대학이 그저 '교육사업가'들의 이익 투자의 안전한 방편이라는 편견에서 벗어날 수 없을 것이다.

현재 지구 전체를 횡행하고 있는 신자유주의 정책의 문제점은 경제적인 논리와 기타 사회의 논리를 분리해서 사고하는 데 있을 것이다. 결과적으로 경제적인 논리에 우선적인 가치를 부여하고 있는 신자유주의 정책은 자본의 논리에 의한 사회 전반의 재구성을 강요해왔다. 이로 인한 부의 편중, 복지 정책의 후퇴, 사회 공공영역에 대한 관심의 퇴조, 국가 기간 산업의 민영화 및 해외 매각, 실직자수의 급증, 기존의 가치관 붕괴 등은 사회 안전에 대한 심각한 저해 요인이 되었다.

신자유주의적 시장 경쟁 논리는 이제 단순한 경제 논리가 아니라 사회 전반의 가치를 대변하고 좌지우지하는 가치 척도의 구실을 하고 있다. 교육 또한 사회적인 공공성보다는 이러한 무분별한 자본의 시장 경제 논리에 의해 지배되고 있다. 지난 10년간 정부는 대학의 자율권 확대라는 명분 아래 설립자 편의 위주의 교육 정책을 시행하였다.[16] 학교 설립 인허가 기준 및 과정의 간소화, 재단의 교수 임면권 강화, 교수 계약제 및 평가제 시행 등은 실질적으로 학교 설립자의 권한을 강화시켜주었으며, 공교육의 의미를 망각한 일부 몰지각한 교육 사업가들의 이익 증식 수단을 위한 학교 설립을 부채질했다. 이러한 결과로 현재 전국엔 192개의 4년제 대학과 158개의 전문대학이 난립하고 있는 실정이다. 이는 인류 역사상 어느 나라에도 없었던 초유의 일이

다는 지극히 무책임한 논리를 펴고 있다.

16) 대학의 자율권 확대는 지난 세월 민주화 운동의 한 과정으로 요구된 측면도 있으나, 현재 벌어지고 있는 것은 사용자 중심, 설립자 중심의 자본주의적 시장논리를 대변하고 있는 논리에 불과한 측면이 많다.

다. 이대로라면 그 실력에 상관없이 조만간 전국민의 대졸 출신화가 이루어질 전망이다.[17] 실로 '교육강성대국'의 이미지에 걸맞는 모습이 아닐 수 없다. 그러나 이러한 대학의 양적인 증가와는 상관없이 교육의 질은 아직도 전 세계의 최하위권을 맴돌고 있는 실정이다. 우리 나라 '최고의 대학'이라고 하는 서울대조차 세계 200위권에도 미치지 못한다는 평가 보도는 우리의 대학 교육 환경 전체를 반성케 한다.[18]

아직도 과외나 입시제도가 문제인가?

내가 서남대학교에 근무하면서 놀란 것은 단순히 수준 이하의 학교 시설과 설립자의 파렴치한 행각, 수준 이하의 교수들의 이기적인 행동 때문만은 아니었다. 한글을 제대로 읽지 못하는 대학생을 만났을 때의 충격은 이 모든 것들을 넘어선 충격 그 자체였다. 고등학교까지를 정상적으로 입학하고 졸업한 학생이 어떻게 한글도 읽지 못하고, 그런 학생이 다시 또 대학생이 될 수 있었는지 경악하지 않을 수 없는 일이었다. 이것이 현재 우리 나라 교육의 현실이다. 한글조차 읽지 못하는 대학생이 양산되는 현실인데 다른 교육은 얼마나 또 잘 했겠는가?

이것은 현행 고등 교육의 문제점을 적나라하게 보여주고 있는 사례임과 동시에 학교 설립이나 경영을 단순히 투기의 대상으로 생각하고 학생 보기를 걸어 다니는 현금 수준으로나 보는 학원의 설립자와 운영자, 이러한 학교를 설립 인가해 주고 온갖 특혜를 주며 비호하는 교

---

17) 현재의 대학 입시 제도하에선 본인 의지와 입학금만 있으면 '수학능력'에 상관없이 입학이 가능함. 대학 입학 지원이 가능한 최저 점수 설정은 과연 불필요 한 것인가? 자신의 모국어를 해독할 능력이 없는 학생이 대학까지 와 있는 상황을 어떻게 해석해야 하는가?

18) 최근의 SCI 기준 평가에 의하면 서울대는 논문 발표 건수가 200위권 안으로 들어왔다고 보도된 바 있다.

육부, 비교육적인 처사를 눈감아주거나 오히려 앞장서서 비리를 저지르고 이를 합리화하는 수많은 교수와 교사들의 합작품인 것이다. 교육투기는 있어도 교육 정책은 눈 씻고 찾아봐도 없는 것이 우리 나라의 교육계 현실인 것이다.

그래도 모든 교육을 개인과 가정의 책임으로 전가하고 정부는 좌시하거나 방임하는 정책으로 일관할 것인가? 아직도 과외나 입시 제도가 문제인가? 나는 서남대학교에 4년간 몸담고 있으면서 도대체 이 나라에 정부란 것이 있고 교육정책이란 것이 있는 것인가 의심스러웠다.

일이 터지면 먼저 국민을 내팽개치고 먼저 도망갔다가 도망가지 못한 국민을 처벌하는 나라, 군림만 할 줄 알았지 국민에게 봉사라는 것을 할 줄 모르는 나라, 군인이 양민을 학살해도 그만인 나라, 생명을 담보로 의사나 정부가 자기 고집을 피우는 나라, 이 모든 것들이 2000년 현재 내가 보고 있는 대한민국이란 나라의 근대이고 현실이다.

나라의 법도 멀고 교육부의 올바른 혜택이 미치기엔 너무나 먼 이 지리산 밑 촌구석에서 무뢰한에게 느닷없이 뒤통수를 얻어맞은 현재의 내 심정은 아직도 이 나라가 너무나 야만스럽다는 것이다. 한마디로 근대국가로 가는 길이 멀게만 느껴진다.

교육 현장에서 아무리 눈을 감고 생각해봐도 이홍하는 교육 투기꾼 교육부는 교육 거간꾼이라는 말밖에 할 말이 없다. 이제 더 이상 과외나 대학 입시 제도 문제를 가지고 교육 개혁 운운하다가 그만두는 뻔한 관료 행정은 그만보고 싶다. 신물이 난다. 우리 나라 교육 현장이 어떻게 무너지고 있는지 철통같은 자기 밥그릇에서 나와 가슴을 열고 현실을 직시해보라.

문제가 너무 많아 어디서부터 손을 대야할지 모르겠다. 이홍하가 세운 서남대학교에 몸담고 있으면서 생각해본 몇 가지 대책 방안을 제시해보는 것으로 이 글을 마칠까 한다.

첫째, 현재의 비리 사학의 경우 이사진이 설립자의 직권에 의해 임명되고 사실상 힘을 발휘하지 못하는 현실을 감안하여 재단의 이사진을 지역 사회의 유지, 해당 법인의 교수, 학부모 대표, 설립자 측 등으로 일정한 비율에 따라 임명하도록 하며 그 최종 권한을 교육부나 공신력 있는 기관에서 갖게 한다.

둘째, 재단의 이사나 이사장, 대표 이사 등은 학교의 보직을 일체 맡을 수 없게 하며, 해당 법인의 원래 교수였던 사람이 아닌 경우엔 이사로 임명된 후 교수로 임명되는 것을 불법화한다. 또한 2개 이상의 법인에 이중으로 임명되는 것도 모두 불법화한다.

셋째, 지나치게 사립대학의 비중이 큰 우리 나라의 교육 현실을 반성하고 차츰 국가의 재정 투자를 증대하여 공교육으로서의 위상을 제고시켜 나가며, 부실 운영 대학에 대한 제재 및 처벌에 대한 지역 사회 및 국가의 권한을 강화시켜 나간다.

넷째, 무분별한 대학 설립인가를 삼가고 지역 안배 및 대학의 특성을 고려하여 인허가 과정에 신중을 기하며, 한 번 이상 법적 처벌이나 징계를 받은 인물이나 법인의 경우 그 운영권을 박탈하고 새로운 학교의 설립이나 동일 학교의 증원 증과 등 일체의 권한을 박탈한다.

다섯째, 사실상 무의미해진 대학 수학능력 시험을 취지에 맞게 정착시키고 국가와 사회의 쓸데없는 낭비를 줄이기 위해 대학 수학 능력이 불가능한 최저 점수를 설정하여 해당 학생의 대학 입학을 원천적으로 차단한다.

여섯째, 사학의 비리가 교육부 관료와의 밀착 관계에서 파생된다는 의혹이 강하게 제기되고 있는 만큼 이에 대한 감사를 강화하고, 교육부 관료의 재배치(타 행정부서)와 재교육 방안을 마련하고, 교육부 관료의 일정 비율을 교육 현장에 있는 덕망 있는 교사와 교수로 충원하여 일정 기간 근무케 한다.

일곱째, 대학의 설립인가 기준을 강화하고 그 준수 여부를 철저하게 실사를 통하여 허가를 결정하며, 이 과정에 교육부뿐만 아니라 해당 지방 자치단체의 관련 부서 및 시민 단체가 참여하는 방안을 마련한다.

여덟째, 예결산을 매년 공개하고 학생 대표, 교수 대표, 시민단체, 재단이 참여하는 감사 기구를 상설화 하여 운영하는 것을 법제화한다.

아홉째, 교수 재임용제도가 악용되는 사례가 증가함에 따라 교수 재임용을 결정하는 인사위원회에 해당 법인의 교수나 이사가 아닌 타 대학이나 기타 전문 집단에서 참여할 수 있는 방안을 마련한다.

* 참고자료
서남대학교 이홍하의 교육 투기 현황

순서	년도	학교명	위치	법인명	비고
1	1981	옥천여상	광주시	홍복학원	
2	1985	광남고	광주시	하남학원	
3	1986	대광여고	광주시	홍복학원	
4	1991	서남대학교	남원시	서남학원	
5	1993	광주예술대	전남나주	하남학원	2000.3. 폐교
6	1994	광양대	광양시	양남학원	
7	1994	서남대의대	남원시	서남학원	
8	1995	한려산업대	광양시	서호학원	
9	1995	광주 녹십자병원	광주시		서남학원 수익사업체
10	1995	광주 남광 병원	광주시		서남학원 협력병원
11	1996	서남대학교 공학계열	충남 아산	서남학원	이전 승인, 98년12월연기 승인
12	1996	안산 산업대	경기 화성	남양학원	인가취소
13	1998	광주 간호보건대	광주시		인가취소(서남대학교 보건학부 이전승인)
14	2000	신경대학	경기 화성	신경학원	이사장(광주녹십자 병원장)

-≪인물과사상≫ 2000/9.

신자유주의 정책과 사학재단의 운영실태를 통해 본 대학교육정책의 문제점

-이홍하 재단의 문제를 중심으로-

현재 지구 전체를 횡행하고 있는 신자유주의 정책의 문제점은 경제적인 논리와 기타 사회의 논리를 분리해서 사고한다는 데 있을 것이다. 결과적으로 경제적인 논리에 우선적인 가치를 부여하고 있는 신자유주의 정책은 자본의 논리에 의한 사회 전반의 재구성을 강요해왔다. 이로 인한 부의 편중, 복지 정책의 후퇴, 사회 공공 영역에 대한 관심의 퇴조, 국가 기간 산업의 민영화 및 해외 매각, 실직자 수의 급증, 기존의 가치관 붕괴 등은 사회 안전에 심각한 저해 요인이 되었다.

신자유주의적 시장 경쟁 논리는 이제 단순한 경제 논리가 아니라 사회 전반의 가치를 대변하고 좌지우지하는 가치 척도의 구실을 하고 있다. 교육 또한 사회적인 공공성보다는 이러한 무분별한 자본의 시장 경제 논리에 의해 지배되고 있다. 지난 10년간 정부는 대학의 자율권 확대라는 명분 아래 설립자 편의 위주의 교육 정책을 시행하였다. 학교 설립 인허가 기준 및 과정의 간소화, 재단의 교수 임면권 강화, 교수 계약제 및 평가제 시행 등은 실질적으로 학교 설립자의 권한을 강화시켜주었으며, 공교육의 의미를 망각한 일부 몰지각한 교육사업가들의 이익 증식 수단을 위한 학교 설립을 부채질했다. 이러한 결과로 현재 전국에 166개의 4년제 대학과 수적으로 이에 준 하는 전문대학이 존립하고 있다. 이로써 현재의 대학 입학 정원은 고등학교 졸업 정원과 맞먹고 있는 실정이며, 2003년이 되면 대학입학 정원이 고등학교 졸업생 수를 초과할 것으로 예측되고 있다. 이는 인류 역사상 어느 나라에도 없었던 초유의 일이 될 것이다. 이대로라면 그 실력에 상관없이 조만간 전국민의 대졸 출신화가 이루어질 전망이다.[1] 실로 '교육강성대국'의 이미지에 걸맞는 모습이 아닐 수 없다. 그러나 이러한 대학의 양적인 증가와는 상관없이 교육의 질은 아직도 전세계의 최하위권을 맴돌고 있는 실정이다. 우리 나라 '최고의 대학'이라고 하는 서울대조차 세계 200위권, 어떤 기관에서 발표한 것에 의하면 800위권에도 미치지 못한다는 발표는 우리의 대학교육 환경 전체를 반성케 한다.

우리 나라 열악한 사립대학의 실정은 '교육계의 마피아', 혹은 '교육계의 패륜아'로 불리고 있는 이홍하 소유의 대학들을 살펴보면 전반적으로 그 모습이 드러난다.

이홍하는 1981년 옥천여상을 시작으로 광남고(1985), 대광여고(1986)를 인수 또는 설립한 후, 이를 발판으로 90년대에 들어서서 본격적인 '대학 사업'에 착수하였다. 1991년 3월 서남대 개교를 시작으로 93년 광주예술대, 94년 광양대, 95년 한려대 등 최단기간 내에(1년에 하나씩) 4개의 대학을 설립하고 2개의 종합병원을 인수함으로써 세인들을 놀라게 했다. 또한 96년에는 화성(안산산업대)과 아산에도 대학 설립인가를 받았다. 별다른 수익 사업이 없는 이홍하의 이러한 귀신 찜쪄먹을 비법은 어떻게 가능했던 것인가? 지난 1997년 4월 광주지검 특수부에 의한 등록금 및 국고지원금 409억원(1년 6개월치)에 대한 횡령 혐의로 구속된 사실에서 드러나듯이 자신의 소유로 되어

1) 현재의 대학 입시 제도하에선 본인 의지와 입학금만 있으면 '수학능력'에 상관없이 입학이 가능함. 대학입학 지원이 가능한 최저 점수 설정은 과연 불필요한 것인가?

있는 학교의 학생 등록금에 대한 횡령 및 유용, 이로 인한 학교의 부실 경영 없이는 불가능한 것이었다. 그럼에도 불구하고 교육부에서는 이들 대학에 대해 계속해서 증원 및 증과를 허락해주었으며, 서남대에는 많은 의혹을 받아가며 의대까지 유치할 수 있도록 해주었다.

이들 대학들이 출발부터 얼마나 부실한 상태에서 시작했는가는 서남대학교가 설립될 당시 들어간 돈이 총 15억원밖에 되지 않았던 현실을 보면 알 수 있다.(보통의 4년제 대학의 경우 최소 400여억원이 설립비용으로 필요한 것으로 알려져 있음.) 교육부 조사 결과 이홍하 소유재단 중 가장 우수하다고 판단되는 서남대의 98년도 기준 교사 확보률은 47.4%(전국 사립대학 평균 64.1%)[2], 교원 확보율은 59%(60.3%)[3], 학생은 정원의 49.3%로써[4], 기본적인 시설에 대한 미투자 및 부실운영으로 심각한 학생 미달 사태를 초래했다. 현재 서남대학교는 개교

---

2) 서남대 건물은 평당 250만원으로 책정 돼 있음. 일반적으로 학교 건물은 평당 120만원에서 150만원 정도인 것으로 건축 전문가들은 평가. 이는 인건비를 포함한 가격이나 서남대의 경우 인건비는 위의 평당 가격에서 제외되어 있으며, 인건비를 별도로 계산 함. 인건비를 포함할 경우 평당 300만원에서 350만원의 건물로 평가되나, 그나마 서남대 건물은 현재 계단의 높낮이가 다르고 창문과 창틀이 제대로 맞는 것이 없는 것으로 보아 부실 공사의 징후가 농후함. 가장 많은 횡령이 이 건축비 문제를 통해 이루어지고 있다고 추정됨.

3) 별 다른 시설이 갖춰져 있지 않은 서남대가 그 동안 계속해서 증원·증과를 할 수 있던 것은 학생 대 교수 비율이 낮다는 것이었다. 학생대 교수 비율이 낮은 것은 학생의 미달과 편입으로 인한 학생 수 감소에도 원인이 있으나, 교수 인건비가 저렴하여 타 대학의 경우와 비교하여 동일한 돈으로 더 많은 수의 교수를 임용할 수 있었던 점과 이를 이용하여 교육부에 증원 및 증가를 요구하려는 재단의 의도가 작용했기 때문이다.

4) 학생 정원이 이토록 미달인 것은 호남지역의 고등학교 졸업생 수에 비해 대학정원이 이미 많아진 것에서도 이유가 있지만, 근본적인 원인은 이홍하의 등록금 횡령과 학교의 부실 운영으로 인한 이미지 악화에 있다. 서남대의 경우 70% 이상이 호남권이 아닌 수도권 및 타 지역 출신 학생들이다. 98년 2학기에 한꺼번에 700여명의 재학생이 다른 학교로 편입한 것에서도 알 수 있듯이 서남대학교는 입학 당시부터도 미달이지만, 재학생조차 제대로 관리할 수 없을 정도로 기본적인 시설이 열악하여 학생들의 학업 의욕을 저하시키고 있다.

한지 10년이 다 되어 가지만 도서관이나 학생회관과 같은 기본 시설도 없는 실정이며, 많은 학과에서 기본적인 실험·실습이 이루어지고 있지 못한 실정이다.

또한 이홍하는 4개 법인의 이사 및 이사장을 본인과 처 및 친인척, 측근 교수들로 대부분 2개 법인 이상의 이사로 중복 임명해 놓고, 자신과 자신의 처는 이사장과 총장을 서로 바꿔가며 맡으면서 사실상의 모든 권한을 독식하고 있다. 형이 확정된 직후 98년 3월 이홍하는 서남대학교의 총장직에서 형식상 사퇴했지만, 허수아비 총장을 세워놓고 모든 결재를 실질적으로 하고 있는 것으로 드러났다.5) 이홍하는 이렇듯 막강한 권한을 바탕으로 계속해서 등록금을 횡령하고 있는 것으로 드러났다. 이는 지난해 국회에 제출된 자료를 토대로 이를 분석한 이수인 의원의 조사서와, 검찰 수사, 이 예결산 자료를 분석하여 검찰에 진정서를 제출한 서남대 교수협의회의 예결산 자료 검토에서도 드러나고 있다. 이홍하는 현재 아산에 서남대학교의 공학계열 이전 공사를 하고 있으며, 이에 필요한 자금은 약 256억원으로 책정해 놓고 있다. 이 돈이 과연 어디에서 나올지도 궁금하다.

한편 이홍하는 학교 및 병원, 그리고 토지의 무분별한 건립과 인수, 투기로 말미암아 법인의 잔고가 고갈되고 자금이 바닥나자 한려대와 서남대 일부 교수들의 명의로 융자를 받아썼음도 검찰 수사에서 드러난 바 있으며, 지난해에는 임기도 채 끝나지 않은 교수를 포함한 한려대학교 교수 39명을 재임용에서 불법으로 탈락시켰고, 서남대 교협 교수 4명을 교협 탈퇴 각서를 쓰지 않으면 재임용을 시키지 않겠다고 협박하여 포기 각서를 받았다. 이어서 99년 9월에는 동아리방을 요구하며 평화적으로 시위하던 서남대 학생들을 제적시켰으며, 2000년 3월

5) 서남대 현 총장인 윤재룡은 교수협의회 회장단 교수와의 대화에서 자신은 총장이 된 이후에 한 일이 하나도 없으며, 권한도 없고, 그래도 자신이 총장직에 있는 것은 자신의 후배들을 대학으로 데려오기 위해 있는 것이라고 고백함.

에는 서남대 교수협의회 회장단 교수들에게 재임용을 미끼로 탈퇴 협박 및 회유를 하다가 이를 거부한 회장단 교수 전원(4명)을 적법한 절차도 밟지 않고 재임용에서 탈락시켰다. 서남대의 경우 올 1학기의 재임용 대상자는 모두 53명이었으나 이들 4명에게만 재임용 서류를 내려보내지 않고 원천적으로 재임용 과정을 밟지 않고 탈락시킨 것이다.

이러한 학생 및 교수의 제적과 재임용 탈락은 이홍하가 교육부의 서남대 공학계열의 아산 이전 승인 조건에 명시된 내부 구성원의 동의 절차를 무시하고 독단적으로 일을 진행하기 위한 사전 정지 작업이었다.

사정이 이러함에도 불구하고, 교육부는 지난 해 9월에 서남대 교수협의회가 서남대의 정관 위배 사항에 대한 감사 요구서를 교육부에 제출해 놓은 상태임에도 불구하고 현재까지 재단 측에서 답변이 도착하지 않는다는 이유로 책임 있는 조치를 하나도 내리지 않고 있으며, 올 1월에 교육부에 제출한 서남대 예결산 자료에 대한 감사 요청서에 대해서도 일체 답변을 하지 않고 있는 실정이다.

교육부는 그 동안 학교의 설립 및 증원·증과 과정에서도 제대로 된 실사를 거치지 않고 재단 측에서 올린 서류만을 토대로 설립 및 증원·증과를 허락해주었다. 이들 학교의 부실화는 이미 설립 당시부터 예정된 것이었음에도 불구하고 교육부의 안일한 탁상 행정과 사실상의 관리 감독의 소홀로 인하여 교육의 수혜자인 학생과 학부모 및 교직원들에게만 막대한 손해를 끼쳤다. 대한민국 최초로 내려진 광주예술대 폐교 조치, 한려대의 폐쇄 계고 조치 및 정원 감축, 서남대의 정원 감축 등 교육부가 내린 조치는 모두 문제가 불거진 이후에 내려진 사후 조치였을 뿐이다. 뿐만 아니라 폐쇄된 광주 예술대의 재산을 같은 사람의 소유로 되어 있는 서남학원으로 귀속시키게 하고, 한려대의 경우도 주위의 요구와 의견을 무시하고 광양대로 귀속시키려 한다는 점이다. 이것은 학생의 등록금으로 설립한 대학을 부실하게 운영한 책임자의 처벌은커녕 그의 재산 증식을 교육부가 나서서 합법화 시켜주고 있는 꼴인 것이다. 더욱이 개탄스러운 것은 이렇듯 문제투성이인 이홍하 소유의 재단에 재판 중이었음에도 불구하고 아산의 학교 신축을 허가, 연기해주고 이를 계속해서 방관하고 있었다는 사실이다. 이미 교육 전과자, 실패자, 패륜아로 낙인찍힌 인물에게 계속해서 학교 설립을 허가해주는 교육부의 저의를 의심하지 않을 수 없는 상태이다. 이 또한 교육 문제를 교육 시장의 논리에 맡겨 놓은 채 방관하며 문제의 대학에 적극적인 개입을 회피하고 있는 정부의 신자유주의적 교육 정책의 산물임에 틀림없다.

대학의 설립을 빌미로 상식 수준을 넘어서는 투기와 경제적 이익만을 추구함으로써 교육 현장을 황폐화시키고 있는 사악한 교육 투기꾼들에 대한 제재는 하루 속히 그리고 철저하게 이뤄져야 한다. 교육은 어느 특정 개인의 독단적인 경제적 사업의 대상이 될 수 없다. 잘못 만들어진 물건은 폐기 처분하거나 재생산하면 되지만, 잘못된 교육자와 교육 환경에 의해 상처받고 그 과정에서 왜곡된 인간은 폐기 처분할 수도 재생산할 수도 없다는 사실을 명심해야 한다. 대학을 세워놓고 그 안에서 온갖 불법과 파렴치한 행각을 온몸으로 보여주고 있는 대학과 그 대학의 설립자 및 교수로서의 책임을 다하지 못하고 있는 학교 구성원들은 우리 사회 속에서 하루 속히 추방되어야 한다.[6] 그러기 위해선 대학교육정책을 시장의 논리에 맡겨놓은 채 사실상 수수방관하는 현재의 교육 정책에서 탈피하여 정부와 사회가 참여하고 책

6) 서남대의 보직 교수들과 일부 교수들은 학생들이 학교 당국에 대해 쓴 비판적인 글이나 서명 작업등을 적극적으로 나서서 방해하고 대자보나 서명 용지를 찢고 다니는 등 교수로서의 자질이 의심스런 행동들을 자연스럽게 하고 있으며, 대다수의 교수들은 이홍하의 무죄를 주장하는 진정서에 도장을 찍어주는 등 비판적인 지성으로서의 모습을 조금도 보여주지 않고 있다. 학생들이 부당하게 징계를 당해도 묵묵히 서류에 도장이나 찍어주고 아무런 항변도 하지 않는 등 지극히 이기적이고 기회주의적인 모습들을 보여주고 있는 실정이다.

임질 수 있는 방안을 마련하고 시행하여야 한다.[7] 양적으로 확대된 우리나라의 대학은 고등교육의 기회를 모든 사회 구성원들에게 확대했다는 측면, 즉 양적인 측면에서의 교육의 민주화에 기여한 면이 없는 것은 아니나 그 내용과 질적인 측면에서 한 단계 도약하지 않는 한, 대학이 그저 '교육사업가'들의 이익투자의 안전한 방편이라는 편견에서 벗어날 수 없을 것이다.

위에서 간략하게 살펴본 신자유적인 교육정책과 대학교육 현장의 현실을 놓고 그 문제점들을 고민해볼 때, 다음과 같은 대책 방안을 생각해 볼 수 있을 것 같다.

첫째, 비리 사학의 경우 재단이나 설립자의 등록금의 횡령이나 유용이 음성적, 또는 자의적으로 이루어지고 있는 현실과 우리 나라 학교 풍토를 고려하여 차라리 등록금 수익의 일정한 %를 학교 운영에 무리가 되지 않는 범위에서 재단이나 설립자가 사용할 수 있도록 법제화하는 방안이다.

둘째, 현재의 비리 사학의 경우 이사진이 설립자의 직권에 의해 임명되고 사실상 힘을 발휘하지 못하는 현실을 감안하여 재단의 이사진을 지역 사회의 유지, 해당 법인의 교수, 학부모 대표, 설립자 측 등으로 일정한 비율에 따라 임명하며 그 최종 임명 권한을 교육부나 공신력 있는 기관에서 갖게 한다.

셋째, 재단의 이사나 이사장, 대표 이사 등은 학교의 보직을 일체 맡을 수 없게 하며, 2개 이상의 법인에 이중으로 임명되는 것도 모두 불법화한다.

---

7) 교육부는 실제적인 설립 기준 이행 여부에 상관없이 대학 설립인가를 남발해 주고 있으면서도 정작 문제가 발생하면 개입을 회피하고 있다. 이미 대학입학 정원이 고등학교 졸업자를 초과하는 상황이 초래되고 있음에도 불구하고 망하든 흥하든 대학의 문제는 교육 시장 자체의 경쟁에 의해 해결해야 한다는 식의 무책임한 논리를 펴고 있다.

넷째, 지나치게 사립대학의 비중이 큰 우리 나라 교육 현실을 반성하고 차츰 국가의 재정 투자를 증대하여 공교육으로서의 위상을 제고시켜 나가며, 부실 운영 대학에 대한 제재 및 처벌에 대한 지역사회 및 국가의 권한을 강화시킨다.

다섯째, 무분별한 대학 인허가를 삼가고, 지역 안배 및 대학의 특성을 고려하여 인허가 과정에 신중을 기하며, 한번 이상 법적 처벌이나 징계를 받은 인물이나 법인의 경우 새로운 학교의 설립은 물론 동일 학교 내의 증원·증과 등 일체의 권한을 주는 것을 불법화한다.

여섯째, 사실상 무의미해진 대학 수학능력 시험을 취지에 맞게 정착시키고 국가와 사회의 쓸데없는 낭비를 줄이기 위해 대학 수학능력이 불가능한 최저 점수를 설정하여 해당 학생의 대학 입학을 원천적으로 차단한다.

일곱째, 사학의 비리가 교육부 관료와의 밀착관계에서 파생된다는 의혹이 많이 제기되는 만큼 교육부 관료의 재배치와 재교육을 위해 교육부 관료의 일정 비율을 교육 현장에 있는 덕망 있는 교사나 교수를 추천 받아 교대로 일정 기간 동안 임명하게 한다.

여덟째, 대학의 설립인가 기준을 강화하고 그 준수 여부를 철저하게 현장 조사하여 허가 여부를 결정하고, 이 과정에 교육부뿐만 아니라 지방 자치단체의 관련 부서 및 시민 단체가 참여하는 방안을 마련한다.

아홉째, 예결산을 매년 공개하고 학생 대표, 교수 대표, 재단이 참여하는 감사 기구를 상설화 하여 운영하는 것을 법제화한다.

–2000년 전라문화연구소 세미나 발제문

한글날 유감

국경일이 많다고 했던가, 언제부턴가 은근슬쩍 국경일 가운데에서 한글날이 사라졌다. 달별 휴일 수나 여러 가지 비중을 고려하여 결정한 일이겠지만, 그 기준이나 시각이 쉽게 이해가 되지 않기는 마찬가지다. (기준이 무엇인지 솔직히 말해서 모르겠다.) 그저 3 · 1절이나 광복절, 제헌절, 석가탄신일과 예수탄신일이 여전히 국가 공휴일로 남아 있는데 비해 한글날이 국가 공휴일에서 제외된 것을 보면 이것은 결정자들의 미숙한 역사의식에서 비롯된 것이 아닌가 하는 생각을 지울 수 없다. 현재의 국경일이 나름대로 다 의미가 없는 것은 아니다. 그러나 그 국경일들이 한글날보다 더 의미 있는 날이라고는 생각되지 않는다. 일제 강점기에 거족적으로 일어났던 만세 운동이나 일제 강점기에서 해방된 날, 대한민국의 헌법이 만들어진 날들 모두가 국가적으로 기념할만한 날이라는데 굳이 이의를 제기할 생각은 없다. 또한 세계적인 성인의 탄신일을 기리자는 데도 이의가 있을 수 없다. 그러나 이러한 날들이 우리의 글인 한글의 창제 · 반포보다 더 국가적으로 기려야 되는 날이라고는 생각지 않는다. 인류의 위대한 스승임에는 분명하나 '국가적'으로 기리자는 국경일에 불교나 기독교 국가도 아닌 나라에서 왜 석가나 예수의 탄신일이 국경일이 돼야 하는지도 의문이고, 현재의 국가(대한민국)와는 거리가 좀 있는 3 · 1절이 국경일로 지정된 것도 좀 의외다. (이 모든 것이 한글날이 국가 공휴일에서 제외되고 다른 국경일들이 그대로 남아 있는 것 때문에 비롯된 개인적인 생각들이다.) 이것은 분명히 나름대로의 역사의식이 개입된 결과로 보인다. (국가적으로 기려야 될 날은 대한민국 정부 수립일이 아닐지?) 개천절이나 광복절, 3 · 1절 등의 국경일은 분명히 역사의식의 산물이다. 현재의 대한민국이 단군이 세운 고조선 이래 이 땅의 역사적 정통성을 이어온 나라로 보고 그러한 역사의식 속에서 지정한 국경일일 터이다. 그렇다면 이러한 날들이 과연 한글의 창제 반포보다 더 역사적 가치와 의미가 있는 날인가?

나는 오천 년 우리 역사를 지켜온 것이 우리의 말과 글이라고 생각하는 사람이다. 그 동안 한반도를 비롯한 인접 지역에서 수많은 나라들이 흥망성쇠를 거듭했지만, 그 와중에서 현재의 대한민국이 있기까지 우리 민족의 정체성을 유지하며 살아올 수 있었던 것의 으뜸 공신은 바로 우리말이 아니겠는가? 국시로 했던 종교도 이데올로기도 시대마다 나라마다 달랐지만 한민족의 정체성을 유지하게 한 것은 단연 우리말이었기 때문이다. 이런 측면에서 말은 단순히 한 집단의 의사소통을 위한 수단으로서의 의미를 넘어선다. 말은 그 말을 사용하는 집단의 역사와 문화를 포괄하는 전체적인 그 무엇이다. 그러므로 우리말은 다른 말로 대신할 수 없는 우리 민족의 통시적 공시적 삶이 집약된 기호다. 한글은 이러한 우리말을 표기할 수 있게 한 창조적 노력의 결정판이다. 그러나 그러한 한글이 국가의 공식적인 언어로 인정받기 위해선 450여 년의 시간을 필요로 했다.

서구의 근대가 민족언어(문자포함)를 공식언어로 채택한 민족국가 단위의 정치 체제라고 한다면 우리의 근대는 불과 100여 년 정도의 역사를 가진 셈이다. 서구의 근대가 최소한 삼사백 년의 역사를 가지고 있는 것을 생각하면 상대적으로 짧은 역사다. 혹자는 우리의 역사가 최소한 고려시대 이후로 이미 민족국가 단위의 정치체제를 유지 해왔다고 할지도 모른다. 그러나 언어적인 측면에서 보면 불행히도 그렇지 못하다. 우리의 말과 글(한글)이 공식적인 언어로 겨우 인정받은 것은 불행히도 조선왕조가 몰락의 길을 걷던 19세기 말이었다. 그 이전에 우리는 중국의 한자를 국가의 공식적인 언어로 사용해왔다. 한글이 창제된 15세기 중반 이후에도 여전히 한자를 공식적인 언어로 사용해온 셈이다. (한자를 우리말 순으로 사용하려고 했던 노력이 없었던 것은 아니다.) 우리의 말과 글을 국가의 공식 언어로 채택하기 위해서는 중국을 중심으로 했던 전근대적인 세계 인식에 대한 혁명적인 변화가 필요했다. 그러나 이 중요한 시기에 우리 나라는 주체적인 개혁과 개방의 연착륙에 실패하여 일제의 식민지로 전락할 수밖에 없었고, 반세기 가까운 시간 동안 일본어를 공식언어로 사용해야만 했다. 결과적으로 우리의 말과 글을 공식적인 언어로 채택한 것은 해방 이후, 불과 50여 년의 역사를 가지고 있을 뿐이다. 아직 우리의 말과 글은 여리고 불완전한 것이다.

그렇다면 왜 조선시대의 사대부와 지배계층은 한글이 창제된 이후에도 한자를 공식적인 언어로 사용한 것일까? 조선조의 사대부들은 중국을 문명의 중심으로 생각했으며 한자를 세상의 중심 언어로 받아들였다. 중세 이전의 유럽에서 라틴어를 보편언어로 사용했듯이 한자는 동아시아의 보편 언어였던 것이 사실이기도 하다. 한자로 된 글을 읽고 한자로 글을 쓰는 행위는 보편적인 문명에 참여하는 길이기도 했다. 조선조의 사대부들은 오랫동안 이러한 사고방식에 물들어 있었다. 그들에게 한자는 보편언어였으며 보편 문명의 상징이었던 것이다. (불행히도 근대로의 전환기에조차도 이러한 사고 방식에서 대부분 벗어나지 못하고 있었다.) 또한 지식의 독점은 권력의 독점으로 연결된다. 한자로 된 지식의 독점은 사대부들의 권력의 독점을 항구적으로 보장해주는 것이기도 했다. 한자가 세계의 보편 언어라는 인식과 자신들의 기득권을 계속 유지하기 위해 지식과 권력의 대중적 분산을 막아야 할 현실적인 필요성 때문에 조선조의 사대부들은 한글이 만들어진 이후에도 한자를 공식언어로 사용할 것을 고집해왔다. 이러한 조선왕조가 근대로의 개혁과 개방의 과정에서 도태되고 식민지로 전락한 것은 단순한 역사적 우연이 아닌 것 같다. 근대는 지식의 광범위한 대중적 보급과 권력의 대중적 분산, 민주화 과정 없이는 생각할 수 없는 것이기 때문이다.

한편 일제 강점기에 이 땅의 '엘리트들'은 하루 빨리 일본어를 공식언어로 채택해야만 조선 사람도 일본 국민들처럼 일등 국민이 될 수 있다고 했으며, 조선어로 글을 쓰던 작가조차도 한국어로는 서구의 문예물들과 같은 근대적인 작품을 쓸 수 없다고 하며 일본어를 국어로 해야 한다고 떠들어댔다. 일제 강점기에 일본어를 읽고 쓸 줄 알았던 조선인은 조선인구의 약 10% 정도였을 것으로 추산된다. 이들은 일제 강점기 하에서 순사, 교사, 면서기 등의 일을 하며 일제의 식민지 지배 정책에 음으로 양으로 협조했고, 해방 이후에도 대한민국의 행정조직에 그대로 유임되어 힘을 행사해왔다.

좀 더 역사를 거슬러 올라가서 살펴보면, 몽고가 지배하던 고려 시대에도 비주체적인 고려의 귀족들은 고려를 몽고의 한 행성으로 편입시켜야 한다고 떠들어댔다. 그들이 몽고말을 쓰며 몽고 옷으로 관복개정을 해야 한다고 했음은 불문가지다.

이러한 역사가 말하고 있는 것이 무엇인지 궁금하다. 아무리 살펴봐도 한민족의 역사를 이어오고 정체성을 유지해온 것은 항상 '보편성과 선진문물, 힘 있고 문명한 것'을 좋아하던 그 '잘나고 유식하고 높으신 양반들'이 아니라, 국가의 '성은'을 입지 못한 채 어머니에게서 배운 모국어만으로 세상의 '저 천하고 편협하고 힘없고 야만적인' 것들만을 입에 담고 살아온 '낮은 사람'들인 것 같다. 그런 의미에서 이 땅의 역사를 지켜온 것은 우리의 어머니와 누이들이 아니었나 하는 생각을 나는 우리의 역사를 되돌아볼 때마다 종종 하게 된다. 한글로 된 국문문학의 주체들 또한 그들이 아닌가? (사대부 가문의 남자들이 한글로 된 작품을 남기지 않은 것은 아니나 한글로 된 글의 수용자들은 대부분 여자였음을 기억해야 한다.)

오늘날 영어공용화론을 주장하는 자들이나 국경일에서 쉽게 한글날을 제외해버린 자들의 사고방식이나 역사의식이 근대로의 전환기에도 여전히 한자를 고집했던 조선조의 사대부들이나 일제 강점기의 '친일 엘리트'들과 무엇이 다른지 나는 모른다. 나는 편협한 국수주의자가 아니다. 나는 전 인류가 지구상에서 인간으로서의 품위를 유지하며 평화롭게 살기를 바라는 코스모폴리탄인이다. 그러나 나는 어설픈 세계주의자가 되기를 바라지 않는다. 주체성이 없는 교류와 세계화는 종속 혹은 노예의 다름 이름에 불과하다는 사실을 알고 있을 뿐이다. 단순히 한글날 쉬지 못해서 하는 넋두리가 아니다.

어느 신문의 칼럼 제목처럼 '나라 말이 올라야 나라가 산다.' 한국어를 사용하는 사람 수가 세계 12위라고 한다. 우리의 무역량이 세계 13위 정도임을 생각하면 새삼 이 사실에 대한 느낌이 새롭다. (2002)

영어공용화론에 대한 단상

우리 나라 사람들이 신경을 쓰고 노력한 만큼 잘 되지 않는 것 중의 하나가 축구다. 축구만큼 한국 사람들에게 대중적인 사랑을 받아온 스포츠도 많지 않을 것이다. 그러한 국민의 사랑과 여망 덕분이었는지 올림픽에 이어 월드컵까지 개최하게 됐고 몇 년 전부터 언론에서 월드컵 16강을 외치고 있는 소리를 귀가 따갑게 들어왔다. 하지만 현재로선 전망이 그리 밝아 보이지는 않는다. 우리보다 한 수 아래로만 보였던 일본의 축구가 저만치 앞서가는 동안 한국 축구는 오히려 뒷걸음질만 한 느낌을 지울 수가 없다. 전문가들은 그 원인을 잔디구장의 부재, 프로축구의 비활성화, 축구 선수의 조기 발굴과 육성, 일본과 같은 해외 조기 유학의 기회가 많지 않은 현실에서 찾아왔다. 역시 귀에 익숙한 소리들이다. 하지만 비전문가인 내가 볼 때 그러한 원인도 원인이지만 뭔가 축구 선수들의 교육과 훈련 방법에 근본적인 문제가 있지 않은가 하는 의심을 저버릴 수가 없다. 아무튼 그러한 한국 축구의 현실 속에서 그래도 역대 선수 중 가장 훌륭한 한국의 축구 선수를 뽑으라고 하면 많은 사람들이 차범근을 뽑는다. 그 차범근이 서독의 분데리스리가에 처음 갔을 때 현지 사람들이 세 번을 놀랐다고 하는 우스개 소리가 있다. 처음엔 동양에도 그렇게 훌륭한 선수가 있었다는 사실에 놀랐고 두 번째론 축구 선수가 대학을 나왔다는 사실에 놀랐고 마지막으론 대학까지 나온 사람이 영어도 한 마디 못한다는 사실에 놀랐다는 것이다. 우리에겐 하나도 놀랠 일이 아닌데 말이다.

동양에서도 훌륭한 축구 선수 한두 명 정도 나오지 말라는 법이 없으니 첫 번째는 서양인들의 단순한 편견이라고 치고 나머지 두 가지가 문제인데, 대부분의 운동선수들이 대학까지 오는 동안 수업을 제대로 받지 않아도 학교를 졸업하고 대학교도 갈 수 있고, 또 대학교 수업을 한 시간도 받지 않고 대학을 졸업한다는 사실을 너무나 잘 알고 있는 한국 사람들로서는 그것도 이상한 일이 전혀 아니다. 운동선수가 공부와는 상관없이 대학까지 가는 것은 한국 사회에서는 전혀 이상한 일이 아닌 것이다. 세 번째는 굳이 운동선수들에 국한된 얘기가 아니므로 그것도 우리에겐 이상한 일이 못 된다. 열심히 수업을 듣고 대학을 다닌 사람도 영어 한마디 못하기는 마찬가지이기 때문이다. 시간과 노력을 투자한 만큼 신통치 않기는 축구나 영어나 마찬가지인 셈이다. 무엇이 문제인가?

벌써 오래 전부터 국가 경쟁력 제고와 미래의 한국사회를 위해 영어를 공용어로 해야 한다는 소리가 심심치 않게 들려왔다. 이를 위해서 하루 빨리 영어의 조기 교육이 시행, 강화되어야 하고 모든 공문서엔 영어가 병기되거나 영어로 써야한다는 주장도 있어 왔다. 심지어 우리 나라를 미국의 오십 몇 번째 주로 편입시켜야 된다는 소리까지 나왔다. 모두가 배울 만큼 배운 멀쩡한 사회 지식층 인사들이 하는 소리였다. 물론 그런 소리에도 나름대로의 논리가 있다. 그 논리의 밑바탕에는 초일류 강대국 미국과 세계화, 지구화라는 담론이 깔려있다. 영어는 현재 세계를 지배하고 있는 초일류 강대국 미국의 공식 언어이고 세계는 그 미국을 중심으로 하나의 문명권으로 통합되어가고 있는 추세로 보인다. 세계화다 지구화다라는 말들이 모두 그러한 말들을 뒷받침하고 있다. 그러니까 영어의 공용화는 미국이 지배하는 하나 된 지구의 미래에서 다른 나라들보다 먼저 안정된 지위를 확보할 수 있는 기본적인 전략적 도구가 될 것이다. 하지만 과연 그런 것인가?

2차 대전 후 미국과 함께 세계를 지배하던 초강대국 구소련이 붕괴되고 나자 미국은 세계를 지배하는 유일한 초강대국으로 떠올랐다. 미국은 신자유주의를 부르짖으며 세계를 지배하고 있다. 미국의 말은 곧 법이고 진리인 시대가 된 셈이다. 영어는 곧 전세계를 지배하는 언어가 된 셈이다. 더욱이 우리 나라와 같이 미국의 군대가 주둔하고 있는 상황에서 저들의 말은 곧 주인의 말, 즉 유식한 지배자의 말처럼 인식되고 있는 것이 현실이다. 그러므로 하인이 주인의 말을 배워서 주인 행세를 하고자 하는 것은, 주인의 위치에 다가가고자 하는 것은 어쩌면 당연한 욕망인 셈이다. 하지만 그러한 욕망이 하인은 자신의 말 대신 주인의 말을 써야 한다는 논리를 정당화시켜주는 것은 아니다.

고대와 중세의 서양에선 라틴어가, 전근대 사회의 동양에선 중국어가 현재의 영어와 같은 위치에 있었다. 각국의 모든 공문서와 기록은 라틴어나 중국어로 쓰여졌다. 그것이 관행이었고 미덕인 시대였다. 그 시대는 로마와 중국이 문명의 중심이었고 강대국이었기 때문이었다. 그러나 근대는 그 이전의 중심에서 벗어나 민족 국가 단위의 정치 조직을 구성하고 공문서와 각종 기록에 라틴어나 중국어 대신 자국의 언어를 사용하면서 시작되었다. 소위 말하는 중세의 보편 문명에서 벗어나 각국이 자기 목소리를 내기 시작한 것이 근대인 것이다. 근대에 접어들면서 인류는 과학 기술의 급격한 진보와 더불어 엄청난 산업의 발전을 이룩하였으며 정치적인 민주화를 이룩하였다. 교통수단의 발달은 타문명권과의 교류를 빈번하게 하였고 급기야 지구 전체를 하나의 생활권으로 묶어버렸다. 이 모든 것이 민족어, 민족국가 시대였던 근대에 들어와서 벌어진 일들이었다. 물론 이러한 일들이 원만하게 진행된 것은 아니었다. 국가 간의 충돌이나 타 문명권과의 충돌은 제국주의적인 침략 전쟁과 항전, 세계 대전과 같은 폭력적인 갈등으로 표출되기도 했다. 하지만 근대 인류의 진보는 라틴어나 중국어 중심의 세계에서 벗어나 각국이 자국어를 쓰기 시작한 이래 이룩한 것이었다. 이 현상을 어떻게 설명해야 하나?

지구화라는 명제는 이러한 시대의 연장선상에서 대두된 명제였다. 자본주의는 지구 전체를 하나의 시장 경제 질서 안에 편입시켰으며 어떠한 국가도 고립되어서 존재할 수 없는 시대가 된 것이다. 따라서 전 인류가 모두 한 식구 한 형제처럼 지내야 한다는 것은 전 인류의 오랜 이상인 동시에 당위인지도 모른다. 이러한 시대에 유일 초강대국으로 떠오른 것이 미국이다. 따라서 그들의 국어인 영어가 곧 세계를 지배하는 언어, 인류의 공통 언어가 될 것이라고 생각하고 있는 것이 영어 공용화론자들의 생각인 것 같다. 그러나 한편에선 세계화, 혹은 지구화가 제국주의의 완결편이라고도 말한다. 그들의 논리대로라면 영어공용화를 주장하는 인간들은 제국주의자들의 간교한 책략에 넘어간 자들이거나 그 정책에 빌붙어 국가와 민족을 팔아먹는 반역자들인 셈이다.

무엇이 문제의 본질인가? 불행히도 우리는 역사에서 아무 것도 배우지 못하고 있으며 기본적인 삶의 자세나 철학 또한 제대로 정립되어 있지 않은 듯 싶다. 중국이 동아시아의 패권을 쥐고 있던 시대에 우리 조상들은 누구나 쉽게 배울 수 있는 우리 글이 발명된 이후에도 어려운 중국의 글자를 사용하며 중국이 만들어 놓은 질서 안에 안주하려고 했다. 물론 지배계층의 얘기다. 그것이 그들에겐 문명화의 척도였고 기존의 부와 권력을 유지하는 방법이었기 때문이다. 언어의 독점은 지식의 독점이었고 그것은 곧 부와 권력의 독점을 의미했다. 몽고가 세계를 지배하던 시절에는 몽고의 수도인 연경을 들락거리며 수많은 지배층 인사들이 고려를 몽고의 한 행성으로 편입시켜야 한다고 주장하며 몽고가 나눠주는 부와 권력의 한 자락을 쥐지 못해 안달했다. 그들이 몽고의 복식과 언어를 열심히 배워서 사용했음은 보지 않아도 알 수 있다. 일제 강점기엔 일본 제국주의자들의 정책도 정책이었지만 많은 조선의 지식층 인사들이 앞장서서 조선어 무용론을 주장하며 일제의 조선어 말살 정책과 민족 말살 정책에 앞장섰다. 심지어 어떤 작가는 조선어로는 근대적인 작품을 쓸 수 없다고까지 했다. 이들은 점차 일본어를 국어로 해야 하며 조선인의 피조차 일본인의 그것과 똑같아져야지만 조선이 일류 국가가 될 수 있다고 주장하며 광분했다. 일제 말기에 조선의 2천만 인구 중 일본어를 쓸 수 있었던 수는 많아야 대략 이삼백만 명 정도였던 것으로 추산된다. 이들은 일본이나 국내의 근대적인 교육기관에서 교육을 받은 사람들로서 대부분 교사, 군인, 식민지 관리, 언론인, 사업가들로서 일제의 식민지 정책에 협조한 대가로 그들이 나누어주는 부와 권력을 받아가며 식민지 백성들의 착취에 직간접적으로 참여했던 사람들이었다. 해방이 되고나자 남북한엔 각각 미군과 소련군이 점령군으로서 진주함과 동시에 영어와 소련어는 각각 남북한에서 공식언어로 대두했다. 영어와 소련어를 구사할 수 있다는 이유만으로 단숨에 지배층에 편입될 수 있었다. 이러한 역사의 면면을 들춰보면서 느끼는 것이 없는가?

여기에서 우리는 우리의 삶의 자세를 뒤돌아봐야 할 것 같다. 중국의 영향권 하에 있던 시대에는 중국으로, 몽고가 지배하던 시대에는 몽고로, 일본이 지배하던 시대엔 일본으로, 미국이 패권을 장악하고 있는 시대엔 미국으로 수많은 사람들이 달려갔다. 그들은 그곳에서 그 나라 말을 배우고 그 나라 문물과 제도를 배우며 그들과 닮아가기 위해 필사의 노력을 했고 귀국해서는 자신의 조국을 자신이 유학했던 나라의 그것과 같게 만들기 위해 노력했다. 그들이야말로 자신의 조국을 '문명화'하고 '개화'시킨 선구자들인지도 모른다. 그런 그들에게 모국어는 단지 선진 문물과 지배자의 문물을 받아들이고 교화하는데 불편한 장애물이었을지 모른다. 그들은 자신의 조국과 모국어를 야만과 후진의 전형으로 생각했을지도 모른다. 그래서 틈만 나면 자신의 조국을 들어서 받치려고 하거나 지배자의 언어를 공식어로 해야 한다고 떠들어댔는지도 모르겠다. 하지만 그러한 그들의 행동이 대다수 피지배 민중들의 의사나 삶의 이익과는 무관한 논리였음은 이미 역사적으로 증명된 사실이다.

나는 가끔 그나마 우리가 지금까지 주변 강대국들의 틈바구니 속에서 '우리로서' 살아남을 수 있었던 것이 우리의 말과 글의 힘 덕분이 아니었을까 생각해본다. 역사상 수많은 외침, 지배층과 위정자들의 '더러운 정치'로 얼룩진 '더러운 역사'를 뒤돌아볼 때마다 아직까지 나라와 민족의 정체성을 유지하고 있다는 사실이 놀랍다. 결국 이 나라를 지켜온 것은 배우지 못하고 가진 것은 없었지만 이 땅의 말을 쓰며 살아온 힘없는 민초들이었다는 사실을 깨닫게 되는 것이다.

역사적인 현실은 끝임 없이 변한다. 로마도 중국도 몽고도 일본도 일정한 시기에 강자로 군림하던 나라들일 뿐이다. 역사 속엔 영원한 강자나 패자는 존재하지 않는다. 강자가 변할 때마다 우리는 그 강자의 눈치를 보지 않을 순 없지만 그렇다고 해서 굳이 나서서 그 강자의 비위나 맞추며 살 필요는 없다. 모든 것을 강자의 기준에 맞추려고 할 필요도 없으며 그럴 수도 없는 일이다. 우리는 외부와 끝임 없이 접촉하고 교류한다. 지구화 시대는 열린 시대이며 외부와의 단절이란 있을 수 없는 시대이다. 그러나 우리는 그 열림의 의미를 되돌아봐야 한다. 시인이자 영문학자이고 평론가인 범대순은 '열림'의 의미를 '트임'의 의미와 구분해서 사용한다. 열린 시대, 열린 사회 운운하며 우리는 마치 그 열림이 부정할 수 없는 시대적인 긍정적 가치인양 받아들이고 있다. 하지만 범대순은 그 열림의 의미 속에서 몰주체적인 의미를 읽어낸다. 열림이 개방적이라는 의미의 측면에서 긍정적인 의미를 지니고 있는 것은 분명하지만 그 의미 속에는 주체가 망각되어 있다는 것이다. 그리하여 그는 열림 대신에 '트임의 미학'을 주장한다. 우리말에서 트였다는 말은 단순히 외부를 향해 열려있다는 의미 외에도 주체를 잃지 않고 유지하고 있으면서 외부를 향해 열려있다는 의미가 들어 있다는 것이다. 그의 단어 풀이가 맞는 것이라면 나는 그의 주장에 적극 동감한다. 세계화, 지구화가 역사적인 현실적 담론이 되어버린 시대에 우리가 지향해야할 것은 열림이 아니라 트임이라고 생각한다. 우리는 우리의 우리 됨을 통해 세계를 향해 나아가야 한다. 우리가 누구인지도 모른 채 무조건 세계화에 환호하는 것은 노예의 삶일 뿐이다.

남과 교류하며 화친하되 똑같아 지지 않는 것이 삶의 묘미이다. 내가 남과 똑같아진다면 둘 중의 하나는 불필요한 것이다. 인류의 발전은 어느 특정 강대국을 중심으로 획일화되는 것을 통해 이룩되는 것이 아니라 다양성을 통해 서로 교류하며 영향을 주고받는 사이에서 이룩되어지는 것이다. 문화의 핵심은 다양성이다. 그런 의미에서 나는 영어의 공용화가 아니라 외국어 교육의 개선과 다양화를 주장하고 싶다. 언어는 단순한 의사소통의 도구가 아니라 그것은 그 언어를 사용하는 인간의 정신이고 문화이다. 인간의 삶 그 자체인 것이다. 그러므로 한 언어를 이해한다는 것은 또 다른 인간의 세계를 이해한다는 말과 같다. 나는 우리 나라 사람들이 다양한 세계 여러 나라 인간들의 언어와 삶을 이해하고 그들과 공존해가며 인류 공존과 공영을 위해 노력하는 사람이 되기를 바란다.

하지만 우리가 외부의 사람들과 정보를 주고받고 물건을 사고 파는 데 우리 사회의 구성원 모두가 특정 외부 사람들의 말을 이해할 필요는 없다고 생각한다. 초콜릿을 사 먹기 위해 모든 사람들이 영어를 할 필요는 없는 것이다. 그것은 필요한 몇몇 사람만 할 수 있으면 되는 일이다. 굳이 많은 사람들이 다른 삶을 희생해가며 그 언어를 습득하기 위해 많은 시간과 정력을 낭비할 필요는 없다는 말이다. 한국문학을 전공한 나는 우리 글로 된 책만 보기에도 시간이 부족하다. 번역서적을 볼 때마다 나는 그 책을 번역한 사람에게 감사한 마음을 갖는다. 그들의 노력으로 나는 외국어를 배우는 데 투자해야할 시간을 우리 글을 읽고 쓰는 창조적인 일에 더 투자할 수 있기 때문이다. 우리가 영어를 포함해 다른 외국어를 배우는 목적은 우리의 주체적이고 창조적인 삶과 행복을 위한 것일 뿐이다. 그것이 또한 인류 발전에 공헌하는 길이기도 하다. 우리가 미국인이나 영국인이 되기 위해서, 그들처럼 살기 위해서 영어를 배우는 것이 아니다. 그들의 편의를 위해서 그들의 언어를 배워야 하는 것은 더더욱 아니다.

마지막으로 영어의 조기 교육문제를 생각해 봐야 할 것 같다. 나는 외국어를 어느 정도의 나이에 배워야 가장 효과적인 것인지를 말할 수 있는 능력이 없다. 어려서 미국으로 건너간 친지의 자녀들이 어릴수록 그들의 부모나 형제보다 일찍 현지의 언어 생활에 적응하는 것을 보았을 때 어느 정도 어린 나이에 외국어를 배우는 것이 보다 효과적인 것 같기는 하다. 그러나 우리가 미국 사람이 되는 것이 목적이 아닌 바에 우리 나라의 학교에서 획일적으로 특정한 시기(초등학교 저학년이나 유치원 때)에 모든 학생을 대상으로 영어 교육을 해야 한다는 것에는 의문을 제기하지 않을 수 없다. 영어가 우리 사회의 발전에 걸림돌이라면 차라리 전공자들을 집중적으로 교육시키는 방안을 연구해볼 일이다.

나에겐 초등학교 2학년에 다니는 아들이 하나 있다. 그 녀석은 초등학교에 진학하기 전에 유치원을 4년이나 다녔고 현재는 초등학교 2학년이지만 아직도 한글 받아쓰기 시험을 보면 매번 빵점을 받아온다. 한두 명이 하는 나머지 공부의 단골이다. 명색이 녀석의 아버지나 어머니가 모두 국어 선생을 하며 먹고살고 있는데 영 체면이 말이 아니다. 녀석의 담임선생님이 부모님이 뭐 하는 사람들이냐고 묻고 나서 놀란 모양이다. 나는 내가 자식에게 무관심한 것이 아닌가 반성도 해보았다. 하지만 나는 아무래도 다른 아이들이나 부모들이 비정상적이거나 너무 뛰어난 것이 아닐까 생각했다.

녀석이 유치원에 다닐 때의 일이다. 유치원에서 한글을 가르치기 시작하면서 녀석은 유치원에 가기가 싫다고 했다. 글을 배우는 것이 그에게 스트레스를 주기 시작한 모양이었다. 얼마 후 나는 유치원 선생님에게 내 아들은 한글을 몰라도 되니 그냥 잘 놀게나 해주십시오라고 부탁했다. 그 나이엔 모든 것이 놀이에 불과한 것이라고 생각했고 바쁜 부모를 대신해서 유치원에서는 아이들을 잘 돌봐주면 그것으로 족하다고 나는 생각했었다. 그런 탓이었는지 남들은 모두 유치원을 졸업하면서 익힌 한글을 초등학교 2학년이 되도록 잘 모르고 있는 것이었다. 하지만 서서히 녀석은 자신만이 반에서 읽고 쓰는데 문제가 있다는 것을 알면서 그것 때문에 다시 스트레스를 받기 시작하고 있었다. 모른 척 할 수가 없어서 녀석이 받아쓰기를 해온 시험지를 살펴봤다. 그랬더니 녀석이 쓴 글은 모두 자신의 귀에 들리는 대로 썼는지 단어를 모두 소리 나는 대로 써놓고 있었다. 똑같은 글자도 귀에 들리는 대로 쓸 때마다 달라졌다. 소쉬르의 강의를 들은 것도 아닐 텐데 벌써 파롤과 랑그의 차이를 이해한 것인가 실소하며 속으로 웃어넘기고 말았다. 발음과 표기가 일치하는 것이 아니라는 사실을 스스로 깨닫기 전까지 그런 실수가 계속 되풀이 될 것이라고 생각했다. 그런 그에게 요즘 다시 걱정거리가 생겼다. 우리 글도 제대로 읽고 쓰기도 힘든데 어떻게 내년부터 영어를 배우냐는 것이다. 그 소리가 단순한 아이의 푸념만으로 들리지 않았다.

우리는 이미 중고등학교 시절부터 대학 시절은 물론 졸업 후까지 영어를 배우는데 과도한 시간을 투자하고 있다. 그럼에도 불구하고 영어 한 마디 신통치 않게 하지 못한다. 난 그것이 영어를 조기 교육하지 않아 생긴 문제로 보지 않는다. 그보다는 우리의 영어 교육 방식에 문제가 있기 때문이라고 생각한다. 잘 알고 있다시피 우리의 영어 교육은 독해 위주의 영어 교육이었다. 읽고 문제를 푸는 것이 학교 영어 공부의 전부인 셈이다. 그러다 보니 듣기나 말하기 작문은 거의 불가능한 것이 되어버린 것이다. 그러한 우리의 학교 영어 교육을 수정하지 않는 한 벙어리 영어는 계속될 것이다. 이미 우리는 과도할 정도로 영어에 돈과 시간, 정력을 투자하고 있다. 세계화 시대에 국제 경쟁력을 높이기 위해서 영어를 공용화해야 되고 조기 교육을 해야 한다고 주장하기 전에 그러한 우리의 교육 현실을 뒤돌아볼 일이다. 우리의 국제 경쟁력이 영어 실력 때문에 문제가 되고 있는 것인지도 생각볼 일이지만 말이다. 혹시 국제 경쟁력 제고라는 미명 하에 전국민을 유치원, 초등학교 때부터 영어를 배우느라 스트레스를 팍팍 주며 다른 삶의 질의 향상을 위해 투여되어야 할 시간과 돈 그리고 정력을 낭비하게 하는 것이 지금의 영어공용화론이고 영어 조기교육의 실상이 아닌지 생각해봐야 한다. 누구를 위한, 무엇을 위한 영어 교육인지 냉정히 생각해볼 필요가 있다. 결국 체계적이고 합리적인 교육 방법을 무시한 채 매일 16강 16강 외치고 있는 한국의 축구 현실과 똑같은 것이 한국 사회의 영어 문제가 아닐까? (2001)

학부모는 머슴인가?

대한민국 학부모는 죄인이다. 자식을 학교에 보내놓고 학교나 선생에게 큰소리칠 학부모는 별로 없다. 못마땅한 것이 있어도 자식에게 돌아갈 유형·무형의 피해를 생각해서 참고 만다.

나는 올해 자식 둘을 초등학교에 보낸 학부형이 됐다. 첫째는 4학년이 됐고 둘째가 1학년이 됐다. 둘째가 신입생이 되고 나서 학교에서 연락이 온 모양이다. 아이의 급식 당번 때 학부모가 나와서 도와주어야 한다는 것이다. 연락을 받은 아내가 갈 수 없는 사정을 얘기하자 그런 경우엔 돈으로 사람을 사서라도 보내줘야 한다고 했단다. 학교의 급식소 사정이 별로 좋지 않고, 신입생의 경우 아직 어려서 일을 잘 하진 못하고, 담임선생님 혼자서 감당하기는 어렵고 해서 그런 모양이었다. 그래도 뭔가 기분이 이상했지만 일단은 학교에서 하라는 대로 할 수밖에 없었다. 아이의 급식 때문에 아내나 나나 각자가 가르치는 학생들을 포기하고 아이의 학교로 달려갈 수는 없는 일이었다. 아내는 중등교사고 나는 대학에서 시간 강의를 하고 있었다. 할 수 없이 사람을 사서 보낼 수밖에 없는 일이었다.

며칠 전 대학이 방학에 들어갔다. 아이의 급식 당번이 다시 돌아오고 아내는 집에 있는 나에게 가보라고 권했다. 급식이 끝나면 교실 청소까지 하고 와야 한다고 아내는 말했다. 내키지 않았지만 내가 집에 있으면서 다른 사람을 보내는 것도 예의가 아닌 것 같아 일 때문에 밤을 꼬박 새운 다음 날 점심 시간에 아이의 학교를 찾아갔다. 시간이 좀 일러서 한동안 밖에서 배회해야 했다. 우리 나라 대부분의 학교엔 학부모 대기실이란 것이 없다.

시간이 되어서 다시 가 보니 급식차가 복도에 있었고 다른 학생의 어머니인 듯한 사람이 한 명 서 있었다. 오늘 우리 아이와 급식을 해야 할 아이의 엄마인 듯 했다. 배식을 하다 보니 역시 담임선생님 혼자서 하기엔 힘든 일 같았다. 배식하고 밥 먹는 동안 기다려서 식기를 챙기고, 그 일이 끝나자 교실 청소를 하는 것이 다른 엄마와 내가 할 일이었다.

교실 청소를 하다 보니 은근히 열이 오르기 시작했다. 아무리 생각해도 이게 아닌데 싶었다. 학생들은 집으로 돌아가고 담임 선생님은 그런 일에 익숙한 사람처럼 자리를 떴다. 청소는 학부모가 당연히 해야 하는 것처럼. (무슨 바쁜 일이 있어서 자리를 떴다고 생각하고 싶다.) 청소가 다 끝나가자 담임 선생님이 나타나서 '수고 많으셨다'는 인사를 했다. 그냥 나오기가 이상해서 '소감을 묻지 않냐'고 내가 말했다. 아무래도 이건 아닌 것 같다고 했다. 학부모가 급식 도우미에다가 학생들 교실까지 청소해준다는 것은 교육적으로도 좋지 않은 일 같다고 말했다. 이런 일들은 학교 안에서 자체적으로 해결해야하는 문제 아니냐고. 그러자 담임 선생님은 전국의 초등학교에서 다 그렇게 하는 일이라고 했다. 허긴 전부터 학부모가 아이들의 학교 교실 청소까지 해준다는 얘기를 들어오긴 했다. 전국적인 현상인 듯 하다. 하지만 그게 잘 하는 일이라곤 늘 생각하지 않았다.

그 학교의 경우 1학년 급식은 옆 반 담임 선생님과 공동으로 하면 될 것 같았다. 그리고 교실 청소는 선생과 학생이 힘을 합쳐 해야 할 문제지 아무리 어린 1학년이지만 학부모가 각자의 일을 팽개치고 학교까지 찾아가 아이의 교실 청소까지 해줘야 할 문제라고는 생각할 수 없었다. 청소를 시키는 것도 교육이 아닌가? 가장 중요한 기본 생활교육 중 하나가 아닌가? 어쩌면 선생님들과 학교의 편의를 위해 너무 속 편한 방법을 이용하고 있는 것은 아닌가 하는 생각이 들었다. 선생에게 학교와 교실은 자신의 직장이자 사무실이다. 자기 직장 사무실의 청소를 다른 직장에 다니는 사람을 불러서 시키는 것이 말이 된다고 생각하고 있는 것은 아닌지 하는 의문이 들지 않을 수 없었다. 학교만 특수한 곳인가? 교사들보다 노동강도가 낮은 일을 하며 먹고 사는 학부모는 그리 많지 않다. 모두들 힘들게 일하며 살고 있다.

학부모들이 뭐라고 하지 않냐고 물으니, 뭐 좋지 않냐고, 가끔 학교에 와서 아이들 공부하는 교실도 보고. 아주 틀린 말은 아니지만 썩 맞는 말도 아니라고 생각했다. 학부모들이 자발적으로 학교 일에 참여하고 관심을 가지는 것이 나쁜 것은 아니다. 하지만 그것은 어디까지나 자발적으로 이뤄져야 할 일이지 학교에서 요구해서 될 문제가 아니다. 학교 급식을 하게 된 동기가 뭔가? 바쁜 학부모의 일손을 덜어주자는 측면도 있는 것이 아닌가? 그런데 거꾸로 각자의 직장에서 한참 일해야 하는 학부모들을 학교로 불러들여야 급식이 된다면 급식을 해야 할 이유가 없지 않은가? 어쩌다 초등학교 교사한테 사역을 당한 기분이 들어서만 하는 소리가 아니다.

초등학교 저학년 선생님들이 얼마나 힘들까 하는 생각을 하지 못하는 것도 아니다. 내 자식 하나도 키우기 어려운데 그 많은 어린 학생들과 많은 시간을 보내야 하는 선생님들에게 존경을 표하지 않을 수 없다. 그러나 그렇다고 해서 모든 일들이 변명이 되는 것은 아니다.

주어진 조건 하에서 무엇이 바람직한 교육이고 행정인지 학교 운영자와 선생님들은 다시 한번 심사숙고 해봐야 할 일이다. 학부모의 학사운영 참여 기회가 넓어졌다고는 하지만 아무나 아무 때나 할 수 있는 일은 아니다. 일이 문제가 되기 전에 문제가 되지 않게 미리 고심하고 결정하는 자세가 아쉽다. 학부모들이 좋아서 하는 일이겠는가? 아이를 낳아서 학교에 보낸 죄밖에 그들에겐 없다. 그게 업보라면 업보다.

우리 모두는 한 때 학생이었다. 그리고 그 때 그 일들을 평생 잊지 않고 살아간다. 초등학교 1학년 때 일도.

아이의 학교에서 집으로 돌아오는 내내 머리가 어지러웠다. 간밤에 잠을 자지 못했기 때문만은 아니었다. 그저 이런 일을 자식을 학교에 보내놓고 무관심한 학부모들을 야단치는 교사의 훈계 정도로 알고 넘어가야 할 일인지 모르겠다. (2003)

편집후기

그 동안 써놓았던 논문들을 모아서 무게 있는 책을 내는 것이 시대의 요구는 아닐지라도 내 자신이 당면한 현실적 요구이겠으나 변변치 않게 평론집을 내게 되었다. 모아놓고 보니 짧고 가벼운 글이 반이다.

결코 짧지 않은 세월을 문학판의 한쪽 변두리에서 책을 읽으며 시간을 탕진했으나 이렇다 할 성과는 없었다. 알고 싶지도 않았고 알아야 별 볼 일 없는 문학 주변의 잡다한 소문들만 아무도 들여다보지 않는 창고 안에 겹겹이 쌓아가고 있는 것은 아닌지 내 자신이 의심스럽다.

한평생을 치열하게 시를 또는 소설을 위해서 살았다고 하는 인간들의 말을 나는 믿지 않는다. 치열함의 대상은 생활이어야지 글이 되어서는 안 된다는 것이 내 생각이다. 글은 생활의 일부일 뿐이다. 따라서 글만 그럴듯한 인간을 나는 믿을 수 없다. 글만 좋다는 것이 가능한 것인지조차 나는 모르겠다. 한 인간이 써놓은 글만으로 그 인간을 평가하기엔 한 인간이 평생 동안 살았을 세상이 너무 복잡하고 추잡하다.

내 자신이 잘 나가는 평론가들의 지원 사격을 받으며 작품 활동을 해본 적도 없고 내 자신이 그런 평론가나 연구자도 아니어서 어쩌다 내 글의 소재가 된 작가들에게 누가 되지 않았을까 걱정이 된다. 공염불이다.

아무래도 이 책의 특색은 3부에 있을 것 같다. 문학을 통해 간접적으로 바라본 세상이 아니다. 내 자신이 세상과 직접 부딪치며 살아온 흔적의 일부가 담겨있으나, 보잘 것 없는 글들이다. 별로 드러내고 싶지 않은 부분이기도 하지만 그나마 허무하게 보낸 내 청춘의 한 단면이라고 생각해서 치부의 일부를 억지로 넣어보았다. 아직도 계속되고 있는 이 사회의 누추함이 남의 일로만 생각되지는 않을 지도 모르겠다.

형식적인 인사말은 하고 싶지 않다. 그러나 몇몇 사람들에 대한 감사의 말은 꼭 하고 넘어가는 것이 좋을 듯싶다. 항상 넉넉한 마음을 나눠주고 계신 희중이 형과 창윤이 형, 영탁이 형, 갈 곳 없는 나에게 기꺼이 연구실 한 편을 내준 평론가 전도현과 강영미, 무미한 시절의 유일한 취미인 테니스, 그 테니스 구락부의 동료들, 보잘것 없는 글을 싣도록 지면을 내줬던 ≪정신과표현≫의 송명진 선생님, 내겐 과분한 몇몇 제자들 그리고 내 대신 살림을 떠맡아 온 아내 임영미와 내가 세상에 염치없이 불러온 나의 두 아들과 나를 세상에 불러온 부모님께 감사와 송구한 마음을 전하고 싶다. 내가 할 수 있는 일은 아직 말뿐이다.

내가 해직되는 날 초등학교에 입학했던 아이가 중학교에 입학했다. 욕되고도 복되도다, 내 삶이여. 영리하게 살지 못하고 있는 나를 비웃으며 실리적으로 열심히 살고 있는 강호의 뭇인간들에게 안부를 전하며, 이만 줄이자.

끝으로 편집하는 과정에서 원래 잡지나 학회지에 발표했던 글의 제목이나 본문 내용의 일부를 바꿨음을 밝힌다.

2006년 봄

파주 통일동산에서

이산(旎山) 이동재

저자 이동재는

1965년 조선왕실의 유배지였던 강화 교동도에서 태어나 화동국민학교, 교동중학교, 인천 광성고등학교를 졸업하고 고려대학교 국어교육과에 입학했다. 세상은 시끄러웠고 고대하던 낭만은 대학에 없었다. 문학을 공부하여 한적한 시골의 국어 선생님이 되는 것이 꿈이었으나 문학 같은 건 나중에 해도 된다고 선배들이 말했다. 먼저 세상을 바로잡아야 한다고 했다. 정치인이 될 만큼 데모를 하지는 않았으나 미래를 핑계로 눈앞의 현실을 회피하지도 않았다. 모든 것이 미숙했다. 조숙한 동기생들이 모두들 군에 입대할 때도 비겁하게 도피하는 것 같아서 끝까지 대학에 남아 있었다. 전공 공부가 부족한 것 같아 내친 김에 국문과 대학원에 진학하여 현대문학을 전공했다. 말도 안 되는 석사논문을 던져놓고 공군사관후보생이 되어 군에 입대했다. 공군이 내가 다닌 학교보다 시설이 좋아서 당황했다. 나라 걱정을 하지 않으니 군대 생활이 속 편했다. 청평에서 국어 선생님을 하고 있던 여자와 결혼도 했다. 나는 진주에서 근무하며 주말마다 천리 길을 오르내렸다. 군에서 제대하면서 다시 박사과정에 입학했다. 세상은 많이 변했으나 학교는 그리 달라진 것이 없었다. 수료 후 남원에 있는 대학에 운좋게 전임이 되어 갔으나 그곳에서 다시 황당한 세상을 보았다. 선생 노릇이 욕되다고 생각했다. 부끄럽게 살 수 없어 해직의 길을 택했다. 세상은 그런 나에게 여전히 우호적이지 않다. 세상 사람들은 나보고 철이 없다고 하나 진즉에 철이 있었다면 돈도 되지 않는 문학이나 하며 이러고 있었겠는가 반문하고 싶다. 철이 안 들어서 미안하다.

제목 탓인지 출판 후 잠시 낚시 코너에 꽂혀 있었다는 소문이 돌았던 시집 『민통선 망둥어 낚시』와 부동산 코너에 꽂혀있을 법한 시집 『세상의 빈집』이 있다. 그러나 이제는 어디에 있는지 흔적조차 찾을 수 없다. 미완의 저서 『20세기의 한국소설사』도 어딘가에 있다.

침묵의 시와 소설의 수다

초판 1쇄 인쇄 • 2006년 4월 10일
초판 1쇄 발행 • 2006년 4월 15일

지은이 • 이 동 재
펴낸이 • 박 성 복
펴낸곳 • 도서출판 月印
서울특별시 강북구 수유2동 252-9
등록 • 제6-0364호 / **등록일** • 1998년 5월 4일
대표전화 • (02) 912-5000 / **팩스** • (02) 900-5036
http://www.worin.net

ISBN 89-8477-310-7 93810

값 15,000원